D1639952

Kröner/Beckenhaub

Konzernsteuerquote

Konzernsteuerquote

Einflussfaktoren
Planung Messung
Management

von

Dr. Michael Kröner
Frankfurt a. M.

Dr. Claus Beckenhaub
Frankfurt a. M.

Verlag C. H. Beck München 2008

Verlag C.H. Beck im Internet:
beck.de

ISBN 978 3 406 54024 0

Wilhelmstraße 9, 80801 München
Druck und Bindung: Druckerei C.H. Beck Nördlingen
(Adresse wie Verlag)
Satz: Textservice Zink
Neue Steige 33, 74869 Schwarzach

Gedruckt auf säurefreiem, alterungsbeständigem Papier
(hergestellt aus chlorfrei gebleichtem Zellstoff)

Vorwort

An europäischen Börsen notierte Unternehmen müssen seit dem 1. Januar 2005 nach den Vorschriften der International Financial Reporting Standards (IFRS) bzw. den US General Accepted Accounting Principles (US-GAAP) ihre konsolidierten Ergebnisse offen legen. Beide Standards besitzen ein umfassendes Konzept zur Abbildung latenter Steuern und liefern damit – im Gegensatz zu traditionellen HGB-Abschlüssen – einen von Periodenverschiebungen im Wesentlichen befreiten Ertragsteueraufwand, der eine Grundlage für Analysen und Prognosen sein kann. Traditionell spielt deshalb die Konzernsteuerquote in den von US-GAAP und IFRS geprägten Rechtskreisen – insbesondere in den USA – eine wesentliche Rolle für die Finanzanalyse, die finanzielle Selbstdarstellung des Unternehmens sowie die finanzielle Unternehmenssteuerung. Aus der Sicht von Analysten und Investoren ist der Ertragsteueraufwand eine wesentliche Größe zur Bestimmung des dividendenfähigen Nachsteuerergebnisses und damit Grundlage für die Preisbildung der Anteile des Unternehmens am Markt. Es ist zu erwarten, dass mit dem Einzug der internationalen Bilanzierungsgrundsätze in Deutschland auch die Konzernsteuerquote als eine kapitalmarktrelevante Größe in den Fokus des Unternehmensmanagements und der Steuerabteilungen sowie der Beraterschaft rückt.

Die Konzernsteuerquote ist der als Prozentzahl ausgedrückte Quotient von Steueraufwand und Ergebnis vor Steuern. Eine vergleichsweise niedrige und um Volatilitäten bereinigte Konzernsteuerquote leistet einen positiven Beitrag zur Marktpreisbestimmung des Unternehmens. Eine sich sprunghaft verändernde bzw. vergleichsweise hohe Quote hingegen wird nicht honoriert und kann zu Abschlägen auf den Aktienkurs führen.

Für externe wie auch für interne Zwecke bietet die Analyse der Konzernsteuerquote zudem eine Grundlage, um zu einer Einschätzung über die Steuereffizienz eines Unternehmens zu gelangen. Die Auseinandersetzung mit den Sachzusammenhängen rund um die Konzernsteuerquote und ihre Beeinflussung durch steuerplanerische Maßnahmen ist u. E. daher eine unverzichtbare Übung für alle, die im Steuer- und Finanzbereich beschäftigt oder an der Finanzanalyse interessiert sind.

Das vorliegende Werk „Konzernsteuerquote" gibt einen grundlegenden und umfassenden Überblick zu allen Fragestellungen, die mit dem Verständnis und dem Management der Quote zusammenhängen. Wir haben uns bemüht, eine praxisnahe Darstellung abzuliefern, so daß die Ergebnisse und Aussagen größtenteils unabhängig von gesetzlichen Änderungen ihre Gültigkeit behalten.

Um dieser Zielsetzung gerecht zu werden, wird zunächst in Kapitel A. in das Thema eingeführt und die wesentlichen Zusammenhänge der Konzernsteuerquote dargelegt. Kapitel B. stellt die Einflussfaktoren und ihre unterschiedlichen Wirkungsweisen auf die Konzernsteuerquote kategorisiert dar. Die ersten beiden Kapitel bilden damit den grundlegenden theoretischen Unterbau zum Verständnis der Konzernsteuerquote.

In Kapitel C. werden die rechtlichen und technischen Grundlagen zur Messung und Darstellung der Konzernsteuerquote vertieft, wie sie für interne und externe Zwecke notwendig oder zweckmäßig sind. Idealerweise können die Systeme zur Messung der Quote so strukturiert werden, dass aus einer Datenquelle die Informationsbedürfnisse des Steuermanagements und gleichzeitig die Offenlegungspflichten bedient werden können.

Die Ermittlung und Darstellung der Konzernsteuerquote als Planquote im Zwischenabschluss ist Gegenstand von Kapitel D.

In Kapitel E. wird auf die Konzernsteuerquote als Kennzahl für externe und interne Vergleichszwecke eingegangen.

In Kapitel F. schließlich wird das Tax Management mit Bezug zur Konzersteuerquote vorgestellt. Es handelt sich dabei um (1) die Einordnung der traditionellen Aufgaben der Steuerabteilung in einen neuen Sinnzusammenhang, (2) die Beschreibung der Entwicklungsstufen von der Messung steuerrelevanter Information bis zum „ETR Controlling" und (3) den Vorschlag eines integrierten ETR-Managements. Tauglichkeit und Effizienz der Kernelemente sind durch die praktische Erfahrung der Autoren validiert.

Durch die gewählte Zielsetzung und den Aufbau richtet sich dieses Buch insbesondere an Vorstände, Geschäftsführer, Leiter und Mitarbeiter von Steuerabteilung und Rechnungswesen von börsennotierten Unternehmen, Analysten und Berater sowie an Teilnehmer von post graduierten Studiengängen mit kapitalmarktorientiertem bzw. steuerlichem Schwerpunkt. Unser besonderer Dank richtet sich an Frau *Anne-Corina Menz* für die umsichtige redaktionelle Unterstützung sowie an Herrn *Dr. Urs Dempfle* für die kritische Durchsicht der ersten beiden Kapitel.

Frankfurt, im September 2007

Dr. Michael Kröner
Dr. Claus Beckenhaub

Inhaltsverzeichnis

C. Messung der Konzernsteuerquote

D. Planung der Konzernsteuerquote für den Zwischenabschluss

E. Externe „Effective Tax Rate" – Informationen und „Benchmarking"

F. „Tax Management“ mit Bezug zur Konzernsteuerquote

Abbildungsverzeichnis

Abkürzungsverzeichnis

AfS ..... Available for Sale Securities
APB ..... Accounting Principle Board Opinion
APV ..... Adjusted Present Value
ARB .... Accounting Research Bulletin

CAPM ... Capital Asset Pricing Model
CFC ..... Controlled Foreign Companies
CFROI ... Cash Flow Return on Investment
CTA ..... Current Tax Asset
CTL ..... Current Tax Liability

DBA ..... Abkommen zur Vermeidung der Doppelbesteuerung
DCF ..... Discounted Cash Flow
DRS ..... Deutsche Rechnungslegungsstandards
DRSC .... Deutsches Rechnungslegungsstandards Committee
DTA ..... Deferred Tax Asset
DTL ..... Deferred Tax Liability
DVFA .... Deutsche Vereinigung für Finanszanalyse und Anlageberatung e. V.

EA ETR .. Estimated Annual Effective Tax Rate
EAAITR .. Estimated Average Annual Income Tax Rate
EB ETR ... Estimated Base Effective Tax Rate
EBIT .... Earnings Before Interest and Taxes
EBITDA ... Earnings Before Interest, Taxes, Depreciation and Amortisation
EPS ..... Earnings Per Share
ETR ..... Effective Tax Rate
EVA ..... Economic Value Added

FAS ..... Financial Accounting Standards
FASB .... Financial Accounting Standards Board
FIN ..... Financial Interpretation

GE ..... Gesamtergebnis

HB ..... Handelsbilanz

IAS ..... International Accounting Standard
IASB .... International Accounting Standard Board
IASC .... International Accounting Standard Committee
IFRIC .... International Financial Reporting Interpretations Committee
IFRS .... International Financial Reporting Standards

KCV .... Kurs/Cash-Flow-Verhältnis
KGV .... Kurs/Gewinn Verhältnis

LLC ..... Limited Liability Company

NibT .... Net Income before Tax

OCI . . . . . Other Comprehensive Income

S.a.r.l. . . . . Société a responsabilitie limitée
SEC . . . . . Security Exchange Commission
SFAC . . . . Statements of Financial Accounting Concepts
SFAS . . . . Statements of Financial Accounting Standards
SG . . . . . . Schmalenbach-Gesellschaft, Deutsche Gesellschaft für Betriebswirtschaft e. V.
SIC . . . . . Standing Interpretations Committee Interpretation
SPE . . . . . Special purpose entities

US-GAAP . . US General Accepted Accounting Principles

WAAC . . . Weighted Average Cost of Capital

Literaturverzeichnis

Ammelung U., Ausländische Finanzierungsgesellschaften und Cash-Pools, in: *Piltz, D. J. / Schaumburg, H. (Hrsg.)*, Internationale Unternehmensfinanzierung, Köln 2006, S. 71–97

Baetge / Kirsch / Thiele, Konzernbilanzen, 6. Aufl., 2002

Barkow P., Analyst, HSBC Trinkaus & Burkhardt, HSBC „Global Research, German Tax Issues, part 3, Pricing in the tax reform", vom 9. Januar 2007

Baumhoff H., Aktuelle Entwicklungen bei den internationalen Verrechnungspreisen, IStR 2003, S. 1–6

Beck'scher Bilanz-Kommentar, Handels- und Steuerbilanz, 6. Aufl., 2006

Bodenmüller R., Steuerplanung bei Funktionsverlagerungen ins Ausland – Ertragsteuerliche Folgen, Strategien und Modelle, Düsseldorf 2004, zugleich Dissertation rer. pol., Universität zu Köln 2003

Born K., Rechnungslegung international – Einzel- und Konzernabschlüsse nach IAS, US-GAAP, HGB und EG-Richtlinien, 3. Aufl., Stuttgart 2002

Breker N. / Harrison D. A. / Schmidt M., Die Abgrenzung von Eigen- und Fremdkapital, KoR 2005, S. 469

Busse von Colbe W., Was ist und was bedeutet der Shareholder Value aus betriebswirtschaftlicher Sicht?, ZGR 1997, S. 271

Busse von Colbe W., Anpassung der Konzernrechnungslegungsvorschriften des HGB an internationale Entwicklungen, BB 2004, S. 2063

Coenenberg A. G. / Hille K., Latente Steuern nach der neu gefassten Richtlinie IAS 12, DB 1997, S. 537–543

Dahlke J. / von Eitzen B., Steuerliche Überleitungsrechung im Rahmen der Bilanzierung latenter Steuern nach IAS, DB 2003, S. 2237–2243

Dempfle U., Charakterisierung, Analyse und Beeinflussung der Konzernsteuerquote, 2006 zugleich Dissertation rer. pol. Universität zu Köln 2006

Endres D., Reiches Ausland – Armes Inland: Steuerliche Effekte bei einer Funktionsverlagerung ins Ausland, RIW 2003, S. 729–734

Ernsting I. / Loitz R., Zur Bilanzierung latenter Steuern bei Personengesellschaften nach IAS, DB 2004, S. 1053

Fahrholz B., Neue Formen der Unternehmensfinanzierung: Unternehmensübernahmen, Big ticket-Leasing, Asset-backed- und Projektfinanzierungen, München 1998

Gens P.-M. / Wahle T., Bewertung körperschafts- und gewerbesteuerlicher Verlustvorträge für aktive latente Steuern nach IAS, KoR 2003, S. 288

Gerrit A., Tax Reconciliation im HGB- und IAS/IFRS-Konzernabschluss, Schriften zum Steuer-, Rechnungs- und Finanzwesen, 2004

Haarmann, W., Aussagekraft und Gestaltbarkeit der Konzernsteuerquote, in *Herzig N. / Günkel M. / Niemann U.*, Steuerberaterjahrbuch 2001/2002, Köln 2002, S. 369–379

Hannemann S. / Pfeffermann P., IAS-Konzernsteuerquote: Begrenzte Aussagekraft für die steuerliche Performance eines Konzerns, BB 2003, S. 727–733

Hayn S. / Waldersee G, IAS, US-GAAP, HGB im Vergleich – Synoptische Darstellung für den Einzel- und Konzernabschluss, 3. Aufl., Stuttgart 2000

Herzig, N. / Dempfle U., Konzernsteuerquote, betriebliche Steuerpolitik und Steuerwettbewerb, DB 2002, S. 1–8

Herzig N., Gestaltung der Konzernsteuerquote – eine neue Herausforderung für die Steuerberatung?, WPg 2003, Sonderheft, S. 80–92

Herzig N., Bedeutung latenter Steuern für die Konzernsteuerquote, *Wollmert P. et al. (Hrsg.)*, Wirtschaftsprüfung und Unternehmensüberwachung, Düsseldorf 2003, S. 429–449

Heurung R., Latente Steuerabgrenzung im Konzernabschluss im Vergleich zwischen HGB, IAS und US-GAAP, AG 2000, S. 538–553

IDW, Einzelfragen zur Bilanzierung von Finanzinstrumenten nach IFRS (IDW RS HFA 9), WPg 2006, S. 537

IFA Tagungsband 2001, Limits on the use of low-tax regimes by multinational businesses: Current measures and emerging trends, Vol. XXXVI b.

Jacobs O.H., Internationale Unternehmensbesteuerung – Deutsche Investitionen im Ausland – Ausländische Investitionen im Inland, 5. Aufl., München 2002

Keitz I. von, Praxis der IASB-Rechnungslegung – Best practice von 100 IFRS Anwendern, 2. Auflage, Stuttgart 2005

Kessler W., Die Euro-Holding- Steuerplanung, Standortwahl, Länderprofile, München 1996

Kessler W. / Dorfmüller P., Gestaltungsstrategien bei internationaler Steuerplanung mit Holdinggesellschaften, Praxis Internationale Steuerberatung 2001, S. 177–185

Kirsch H., Abgrenzung latenter Steuern bei Personengesellschaften in Deutschland nach IAS 12, DStR 2002, S. 1875–1880

Kirsch H., Latente Ertragssteuern im Jahresabschluss deutscher Personengesellschaften nach IAS 12 und DRS 10, DStZ 2003, S. 331–337

Kirsch H., Angabepflichten für Ertragsteuern nach IAS und deren Generierung im Finanz- und Rechnungswesen, Steuern und Bilanzen 2002, S. 1189–1196

Köhler S., Hybride Finanzierungen über die Grenze, in: *Piltz D.J. / Schaumburg H.*, Internationale Unternehmensfinanzierung, Köln 2006, S. 137–177

KPMG (Hrsg.), Rechnungslegung nach US-amerikanischen Grundsätzen, 3. Aufl., 2003

Kröner M., Tax Accounting – ein Perspektivenwechsel, in: *Herzig N. / Günkel, N. / Niemann, U. (Hrsg.)*, Steuerberaterjahrbuch 2004/2005, Köln 2005, S. 275–294

Kröner M. / Benzel U., Konzernsteuerquote – Die Ertragssteuerbelastung in der Wahrnehmung durch die Kapitalmärkte, in: *Kessler, W. / Kröner, M. / Köhler, S. (Hrsg.)*, Konzernsteuerrecht, München 2004, S. 701–734

Kuhn S. / Röthlisberger R. / Niggli S., Konzernsteuerquote als Messgröße der Steuerplanung, IFF Forum für Steuerrecht 2003, S. 192

Küting K. / Zwirner C., Latente Steuern in der Unternehmenspraxis: Bedeutung für Bilanzpolitik und Unternehmensanalyse – Grundlage sowie empirischer Befund in 300 Konzernabschlüssen von in Deutschland börsennotierter Unternehmen, WPg 2003, S. 301–315

Küting K. / Wirth J., Latente Steuern und Kapitalkonsolidierung nach IAS/IFRS, BB 2003, S. 623–629

Loitz R. / Rössel C., Die Diskontierung latenter Steuern, DB 2002, S. 645–651

Löw E., Rechnungslegung für Banken nach IFRS, Praxisorientierte Einzeldarstellung, 2005

Leibfried P. / Sommer U., KoR 2001, S. 254

Müller R., Die Konzernsteuerquote – Modephänomen oder ernst zu nehmende neue Kennziffer?, DStR 2002, S. 1684–1688

Moxter, WP Handbuch 1992, Bd II, S. 26 ff., HFA 2/1983, WPg 1983

Miller / Modigliani, Dividend Policy, Growth, and the Valuation of Shares, Journal of Business, Vol. 34 (1961)

Pellens B. / Fülbier R. U. / Gassen J., Internationale Rechnungslegung, Stuttgart 2004

Petereit A., Die sog. Switch-over-Klausel in den Doppelbesteuerungsabkommen – Überblick, Inhalt und Steuerplanung, in: Internationales Steuerrecht 2003, S. 577–586

Prangenberg A., Konzernabschluss international, 1. Aufl. 2000

PriceWaterhouseCoopers, IAS/IFRS-kapitalmarktorientierte Unternehmen in Deutschland, PC-Publikation 4/2004

PricewaterhouseCoopers, IFRS für Banken, 2005

Schäffler U., Latente Steuern nach US-GAAP für deutsche Unternehmen, Frankfurt am Main 2000, zugl. Dissertation oec. publ. Ludwig-Maximilians-Universität München 2000

Sharpe, Capital Asset Prices: A Theory of Equilibrium under Conditions of Risk, Journal of Finance, Vol. 19 (1964)

Steiner M. / Bruns C., Wertpapiermanagement, 8. Aufl. 2006

Vogel K., Die Mär von den „Rückfall-Klauseln" in Doppelbesteuerungsabkommen, in: Internatinales Steuerrecht 1997, Beihefter zu Heft 24/1997, S. 1–12

Vögele A. / Edelmann G., Internationale Steuerplanung nach der Unternehmenssteuerreform 2001, in: Internationales Steuerrecht 2000, S. 463–465

WILEY, Kommentar zur internationalen Rechnungslegung nach IFRS, 2006

Winnefeld R., Bilanz-Handbuch, 4. Aufl. 2006

Zwirner C. / Busch J. / Reuter M., Abbildung und Bedeutung von Verlusten im Jahresabschluss – Empirische Ergebnisse zur Wesentlichkeit von Verlustvorträgen in deutschen Konzernabschlüssen, DStR 2003, S. 1042–1049

Zion D. / Varshney A., Research Analysts von Credit Suisse, „Peeking Behind the Tax Curtain", 18 May 2007

A. Einführung und wesentliche Zusammenhänge

I. Perspektivenwechsel

Mit der Umsetzung der EU-Verordnung Nr. 1606/2002[1] vollzieht sich ein einschneidender Wandel in der externen Berichterstattung für kapitalmarktorientierte Unternehmen in Deutschland und im übrigen Europa. Kapitalmarktorientierte Mutterunternehmen, die nach der EU-Verordnung zur Anwendung internationaler Rechnungslegungsstandards verpflichtet sind, müssen gemäß § 315a Abs. 1 HGB die IFRS[2] (International Financial Reporting Standards) sowie die Vorgaben des IFRIC (International Financial Reporting Interpretations Committee) anwenden. Dies gilt für Jahresabschlüsse ab dem 1.1.2005 und in Ausnahmefällen, namentlich bei Vorliegen befreiender US-GAAP-Abschlüsse, ab dem 1.1.2007. Nach einer Untersuchung von PriceWaterhouseCoopers[3] sind hiervon unmittelbar ca. 1000 Unternehmen in Deutschland betroffen, da sie Aktien oder Forderungswertpapiere emittieren, die zum Handel am amtlichen oder geregelten Markt zugelassen sind.[4] Ergänzend hierzu ergeben sich Einflüsse aus der Umsetzung der EU-Transparenzrichtlinie und dem Bilanzkontrollgesetz. Insgesamt vollzieht sich also ein spürbarer Wandel weg vom traditionellen HGB und hin zu einer kapitalmarktorientierten finanziellen Berichterstattung auf der Grundlage internationaler Standards. Dies dürfte eine Änderung mit Breitenwirkung sein, da weitere, nicht kapitalmarktorientierte Unternehmen aus Gründen der Vergleichbarkeit ihrer Abschlüsse mit Konkurrenzunternehmen oder wegen der Vorbereitung ihres Unternehmens für den Kapitalmarktzugang eine Entscheidung zugunsten einer IFRS-Rechnungslegung treffen werden. Auch die werteorientierte Selbstdarstellung des Unternehmens durch entsprechende Berichterstattung für Kapitalgeber und potentielle Investoren mag ein weiterer Grund sein, diesen Standard anzuwenden.

Weiterhin kann festgestellt werden, dass die unternehmensinterne Managementinformation auf den Standard der externen Finanzberichterstattung ausgerichtet wird. Unternehmensinterne Entscheidungen können so

---

[1] Durch das Bilanzrechtsreformgesetz (BilReG), 4.12.2004, Bundesgesetzblatt 2004 Tl I, 3166ff.

[2] Entsprechend gelten i.V.m. § 315a Abs. 1 HGB für Kredit- und Finanzdienstleistungsinstitute § 340i Abs. 2 HGB und für Versicherungsunternehmen § 341 j Abs. 1 HGB.

[3] *PriceWaterhouseCoopers* IAS/IFRS-kapitalmarktorientierte Unternehmen in Deutschland, PC-Publikation 4/2004, S. 6f. Vgl. auch *Keitz I. von*, Praxis der IASB-Rechnungslegung – Best practice von 100 IFRS-Anwendern, 2. Auflage, 2005, S. 5.

[4] Zu einer Umstellung der Rechnungslegung auf IFRS kommt es nach der Untersuchung (s. Fußnote 2) bei 452 Unternehmen in 2005. 75 Unternehmen stellen in 2007 wegen der Einbeziehung in einen Konzernabschluss um. Die meisten der in 2005 umstellungspflichtigen Unternehmen haben bislang nach HGB bilanziert.

an den externen finanziellen Erfolgskriterien gemessen werden. Es kommt zur Verzahnung bzw. Koppelung von Kapitalmarktinformation und interner finanzieller Steuerung des Unternehmens. Durch interne Erfolgsanreize wird damit die externe finanzielle Selbstdarstellung des Unternehmens gefördert.

Warum ist dies ein steuerliches Thema? Für die Marktkapitalisierung und die Aktienbewertung ist der Nachsteuerertrag als langfristig entnehmbarer Unternehmensgewinn entscheidend. Bei der Bestimmung des Nachsteuerertrags in der Gewinn- und Verlustrechnung ist der Ertragsteueraufwand wiederum regelmäßig eine der gewichtigsten Aufwandsgrößen und deshalb kapitalmarktrelevant. Ausgedrückt wird die relative Ertragsteuerbelastung im Konzern durch eine kapitalmarktrelevante Kennziffer, die Konzernsteuerquote. Sie ist der als Prozentsatz ausgedrückte Quotient von Ertragsteuerergebnis und Ergebnis vor Steuern und dient im Rahmen der Aktienbewertung als Diskontierungsfaktor.

Damit geht eine Wandlung von Bedeutung und Inhalt der Steuerarbeit im Unternehmen einher. Bereits die Bezeichnung „tax line" für die Position des Ertragsteuerergebnisses in der Gewinn- und Verlustrechnung löst eine Verantwortlichkeit der Steuerabteilung eines Unternehmens für diese Position aus. Dazu zählen alle laufenden Steuern einschließlich der Veränderungen des Steuerrisikos („current taxes") und die latenten Steuern („deferred taxes"), die nach den Regeln des einschlägigen Rechnungslegungsstandards abgebildet werden. Dies ist zweifelsfrei eine Ausweitung des Verantwortungsbereichs einer Steuerabteilung gegenüber der traditionellen Zuständigkeit, die sich mit der Berechnung latenter Steuern, Grundsätzen der Rechnungslegung mit Einfluss auf die Berechnung latenter Steuern sowie mit der externen Berichterstattung über Steuern kaum zu beschäftigen brauchte.

Der Perspektivenwechsel bei der Bestimmung der Anforderungen an die Steuerabteilung eines Unternehmens wird also ausgelöst durch den Fokus auf Steuern als eine extern dokumentierte Aufwandszahl und -kennziffer mit Bewertungsrelevanz für das gesamte Unternehmen. Entsprechend wird unter „Tax Accounting"[5] ein Verantwortungsbereich der Unternehmenssteuerabteilung für die Erfassung des Steueraufwands mit Blick auf die Wahrnehmung durch die Kapitalmärkte verstanden. Dies ist letztlich gleichbedeutend mit der Darstellung des Ertragsteuerergebnisses im Zwischen- und Jahresabschluss des Unternehmens bzw. Konzerns.

Die Neuausrichtung der Steuerabteilung auf das Tax Accounting hat nicht nur eine Ausweitung des Aufgabenspektrums der Steuerabteilung zur Folge, sondern bietet gleichzeitig den Ausgangspunkt und die Infor-

---

[5] Vgl. hierzu Kapitel F.II. und *Kröner M.*, Tax Accounting – ein Perspektivenwechsel, Steuerberaterjahrbuch 2004/2005, Köln, 2005, S. 275 ff.

mationsbasis für die Einführung eines umfassenden „Tax Controlling". Die Anforderungen zur Messung von Einflussfaktoren auf die Konzernsteuerquote erleichtern die Einführung ohnehin notwendiger und sinnvoller Mess- und Kontrollinstrumente mit Managementaussagen über die Steuerbelastung eines Konzerns. Die Entwicklung eines umfassenden Tax Controlling ist geradezu logische Folge der durch das Tax Accounting produzierten Dichte steuerrelevanter Informationen. Das Tax Controlling sollte in der Lage sein, die steuerlichen Basisdaten zu Kennziffern zu verdichten, die eine substantielle Kontrolle und Qualitätssicherung erlauben. Gleichzeitig sollte die Datenstruktur so aufgebaut werden, dass Planung und Management der Konzernsteuerquote innerhalb legitimer Bandbreiten unterstützten werden.

Die Tätigkeit einer Steuerabteilung geht aber selbstverständlich nach wie vor über den Bereich der Ertragsteuern hinaus und umfasst ebenso „Kostensteuern", die nach dem Rechnungslegungsstandard nicht in der „tax line" sondern im Ergebnis vor Steuern („above the line") gezeigt werden. Hierunter fallen beispielsweise Umsatzsteuern, Grunderwerbsteuern und andere Abgaben. Mit Blick auf den Kapitalmarkt können deshalb die Aufgaben bzw. Wertbeiträge einer Unternehmenssteuerabteilung im Bereich der Kostensteuern als Beiträge zur Verbesserung der Kosten-Ertrags-Relation („cost income ratio") und im Bereich der Ertragsteuern als nachhaltige Minderung der Konzernsteuerquote („Effective Tax Rate, ETR") beschrieben werden. Die letztgenannte Aufgabe beeinflusst im Übrigen wiederum das Ergebnis vor Steuern durch Zahlung oder Rückerstattung von ertragsteuerlichen Nebenleistungen, wie Zinsen u.a. Zuschläge, wenn diese nach dem Rechnungslegungsstandard im Ergebnis vor Steuern abgebildet werden.

Die ursprünglichen Inhalte der Tätigkeit einer Steuerabteilung werden sich deshalb nicht grundlegend ändern, sie werden aber im Zusammenhang mit den Erfordernissen des Tax Accounting inhaltlich ausgeweitet und in einen neuen Zusammenhang gesetzt. Statt der ausschließlichen Beeinflussung der laufenden Steuerzahlungen rückt die Kapitalmarktinformation über Steuern bzw. der Kapitalmarkteinfluss des Steueraufwands in den Mittelpunkt. Die Konzernsteuerquote wird dadurch wesentlicher Maßstab für die Bewertung der Arbeit der Steuerabteilung für externe und damit auch für interne Zwecke. Durch die Kapitalmarktorientierung der Rechnungslegung, die die Wertedarstellung des Unternehmens einschließlich Steuern zum Inhalt hat, muss sich die Steuerabteilung im Unternehmen neu ausrichten.

II. Konzernsteuerquote und latente Steuern

1. Das Konzept latenter Steuern

Das Unternehmensergebnis einer Periode ergibt sich durch Abzug des Aufwands vom Ertrag, beide ermittelt unter Zugrundelegung eines Rechnungslegungsstandards. Zum Aufwand zählen auch die Steuern, die in dieser Periode entstanden sind. Die so ermittelten Gewinne bzw. Verluste der Periode weichen jedoch in aller Regel von den nach lokalem Steuerrecht ermittelten steuerpflichtigen Gewinnen bzw. Verlusten ab. Die laufende Steuerbelastung der Periode korrespondiert deshalb regelmäßig nicht mit dem Ergebnis nach dem Rechnungslegungsstandard. Durch die erfolgswirksame Abbildung latenter Steuern wird das Ergebnis nach dem Rechnungslegungsstandard von den Periodenverschiebungen der laufenden Steuerbelastung befreit.

Darüber hinaus können Wertansätze in der Handels- und Steuerbilanz voneinander abweichen, ohne dass die Abweichungen sich auf das aktuelle Periodenergebnis auswirken, die aber bei ihrer Auflösung ergebnisrelevant werden.[6] Ein umfassendes Konzept zur Abbildung latenter Steuern berücksichtigt daher erfolgswirksam ebenso wie erfolgsneutral begründete Differenzen einer Periode, um über die in Zukunft zu erwartenden Steuerminderungen und Steuerbelastungen aus Gegebenheiten des laufenden Geschäftsjahres und der Vorjahre zu informieren.

IAS 12 und ähnlich SFAS 109 für nach US-GAAP bilanzierende Unternehmen[7] fordern eine solch umfassende Abbildung latenter Steuern. Im Vergleich hierzu war der Ansatz latenter Steuern im traditionellen HGB-Abschluss, d.h. vor der Einführung des DRS 10[8], stark eingeschränkt. Nach der klassischen HGB-Konzeption werden lediglich „timing differences" für die Ermittlung von Steuerabgrenzungen berücksichtigt. An der Gewinn- und Verlustrechnung[9] orientiert, bilden ausschließlich ergebniswirksam entstandene Differenzen zwischen HGB und Steuerrecht die Grundlage zur Bildung latenter Steuern. Auch für so genannte „quasi-permanente" Differenzen[10] und für steuerliche Verlust-

---

[6] Der Begriff handelsrechtlicher Rechnungslegung umfasst für Zwecke dieses Buches nicht lediglich die Rechnungslegung nach dem deutschen Handelsgesetzbuch, sondern nach sämtlichen Rechnungslegungsstandards, insbesondere also auch nach IFRS und US-GAAP.

[7] Bestehende Unterschiede werden im Rahmen des Convergence Projekt IFRS und US-GAAP 2002 untersucht, vgl. http://www.iasb.org/current+projects/ASB+Projects/Income+Taxes/Income+Taxes.htm

[8] Der DRS 10, Latente Steuern im Konzernabschluss, wurde vom DRSC im Januar 2002 verabschiedet, im Bundesanzeiger am 9.4.2002 veröffentlicht und ist für alle Geschäftsjahre, die nach dem 31.12.2002 beginnen verpflichtend anzuwenden. Der DRS 10 lehnt sich weitgehend an die Regelungen nach IFRS und US-GAAP an.

[9] §§ 274, 306 HGB.

[10] Nach dem Timing Konzept werden quasi permanente Differenzen als faktisch zeitlich unbegrenzte Differenzen qualifiziert. Vgl. *Baetge/Kirsch/Thiele*, Konzernbilanzen, 6. Aufl., 2002, S. 481.

vorträge und Steueranrechnungsguthaben werden keine latenten Steuern gebildet.[11] Darüber hinaus besteht nach HGB sogar die Möglichkeit, aktive und passive latente Steuern zu saldieren[12] sowie auf den Ausweis eines Überhangs aktiver latenter Steuern, die nach § 274 Abs. 2 S. 1 HGB als Bilanzierungshilfe angesehen werden, vollständig zu verzichten. Diese stark eingeschränkte Abbildung latenter Steuern im HGB-Abschluss ist ursächlich dafür, dass eine Konzernsteuerquote auf dieser Grundlage weder in irgendeiner Weise prognosefähig ist, noch vom Kapitalmarkt als eine bewertungsrelevante Größe angenommen wird. Besonders deutlich wird dies bei der Verlustverrechnung.

Beispiel 1a: Ein international tätiges Unternehmen zeigt einen Jahresüberschuss vor Steuern von 1500 GE, von denen 500 Mio. GE im Inland und 1000 Mio. GE im Ausland entstanden sind. Da im Inland Verlustvorträge in Höhe von 1000 Mio. GE bestehen, werden keine inländischen Steuern gezahlt und nach HGB auch keine latenten Steuern auf Verlustvorträge bilanziert. Der Durchschnittssteuersatz für alle ausländischen und inländischen Einkünfte beträgt 36%, wodurch eine laufende ausländische Steuer von 360 Mio. GE entsteht. Im Abschluss erscheint daher insgesamt ein laufender Steueraufwand von 360 Mio. GE. Bezieht man den Ertragsteueraufwand auf ein Gesamtergebnis vor Steuern von 1500 Mio GE (Ausland: 1000 Mio. GE; Inland: 500 Mio. GE), so ergibt sich eine Steuerquote von 24%. Würde das Unternehmen aber beispielsweise nach IFRS bilanzieren und hätte auf den Verlustvortrag gemäß IAS 12.34 ein „deferred tax asset" (DTA) gebildet, müssten bei einem inländischen Ergebnis von 500 Mio. GE zusätzlich 180 Mio. GE (500 Mio. GE multipliziert mit einem angenommenen Steuersatz von 36%) als latenter Steueraufwand aus der Auflösung des DTA erfasst werden. Die Steuerquote[13] beträgt dann nicht 24% sondern 36%.

$$\frac{\text{Laufender Steueraufwand („Current Taxes")} + \text{Latenter Steueraufwand („Deferred Taxes")}}{\text{Jahresergebnis vor Steuern}} \star 100 = \text{ETR}$$

$$\frac{360 + 180 = 540}{1500} \star 100 = 36\%$$

Der Verlustvortrag stellt einen Wert dar, der die zukünftige laufende Steuerbelastung reduziert. Da es IFRS und US-GAAP vorsehen, latente Steuern auf Verlustvorträge zu bilden, ist die Steuerquote auf dieser Basis aussagefähiger und besser vergleichbar.[14] Die zentrale Bedeutung der latenten Steuern für die Konzernsteuerquote wird durch die Analyse veröffentlichter Jahresabschlüsse verstärkt. Hieraus lässt sich die Erkenntnis gewinnen, dass der Anteil latenter Steuern teilweise den Anteil der laufenden Steuern überwiegt.[15]

---

[11] Der Ansatz aktiver latenter Steuern ist nur nach § 306 HGB verpflichtend, insoweit sie aus der Gewinnkonsolidierung resultieren.

[12] Nach herrschender Meinung ist eine Saldierung aktiver und latenter Steuern geboten; vgl. u.a. *Beck'scher Bilanz-Kommentar*, Handels- und Steuerbilanz, 2006, § 274 Rz. 10.

[13] Vgl. ausführlich zur Definition und Interpretation der Konzernsteuerquote Kapitel A.III.

[14] Vgl. auch *Müller R.*, Die Konzernsteuerquote – Modephänomen oder ernst zu nehmende neue Kennziffer?, DStR 2002, S. 1684 (1686).

[15] Vgl. auch *Küting K./Zwirner C.*, Latente Steuern in der Unternehmenspraxis: Bedeutung für Bilanzpolitik und Unternehmensanalyse – Grundlagen sowie empirischer Befund in 300 Konzernabschlüssen von in Deutschland börsennotierter Unternehmen, WPg 2003, S. 301.

Das Beispiel zeigt, dass erst die umfassende Abbildung latenter Steuern die Darstellung des Steueraufwands unabhängig macht von den Zufälligkeiten der periodenübergreifenden Verschiebung der zeitlichen Zuordnung von steuerlichen Bemessungsgrundlagen. Das Verständnis des Konzepts latenter Steuern ist deshalb einerseits Voraussetzung für das Verständnis der Konzernsteuerquote überhaupt. Andererseits wäre der ausgewiesenen Ertragsteueraufwand bzw. die Konzernsteuerquote ohne Bedeutung für den Kapitalmarkt, würden nicht Zufälligkeiten der zeitlichen Zuordnung von Ertragsteuern durch das Konzept der latenten Steuern nivelliert. Den latenten Steuern sind deshalb die folgenden Kapitel gewidmet. Dabei wird das bilanzorientierte „temporary concept" der IFRS und US-GAAP zugrunde gelegt, das alle Unterschiede zwischen Rechnungslegungsstandard und Steuerwert einbezieht, die sich zukünftig steuerbe- oder -entlastend auswirken.[16]

a) Temporäre Wertunterschiede

Differenzen zwischen einem Wertansatz nach dem jeweiligen Rechnungslegungsstandard und dem steuerlichen Wertansatz können dauerhaft sein („permanent differences"), wenn es sich bei Betriebsausgaben beispielsweise um steuerlich nicht abzugsfähige Aufwendungen handelt oder Betriebseinnahmen nach den jeweiligen steuerlichen Vorschriften steuerfrei sind. Diese Differenzen stellen einen dauerhaften Unterschied zwischen den beiden Rechenwerken dar und werden deshalb im Rahmen der Bildung latenter Steuern nicht berücksichtigt. Permanente Differenzen sind somit steuerlich unmittelbar wirksam und beeinflussen die Konzernsteuerquote.

Es können jedoch auch Differenzen zwischen den beiden Rechenwerken auftreten, die beispielsweise durch unterschiedliche Wertansätze von Vermögensgegenständen und Wirtschaftsgütern bei ihrer erstmaligen Erfassung in Handels- und Steuerbilanz entstanden sind oder die bei gleichen Wertansätzen durch divergierende Abschreibungszeiträume hervorgerufen werden. Solche Differenzen sind nicht dauerhaft, sondern gleichen sich grundsätzlich im Zeitablauf durch z.B. unterschiedliche Abschreibungsbeträge in beiden Rechenwerken wieder aus. Es handelt sich dann um so genannte temporäre Differenzen („temporary differences"), die in der Zukunft einen im Verhältnis zum Ergebnis nach dem Rechnungslegungsstandard niedrigeren oder höheren laufenden Steueraufwand auslösen. Differenzen, die sich im Zeitablauf nicht automatisch

---

[16] Das „Temporary Konzept" berücksichtigt im Gegensatz zum „Timing Konzept" nach HGB auch solche Unterschiede, die bei ihrer Entstehung erfolgsneutral gebildet werden. Dabei wird die Verbindlichkeits-Methode („liability method"), manchmal auch als bilanzorientierte Verbindlichkeitsmethode („balance sheet liability method") bezeichnet, zugrunde gelegt.

ausgleichen, sondern zusätzlich eine Managementdisposition erfordern, nennt man u.a. quasi-permanente Differenzen. Ist beispielsweise eine quasi-permanente Differenz durch eine steuerlich nicht anerkannte Teilwertabschreibung auf eine Beteiligung entstanden, löst sich der Unterschiedsbetrag bei angenommenen unveränderten Wertverhältnissen erst bei Veräußerung der Beteiligung auf. Sollte der Veräußerungsverlust steuerlich berücksichtigungsfähig sein, wäre auch dieser Unterschied bei der Bildung latenter Steuern zu berücksichtigen.[17]

Für diese temporären Wertunterscheide (einschließlich der quasi-permanenten Differenzen) werden grundsätzlich latente Steuern gebildet. Ausgehend von der Bilanz („liability method") werden die Wertansätze der einzelnen Bilanzpositionen nach dem Rechnungslegungsstandard und dem anzuwendenden Steuerrecht verglichen. Die Steuerlatenz ergibt sich durch Multiplikation der Differenz zwischen den beiden Wertansätzen mit dem anzuwendenden Steuersatz. Der Steueraufwand wird dadurch von Periodenverschiebungen befreit und korrespondiert insgesamt mit dem Ergebnis nach dem Rechnungslegungsstandard. Aufgrund des Ausgleichs der laufenden Steuereffekte durch die latenten Steuern beeinflussen temporäre Differenzen die Konzernsteuerquote nicht.

Beispiel 1b: Ein Wirtschaftsgut mit einem Wert von 100 Mio. GE wird nach IFRS bzw. US-GAAP über die gewöhnliche Nutzungsdauer von 5 Jahren planmäßig abgeschrieben. Steuerlich kann über 3 Jahre abgeschrieben werden. Der Ertragsteuersatz wird für alle Perioden mit 36% angenommen.

Periode	**01**	**02**	**03**	**04**	**05**
Bilanz					
IFRS/US-GAAP	80	60	40	20	0
Steuerl. Vorschriften	66 2/3	33 1/3	0	0	0
Gewinn/Verlust					
IFRS/US-GAAP	(20)	(20)	(20)	(20)	(20)
Steuerl. Vorschriften	(33 1/3)	(33 1/3)	(33 1/3)	0	0
Differenz (G.u.V.)	**13 1/3**	**13 1/3**	**13 1/3**	**(20)**	**(20)**

In Periode 01 bis 03 ist das steuerliche Ergebnis aufgrund der höheren AfA um 13 1/3 Mio. geringer als das Ergebnis nach den Rechnungslegungsstandards. Der steuerliche Vorteil des höheren Betriebsausgabenabzugs von 13 1/3 Mio. GE beträgt 4,8 Mio. GE (13 1/3 * 36%). Da in Periode 04 und 05 das Wirtschaftsgut in der Steuerbilanz bereits abgeschrieben ist, weicht das steuerliche Ergebnis auch hier vom IFRS/US-GAAP-Ergebnis ab. Die Differenz ist die Höhe der Abschreibung nach dem

[17] Vgl. *Prangenberg A.*, Konzernabschluss international, 1. Aufl. 2000, S. 171.

Rechnungslegungsstandard von 20 Mio. GE. Der Nachteil durch die niedrigere steuerliche Abschreibung beträgt 7,2 Mio. GE (20 * 36%). Ab Periode 06 haben sich die unterschiedlichen Wertansätze wieder angeglichen.

Bei einem angenommenen, nach dem Rechnungslegungsstandard und den steuerlichen Vorschriften identischen, sonstigen Gewinn von 1000 Mio. ergibt sich aufgrund der unterschiedlichen Abschreibungsverläufe ohne die Abbildung latenter Steuern folgende Effective Tax Rate (ETR):

Periode	**01**	**02**	**03**	**04**	**05**
Gewinn/Verlust					
Sonstiger Gewinn	1000	1000	1000	1000	1000
Abschreibung	(20)	(20)	(20)	(20)	(20)
Ergebnis vor Steuern	**980**	**980**	**980**	**980**	**980**
Ergebnis vor Steuern * 36%	(352,8)	(352,8)	(352,8)	(352,8)	(352,8)
Differenz (G. u. V.) * 36%	4,8	4,8	4,8	(7,2)	(7,2)
Laufende Steuer	**348**	**348**	**348**	**360**	**360**
Nachsteuerergebnis	**632**	**632**	**632**	**620**	**620**
ETR	**35,5%**	**35,5%**	**35,5%**	**36,7%**	**36,7%**

Der Steueraufwand ohne Berücksichtigung von latenten Steuern beträgt in den Perioden 01–03 jeweils 348 Mio. GE und in Periode 04 und 05 360 Mio. GE. Entsprechend schwankt die Steuerquote bei einem angenommenen Ergebnis vor Steuern von 980 Mio. GE zwischen 35,5% und 36,7%. Der Grund liegt allein in der unterschiedlichen Periodenzuordnung der steuerlichen Bemessungsgrundlage.

Durch die Abbildung latenter Steuern wird der Ertragsteueraufwand von Periodenverschiebungen befreit und die ETR um Volatilitäten bereinigt:

Periode	**01**	**02**	**03**	**04**	**05**
Bilanz					
„deferred tax liability" (Δ * 36%)	4,8	9,6	14,4	7,2	0
Gewinn/Verlust					
Sonstiger Gewinn	1000	1000	1000	1000	1000
Abschreibung	(20)	(20)	(20)	(20)	(20)
Ergebnis vor Steuern	**980**	**980**	**980**	**980**	**980**
Laufende Steuer	(348)	(348)	(348)	(360)	(360)
Latente Steuer	(4,8)	(4,8)	(4,8)	7,2	7,2
Summe	**352,8**	**352,8**	**352,8**	**352,8**	**352,8**
Nachsteuerergebnis	**627,2**	**627,2**	**627,2**	**627,2**	**627,2**
ETR	**36%**	**36%**	**36%**	**36%**	**36%**

Der Vorteil des steuerlich geringeren Ergebnisses in den Perioden 01 bis 03 wird durch die Passivierung einer latenten Steuerverbindlichkeit („deferred tax liability (DTL)") und dem damit einhergehenden latenten Steueraufwand neutralisiert. In Periode 04 und 05 wird die DTL aufgelöst. Die höhere laufende Steuer wird somit durch einen latenten Steuerertrag kompensiert. Der erfolgswirksame steuerliche Vorteil aus der Abschreibung beträgt dadurch einheitlich in allen Perioden 20 Mio. * 36% = 7,2 Mio. GE.

Der gleiche Effekt entsteht, wenn das Wirtschaftsgut vor Ablauf der gewöhnlichen Nutzungsdauer veräußert wird. Bei Veräußerung zu Beginn der Periode 03 zu 40 GE beträgt das steuerliche Mehrergebnis 26 2/3 Mio. GE; hieraus resultiert eine Steuerbelastung von 9,6 Mio. GE. Durch das Ausbuchen der DTL wird die laufende Steuer auf den steuerlichen Veräußerungsgewinn insoweit durch einen latenten Steuerertrag kompensiert.

	IFRS/US-GAAP	**Steuerliche Vorschriften**	**Differenz**
Veräußerungspreis	40	40	0
Buchwert	(60)	(33 1/3)	(26 2/3)
Gewinn/Verlust	**-20**	**6 2/3**	**(26 2/3)**

Periode	**01**	**02**	**03**
Bilanz			
„deferred tax liability" (Δ * 36%)	4,8	9,6	0
Gewinn/Verlust			
Sonstiger Gewinn	1000	1000	1000
Abschreibung	(20)	(20)	(20)
Ergebnis vor Steuern	**980**	**980**	**980**
Laufende Steuer	(348)	(348)	(362,4)
Latente Steuer	(4,8)	(4,8)	9,6
Summe	**352,8**	**352,8**	**352,8**
Nachsteuerergebnis	**627,2**	**627,2**	**627,2**
ETR	**36%**	**36%**	**36%**

Wäre in diesem Beispiel der Steuerbilanzwert höher als der Wertansatz nach dem Rechnungslegungsstandard, z.B. aufgrund eines für steuerliche Zwecke längeren Abschreibungszeitraumes, müsste der Unterschiedsbetrag durch die Aktivierung eines „deferred tax asset" (DTA) ausgeglichen werden. Die Ausführungen zur „deferred tax liability" finden entsprechend Anwendung. Im Unterschied zu DTLs sind DTAs allerdings als Risikoposten einzustufen, die im Rahmen einer aktiven Beeinflussung der Konzernsteuerquote besondere Aufmerksamkeit erfordern.[18]

[18] Vgl. hierzu Kapitel B.IV.4.c)

Bei unterschiedlichen Wertansätzen von Vermögenswerten oder Schulden nach dem Rechnungslegungsstandard im Vergleich zur Steuerbilanz lassen sich die vier folgenden Grundfälle zur Bildung latenter Steuern unterscheiden:

Aktivseite:
Wert nach Rechnungslegungsstandard > Steuerbilanzwert = DTL
Wert nach Rechnungslegungsstandard < Steuerbilanzwert = DTA

Passivseite:
Wert nach Rechnungslegungsstandard > Steuerbilanzwert = DTA
Wert nach Rechnungslegungsstandard < Steuerbilanzwert = DTL

Der funktionale Zusammenhang zwischen dem Buchwert eines Wirtschaftsgutes nach Rechnungslegungsstandard und dessen Steuerwert kann graphisch folgendermaßen dargestellt werden:

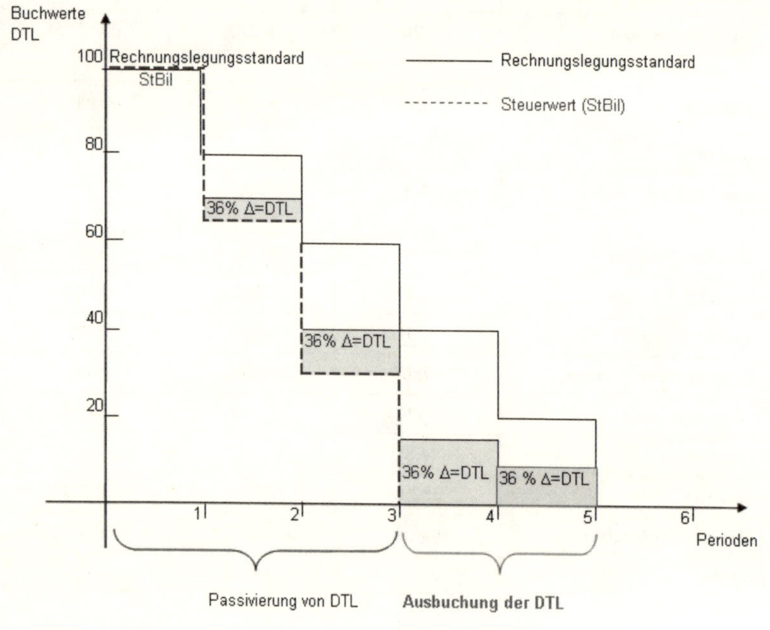

Abb. 1: Funktionaler Zusammenhang zwischen Wertansatz und Steuerlatenz

Je größer der Unterschied zwischen dem Wertansatz in der Steuerbilanz und dem Wertansatz nach dem Rechnungslegungsstandard ist, desto größer wird die latente Steuerverbindlichkeit, sozusagen als sich veränderndes „Bindeglied" zwischen beiden Wertansätzen. Wenn sich der Wert nach dem Rechnungslegungsstandard dem Steuerwert annähert, weil dieser bereits abgeschrieben ist, reduziert sich die Steuerlatenz erfolgswirksam, um die in diesem Beispiel höhere laufende Steuerbelastung zu kompensieren.[19] Sollte nach dem Rechnungslegungsstandard im Vergleich zu den steuerbilanziellen Vorschriften eine vorgezogene Abschreibung möglich sein, dann müsste in der Abbildung lediglich die Beschreibung der Wertansätze ausgetauscht und die latente Steuerverbindlichkeit durch ein DTA ersetzt werden.

b) Verlustvorträge und andere steuerliche Anrechnungsguthaben

Neben temporären Wertunterschieden, die von den Wertansätzen in der Bilanz ausgehen, können Verlustvorträge und steuerliche Anrechungsguthaben ebenfalls zur Aktivierung latenter Steuern führen. Sie stellen einen Vorteil dar, der in der Zukunft durch die Verrechnung mit steuerpflichtigem Einkommen oder mit der zu zahlenden Steuer genutzt werden kann und dadurch die zukünftige laufende Steuerbelastung absenkt.

Beispiel 1c: Der eingangs dargestellte Beispielsfall 1a eines international tätigen Unternehmens wird um die Perioden 01 und 03 ergänzt. Der Durchschnittsteuersatz im In- und Ausland beträgt 36%.

Der Steueraufwand ohne Berücksichtigung latenter Steuern auf Verlustvorträge würde sich wie folgt ermitteln:

Periode	**01**		**02**		**03**	
	Inland	Ausland	Inland	Ausland	Inland	Ausland
Gewinn/Verlust	**1000**		**1500**		**2000**	
Ergebnis vor Steuern	(1000)	2000	500	1000	1000	1000
Laufende Steuer	0	(720)	0	(360)	(180)	(360)
Summe Steuern	**(720)**		**(360)**		**(540)**	
Nachsteuerergebnis	**280**		**1140**		**1460**	
ETR	**72%**		**24%**		**27%**	

Ohne die Abbildung latenter Steuern wird der steuerliche Verlustvortrag im Zeitpunkt seines Entstehens in Periode 01 nicht als Steuerertrag gezeigt, obwohl er zukünftig mit der laufenden Steuerbelastung im Inland verrechnet werden kann. Setzt man den laufenden Steueraufwand im Ausland ins Verhältnis zum Konzernergebnis, erhält man eine Steuerquote von 72%, da 720 Mio. GE laufender Steueraufwand auf 1000 Mio. GE Gesamtergebnis entfallen. In Periode 02 und 03 wird der steuerliche Verlustvortrag mit steuerpflichtigen Gewinnen verrechnet und führt zu einer niedrigen laufenden Steuerbelastung im Inland und dadurch zu einer Konzernsteuerquote von 24% bzw. 27%. Erst durch die erfolgswirksame Abbildung eines „deferred tax asset“

---

[19] Vgl. zum „Kompensationseffekt“ *Herzig, N./Dempfle U.*, Konzernsteuerquote, betriebliche Steuerpolitik und Steuerwettbewerb, DB 2002, S. 3.

auf den steuerlichen Verlustvortrag in Periode 01 gleicht sich die Periodenverschiebung der steuerlichen Bemessungsgrundlagen und der Gewinne nach dem einschlägigen Rechnungslegungsstandard aus.

Periode	**01**		**02**		**03**	
	Inland	Ausland	Inland	Ausland	Inland	Ausland
Bilanz						
DTA (1000 * 36%)	360	0	180	0	0	
Gewinn/Verlust	**1000**		**1500**		**2000**	
Ergebnis vor Steuern	(1000)	2000	500	1000	1000	1000
Laufende Steuer	0	(720)	0	(360)	(180)	(360)
Latente Steuer (deferred tax benefit/expense)	360	0	(180)	0	(180)	0
Summe Steuern	**360**	**(720)**	**(180)**	**(360)**	**(360)**	**(360)**
Gesamt	**360**		**(540)**		**(720)**	
Nachsteuerergebnis	**640**		**960**		**1280**	
ETR	**36%**		**36%**		**36%**	

Auf den inländischen Verlust wird in Periode 01 ein DTA in Höhe von 360 Mio. GE gebildet. Da die Voraussetzungen zur Aktivierung einer aktiven latenten Steuer auf Verlustvorträge nach IFRS/US-GAAP erfüllt sein sollen[20], führt die Bildung der DTA bei der Ermittlung des Nachsteuerergebnisses zu einem latenten Steuerertrag von 360 Mio. GE. Im Ausland wird ein Gewinn von 2000 Mio. GE erzielt, der mit 36% Steuern belastet ist und damit zu einem laufenden Steueraufwand von 720 Mio. GE führt. Der Gesamtsteueraufwand beträgt damit 360 Mio. GE. In Periode 02 und 03 werden positive Ergebnisse vor Steuern erzielt, die steuerpflichtig sind. Durch die Nutzung des Verlustvortrages entsteht zwar keine bzw. eine nur geringe laufende Steuerbelastung im Inland. Gleichzeitig nimmt jedoch der ursprünglich als DTA erfolgswirksam berücksichtigte steuerliche Vorteil wieder ab, was sich als latenter Steueraufwand in der Gewinn- und Verlustrechung widerspiegelt. Die Konzernsteuerquote beträgt durch die Abbildung der aktiven latenten Steuer auf den Verlustvortrag einheitlich 36%.

c) Zusammenfassung

Die Anwendung eines umfassenden Konzepts zur Abbildung latenter Steuern verleiht der Konzernsteuerquote eine kapitalmarktrelevante Aussagekraft, da es eine Volatilität der ETR verhindert. Der Ansatz latenter Steuern führt zur Berücksichtigung der in der laufenden Periode verursachten, aber (noch) nicht im laufenden Steueraufwand enthaltenen (künftigen) Ertragsteuern. Latente Steuern werden als Vermögenswerte und Schulden aufgefasst, die wirtschaftliche Ansprüche und Verpflichtungen des Unternehmens abbilden.[21]

[20] Vgl. hierzu Kapitel A.II.2.

Nach dem „temporary concept“ internationaler Rechnungslegungsstandards werden latente Steuern gebildet, wenn sich zum einen die Wertansätze von Bilanzpositionen nach Steuerrecht und Rechnungslegungsstandard unterscheiden und zum anderen, wenn steuerliche Verluste bzw. steuerliche Anrechungsguthaben entstehen, die erst in Folgeperioden mit steuerpflichtigem Einkommen oder der zu zahlenden Steuer verrechnet werden können. Insgesamt ist es dabei grundsätzlich unerheblich, ob die Bewertunterschiede ergebniswirksam oder erfolgsneutral entstanden sind. Entscheidend ist dabei nur, ob sie in der Zukunft eine Ergebniswirkung entfalten können. Latente Steuern sind aufzulösen, wenn sich (i) die unterschiedlichen Wertansätze annähern, (ii) das die Steuerlatenz begründende Wirtschaftsgut veräußert wird, (iii) die zugrunde liegenden Steuersätze aufgrund von Steuerrechtsänderungen angepasst werden müssen oder (iv) bei deferred tax assets nicht (mehr) mit einer Werthaltigkeit zu rechnen ist und diese abgeschrieben werden müssen. Die nachfolgende **Abbildung 2** gibt einen Überblick, wann es zur Bildung von latenten Steuern kommt.

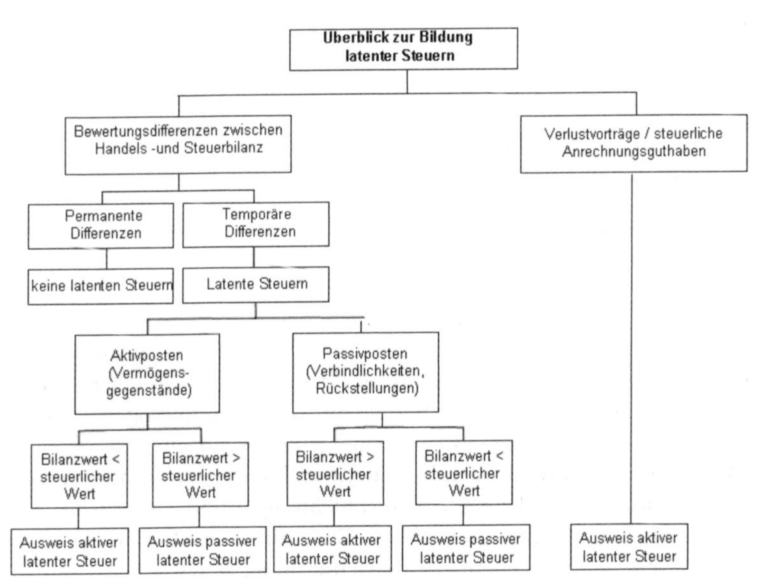

Abb. 2: Überblick zur Bildung latenter Steuern

Da IFRS und US-GAAP als international anerkannte Rechnungslegungsstandards den Maßstab für eine kapitalmarktorientierte und umfassende Berücksichtigung latenter Steuern bilden, werden nachfolgend die

[21] Vgl. *Kütin K./Wirth J.*, Latente Steuern und Kapitalkonsolidierung nach IAS/IFRS, BB 2003, S. 623 f.

wesentlichen Vorschriften im Zusammenhang mit dem Ertragsteueraufwand im Jahresabschluss vorgestellt. Konsolidierungsvorschriften und andere Normen, die den Steueraufwand und die Bildung latenter Steuern wesentlich beeinflussen, werden für IFRS im Rahmen der Darstellung der wesentlichen Einflussfaktoren auf die Konzernsteuerquote im Kapitel B.III. und IV. erläutert.

2. Rechnungslegungsvorschriften

a) IFRS

Die Abbildung von Ertragsteuern in IFRS-Abschlüssen wird maßgeblich durch den Standard IAS 12 geregelt, der seit seiner ersten Verabschiedung im Jahre 1979 mehrfach überarbeitet und 1996 durch einen neuen Standard IAS 12 „Income Taxes" ersetzt worden ist. Er regelt den Steuerausweis im Einzel- und Konzernabschluss. Wesentlich verändert hat er sich durch den Übergang vom Timing zum Temporary Concept bei der Abbildung latenter Steuern im Jahre 1998. Ende 2000 wurde dort festgelegt, dass in Jurisdiktionen mit einem unterschiedlichen Steuersatz für Ertragsthesaurierung und Ausschüttung der Thesaurierungssteuersatz für die Bewertung der latenten Steuern anzuwenden ist, solange keine Ausschüttungsverbindlichkeit des Unternehmens gegenüber dem Anteilseigner gezeigt wird.[22] Zuletzt wurde IAS 12 im Jahre 2004 an andere Standards angepasst. Es wurden vor allem Regelungen zu anteilsbasierten Vergütungen i.S.v. IFRS 2 ergänzt sowie Anpassungen im Zusammenhang mit Unternehmenszusammenschlüssen aufgrund von Änderungen des IFRS 3 vorgenommen. In der aktuellen Fassung ist IAS 12 für Berichtsperioden anzuwenden, die am oder nach dem 1.1.2005 beginnen.

IAS 12 ist auf die Abbildung von Ertragsteuern begrenzt. Ertragsteuern sind alle in- und ausländischen Steuern, deren Höhe von dem zu versteuernden Ergebnis eines Unternehmens abhängig ist. Der Steueraufwand bzw. -ertrag ist die Summe des Betrags aus laufenden und latenten Steuern, die in die Ermittlung des Periodenergebnisses eingehen.[23]

Laufende Steuern. Laufende Steuern sind die in einer Abrechnungsperiode entstandenen Ertragsteuerverpflichtungen und -ansprüche, d.h. einschließlich der Nachzahlungen bzw. Erstattungen für frühere Jahre, die beispielsweise durch steuerliche Betriebsprüfungen festgestellt werden. Noch nicht bezahlte Steuerverpflichtungen sind als Schuld und noch nicht erhaltene Erstattungsansprüche sind zum Bilanzstichtag als Vermögenswerte anzusetzen.[24]

---

[22] Vgl. IAS 12.52A und 12.52B.

[23] Vgl. IAS 12.5.

[24] Vgl. IAS 12.12. Das Gleiche gilt für Erstattungsansprüche aus einem Verlustrücktrag nach IAS 12.13 f.

Latente Steuern. Der Ansatz latenter Steuern nach IAS 12 führt zur Berücksichtigung der in laufenden oder früheren Abrechnungsperioden verursachten künftigen Ertragsteuern. Latente Steuern werden nach IFRS als Vermögenswerte und Schulden verstanden, die zukünftige steuerliche Be- und Entlastungen des Unternehmens abbilden.[25]

Jede temporäre Bilanzierungs- und Bewertungsdifferenz zwischen der IFRS- und Steuerbilanz[26] wird in die latente Steuerabgrenzung einbezogen, auch wenn diese Differenz nach IFRS erfolgsneutral entstanden sein sollte. Dann allerdings werden die latenten Steuern regelmäßig auch erfolgsneutral und nicht über die Gewinn- und Verlustrechnung gebildet.[27] Auch „quasi-permanente" Differenzen sind bei der Bestimmung latenter Steuern zu berücksichtigen. Sie sind Bestandteil der temporären Differenzen und damit Grundlage für latente Steuern. Ebenso sind auf steuerliche Verlustvorträge und ungenutzte Steuergutschriften nach IFRS aktive latente Steuern zu bilden, wenn ansonsten die Voraussetzungen[28] zur Bildung aktiver latenter Steuern erfüllt sind.

Für aktivische latente Steuern auf zukünftig abzugsfähige temporäre Differenzen („deductible temporary differences")[29], Verlustvorträge und Steuergutschriften besteht nach den IFRS ein Bilanzierungsgebot, soweit es wahrscheinlich ist („probable"), dass diese mit künftigen steuerpflichtigen Gewinnen verrechnet werden können.[30] Ist die Realisierung des DTA unwahrscheinlich, ist zwingend eine Wertberichtigung vorzunehmen. Die Werthaltigkeit ist für jedes Geschäftsjahr zum Bilanzstichtag zu überprüfen.[31] Eine Wertberichtigung ist in dem Umfang vorzunehmen, in dem es nicht mehr wahrscheinlich ist, dass ausreichend zu versteuerndes Einkommen zur Verfügung stehen wird. Umgekehrt ist der Wert eines abgeschriebenen DTA wieder aufzuholen, soweit es wahrscheinlich wird, dass ausreichend zu versteuerndes Einkommen zur Verfügung stehen wird.

Nach IAS 12.28 f. liegen Anhaltspunkte für eine Werthaltigkeit von DTA vor, wenn hinsichtlich desselben Steuersubjekts und im Verhältnis zur selben Steuerhoheit

---

[25] Vgl. *Küting K./Wirth J.*, Latente Steuern und Kapitalkonsolidierung nach IAS/IFRS, BB 2003, S. 623 f.

[26] IAS 12.7 definiert den Steuerwert eines Vermögensgegenstands und IAS 12.8 den Steuerwert einer Schuld („tax base").

[27] IAS 12.61 und *Coenenberg A.G./Hille K.*, Latente Steuern nach der neu gefassten Richtlinie IAS 12, DB 1997, S. 537 (542).

[28] IAS 12.34 schreibt vor, welche Voraussetzungen erfüllt sein müssen, damit aktive latente Steuern auf Verlustvorträge bzw. noch nicht genutzte Steuergutschriften gebildet werden dürfen.

[29] Vgl. zur Entstehung von DTA Kapitel A.II.1.a).

[30] Vgl. IAS 12.24 und IAS 12.34.

[31] Vgl. IAS 12.56 sowie *Zwirner C./Busch J./Reuter M.*, Abbildung und Bedeutung von Verlusten im Jahresabschluss – Empirische Ergebnisse zur Wesentlichkeit von Verlustvorträgen in deutschen Konzernabschlüssen, DStR 2003, S. 1042 (1047).

- ausreichend zu versteuernde temporäre Wertunterschiede vorliegen („taxable temporary differences")[32], die sich in der gleichen Periode wie die abzugsfähigen temporären Differenzen in laufende Steuerverpflichtungen umkehren werden;
- ausreichend sonstige zu versteuernde Ergebnisse in der Periode der Umkehrung der abzugsfähigen temporären Differenzen erwartet werden können; oder
- durch Steuergestaltungsmöglichkeiten in den betroffenen Perioden ausreichend steuerpflichtiges Einkommen generiert wird.

Bei der Bildung aktiver latenter Steuern auf Verlustvorträge und Steueranrechnungsguthaben ist zu berücksichtigen, dass diese oft nur eingeschränkt nutzbar sind.[33] Nach IAS 12.82(b) muss das berichtspflichtige Unternehmen durch eine zusätzliche Erklärung offen legen, weshalb DTA auf Verlustvorträge aktiviert worden sind, wenn das gleiche Steuersubjekt in der laufenden oder in der Vorperiode in der gleichen Steuerjurisdiktion Verluste erlitten hat.

Neben einer unter Umständen notwendigen Abwertung der aktiven Steuerlatenz aufgrund der Werthaltigkeitsprüfung besteht ein Ansatzverbot[34] für aktive latente Steuern im Zusammenhang mit dem erstmaligen Ansatz eines Vermögenswertes oder einer Schuld bei einem Geschäftsvorfall, der (i) kein Unternehmenszusammenschluss ist und (ii) zum Zeitpunkt des Geschäftsvorfalls weder das handelsrechtliche Periodenergebnis vor Steuern noch das zu versteuernde Ergebnis beeinflusst.

Für zukünftig zu versteuernde temporäre Differenzen („taxable temporary differences") besteht nach IAS 12.15 eine Passivierungspflicht. Von einer Werthaltigkeit der Verpflichtung ist grundsätzlich auszugehen.[35]

Ansatzverbote[36] für passive latente Steuern bestehen, bei:

- dem erstmaligen Ansatz eines Geschäfts- oder Firmenwertes und
- dem erstmaligen Ansatz eines Vermögenswertes oder einer Schuld bei einem Geschäftsvorfall, der (i) kein Unternehmenszusammenschluss ist und (ii) zum Zeitpunkt des Geschäftsvorfalls weder das handelsrechtliche Periodenergebnis vor Steuern noch das zu versteuernde Ergebnis beeinflusst.

---

[32] Vgl. IAS 12.28.

[33] Nach deutschen steuerlichen Vorschriften kann in diesem Zusammenhang insbesondere auf die eingeschränkte Verlustnutzung nach §§ 2a, 10d, 15 Abs. 4, 15a und b EStG und § 10a GewStG verwiesen werden. In anderen Jurisdiktionen, wie beispielsweise den USA verfallen steuerliche Anrechnungsguthaben („foreign tax credit") regelmäßig nach fünf Jahren.

[34] Vgl. IAS 12.24.

[35] Vgl. *WILEY*, Kommentar zur internationalen Rechnungslegung nach IFRS 2006; Abschnitt 15, Tz. 29.

[36] Vgl. IAS 12.15 und 12.21.

Nach IAS 12.39 bzw. IAS 12.44 sind aktive und passive latente Steuern i.V.m. Anteilen an Tochterunternehmen, Zweigniederlassungen und assoziierten Unternehmen sowie Anteilen an Joint Ventures zu bilden. Bei Beteiligungen an Tochterunternehmen, assoziierten Unternehmen sowie Anteilen an Joint Ventures können temporäre Wertunterschiede entstehen, wenn sich das der Tochtergesellschaft zugeordnete Eigenkapital im Konzernabschluss unterschiedlich zum Steuerwert beim Anteilseigner entwickelt, weil beispielsweise Gewinne nicht ausgeschüttet, sondern thesauriert wurden.[37] IAS 12.39 bestimmt in diesen Fällen, dass in dem Umfang keine latenten Steuern abzugrenzen sind, in dem (i) das Mutterunternehmen, der Anteilseigner oder das Partnerunternehmen in der Lage ist, den zeitlichen Verlauf der Umkehrung der temporären Differenzen zu steuern und (ii) es wahrscheinlich ist, dass sich die temporären Differenzen in absehbarer Zeit nicht umkehren werden.[38]

Bei Unternehmenszusammenschlüssen werden latente Steuern zum Zeitpunkt des Unternehmenszusammenschlusses nach den oben dargestellten Grundsätzen gebildet.[39] Ist es aufgrund des Zusammenschlusses wahrscheinlich, dass der Erwerber vorhandene Verlustvorträge mit neuem steuerpflichtigem Einkommen verrechnen kann, können hierauf DTA gebildet bzw. aufgewertet werden. Der Erwerber behandelt diese jedoch nicht als Teil der Bilanzierung des Unternehmenszusammenschlusses und berücksichtigt die Wertaufholung nicht bei der Bestimmung des Geschäfts- oder Firmenwertes des erworbenen Unternehmens, sondern unmittelbar im Ertragsteuerergebnis.[40] Können allerdings DTA auf ungenutzte Verlustvorträge beim übernommenen Unternehmen gebildet werden, sind diese mit einem Firmenwert bzw. Goodwill zu verrechnen.[41]

Bewertung latenter Steuern. Latente Steuern werden nach IAS 12.47 grundsätzlich mit dem Steuersatz bewertet, der im Jahr der Umkehrung gilt.[42] Dabei sind nach der Diktion des IAS 12.48 die Steuersätze zu verwenden, die im Zeitpunkt der Bilanzierung mit materieller Wirkung in Kraft gesetzt sind, d.h. dass mit deren Inkrafttreten am Bilanzstichtag mit an Sicherheit grenzender Wahrscheinlichkeit zu rechnen ist („substantively enacted").[43] In Deutschland sollte ein neuer Steuersatz aufgrund einer Gesetzesänderung dann verwendet werden, wenn das Gesetzgebungsverfahren am Bilanzstichtag weitestgehend abgeschlossen ist, d.h. wenn

---

37 Vgl. ausführlich IAS 12.38.

38 Vgl. zu „outside basis differences" Kapitel B.III.2.a).

39 Vgl. IAS 12.19.

40 Vgl. IAS 12.67.

41 Vgl. IFRS 3.37 und IFRS 3.65 („business combination").

42 Zur Bewertung körperschaft- und gewerbesteuerlicher Verlustvorträge für aktive latente Steuern vgl. ausführlich *Gens P.-M./Wahle T.*, Bewertung körperschafts- und gewerbesteuerlicher Verlustvorträge für aktive latente Steuern nach IAS, KoR 2003, 288 ff.

43 Vgl. zu Besonderheiten bei Personengesellschaften *Kirsch H.*, DStR 2002, 1875 ff.; *Kirsch H.*, DStZ 2003, 331 ff. sowie *Ernsting I./Loitz R.*, DB 2004, S. 1053 ff.

Bundestag und Bundesrat zugestimmt haben. Bei unterschiedlichem Thesaurierungs- und Ausschüttungssteuersatz ist bis zur Passivierung der Ausschüttungsverbindlichkeit der Thesaurierungssteuersatz anzuwenden.[44] Ändert sich der oder die Steuersätze, findet zum Bilanzstichtag eine Neubewertung der latenten Steuern statt.

Aufgrund der Komplexität der Ermittlung besteht nach IAS 12.53 und 12.54 für latente Steuern ein Abzinsungsverbot.[45]

Ausweis. Latente Steueransprüche und -schulden sind separat von den laufenden Ertragsteueransprüchen bzw. -schulden auszuweisen.[46] Mit Ausnahme der in IAS 12.71 und 12.74 geregelten Fälle besteht grundsätzlich ein Saldierungsverbot zwischen laufenden Erstattungsansprüchen und -schulden sowie zwischen aktiven und passiven latenten Steuern. In der Gewinn- und Verlustrechnung sind laufende und latente Steuern in einer Position auszuweisen. Angabepflichten im Anhang sind in IAS 12.79–12.88 im Einzelnen geregelt.[47] Hervorzuheben ist dabei die nach IAS 12.81c geforderte Erläuterung der Relation zwischen Steueraufwand bzw. -ertrag und dem handelsrechtlichen Periodenergebnis vor Ertragsteuern („Tax Reconciliation“).

b) US-GAAP

SFAS 109 regelt im Wesentlichen die Grundsätze der Abbildung von Ertragsteuern nach US-GAAP im Einzel- und Konzernabschluss. Er ist für nach dem 15.12.1992 beginnende Wirtschaftsjahre anzuwenden und hat SFAS 96 abgelöst.[48] Der Regelungsinhalt ist mit IAS 12 vergleichbar und hinsichtlich der zugrunde liegenden Konzepte zur Abbildung latenter Steuern zumindest auf Einzelabschlussebene nahezu identisch. An dieser Stelle soll deshalb nur auf einige Unterschiede eingegangen werden.[49]

Aktive Steuerlatenz. Eine aktive Steuerlatenz ist nach IFRS zu bilden, wenn es wahrscheinlich („probable“) ist, dass künftig ausreichend zu versteuernde Gewinne zur Verfügung stehen, um die aktive latente Steuer im Zeitpunkt der Umkehrung nutzen zu können, sie also werthaltig ist.[50] Ist die aktive Steuerlatenz nicht oder nicht voll werthaltig, ist das DTA nur bis zu der Höhe zu aktivieren, zu der seine Nutzung wahrscheinlich ist.

---

[44] Vgl. IAS 12.52A.

[45] Vgl. ausführlich *Loitz R./Rössel C.*, Die Diskontierung latenter Steuern, DB 2002, S. 645 ff. und zu den Folgen Kapitel A.II.3.

[46] Vgl. IAS 1.68.

[47] Vgl. ausführlich Kapitel E.I.

[48] Vgl. auch *Born K.*, Rechnungslegung international – Einzel- und Konzernabschlüsse nach IAS, US-GAAP, HGB und EG-Richtlinien, 3. Aufl., 2002, S. 374.

[49] Vgl. insgesamt die Übersicht zu den Differenzen zwischen IFRS und US-GAAP, die im Rahmen des „convergence project“ beseitigt werden sollen; vgl. Short term convergence: income taxes, June 2007, (www.iasb.org/current+Projects/IASB+Projects/Income+Taxes/Income+Taxes.htm)

[50] Was unter „wahrscheinlich“ verstanden werden soll, wird nicht weiter präzisiert, vgl. aber die Anhaltspunkte nach IAS 12.28–12.35.

SFAS 109.17e schreibt hingegen vor, dass auf aktive latente Steuern eine passivische Wertberichtigung („valuation allowance“) gebildet werden muss, soweit deren Nutzung unwahrscheinlich ist. Die Wahrscheinlichkeit wird dabei mit größer 50% („more likely than not“) beziffert. Die Einschätzung ist auf der Grundlage einer Gesamtbetrachtung aller positiven und negativen Hinweise vorzunehmen („based on the weight of available evidence“).[51]

Rückstellung für Steuerrechtsrisiken[52]**.** Rückstellungen für Steuerrechtsrisiken werden für US-GAAP nach FIN 48[53] und für IFRS nach IAS 12 (i.V.m. IAS 37) gebildet. Nach US-GAAP ist dabei in zwei Schritten („two step-approach“) vorzugehen, wobei Gegenstand der Betrachtung der Vorteil einer unsicheren Steuerrechtsposition („tax benefit position“) ist. Im Gegensatz hierzu ist für IFRS zu untersuchen, ob der Abfluss von Ressourcen mit wirtschaftlichem Nutzen wahrscheinlich ist. Allein durch den konzeptionellen Unterschied können erhebliche Unterschiede entstehen.

Bewertung latenter Steuern. Im Vergleich zu IFRS muss für US-GAAP ein Steuergesetz formal verabschiedet worden sein[54], bevor es zur Bewertung latenter Steuern herangezogen werden kann. In Deutschland ist demnach – im Gegensatz zu den IFRS – ein geänderter Steuersatz erst dann anzuwenden, wenn der Bundespräsident das Gesetz ausgefertigt hat.

Ausweis. Lang- und kurzfristige latente Steuerforderungen und -verbindlichkeiten sind nach US-GAAP getrennt auszuweisen. Die Grenze liegt dabei üblicherweise bei einem Jahr.[55] Nach IAS 1.70 sind hingegen latente Steuerpositionen auch dann nicht als kurzfristige Bilanzpositionen auszuweisen, wenn ein Unternehmen zwischen lang- und kurzfristigen Bilanzpositionen unterscheidet.[56] Nach US-GAAP besteht im Übrigen ein Saldierungsgebot von jeweils kurzfristigen und langfristigen aktiven und passiven latenten Steuern eines Steuersubjekts in einer Steuerjurisdiktion.[57]

Unternehmenszusammenschlüsse[58] Abschließend soll noch auf einen Unterschied bei Unternehmenszusammenschlüssen hingewiesen werden. Können beispielsweise beim Erwerber durch den Unternehmenszusammenschluss aktive latente Steuern auf ungenutzte Verlustvor-

---

[51] Vgl. weiterhin SFAS 109.20 ff.

[52] Vgl. zu den Unterschieden zwischen IFRS und US-GAAP bei der Rückstellungsbildung im Einzelnen ausführlich Kapitel B.IV.4.a)aa) und dort Abbildung 14c.

[53] FASB Interpretation No. 48, Accounting for Uncertainty in Income Taxes, an interpretation of FASB Statement No. 109, June 2006.

[54] Vgl. SFAS 109.8c „enactment date“.

[55] Vgl. SFAS 109.41.

[56] Vgl. auch *Hayn S./Waldersee G.*, IAS, US-GAAP, HGB im Vergleich – synoptische Darstellung für den Einzel- und Konzernabschluss, 3. Aufl., 2000, S. 176.

[57] Vgl. SFAS 109.42 und für IFRS IAS 12.74.

[58] Vgl. insgesamt Kapitel B.IV.3.b).

träge gebildet werden, ist nach US-GAAP im Gegensatz zu IFRS die Wertaufholung als Teil der Bilanzierung des Unternehmenszusammenschlusses zu betrachten, die mit dem Geschäfts- oder Firmenwert verrechnet werden muss.[59]

3. Kritikpunkt: Keine Abzinsung latenter Steuern

Nach IFRS[60] und US-GAAP[61] besteht ein Abzinsungsverbot für latente Steuern. Insbesondere bei langfristigen temporären Differenzen stellt sich die Frage, ob eine Abzinsung nicht angezeigt wäre, um eine Überbewertung von Bilanzpositionen zu vermeiden. Diese Frage wurde schon mehrfach diskutiert; entgegengehalten wurde immer wieder, dass eine Diskontierung latenter Steuern einen detaillierten Plan mit allen Umkehreffekten voraussetzt, der kaum praktikabel und sehr aufwendig wäre.[62]

Wie in Kapitel A.II.1. angesprochen, überwiegen teilweise die latenten Steuern im Vergleich zu den laufenden Steuern. Es stellt sich daher die grundsätzliche Frage, ob die Konzernsteuerquote, die zwar durch die umfassende Abbildung latenter Steuern von Volatilitäten durch Periodenverschiebungen befreit wurde, eine ökonomisch sinnvolle (Steuerungs-) Größe sein kann, wenn sie zukünftige Steueransprüche bzw. -verpflichtungen nicht mit ihrem Barwert, sondern mit ihrem Nominalbetrag berücksichtigt. Zumindest der Saldo von aktiven und passiven latenten Steuern gleicher Fristigkeit wird dadurch wirtschaftlich überbewertet. Verstärkt wird dieser Eindruck durch eine auf den ersten Blick unterschiedliche Zielsetzung zwischen Steuerquotenoptimierung und traditioneller Steuerbarwertoptimierung, da der Zeitpunkt der Steuerzahlung für Konzernsteuerquotenzwecke irrelevant erscheint, wenn latente Steuern nicht abgezinst werden.[63] U.E. ist diese Überlegung nur vordergründig zutreffend und zeigt bei näherer Betrachtung, dass eine im Zeitablauf verlässlich stabile ETR auch die Berücksichtigung der Steuerbarwertminimierung voraussetzt.

Das Konzept der latenten Steuern macht die Konzernsteuerquote hoch reagibel auf Wertänderungen aktiver latenter Steuern. Das Wertänderungsrisiko von aktiven latenten Steuern wird bestimmt durch (i)

---

[59] Vgl. für US-GAAP SFAS 109.30 und SFAS 109.264 ff. sowie IFRS 3.65 für IFRS.

[60] Vgl. IAS 12.53.

[61] Vgl. SFAS 109.5b und 109.199 i.V.m. APB 10.6. Der DRS 10 schließt sich dieser Verfahrensweise in Ziffer 27 an.

[62] Vgl. IAS 12.54 und 12.55, SFAS 109.199 und *Loitz R./Rössel C.*, Die Diskontierung von latenten Steuern, DB 2002, S. 645 ff. Zudem müssten latente Steuern bei quasi-permanenten Differenzen in die Unendlichkeit und damit auf Null abgezinst werden, da ihre Umkehrwirkung von einer Managemententscheidung abhängt und deshalb solange nicht bestimmbar ist.

[63] Zweifelsfrei verschafft die Steuerbarwertminimierung hingegen einen ökonomischen Vorteil, da laufende Steuerzahlungen minimiert werden, ohne dabei Steuerrisiken zu schaffen.

steuerpflichtiges Einkommen zum Zeitpunkt der Umkehrung der Latenz und (ii) durch Steuersatzänderungen. Letztere betreffen auch die Bewertung von passiven latenten Steuern, sind jedoch leicht isolierbar und im Rahmen der Berichterstattung erläuterbar. Ist ein DTA hingegen nicht mehr in vollem Umfang werthaltig, muss es wertberichtigt werden. Insoweit entsteht ein Steueraufwand ohne korrespondierenden Ertrag vor Steuern („tax only"-Effekt), der sich überproportional belastend auf die ETR auswirkt. Umgekehrt ist der Wert von aktiven Steuerlatenzen wieder aufzuholen, soweit eine Verrechnung mit steuerpflichtigem Einkommen wieder wahrscheinlich ist. Dadurch kommt es zu Schwankungen des Steueraufwands und der Steuerquote. Bei aktiven latenten Steuern besteht also auch losgelöst von Steuersatzänderungen immer ein Werthaltigkeitsrisiko, das maßgebenden Einfluss auf den Ertragsteueraufwand und damit auf die Volatilität der Konzernsteuerquote hat.

Eine Minimierung des Steuerbarwerts wird regelmäßig durch das zeitliche Vorziehen von steuerwirksamen Abzugsposten bzw. das zeitliche Hinauszögern von steuerpflichtigen Erträgen, mithin durch eine zeitliche Nachverlagerung von Steuerzahlungen, erreicht. Hierdurch wird tendenziell der Bestand von aktiven latenten Steuern abgesenkt, was am Beispiel einer vorgezogenen Verlustverrechnung besonders deutlich wird: Die laufende Steuer wird abgesenkt, gleichzeitig ist eine aktive Steuerlatenz ergebniswirksam aufzulösen. Aus Konzernsteuerquotensicht handelt es sich in der Periode der vorgezogenen Verlustnutzung um einen ergebnisneutralen Vorgang, da laufender Steueraufwand durch latenten Steueraufwand ersetzt wird. Er führt jedoch zur Reduzierung des „Risikopostens" DTA und trägt zur Stabilisierung der Quote bei.

Parallel dazu kommt es durch die Optimierung der laufenden Steuern („cash taxes") tendenziell zur Erhöhung der latenten Steuerverbindlichkeiten, da die steuerlichen Buchwerte auf der Aktivseite minimiert und auf der Passivseite maximiert werden.[64] Mit Ausnahme von Steuersatzänderungen sind passive latente Steuern für sich betrachtet keinen weiteren Bewertungsrisiken ausgesetzt.

Es lässt sich also festhalten, dass der Zeitpunkt einer Steuerzahlung zumindest mittelfristig Einfluss auf die Konzernsteuerquote haben kann. Durch die Steuerbarwertminimierung werden aktive latente Steuern tendenziell reduziert und passive latente Steuern tendenziell erhöht. Die Steuerbarwertminimierung ist damit eine „ETR kompatible" Zielsetzung, weil der negative Einfluss von bilanziellen Bewertungsrisiken auf die Steuerquote vermindert wird. Diese Überlegung wird dadurch ergänzt, dass eine erfolgreiche Beeinflussung der Konzernsteuerquote eine

[64] Vgl. Beispiel 1b in Kapitel A.II.1.

mittel- und langfristige Steuerplanung voraussetzt, die die Umkehrung der Steuerlatenzen in laufende Steuerbe- oder -entlastungen berücksichtigen muss.[65]

Eine Abzinsung latenter Steuern wäre unter akademischen Gesichtspunkten wünschenswert, praktisch allerdings ist sie komplex und aufwendig in der Darstellung und Pflege. Da die Zielsetzung der Steuerbarwertoptimierung mit der Zielsetzung einer stabilen und ökonomisch vorteilhaften ETR[66] jedoch kompatibel ist, schadet u.E. der nominale Ausweis latenter Steuern nicht der Steuerungsfunktion der Konzernsteuerquote.

4. Zusammenfassung

Die umfängliche Einbeziehung latenter Steuern in den Ertragsteueraufwand verhindert die Volatilität der Konzernsteuerquote. Hierdurch wird die Konzernsteuerquote zu einer kapitalmarktrelevanten Kennziffer und im Umkehrschluss auch zu einer internen Steuerungsgröße.

Latente Steuern sind hoch reagibel auf Bewertungsänderungen, die durch (i) mangelnde Werthaltigkeit von aktiven latenten Steuern oder durch (ii) Steuersatzänderungen verursacht werden können. Letztere wirkt kumuliert als Einmalereignis in der Periode der Steuersatzänderung auf alle bestehenden aktiven und passiven latenten Steuern, wodurch die Auswirkung auf die zukünftigen Steueransprüche und -verbindlichkeiten in einer einzigen Periode gezeigt werden. Der verwerfende Effekt auf die Konzernsteuerquote im Jahr der Steuersatzänderung kann vergleichsweise einfach isoliert und im Rahmen der Berichterstattung erläutert werden.

Trotz des Abzinsungsverbots latenter Steuern nach IFRS, US-GAAP und auch des DRS[67] ist der Zeitpunkt der laufenden Steuerzahlung für die Konzernsteuerquote von erheblicher Relevanz. Durch die Minimierung des Steuerbarwertes werden Bewertungsrisiken aus aktiven latenten Steuern reduziert, die als Steueraufwandsrisiko u.U. maßgeblichen Einfluss auf die Konzernsteuerquote haben können.

III. Konzernsteuerquote als Funktion

1. Definition

Die Konzernsteuerquote ist der als Prozentsatz ausgedrückte Quotient aus den Ertragsteuern und dem Jahresergebnis vor Steuern entsprechend

---

[65] In diesem Zusammenhang sei nur auf die Steuerkapazitätsplanung verwiesen, die für steuerliche Optimierungsstrukturen der „cash taxes“ und zur Werthaltigkeitsbestimmung von DTA erforderlich ist.

[66] Vgl. zur Vorteilhaftigkeit einer ETR ausführlich Kapitel A.III.3.

[67] Vgl. DRS 10.27.

der konsolidierten Gewinn- und Verlustrechnung eines Unternehmensverbundes.

Konzernsteuerquote = (Ertragsteuern/Jahresergebnis vor Steuern) * 100

Unter Ertragsteuern sind dabei alle in- und ausländischen Steuern zu verstehen, deren Höhe von dem zu versteuernden Unternehmensergebnis nach dem einschlägigen Rechnungslegungsstandard sowie den jeweiligen Steuergesetzen abhängig ist. Die Konzernsteuerquote ist eine Kennziffer, die die relative Ertragsteuerbelastung eines Konzerns im Verhältnis zum Ergebnis vor Steuern beschreibt. Im Jahresabschluss stellt sie eine retrospektivische Größe dar, im Zwischenabschluss hingegen ist sie regelmäßig prospektiv und wird durch Planrechnungen ermittelt.[68]

Nach den angelsächsischen Rechnungslegungsstandards wird die Konzern- bzw. Ertragsteuerquote regelmäßig als „Effective Tax Rate" (ETR) bezeichnet. Im IAS 12.86 ist der durchschnittliche effektive Steuersatz („average Effective Tax Rate") definiert als Steueraufwand (-ertrag), geteilt durch das handelsrechtliche Periodenergebnis (vor Ertragsteuern). Der Steueraufwand umfasst dabei gemäß IAS 12.6 den laufenden Steueraufwand (-ertrag) und den latenten Steueraufwand (-ertrag). Nach der von SFAS 109.47 verlangten Überleitungsrechnung zwischen erwartetem und effektivem Steuersatz im Zusammenhang mit Einkünften aus der gewöhnlichen Geschäftstätigkeit („continuing operations") kommt man im Ergebnis zur gleichen Definition der ETR.

2. Mathematische Zusammenhänge

a) Grundsatz

Die ETR ist definitionsgemäß von den Variablen Ertragsteueraufwand (E) und Ergebnis vor Steuern (V) abhängig. Betrachtet man zunächst nur die Ertragsteuerquote eines zum Konzern gehörenden Unternehmens, stellt man regelmäßig fest, dass der Steueraufwand (-ertrag) trotz Berücksichtigung latenter Steuern mit dem Ergebnis vor Steuern nach dem anzuwendenden Rechnungslegungsstandard nicht mit einem Faktor von eins korreliert, die Ertragsteuerquote mithin in aller Regel nicht dem statutarischen Steuersatz entspricht. Das Ertragsteuerergebnis entwickelt sich also über- bzw. unterproportional zum Ergebnis vor Steuern. Eine Zerlegung der Elemente des Steuerergebnisses liefert hierfür die Begründung.

Der Steueraufwand bzw. -ertrag als Summe aus laufenden und latenten Steuern wird durch (i) den statutarischen Steuersatz der Gesellschaft, (ii) Abweichungen zum handelsrechtlichen Ergebnis, die nicht durch latente

---

[68] Vgl. IAS 34, APB 28 i. V. m. FIN 18 und ausführlich Kapitel D. Vgl. weiterhin. *Herzig, N./Dempfle, U.*, Konzernsteuerquote, betriebliche Steuerpolitik und Steuerwettbewerb, DB 2002, S. 3.

Steuern ausgeglichen werden (permanente Differenzen) und (iii) durch steuerliche Mehr- bzw. Minderergebnisse ohne korrespondierendes Ergebnis vor Steuern („tax only"-Effekte) bestimmt (so genannte Treiber). Permanente Differenzen sowie Steuern aus Vorperioden aufgrund von Betriebsprüfungen führen immer zur Abweichung des tatsächlichen vom erwarteten laufenden Steueraufwand, ermittelt auf der Grundlage des statutarischen Steuersatzes und des handelsrechtlichen Jahresergebnisses. Zusätzlich werden Rückstellungen für Steuerrechtsrisiken oder Wertberichtigungen auf aktive latente Steuern regelmäßig nur im Ertragsteuerergebnis ohne korrespondierende Auswirkung auf das Ergebnis vor Steuern abgebildet.[69] Sie stellen daher einen Teil des Ertragsteuerergebnisses dar, der gänzlich unabhängig vom Ergebnis vor Steuern ist. Der in aller Regel einflussreichste Treiber der Konzernsteuerquote ist – von Einflüssen der Konsolidierung einmal abgesehen – der (gewichtete) Durchschnitt aller statutarischen Steuersätze der Konzerngesellschaften.

Die Frage nach dem Zusammenwirken der eben angeführten „Treiber" der Konzernsteuerquote im mathematischen Sinne läßt sich folgendermaßen erklären. Ausgangspunkt der Überlegungen soll ein Beispiel mit unterschiedlichen Planungsszenarien für das Ergebnis vor Steuern einer Berichtsperiode sein.

Beispiel 2: Ein Unternehmen plant für den Normalfall (n) in 08 ein Ergebnis vor Steuern in Höhe von 100 Mio. GE, für den optimalen Fall (o) ein Ergebnis von 120 Mio. GE und für den schlechtesten Fall (s) ein Ergebnis von 80 Mio. GE. Der statutarische Steuersatz beträgt 40% und für alle drei Szenarien sind in diesem Beispiel Betriebsausgaben in Höhe von 10 Mio. GE steuerlich (permanent) nicht abzugsfähig.
Die ETR beträgt für die drei Planungsrechnungen:

$$\mathbf{ETR_s} = \frac{(80 + 10) \star 40\%}{80} \star 100 = 45\%$$

$$\mathbf{ETR_n} = \frac{(100 + 10) \star 40\%}{100} \star 100 = 44\%$$

$$\mathbf{ETR_o} = \frac{(120 + 10) \star 40\%}{120} \star 100 = 43\ 1/3\%$$

Die nichtabzugsfähigen Betriebsausgaben beeinflussen die steuerliche Bemessungsgrundlage bei allen drei Szenarien unterschiedlich. Nimmt das Ergebnis vor Steuern zu, dann verringert sich die belastende Wirkung der nichtabzugsfähigen Betriebsausgaben. Verringert sich hingegen das Ergebnis vor Steuern, so nimmt der belastende Einfluss auf die Ertragsteuerquote zu.

[69] Hierzu können auch steuerliche Subventionierungen gehören, die nur im Ertragsteuerergebnis abgebildet werden.

Überträgt man zur Veranschaulichung die Werte in ein lineares Koordinatensystem, in dem das Ergebnis vor Steuern auf der Abszisse und die Konzernsteuerquote auf der Ordinate ausgewiesen sind, ergibt sich folgender Graph:

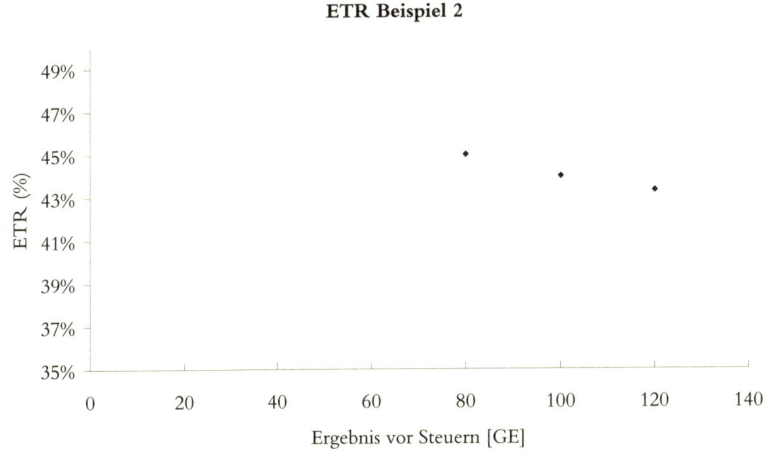

Abb. 3: ETR Beispiel 2

Die Beziehung der einzelnen Parameter zur Ermittlung der Konzernsteuerquote kann als Funktion beschrieben werden:

$$\mathbf{Y = f\,(E, V) = \frac{E}{V} \star 100}$$

Y ist dabei die Konzernsteuerquote ETR [%]
E ist der Ertragsteueraufwand [Geldeinheit]
V ist das Ergebnis vor Steuern [Geldeinheit]

Berücksichtigt man beim Ertragsteueraufwand (E) die unterschiedlichen Bestimmungsfaktoren wie (i) statutarischer Steuersatz (s [%]), (ii) permanente Differenzen (d [GE]) und (iii) Steuereffekte ohne korrespondierenden Betrag vor Steuern (o [GE]), kann die Funktion folgendermaßen erweitert werden:[70]

$$\mathbf{Y = f\,(E\,(s, d, o), V) = \frac{s \star (V + d) + o}{V} \star 100}$$

Berücksichtigt die Funktion einen Unternehmensverbund, der global tätig ist, so kann für Analysezwecke bei dem Steuersatz zwischen dem gewichteten, durchschnittlichen statutarischen Steuersatz, der sich aufgrund der Aufwands- und Ertragsallokation auf verschiedene Jurisdiktionen ergibt und dem Steuersatz, der den Steuereffekt permanenter Differenzen bestimmt, unterschieden werden. Hieraus ergibt sich folgende Ergänzung:

$$\mathbf{Y = f\,(E\,(sb, sd, d, o), V) = \frac{sb \star V + sd \star d + o}{V} \star 100}$$

[70] Vgl. hierzu auch schon *Kuhn S./Röthlisberger R./Niggli S.,* Konzernsteuerquote als Messgröße der Steuerplanung, IFF Forum für Steuerrecht 2003, S. 192.

sb ist der gewichtete, durchschnittliche Steuersatz, der sich aufgrund der Aufwands- und Ertragsallokation des Konzerns ergibt [%]
sd ist der gewichtete, durchschnittliche Steuersatz, der sich aufgrund des Steuereffektes aus der Summe der permanenten Differenzen ergibt [%]

Überträgt man nun die Funktion in ein lineares Koordinatensystem, nimmt den Steuersatz und die Höhe der nichtabzugsfähigen Aufwendungen des Beispiels 2 als Konstanten an und unterstellt einen positiven Definitionsbereich für das Ergebnis vor Steuern, ergibt sich folgender Kurvenverlauf:

$$\mathbf{Y = f\,(E\,(sb, sd, d, o), V) = \frac{40\% \star V + 40\% \star 10 + 0}{V} \star 100}$$

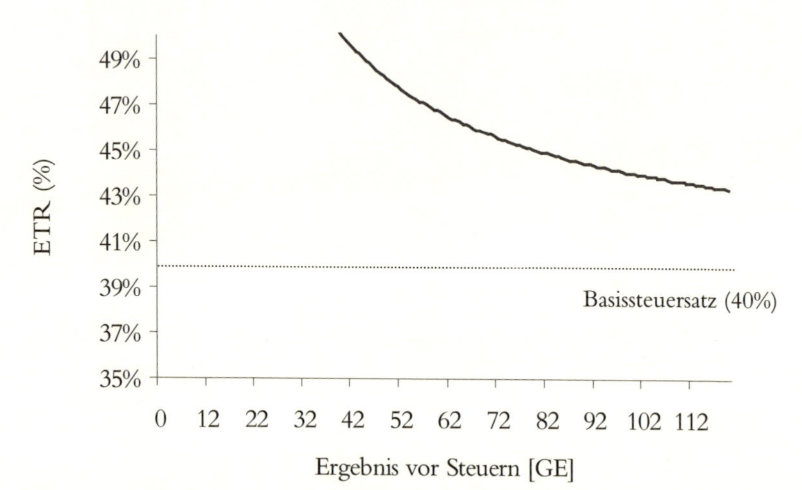

Abb. 4a: ETR Kurvenverlauf Beispiel 2

Der Graph zeigt einen typischen Kurvenverlauf der ETR bei positivem Ergebnis vor Steuern. Dieser Kurvenverlauf gilt allerdings nur unter der Annahme, dass die nichtabziehbaren Betriebsausgaben auch bei stark unterschiedlichen Ergebnissen vor Steuern in ihrer absoluten Höhe stets unverändert bleiben. Bei langfristigen, strukturellen Veränderungen des Geschäftsvolumens ist dieser Zusammenhang nicht zwingend, vielmehr korreliert die Höhe der permanenten Differenzen bis zu einem gewissen Prozentsatz häufig mit dem Ergebnis vor Steuern.[71]

Aus Vereinfachungsgründen bleibt eine etwaige Korrelation unberücksichtig, da sie die zentralen Aussagen zum Kurvenverlauf nicht beeinflusst. Die hier dargestellte, idealtypische Kurve nähert sich asymptotisch dem „Basissteuersatz" von 40% an, da der belastende Einfluss der nichtabzugsfähigen Betriebsausgaben bei zunehmendem Ergebnis vor Steuern immer weiter abnimmt. Umgekehrt nimmt der Einfluss der nichtabzugsfähigen Betriebsausgaben zu, wenn das Ergebnis vor Steuern abnimmt. Die Kurve steigt bei einem niedrigen Ergebnis vor Steuern exponentiell an und wird unendlich groß. Der Kurvenverlauf verdeutlicht, dass die ETR bei einem hohen Ergebnis vor

[71] So auch *Dempfle U.*, Charakterisierung, Analyse und Beeinflussung der Konzernsteuerquote, Wiesbaden 2006, S. 43.

Steuern stabiler wird, da sich Ergebnisveränderungen vor Steuern auf die Quote kaum noch auswirken. Die Korrelation zwischen Ergebnis vor Steuern und Ertragsteueraufwand nähert sich dem Faktor „Eins" an. Graphisch deutlich wird dieser Stabilisierungseffekt durch einen in der Darstellung erweiterten Wertebereich der Ordinate.

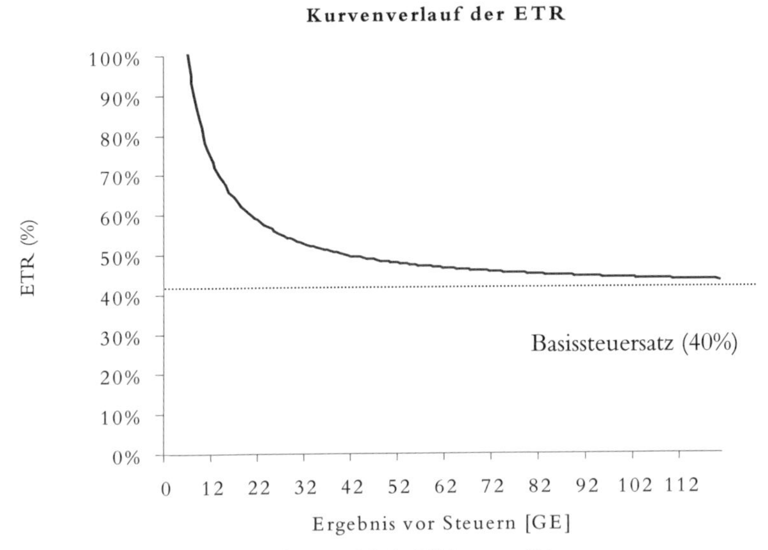

Abb. 4b: ETR Kurvenverlauf Beispiel 2, Stabilisierungseffekt

Wie die Planungsrechnungen des Beispiels 2 bereits gezeigt haben, erhöht sich die ETR um maximal 1 2/3 Prozentpunkte, wenn das Ergebnis vor Steuern von 80 Mio. GE auf 120 Mio. GE ansteigt. Verändert sich das Ergebnis vor Steuern allerdings im Bereich zwischen 10 Mio. GE und 50 Mio. GE, schwankt die ETR um 32 Prozentpunkte zwischen 80% bei 10 Mio. GE und 48% bei 50 Mio. GE Gewinn vor Steuern. Dieses Beispiel zeigt, dass sich jede ETR-Kurve in einen volatilen und stabilen Abschnitt unterteilen lässt.[72] Je größer das Ergebnis vor Steuern, desto flacher und damit stabiler der Kurvenverlauf der ETR.

Die Kenntnis des Kurvenverlaufs ist elementar, wenn beispielsweise im Rahmen von Jahresabschlussarbeiten durch die Steuerabteilung eine erste Einschätzung zur Konzernsteuerquote abgegeben werden soll. Bewegt sich das Ergebnis vor Steuern in einem volatilen Bereich der Konzernsteuerquote, sollte dieser Umstand immer Bestandteil einer Indikation sein, da nur geringfügige Anpassungen des Ergebnisses vor Steuern zu überproportionalen Änderungen der ETR führen können.

---

[72] Vgl. hierzu die einzelnen Abbildungen der möglichen Kurvenverläufe der ETR in Kapitel A.III.2.b).

b) Mögliche Kurvenverläufe der „Effective Tax Rate"

Der tatsächliche Verlauf einer ETR-Kurve ergibt sich aus der Kombination unterschiedlicher Einflussfaktoren, die in aller Regel gleichzeitig wirken.[73] Dabei können Gewinne oder Verluste vor Steuern auftreten und in beiden Fällen kann die Kombination von permanenten Differenzen (insbesondere steuerfreie Einnahmen und nichtabzugsfähiger Betriebsausgaben) und „tax only"-Effekten (insbesondere Auf- und Abwertungen von DTA bzw. DTL und Bewegungen der Rückstellungen für Steuerrechtsrisiken) entweder einen im Saldo steuerbelastenden oder steuerentlastenden Effekt haben. Hieraus ergeben sich vier Fallvarianten:

	Überhang von belastenden Ertragsteuerelementen (d, o)	**Überhang von entlastenden Ertragsteuerelementen (d, o)**
V >= 0	Fallvariante 1	Fallvariante 2
V <= 0	Fallvariante 3	Fallvariante 4

Bei **Fallvariante 1** tritt zu einem positiven Ergebnis vor Steuern eine Belastung mit ertragsunabhängigen Steuereffekten. Dies entspricht dem Regelfall eines Kurvenverlaufs, der in Abbildung 4b dargestellt ist. Da durch den Überhang nichtabzugsfähiger Aufwendungen auch noch bei einem Ergebnis vor Steuern von 0 ein Ertragsteueraufwand entstehen kann, ist die ETR bei einer Grenzwertbetrachtung unendlich groß. Ist das Ergebnis vor Steuern hingegen unendlich groß, nähert sich die ETR dem Basissteuersatz an, der einem gesetzlichen Steuersatz oder dem gewichteten, durchschnittlichen Steuersatz eines Konzerns entspricht. Die nichtabzugsfähigen Aufwendungen verstärken offensichtlich die relative Steuerbelastung bei einem geringen (positiven) Ergebnis vor Steuern und wirken sich bei einem hohen Ergebnis vor Steuern kaum noch erhöhend auf die ETR aus.

Fallvariante 2 beschreibt das Zusammentreffen eines positiven Ergebnisses vor Steuern mit einem Überhang steuerentlastender, ertragsunabhängiger[74] Elemente (wie steuerfreie Einnahmen bzw. Steueranrechnungsguthaben). Die Steuerbelastung auf zusätzliches Einkommen vor Steuern wird durch den Überhang entlastender Elemente im Steueraufwand abgeschwächt. Bei einem Ergebnis vor Steuern von 0 wird aufgrund steuerfreier Einnahmen ein Steuerertrag erzielt, der als latenter Steueranspruch oder als laufender Erstattungsanspruch aktiviert werden

---

[73] Kapitel B. setzt sich kategorisiert mit den Einflussfaktoren und den Wirkungen auf die Konzernsteuerquote auseinander.

[74] Aus Vereinfachungsgründen und für Darstellungszwecke wird wie im Beispiel 2 angenommen, dass zwischen der Veränderung des Ergebnisses vor Steuern und den permanente Differenzen keine Korrelation besteht.

kann. Die ETR wird deshalb bei gegen Null sinkendem Ergebnis vor Steuern unendlich hoch negativ. Die Kurve beginnt im vierten Quadranten, schneidet die Abszisse, wenn der Überhang entlastender Ertragsteuerelemente durch den Steueraufwand auf Gewinne vollständig ausgeglichen ist und nähert sich von unten an den Basissteuersatz an. Abbildung 5a zeigt

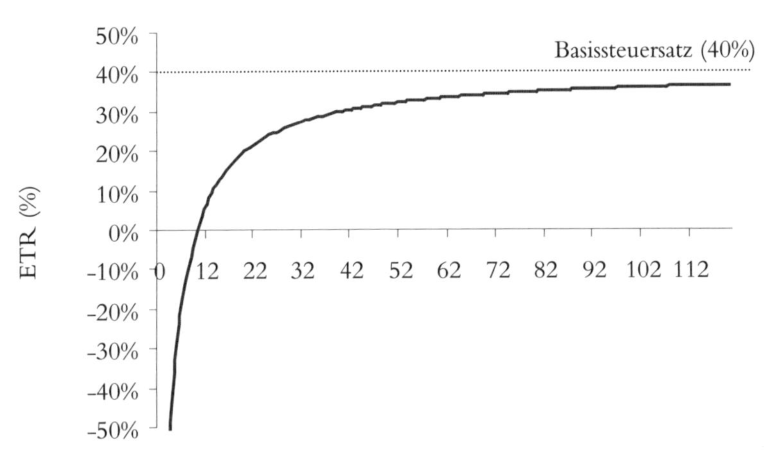

Abb. 5a: Kurvenverlauf der ETR bei Fallvariante 2 mit Verlustnutzung

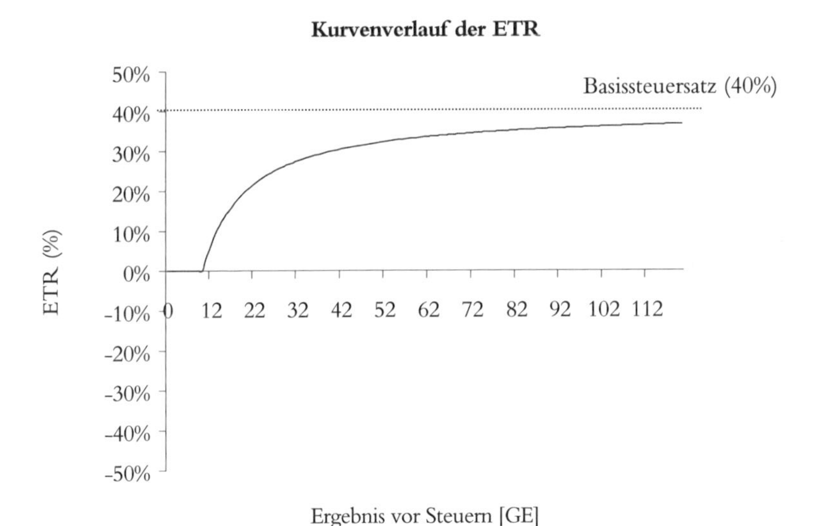

Abb. 5b: Kurvenverlauf der ETR bei Fallvariante 2 ohne Verlustnutzung

den Kurvenverlauf der Fallvariante 2. Dabei wird angenommen, dass steuerlich relevante Sachverhalte wie Verluste oder andere Anrechnungsguthaben erfolgswirksam als (latente) Steueransprüche aktiviert werden können soweit sie in der Berichtsperiode nicht ausgleichsfähig sind oder nicht auf eine Steuerschuld angerechnet werden können.

Sollten negative steuerliche Ergebnisse – beispielsweise wegen eingeschränkter Verrechenbarkeit der Verluste – nicht zu einer erfolgswirksamen Bildung von DTA (oder Verringerung von DTL) führen, kann sich eine Situation ergeben, in der die entlastende Wirkung der ertragsunabhängigen ETR-Treiber nicht zur Wirkung kommt und der ETR-Kurvenverlauf entsprechend um den steuerentlastenden (negativen) Teil gekappt ist; vgl. hierzu Abbildung 5b.

Mit **Fallvariante 3** wird eine Konstellation beschrieben, bei der ein negatives Ergebnis vor Steuern mit einem Überhang von steuerbelastenden, ertragsunabhängigen Elementen einhergeht. Ein Ertragsteueraufwand tritt selbst dann noch auf, wenn das Ergebnis vor Steuern 0 beträgt. Unterstellt man nach lokalem Steuerrecht die Vor- bzw. Rücktragsfähigkeit von steuerlichen Verlusten, dann sind diese als latenter[75] bzw. laufen-

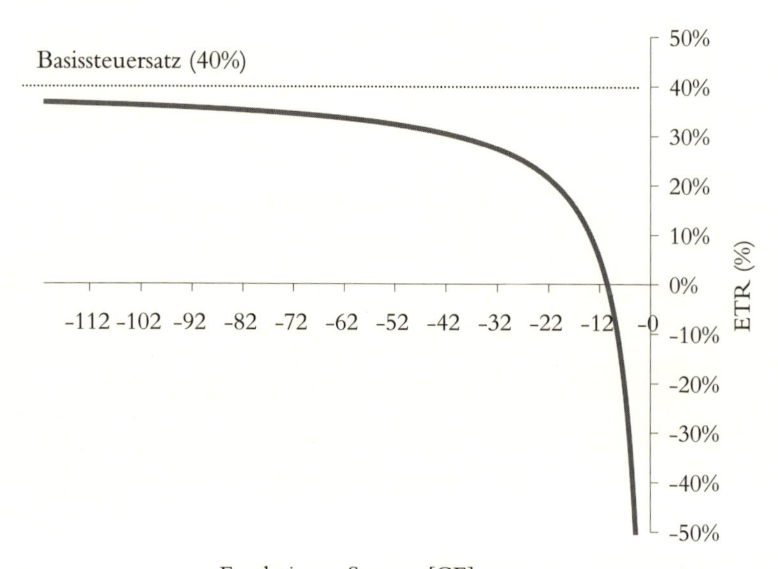

Abb. 6a: Kurvenverlauf der ETR bei Fallvariante 3 mit Verlustnutzung

[75] Da es sich um einen Verlustfall handelt, sind die Voraussetzungen zur Begründung der Werthaltigkeit von Verlustvorträgen nach dem jeweiligen Rechnungslegungsstandard zu berücksichtigen; vgl. Kapitel A.II.2.

der Steuerertrag erfolgswirksam zu vereinnahmen. Damit wird bei Ansteigen der Verluste der ertragsunabhängige Steueraufwand immer mehr durch den Steuerertrag aus der Bildung des DTA auf Verlustvorträge (bzw. aus dem Erstattungsanspruch aus Verlustrücktrag) kompensiert. Die ETR-Kurve nähert sich bei zunehmendem Verlust dem Basissteuersatz von unten asymptotisch an.

Sollte nach lokalem Steuerrecht keine Verlustrücktrags- bzw. Vortragsmöglichkeit bestehen, kann die ETR keinen positiven Wert erreichen, sondern verläuft auf der Abszisse, sobald der Steueraufwand durch den Betriebsausgabenabzug aufgrund des negativen Ergebnisses vor Steuern ausgeglichen worden ist.

Kurvenverlauf der ETR

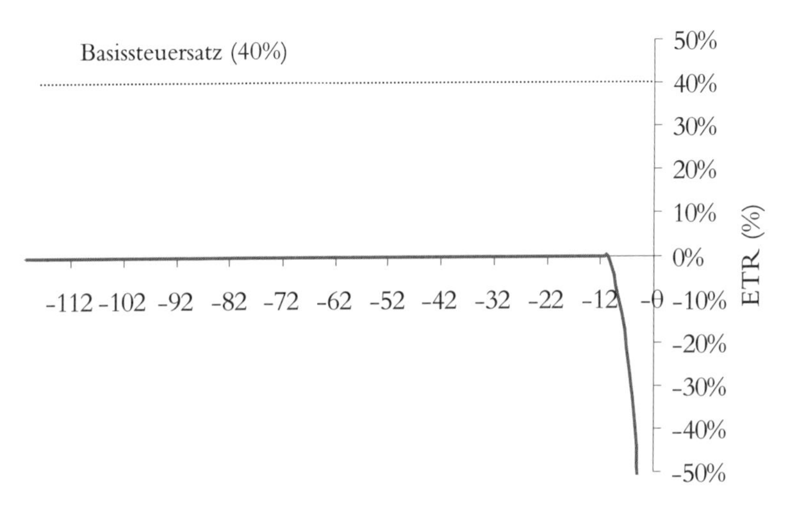

Abb. 6b: Kurvenverlauf der ETR bei Fallvariante 3 ohne Verlustnutzung

Bei **Fallvariante 4**, ebenfalls eine Konstellation mit Verlust vor Steuern, überwiegen die entlastenden, ertragsunabhängigen Bestandteile des Ertragsteuerergebnisses. Auch hier wird zunächst davon ausgegangen, dass eine steuerliche Verlustrück- bzw. -vortragsmöglichkeit nach lokalem Recht besteht. Bei zunehmendem Verlust nähert sich die Kurve der ETR von oben an die Basisrate an. Bei einem sehr kleinen Verlust vor Steuern wird die ETR hoch positiv.

Sollte keine Verlustrück- bzw. Verlustvortragsmöglichkeit bestehen und können auch die entlastenden, vom Ergebnis vor Steuern abhängigen Elemente nicht als Steuerertrag erfolgswirksam vereinnahmt werden, dann beträgt die ETR immer 0 und die Kurve verläuft auf der Abszisse.

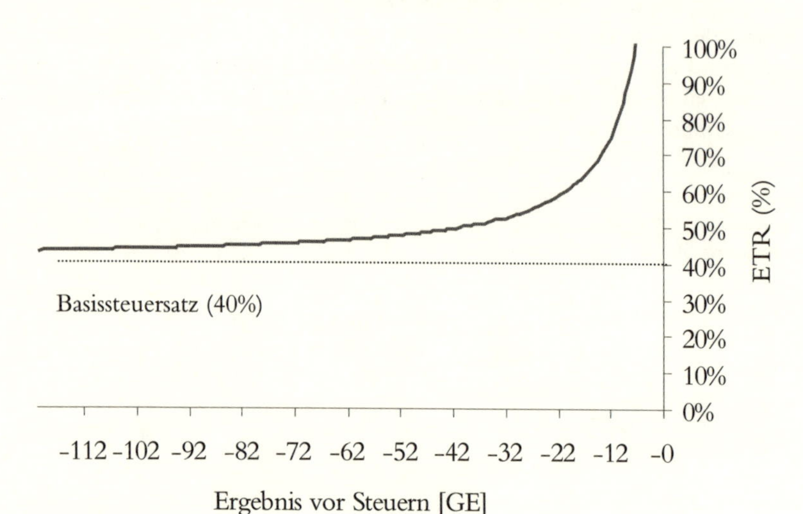

Abb. 7a: Kurvenverlauf der ETR bei Fallvariante 4 mit Verlustnutzung

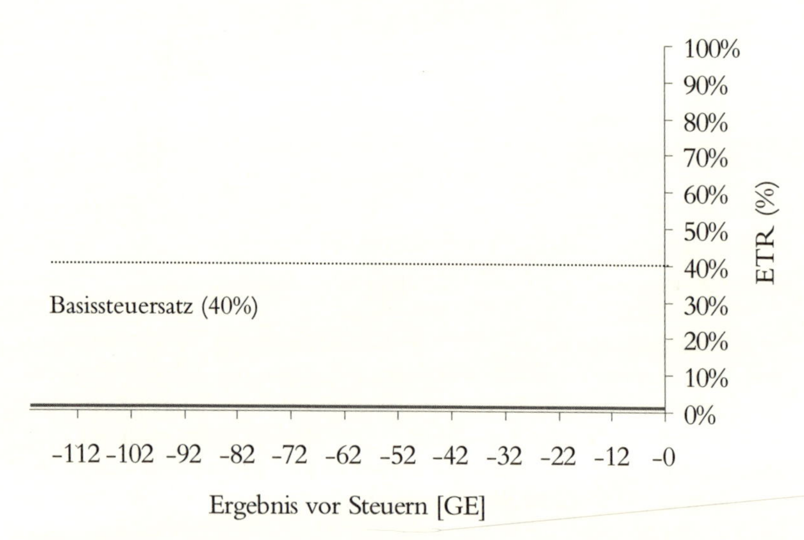

Abb. 7b: Kurvenverlauf der ETR bei Fallvariante 4 ohne Verlustnutzung

Abbildung 8 fasst die Kurvenverläufe der vier Fallvarianten zusammen. Da i.d.R. von einer Verrechnungsmöglichkeit negativer steuerlicher Einkünfte in Vor- oder Folgeperioden ausgegangen werden kann, haben wir einen erfolgswirksamen Steuerertrag durch Verlustnutzung angenommen und für die zusammenfassende Darstellung zugrunde gelegt.

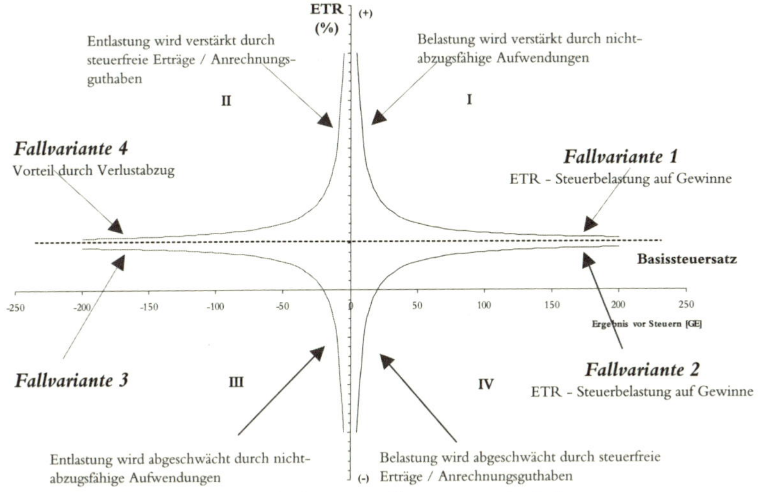

Abb. 8: ETR Kurvenverläufe der vier Fallvarianten mit Verlustnutzung

c) Analyse der Kurve

Der konkrete Kurvenverlauf eines Unternehmens oder Konzerns wird durch das Zusammenwirken der ETR-Treiber Basissteuersatz (sb), Steuereffekt permanenter Differenzen (sd*d) und Steuerbuchungen ohne korrespondierende Veränderung des Ergebnisses vor Steuern (o) bestimmt:

$$\mathbf{Y = f(E(s, d, o), V) = \frac{sb \star V + sd \star d + o}{V}}$$

Ausgangspunkt der Analyse sollte dabei der Basissteuersatz sein, der sich bei einem Unternehmensverbund aus dem gewichteten, durchschnittlichen Ertragsteuersatz aller Konzerneinheiten ergibt. Er gibt das „Niveau“ der ETR und damit der Kurve vor. Bei einem hohen Betrag vor Steuern nähert sich die Kurve regelmäßig diesem Steuersatz („Basissteuersatz“) asymptotisch an. Ist die Varianz der Steuersätze zwischen den Ländern, in denen die Unternehmensgruppe ihre Einkünfte erzielt, hoch, kann der Basissteuersatz bei unterschiedlichen Ergebnissen vor Steuern sehr volatil sein. Er bewegt sich abhängig von der tatsächlichen Ertrags- und Aufwandsallokation in einem Korridor, der durch den niedrigsten und höchsten anwendbaren Steuersatz begrenzt wird. Offensichtlich ist im Verlustfall ein hoher Steuersatz wünschenswert, wenn eine steuerliche Verlustrück- bzw. Vortragsmöglichkeit besteht. Für den Gewinnfall hingegen sind die Bestrebungen sicherlich darauf ausgerichtet, den Basissteuersatz soweit wie möglich zu reduzieren.

Permanente Differenzen treiben die Kurve immer nach oben bzw. nach unten, da sie bei der Ermittlung der steuerlichen Bemessungsgrundlage zu einer Abweichung vom Ergebnis vor Steuern führen. Der treibende Einfluss auf das Ertragsteuerergebnis ergibt sich aus dem Produkt des Nominalbetrags der permanenten Differenz und dem anzuwendenden Steuersatz. Der Effekt auf die Quote ist dabei letztlich eine relative Größe, der durch den Referenzsteuersatz bestimmt wird.[76] Bei der Erläuterung der vier unterschiedlichen Kurvenverläufe in Kapitel A.III.2.b) wurde aus Vereinfachungs- und Darstellungsgründen angenommen, dass zwischen der Veränderung des Ergebnisses vor Steuern und den permanenten Differenzen keine Korrelation besteht. In der Praxis wird man jedoch üblicherweise bei einer Erhöhung des Ergebnisses vor Steuern von einer Erhöhung der nichtabzugsfähigen Betriebsausgaben, also von einer bestimmten Korrelation zwischen der Änderung des Ergebnisses vor Steuern und der Höhe von permanenten Differenzen ausgehen dürfen. Permanente Differenzen beeinflussen die Steigung der Kurve und damit die Volatilität der ETR. Mit Blick auf die vier Fallvarianten der Kurvenverläufe bestimmen sie zusammen mit den vom Ergebnis vor Steuern unabhängigen Effekten, ob die Steigung der Kurve negativ oder positiv ist und ob sie steil oder flach ist. Eine große Steigung drückt sich meist durch einen sehr „bauchigen" Kurvenverlauf aus. Zielsetzung eines Quotenmanagements sollte in jedem Fall die Vermeidung eines Überhangs nicht abzugsfähiger Aufwendungen sein.

Am stärksten wird die Steigung der Kurve durch Veränderungen der Rückstellungen für Steuerrisiken, Neubewertungen von latenten Steuern und Steuernachzahlungen oder Steuererstattungen für Vorjahre, („prior year adjustments"), bestimmt, da diesen keine korrespondierende Änderung des Ergebnisses vor Steuern gegenübersteht („tax only"-Effekt). Während sich permanente Differenzen nur in Höhe des Produktes aus Steuersatz und Nominalbetrag der Differenz aufwandserhöhend oder -verringernd auf die Quote auswirken, werden „tax only"-Effekte vollständig ertragswirksam nur im Steuerergebnis erfasst. Der Einfluss auf die Steigung der Kurve ist deshalb am stärksten.[77]

Zusammenfassend kann festgehalten werden, dass der gewichtete, durchschnittliche Ertragsteuersatz das Niveau des Kurvenverlaufs bestimmt, während permanente Differenzen und „tax only"-Effekte die

---

[76] Vgl. hierzu die Auswirkungen von permanenten Differenzen im Rahmen einer steuerlichen Überleitungsrechnung in Kapitel E.I.1.

[77] Dem Betriebswirt wird die Ähnlichkeit zu den Diskussionen um „Stückkosten-Kurven" bei verschiedenen Arten von Fixkosten bzw. teilvariablen Kosten nicht verborgen geblieben sein. Der Zusammenhang ist in der Tat vergleichbar.

Steigung der Kurve und damit die Volatilität der ETR bei Veränderungen des Ergebnisses vor Steuern definieren. Je größer die Steigung der Kurve ist, je abhängiger ist die ETR von Veränderungen vor Steuern.[78]

3. Ökonomische Interpretation der Konzernsteuerquote

Aus der eben dargestellten Tatsache, dass die ETR keine fixe Prozentzahl ist, sondern einem vom Ergebnis vor Steuern abhängigen Kurvenverlauf folgt, ergibt sich auch, dass die isolierte Mitteilung einer Konzernsteuerquote alleine keine ökonomisch sinnvolle Angabe ist. Erst zusammen mit dem Vorzeichen und der Höhe des Ergebnisses vor Steuern ergeben sich Anhaltspunkte für eine Interpretation.[79] Zwei schlichte Ausgangsfragen können dies illustrieren: (i) Ist eine Steuerquote immer einer niedrigen Steuerquote vorzuziehen und (ii) wie ist eine negative Steuerquote wirtschaftlich zu interpretieren?

Aus den in Abbildung 8 dargestellten möglichen Kurvenverläufen resultieren konkrete Konzernsteuerquoten in folgenden Ausprägungen:

		Ertragsteuerergebnis	
		Aufwand	**Ertrag**
Ergebnis vor Steuern	**Positiv**	**I. Standardfall:** Positive ETR; niedrige ETR ist wünschenswert	**II. Ausnahmefall:** Negative ETR; je höher, desto besser („Glücksfall“)
	Negativ	**III. Ausnahmefall:** Negative ETR; niedrige Ziffern bedeuten Schadensbegrenzung	**IV. Standardfall:** Positive ETR; je höher, desto größer die Ersparnis

Abb. 9: Mögliche Ausprägungen der ETR

Zu den Ausprägungen im Einzelnen:

Um einen Standardfall handelt es sich regelmäßig bei einer positiven Konzernsteuerquote, da dort entweder Ertragsteuern durch einen Ge-

[78] Vgl. hierzu die Ausführungen zur Abbildung 4b.

[79] Vgl. hierzu auch *Herzig N.*, Gestaltung der Konzernsteuerquote, WPg-Sonderheft 2003, S. S 83 sowie *Dempfle U.*, Charakterisierung, Analyse und Beeinflussung der Konzernsteuerquote, Wiesbaden 2006, S. 90 ff.

winn oder Steuergutschriften durch einen Verlust entstehen. Im Gewinnfall ist eine niedrige ETR wünschenswert, da sie eine geringe relative Ertragsteuerbelastung des Gewinns ausdrückt. Im Verlustfall hingegen drückt eine hohe ETR eine maximale Steuerersparnis aus. Nur in Ausnahmefällen hingegen sollte die Konzernsteuerquote negativ sein. Dort handelt es entweder um den Glücksfall, dass zusätzlich zum Gewinn vor Steuern kein Steueraufwand, sondern ein Steuerertrag anfällt, oder dass trotz eines Verlustes zusätzlich Steuern entstehen.

Hieraus ergibt sich für die eingangs gestellten Fragen, dass (i) eine niedrige Steuerquote nicht immer einer hohen Ertragsteuerquote vorzuziehen ist und dass (ii) eine negative Konzernsteuerquote nur in Ausnahmefällen zu beobachten sein dürfte. Diese allgemeingültigen Feststellungen eignen sich für die Beurteilung des Beitrags von Einzeltransaktionen zur ETR eines Konzerns.

Darüber hinaus stellen sich vor dem Hintergrund der in Abbildung 8 dargestellten Kurvenverläufe für die Beurteilung der Konzernsteuerquote folgende Fragen:

- Ist die ETR über oder unter dem Basissteuersatz?
  Durch die Beantwortung der Frage erhält man Aufschluss über die gemeinsame Wirkung der permanenten Differenzen und von „tax only"-Effekten.
- Ist die ETR in einem volatilen oder eher stabilen Bereich der ETR-Kurve?
  Hierdurch erhält man Aufschluss über die Prognosefähigkeit der ETR bei einem sich veränderndem Ergebnis vor Steuern.

Beide Fragestellungen sind für den externen Analysten i.d.R. nicht zu beantworten. Sie sind allerdings für Steuer- und Finanzfachleute innerhalb des Konzerns von Bedeutung.

4. Zusammenfassung

Die ETR ist keine fixe Prozentzahl, sondern eine Funktion aus dem Ertragsteuer- und dem Ergebnis vor Steuern. Der Ertragsteueraufwand wird durch das Ergebnis vor Steuern (V [GE]), den (i) Basissteuersatz (sb [%]), (ii) den Steuereffekt permanenter Differenzen (sd*d [GE]) und (iii) durch Steuereffekte ohne korrespondierenden Betrag vor Steuern (o [GE]) definiert. Bei negativem Ergebnis vor Steuern hängt der konkrete Kurvenverlauf von den steuerlichen Verlustverrechnungsmöglichkeiten ab.

Der Basissteuersatz (der durchschnittliche, gewichtete Steuersatz aller Konzerneinheiten) bewegt sich in einem Korridor, begrenzt durch den niedrigsten und höchsten Steuersatz, der auf die Einkünfte im Unternehmensverbund angewendet wird, und bestimmt das Niveau der ETR-

Kurve. Permanente Differenzen und Steuereffekte ohne korrespondierenden Ertrag vor Steuern („tax only"-Effects) legen die Steigung der Kurve und damit insbesondere die Volatilität der ETR in Bezug auf Veränderungen des Ergebnisses vor Steuern fest.

Die wirtschaftliche Bedeutung einer konkreten ETR-Prozentzahl erschließt sich nur im Kontext eines positiven oder negativen Ergebnisses vor Steuern. Eine positive ETR ist der Standardfall, für den Gewinn- oder Verlustfall allerdings mit gegenläufiger Aussage für die relative Steuerbelastung. Negative ETRs sind Ausnahmefälle. Die vollständige Interpretation einer ETR setzt die Kenntnis der wirksamen ETR-Kurve voraus, insbesondere was die Prognosefähigkeit der Kennziffer anbelangt.

IV. Konzernsteuerquote und Kapitalmarkt

1. Relevanz für die Marktkapitalisierung

Der Unternehmenswert und damit auch der Aktienkurs sind von der Erwartung eines für den Investor langfristig erzielbaren Nettoertrags geprägt.[80] Der bewertungsrelevante Nettoertrag kann dabei beispielsweise als Barwert der zukünftigen Dividende, des erwarteten Gewinns nach dem jeweiligen Rechnungslegungsstandard oder als Barwert künftiger Zahlungsströme („cash flows") definiert werden.[81] Vergleichbar und damit für die Allokation von Investitionen hilfreich sind die Ergebnisse der Berechnungen dann, wenn sie auf einheitlich definierten und allgemein zugänglichen Ausgangsdaten beruhen. Internationale Rechnungslegungsstandards erfahren daher auch für Bewertungszwecke eine immer größer werdende Relevanz bzw. werden nach den Kriterien der Eignung für Unternehmensbewertungszwecke fortentwickelt.[82]

Der Steueraufwand eines Unternehmens oder Konzerns stellt regelmäßig eine der bedeutendsten Aufwandspositionen dar. Er findet unmittelbar Eingang in alle Discounted Cash Flow-Methoden (DCF-Methoden), das Konzept des Economic Value Added (EVA) und das Konzept des Cash

---

[80] Vgl. grundsätzlich *Moxter*, WP Handbuch 1992, Bd II, S. 26 ff., HFA 2/1983, WPg 1983, S. 549 ff.

[81] Vgl. schon *Miller/Modigliani*, Dividend Policy, Growth, and the Valuation of Shares, Journal of Business, Vol. 34, 1961, S. 411 ff. Als Kalkulationszinsfuß dient regelmäßig ein risikoadjustierter Zins, wie er beispielsweise durch das Capital Asset Pricing Model (CAPM) ermittelt werden kann. Vgl. hierzu im Einzelnen *Sharpe*, Capital Asset Prices: A Theory of Equilibrium under Conditions of Risk, Journal of Finance, Vol. 19 (1964), S. 425 ff.

[82] Die Deutsche Vereinigung für Finanzanalyse und Anlageberatung e. V. und Schmalenbach-Gesellschaft, Deutsche Gesellschaft für Betriebswirtschaft e. V. (DVFA/SG) hat aufgrund dieser Entwicklung ihr Schema zur Gewinnermittlungen überarbeitet und sich dabei an internationalen Rechnungslegungsgrundsätzen orientiert. Vgl. Gemeinsame Arbeitsgruppe der DVFA und Schmalenbach-Gesellschaft: Fortentwicklung des Ergebnisses nach DFVA/SG, DB, 1998, S. 2537 ff.

Flow Return on Investment (CFROI), die den inneren Wert eines Unternehmensanteils bestimmen sollen.[83] Daneben gibt es noch weitere Kennziffern, wie z.B. das Kurs/Gewinn Verhältnis (KGV) oder das Kurs/Cash-Flow-Verhältnis (KCV), die ebenfalls die Steuerbelastung eines Unternehmens berücksichtigen.[84] Der Ertragsteueraufwand wird dabei regelmäßig als Anhaltspunkt zur Bestimmung der Steuerausgaben verwendet.

Man wird wohl davon ausgehen können, dass Analysten, Investmentbanker, Wirtschaftsprüfer und alle anderen mit der Unternehmensbewertung und Kursbildung beschäftigten Personen wenig Zeit auf die Theorie der ETR-Kurvendiskussion verwenden und versuchen, auf möglichst direktem Wege zu einer Annahme über den anzuwendenden zukünftigen Steuersatz zu gelangen. Die in der Praxis anzutreffende Schlichtheit, mit der eine Annahme über die relevante Steuerquote getroffen wird, steht allerdings im Widerspruch zu dem Gewicht bzw. Hebel mit dem die Steuerquote das Bewertungsergebnis beeinflusst. Denn mit der Absenkung der Konzernsteuerquote um nur wenige Prozentpunkte kann eine Verbesserung des Gewinns je Aktie („earnings per share"; (EPS)) erzielt werden, die ansonsten nur durch eine erhebliche Umsatzausweitung erreichbar wäre.[85]

Beispiel 3: Ein Unternehmen hat 400 Mio. Aktien emittiert und im Jahr 2007 einen Gewinn von 2.500 Mio. GE erzielt. Das Kurs/Gewinnverhältnis nach Steuern beträgt 15.

KGV:	15
Ausgegebene Anteile:	400.000.000

Ergebnis vor Steuern	ETR	Steuer-aufwand/ (-ertrag) Mio.	Nachsteuer-ergebnis Mio.	EPS	Kurs-wert der Aktie	Markt-kapitali-sierung
2.500.000.000	50%	1.250.000.000	1.250.000.000	3.13	46.88	18.750.000.000
2.500.000.000	49%	1.225.000.000	1.275.000.000	3.19	47.81	19.125.000.000
2.500.000.000	48%	1.200.000.000	1.300.000.000	3.25	48.75	19.500.000.000
2.500.000.000	47%	1.175.000.000	1.325.000.000	3.31	49.69	19.875.000.000

[83] Vgl. hierzu und zu den DCF-Methoden im Einzelnen (i) Weighted Average Cost of Capital (WACC)-, Adjusted Present Value (APV)-, und Equity Methode, *Steiner M./Bruns C.*, Wertpapiermanagement, S. 225 ff.

[84] Das KGV drückt den Quotienten „Kurs" geteilt durch den „Gewinn pro Aktie" und das KCV den Quotient aus „Kurs" geteilt durch den „Cash Flow" pro Aktie aus. Da der Gewinn pro Aktie steuerbar und oft durch Sondereffekte verzerrt ist, haben sich neben dem bilanziellen Gewinn operative Ertragskennziffern wie z.B. „Earnings Before Interest and Taxes" (EBIT) und „Earnings Before Interest, Taxes, Depreciation and Amortisation" (EBITDA) entwickelt. Das KGV zeigt, wie oft der Gewinn im Kurs enthalten ist. Ein im Branchenvergleich niedriges KGV indiziert eine unterbewertete Aktie, ein hohes KGV hingegen einen überwerteten Anteil am Unternehmen.

[85] Vgl. *Herzig, N.*, Gestaltung der Konzernsteuerquote – eine neue Herausforderung für die Steuerberatung?, in: WPg-Sonderheft 2003, S. 80.

Ergebnis vor Steuern	ETR	Steuer-aufwand/ (-ertrag) Mio.	Nachsteuer-ergebnis Mio.	EPS	Kurs-wert der Aktie	Markt-kapitali-sierung
2.500.000.000	46%	1.150.000.000	1.350.000.000	3.38	50.63	20.250.000.000
2.500.000.000	45%	1.125.000.000	1.375.000.000	3.44	51.56	20.625.000.000
2.500.000.000	44%	1.100.000.000	1.400.000.000	3.50	52.50	21.000.000.000
2.500.000.000	43%	1.075.000.000	1.425.000.000	3.56	53.44	21.375.000.000
2.500.000.000	42%	1.050.000.000	1.450.000.000	3.63	54.38	21.750.000.000
2.500.000.000	41%	1.025.000.000	1.475.000.000	3.69	55.31	22.125.000.000
2.500.000.000	40%	1.000.000.000	1.500.000.000	3.75	56.25	22.500.000.000
2.500.000.000	39%	975.000.000	1.525.000.000	3.81	57.19	22.875.000.000
2.500.000.000	38%	950.000.000	1.550.000.000	3.88	58.13	23.250.000.000
2.500.000.000	37%	925.000.000	1.575.000.000	3.94	59.06	23.625.000.000
2.500.000.000	36%	900.000.000	1.600.000.000	4.00	60.00	24.000.000.000
2.500.000.000	35%	875.000.000	1.625.000.000	4.06	60.94	24.375.000.000
2.500.000.000	34%	850.000.000	1.650.000.000	4.13	61.88	24.750.000.000
2.500.000.000	33%	825.000.000	1.675.000.000	4.19	62.81	25.125.000.000
2.500.000.000	32%	800.000.000	1.700.000.000	4.25	63.75	25.500.000.000
2.500.000.000	31%	775.000.000	1.725.000.000	4.31	64.69	25.875.000.000
2.500.000.000	30%	750.000.000	1.750.000.000	4.38	65.63	26.250.000.000
2.500.000.000	29%	725.000.000	1.775.000.000	4.44	66.56	26.625.000.000
2.500.000.000	28%	700.000.000	1.800.000.000	4.50	67.50	27.000.000.000

Abb. 10a: ETR als fundamentale Größe zur Bestimmung der Marktkapitalisierung des Unternehmens

Das Tableau zeigt, welchen Einfluss die angenommene Steuerquote des Unternehmens auf den Aktienkurs hat. Bei einem normalisierten Ergebnis vor Steuern von künftig 2.500 Mio. GE p.a. bedeutet ein Unterschied von 8% Steuerquote ein Mehr- bzw. Minderergebnis nach Steuern von 200 Mio. GE. Beispielsweise führt bei einer unterstellten ETR von 40% eine dauerhafte Absenkung der Steuerquote um 8% zu einer rein rechnerischen Verbesserung des Aktienkurses von 56,25 GE auf 63,75 GE, mithin zu einer Steigerung um gut 13%. Hierdurch wird bei 400 Mio. ausgegebenen Aktien die Marktkapitalisierung um 3000 Mio. GE erhöht. **Abbildung 10b** stellt diesen Zusammenhang graphisch dar.

Um eine vergleichbare Verbesserung des Nachsteuerergebnisses von 200 Mio. GE zu erzielen, hätte bei unveränderter ETR der Gewinn vor Steuern um ca. 333 Mio. erhöht werden müssen. Bei gleich bleibenden Erträgen müssten also entweder 333 Mio. Kosten eingespart oder bei einer unterstellten „Cost Income Ratio" von 75% zusätzliche Erträge in Höhe von 1,33 Mrd. erzielt werden.

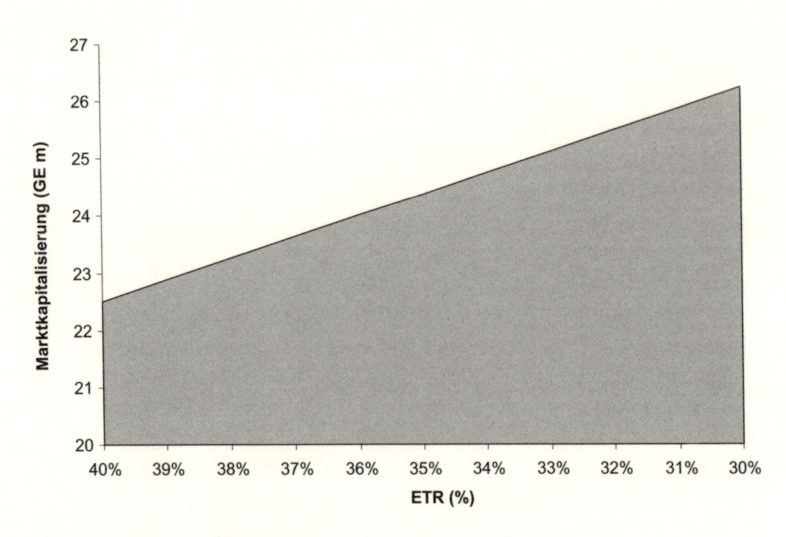

Abb. 10b: Fundamentaler Zusammenhang zwischen der ETR und Marktkapitalisierung des Unternehmens

Abschließend bleibt zur Bedeutung der ETR für die Marktkapitalisierung anzumerken, dass sich gerade in Phasen volatiler Einnahmen das Augenmerk der Investoren und Analysten auf die Kostenseite eines Unternehmens richtet. Änderungen der wesentlichen Aufwandspositionen und damit auch der ETR werden prominent und müssen erklärbar sein. Leider zeigen die ETR-Kurvenüberlegungen, dass typischerweise in Zeiten geringer Erträge die ETR volatil wird. Sollten also in solchen Phasen stark schwankende Steuerquoten die notwendige Folge von volatilen, niedrigen Erträgen sein, muss die Unternehmenskommunikation besonders sorgfältig daran arbeiten, verlässliche und vertretbare Hinweise zur „normalisierten" zukünftigen ETR zu geben.

2. Normalisierte Konzernsteuerquote

Der Marktwert des Unternehmens ist ein informationsgetriebener, erwartungsgebundener und prognoseorientierter Wert. Entsprechend ist die Steuerquote die zur Bemessung des Ertragsteueranteils geeignete und künftig erwartete Konzernsteuerquote (ETR). Sie trägt dem Steueraufwand Rechnung, der auf Gesellschaftsebene entsteht und für alle Investoren, unabhängig von ihrem eigenen steuerlichen Profil, Bedeutung hat.

In allen gängigen Modellen der Unternehmensbewertung und den Analystenformeln werden in der einen oder anderen Form Ertragserwartungen zugrunde gelegt, die einem „normalen" Geschäftsverlauf entsprechen. Das Ergebnis vor Steuern wird also zumindest von Einmaleffekten der vorangegangenen Berichtsperioden befreit. Das gleiche sollte für den

Ertragsteueraufwand gelten. Der Investor bzw. Analyst sollte also aus den ihm zur Verfügung stehenden Informationen eine ETR ableiten können, die zu einem normalisierten, d.h. um Sondereffekte bereinigten Geschäftsverlauf passt. Man könnte in diesem Zusammenhang auch von einer „strukturellen Konzernsteuerquote" bzw. einem „natürlichen relativen Durchschnittssteuersatz" sprechen.[86] Fraglich ist nun, wie und auf welcher Grundlage die für Bewertungszwecke geeignete „normalisierte Konzernsteuerquote" durch einen externen Dritten ermittelt werden kann.

Ausgangsgröße ist der in den Gewinn- und Verlustrechnungen des aktuellen und der vorangegangenen Finanzberichte ausgewiesene Ertragsteueraufwand. Dieser allein ist offensichtlich keine ausreichende Grundlage zur Ermittlung der normalisierten ETR, da in ihm die nicht wiederkehrenden Einmaleffekte der jeweiligen Berichtsperioden enthalten sind und er auch nicht die zukünftigen Planungen des Ergebnisses vor Steuern und des Ertragsteuerergebnisses abbildet. Als Grundsatz kann allerdings festgehalten werden, dass auf der Grundlage eines niedrigen Ergebnisses vor Steuern ermittelte ETRs häufig stark volatil sind und Ertragsteueraufwendungen bei niedrigen Ergebnissen vor Steuern daher nur eine geringe Prognosefähigkeit innewohnt.

Neben dem Ertragsteueraufwand in der Gewinn- und Verlustrechnung gibt es nach IFRS und US-GAAP zahlreiche steuerbezogene Veröffentlichungsvorschriften („disclosure rules"), die es dem externen Bilanzleser erleichtern, eine normalisierte Konzernsteuerquote für Bewertungszwecke aus den Abschlüssen herzuleiten.[87] Kernstück bildet dabei die „Tax Reconciliation", die eine Erläuterung zwischen dem erwarteten und tatsächlichen Steueraufwand bzw. -ertrag liefert und nach IAS 12.81c und SFAS 109.47 verpflichtend gefordert wird. Sie soll idealerweise die wesentlichen Einflussfaktoren („Treiber") der Konzernsteuerquote zeigen und damit dem Informationsbedürfnis der Adressaten der Finanzberichterstattung Rechnung tragen. Der Detaillierungsgrad der einzelnen Überleitungspositionen der Tax Reconciliation ist allerdings weder nach IAS 12 noch nach SFAS 109 geregelt.[88] Schaut man sich veröffentliche Finanzberichte an, kann man feststellen, dass es in der Praxis stark voreinander abweichende Auffassungen darüber gibt, wie viele Informationen über den Ertragsteueraufwand des Unternehmens der Öffentlichkeit zugänglich gemacht werden sollen.[89] Teilweise wird dem Grundsatz gefolgt, An-

---

[86] Vgl. *Hannemann S./Pfeffermann P.*, IAS-Konzernsteuerquote: Begrenzte Aussagekraft für die steuerliche Performance eines Konzerns, BB 2003, S. 727 (728).

[87] Vgl. IAS 12.79 – IAS 12.88 und SFAS 109.43–49b sowie zusammenfassend Kapitel E.I.

[88] Vgl. im Einzelnen Kapitel E.I.1.a).

[89] Vgl. beispielsweise die Geschäftsberichte 2004 von Bayer AG, S. 98, BMW AG, S. 72 und Daimler Chrysler, S. 70.

gaben auf die minimal notwendige Steuerinformation zu beschränken. In diesem Fall wird es dem Analysten und interessierten Investor überlassen, aus der Vergangenheit und den gesetzlich vorgeschriebenen Erläuterungsbestandsteilen eigenständige Schlussfolgerungen zu ziehen, um eine Konzernsteuerquote für Bewertungszwecke zu ermitteln. Teilweise werden aber neben detaillierten Angaben zur Zusammensetzung und den Einflussfaktoren auf die ETR im Analystengespräch eindeutige Angaben zu einer erwarteten Steuerquote gemacht („guidance"), die für Bewertungszwecke zugrunde gelegt werden sollte. Zwischen diesen beiden extremen Positionen liegt die Möglichkeit, auf außergewöhnliche, einmalige und periodenspezifische Verwerfungen der Steuerquote hinzuweisen und zumindest eine „suggestive Basis" aus Unternehmenssicht für eine normalisierte ETR zu liefern.

Verändert sich der Steueraufwand im Vergleich zu Vorperioden, wird ein Analyst ohne zusätzliche Informationen zumindest einen erstmalig geringeren Steueraufwand wohl nicht honorieren und diesen nicht bei seinen Bewertungsmodellen durch die Verwendung einer niedrigeren ETR berücksichtigen. An dieser Stelle sei nochmals darauf hingewiesen, dass Volatilitäten durch den Kapitalmarkt regelmäßig nicht vergütet werden. Umgekehrt kann u.E. damit gerechnet werden, dass eine im Vergleich zu Vorperioden ansteigende ETR Berücksichtigung findet und die bisher niedrigere ETR für Bewertungszwecke nach oben korrigiert wird, zumindest wenn diese Veränderung eine Tendenz aufweist und nicht glaubhaft als Einmaleffekt erläutert werden kann.

a) Externe Kommunikation

Man kann festhalten, dass die bloße Befolgung der durch IFRS und US-GAAP vorgeschriebenen Veröffentlichungspflichten zum Ertragsteuerergebnis i.d.R. nicht ausreichen, um externen Abschlussinteressenten die zur Ermittlung der „normalisierten" ETR benötigten Informationen zur Verfügung zu stellen. Es ist deshalb u.E. eine strategische Entscheidung gefordert, mit der die Kapitalmarktinformation über Steuern für längere Zeiträume positioniert wird. Der Handlungsrahmen hierfür lässt sich wie in Abb. 11 darstellen.

Dabei ist zu beachten, dass eine aktive Kapitalmarktinformation über Steuern zugleich die Aufgabe eines Teils der „steuerlichen Privatsphäre" des Unternehmens zur Folge hat. Am Beispiel der Veröffentlichung von Steuerrisiken wird besonders deutlich, wie wichtig eine sorgfältige Prüfung ist, bevor Informationen über das gesetzlich vorgeschriebene Maß hinaus veröffentlicht werden. So finden Steuerrisiken über die Rückstellungsbildung Eingang in den Ertragsteueraufwand und damit in die Steuerquote. Steuerliche Positionen, die nicht eindeutig durch die Gesetzes- und Rechtslage geklärt, aber durch einschlägige Meinungen legitimiert und gestützt sind, können Anlass für eine Rückstellungsbildung sein. Die

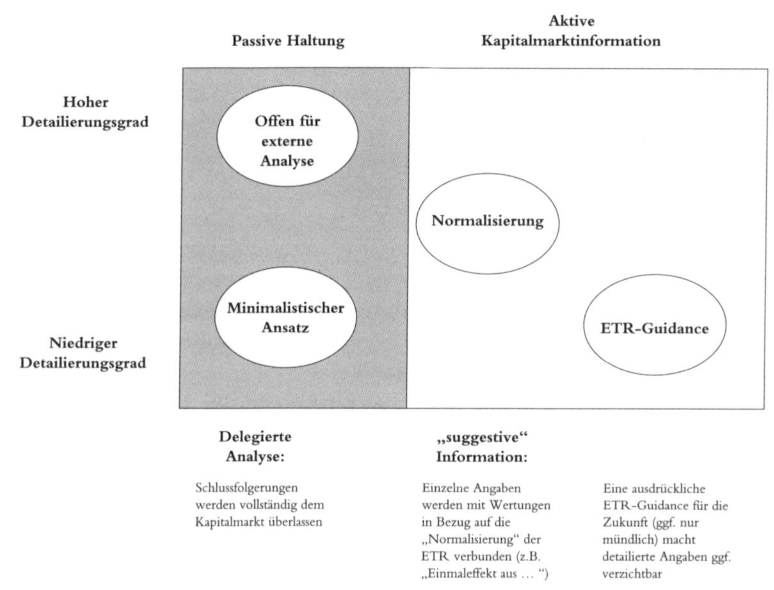

Abb. 11: Kommunikationsstrategie

Veröffentlichung dieser Einschätzung aber wäre zum eigenen Schaden. Denn zwar kann eine herrschende Literaturmeinung eine eindeutige Gesetzeslage oder einen Richterspruch nicht ersetzen; die steuerliche Gesamtposition des Unternehmens würde allerdings geschwächt, wenn den Finanzbehörden die Risikoeinschätzung des Unternehmens sowie die Höhe der bilanziellen Risikovorsorge bekannt wären.

Die Struktur und der Detaillierungsgrad der Angaben im Zusammenhang mit Steuerinformationen sind deshalb grundsätzlich mit dem Interesse des Unternehmens abzuwägen. In Fragen der Behandlung steuerrelevanter Sachverhalte sollte keine „Öffentlichkeit" zum eigenen Schaden herbeigeführt werden.[90] Im Übrigen gilt es noch zu bedenken, dass mit der Festlegung der Steuerkommunikation im Rahmen der externen Finanzberichtserstattung in gewisser Weise ein Standard definiert wird. Ein Rückbau solch eines Standards ist ungleich schwerer als seine Ausweitung. Vor diesem Hintergrund muss die Kommunikation über die normalisierte Konzernsteuerquote über das Maß der geforderten Anhangangaben hinaus sorgfältig abgewogen und von vorneherein hinsichtlich seiner mögli-

[90] Im Zusammenhang mit der Offenlegung steuerlicher Risikopositionen sei nur auf die Diskussionen im Zusammenhang mit dem Exposure Draft des FASB vom 14.7.2005, der Proposed Interpretation zum „Accounting for Uncertain Tax Positions", verwiesen, vgl. http://www.fasb.org/project/uncertain_tax_positions.shtml sowie zuletzt FASB Interpretation No. 48 (FIN 48), Accounting for Uncertainty in Income Taxes, an interpretation of FASB Statement No. 109, June 2006.

chen Auswirkungen bedacht werden. Im Ergebnis ist jedoch u.E. eine aktive Kapitalmarktinformation über Steuern im Interesse des Unternehmens und seiner Eigentümer notwendig und sinnvoll. Sie sollte allerdings maßvoll und mit Weitsicht vorgenommen werden. Eine kapitalmarktorientierte Berichterstattung über Ertragsteuern ist natürlich vor allem dann zielführend, wenn sie auf den Ergebnissen eines funktionierenden Managements des Ertragsteueraufwands fußt.

b) Interne Kommunikation

Die unternehmensinterne Kommunikation über Steuern folgt vollständig anderen Gesetzmäßigkeiten als die externe Kommunikation. Für Vorstandssprecher und Finanzvorstände, die sich bei ihrer Entscheidungsfindung an der systematischen Steigerung des Werts des Unternehmens für seine Eigentümer orientieren[91], stellt das Management und die Kommunikation der Konzernsteuerquote die erste und unmittelbare Verbindung zu Fragen der Ertragsteuerbelastung im Konzern dar. Erster Ansprechpartner für Fragen zum Konzernsteueraufwand ist deshalb regelmäßig die Steuerabteilung. An ihr liegt es, die Grundlagen für (i) die Kommunikation und (ii) das Management der Konzernsteuerquote festzulegen. Im Zusammenhang mit der internen Erläuterung der Quote und ihrem Management sollte immer deutlich gemacht werden, dass die Konzernsteuerquote von unterschiedlichen Einflussfaktoren („Treibern“) abhängt, die wiederum durch unterschiedliche Bereiche des Unternehmens bzw. Konzerns beeinflusst werden. Erst die Analyse aller Einflussfaktoren stellt klar, wer im Konzern welchen Beitrag zur ETR liefert. Nur so wird ein umfassendes Bild vermittelt, wenn beispielsweise die Senkung und Stabilisierung der Konzernsteuerquote im Widerspruch zur Abbildung von Geschäftsmodellen in der Gewinn- und Verlustrechnung steht. Als weiteres zentrales Beispiel sei der funktionale Zusammenhang zwischen der Konzernsteuerquote und dem Ergebnis vor Steuern herausgegriffen, wie er in Kapitel A.III.2. dargestellt worden ist. Da die Konzernsteuerquote keine fixe Prozentzahl ist, die zur Ermittlung des Ertragsteueraufwands auf ein sich veränderndes Ergebnis vor Steuern angewendet wird, hat allein die Höhe des Gewinns vor Steuern regelmäßig maßgebenden Einfluss auf die ETR.[92] Auf den Gewinn vor Steuern jedoch hat die Konzernsteuerabteilung in aller Regel keinen unmittelbaren Einfluss. Sie kann nur an einer Optimierung des Niveaus und der Steigung der Kurve in Abstimmung und gemeinsam mit den Geschäftsbereichen arbeiten.

---

[91] „Shareholder Value Ansatz“, vgl. *Busse von Colbe W.*, Was ist und was bedeutet der Shareholder Value aus betriebswirtschaftlicher Sicht?, in: ZGR, 1997, S. 271 ff.

[92] Vgl. ausführlich Kapitel A.III.2.b).

V. Zusammenfassung

Die Ergebnisse des Grundlagenabschnitts zur Konzernsteuerquote können folgendermaßen zusammengefasst werden:

- Die Kapitalmarktorientierung der Rechnungslegung ist der Grund für die Neuausrichtung der „Steuerarbeit“ im Unternehmen. Die ursprünglichen Inhalte der Tätigkeit einer Steuerabteilung werden sich deshalb nicht grundlegend ändern, sie werden aber im Zusammenhang mit den Erfordernissen des Tax Accounting inhaltlich ausgeweitet und in einen neuen Zusammenhang gesetzt. Statt der ausschließlichen Konzentration auf die Beeinflussung der laufenden Steuerzahlungen rückt die Kapitalmarktinformation über Steuern bzw. der Kapitalmarkteinfluss des Ertragssteueraufwands in den Mittelpunkt. Die Konzernsteuerquote, in der der Steueraufwand eines Konzerns zu dessen Ergebnis vor Steuern ins Verhältnis gesetzt wird, wird der Ausgangspunkt für die Bewertung der Steuerabteilung eines Unternehmens für externe und damit auch für interne Zwecke.
- Die umfassende Einbeziehung latenter Steuern in den Ertragsteueraufwand verhindert eine Volatilität der Konzernsteuerquote durch Periodenverschiebungen, macht die Konzernsteuerquote zu einer kapitalmarktrelevanten Kennziffer und damit auch zu einer internen Steuerungsgröße. Nach dem „temporary concept“ internationaler Rechnungslegungsstandards werden latente Steuern zum einen gebildet, wenn sich die Wertansätze von Bilanzpositionen nach Steuerrecht und Rechnungslegungsstandard unterscheiden und zum anderen, wenn steuerliche Anrechungsguthaben bzw. steuerliche Verluste entstehen, die erst in Folgeperioden mit steuerpflichtigem Einkommen verrechnet werden können. Latente Steuern sind aufzulösen, wenn sich (i) die unterschiedlichen Wertansätze annähern, (ii) das Wirtschaftsgut, das Anlass zur Bildung latenter Steuern gab, veräußert wird, (iii) die zugrunde liegenden Steuersätze aufgrund von Steuerrechtsänderungen angepasst werden müssen oder (iv) bei „deferred tax assets“ nicht (mehr) oder wieder mit einer Werthaltigkeit zu rechnen ist und diese wertberichtigt werden müssen.
- Latente Steuern machen die ETR abhängig von teilweise subjektiven Bewertungen (wie beispielsweise der zukünftigen Verrechenbarkeit von Verlustvorträgen) oder von Änderungen der gesetzlichen Steuersätze. Trotz des Abzinsungsverbotes latenter Steuern ist vor allem deshalb der Zeitpunkt der laufenden Steuerzahlung für ein effektives Tax Management von erheblicher Relevanz. Durch die Minimierung des Steuerbarwertes werden Bewertungsrisiken aus aktiven latenten Steuern tendenziell reduziert.
- Die Konzernsteuerquote ist keine fixe Prozentzahl, da sich das Ertragsteuerergebnis einer Periode regelmäßig über- bzw. unterproportional zum Ergebnis vor Steuern entwickelt. Der Ertragsteueraufwand lässt sich

also nicht dadurch ermitteln, dass eine zuvor bestimmte Konzernsteuerquote lediglich auf ein sich veränderndes Ergebnis vor Steuern angewendet wird. Die ETR ist eine Funktion aus dem Ertragsteuer- und dem Ergebnis vor Steuern. Der Ertragsteueraufwand wird durch das Ergebnis vor Steuern (V [GE]), den (i) Basissteuersatz (sb [%]), (ii) den Steuereffekt permanenter Differenzen (sd*d [GE]) und (iii) durch Steuereffekte ohne korrespondierenden Betrag vor Steuern (o [GE]) definiert. Der Basissteuersatz bestimmt das Niveau, die permanenten Differenzen und „tax only"-Effekte die Steigung der Funktion.

• Die Funktion der ETR lässt sich in ein lineares Koordinatensystem übertragen, wobei auf der Abszisse das Ergebnis vor Steuern und auf der Ordinate die Steuerquote abgebildet werden. Es können sich grundsätzlich je zwei verschiedene Kurvenverläufe für den Gewinnfall sowie für den Verlustfall ergeben (von Ausnahmefällen abgesehen). Jede Kurve kann in einen „volatilen" und „stabilen" Bereich unterteilt werden. „Stabil" ist die Kurve dann, wenn eine Veränderung des Ergebnisses vor Steuern bei ansonsten gleich bleibenden Parametern zu einer nur geringfügigen Anpassung der ETR führt. „Volatil" ist die Kurve in dem Bereich, in dem eine nur geringfügige Änderung des Ergebnisses vor Steuern eine überproportional hohe Veränderung der Konzernsteuerquote nach sich zieht.

• Der Marktwert eines Unternehmens ist ein informationsgetriebener, erwartungsgebundener und prognoseorientierter Wert ist. Bewertungsrelevant sollte deshalb nur die „normalisierte" und (eingeschränkt u.a. wegen des Kurvenverlaufs) prognostizierbare ETR sein. Tatsächlich besitzt die ETR eine beachtliche Hebelwirkung für die Marktkapitalisierung des Unternehmens.

• Die Veröffentlichungsvorschriften von IFRS und US-GAAP zum Ertragsteuerergebnis reichen nicht aus, um die zur Ermittlung der „normalisierten" ETR benötigten Informationen vollständig zur Verfügung zu stellen. Insofern ergibt sich in der Praxis ein Erläuterungsbedarf, den das Unternehmen u.E. bewusst und aktiv gestalten sollte. Die damit einhergehende stückweise Aufgabe der „steuerlichen Privatsphäre" sollte sorgfältig mit den Interessen des Unternehmens abgewogen werden.

B. Einflussfaktoren auf die Konzernsteuerquote

I. Qualität von Einflussfaktoren

Die Einflussfaktoren („Treiber“) der Konzernsteuerquote sind qualitativ danach zu unterscheiden, wie sie sich in wirtschaftlicher bzw. zeitlicher Hinsicht auf die Höhe der Steuerquote auswirken. Beispielsweise existieren Einflüsse, die alleine aus Rechnungslegungsvorschriften resultieren. Ohne dass ein ökonomischer Beitrag zum Unternehmensergebnis abgebildet wird, verwerfen diese Einflüsse die Konzernsteuerquote. Man kann hier u.a. auf die Eliminierung von Minderheitsanteilen bei Banken nach US-GAAP verweisen.[93] Um Konzernsteuerquoten vergleichbar zu machen, sollten solche Einflussgrößen eliminiert werden.[94] In zeitlicher Hinsicht lassen sich Einflussfaktoren danach unterscheiden, ob sie einen absoluten, d.h. einen definitiven Beitrag zur Bildung der Konzernsteuerquote leisten (absolute Treiber) oder ob sie zu den einzelnen Bilanzstichtagen quotenerhöhend bzw. quotenmindernd wirken, sich aber bei einer Totalbetrachtung wieder ausgleichen (Volatilitätstreiber).

1. Absolute Treiber

Einflussfaktoren auf die Konzernsteuerquote, die zu den Bilanzstichtagen wirken und sich in Folgeperioden nicht wieder ausgleichen, werden als absolute Treiber bezeichnet. Beispiele hierfür sind steuerfreie Erträge und nicht abziehbare Aufwendungen. Sie beeinflussen die Steuerquote definitiv und können sowohl mindernd als auch erhöhend wirken. Für eine Konzernsteuerplanung, die bei positivem Ergebnis vor Steuern eine nachhaltige Absenkung der Konzernsteuerquote zum Ziel hat, stellen absolute Treiber in der Prioritätenfolge den ersten Ansatzpunkt für Optimierungsüberlegungen dar. Absolute Treiber können sowohl im laufenden als auch im latenten Steuerergebnis des Unternehmens auftreten.

2. Volatilitätstreiber

Daneben kann die Ertragsteuerquote durch Faktoren beeinflusst werden, die sich in Folgeperioden wieder umkehren und die damit ohne nachhaltigen Einfluss auf das entnehmbare Nachsteuerergebnis des Unternehmens bleiben. Einfachstes Beispiel kann in diesem Zusammenhang ein

---

[93] Vgl. ausführlich Kapitel B.IV.3.a).

[94] Vgl. dazu Kapitel E.II.

konzerninternes, grenzüberschreitendes Absicherungsgeschäft sein, das durch eine „mark to market" Stichtagsbewertung temporäre Differenzen bei Anwendung unterschiedlicher Steuersätze erzeugt und damit das latente Ertragssteuerergebnis beeinflusst. Bei Realisierung entspricht allerdings der Ertragssteueraufwand der Situation vor Neubewertung.[95] Darüber hinaus kann wiederum nach Treibern unterschieden werden, die sich erfolgswirksam umkehren und solchen, die sich ohne Einfluss auf die Gewinn- und Verlustrechnung nur im Kapital des Unternehmens, mithin erfolgsneutral, ausgleichen. Als Beispiel können die besonderen Regeln für aktienbasierte Mitarbeitervergütungen („share based compensation")[96] genannt werden. Da letztere zumindest rechnerisch einen definitiven Einfluss auf die Ertragsteuerquote haben sollen sie nicht als Volatilitätstreiber sondern als absolute Treiber gesehen werden.

Volatilitätstreiber können einen negativen Einfluss auf die Wahrnehmung der ETR am Kapitalmarkt haben. Sie sollten, abhängig von ihrer Materialität auf das Gesamtergebnis, zumindest erläutert werden können. Sie finden in aller Regel nur Eingang in das latente Steuerergebnis der Unternehmung.

II. Verursachungsorientierte Kategorisierung der Einflussfaktoren

Durch die Kategorisierung von Einflussfaktoren sollen die Ursachen für quotentreibende Faktoren aufgezeigt werden, um damit kenntlich zu machen, wer innerhalb der Unternehmens-/Konzernstruktur in der Lage ist, den Treiber zu beeinflussen. Dies trägt der Tatsache Rechnung, dass die Steuerabteilung regelmäßig nur in begrenztem Umfang direkten Einfluss auf die Konzernsteuerquote nehmen kann.

Die Formel zur Berechnung der Konzernsteuerquote stellt den Ausgangspunkt dar, um die Einflussfaktoren auf die Quote verursachungsorientiert für Analysezwecke zu kategorisieren. Der Zähler enthält das Ertragsteuerergebnis, das sich aus laufenden und latenten Steuern zusammensetzt, der Nenner bildet das Ergebnis vor Steuern ab. Die laufenden und latenten Steuern wiederum werden durch den Basissteuersatz, permanente Differenzen und „tax only"-Effekte bestimmt.[97] Versucht man nun Kategorien von Einflussfaktoren abzugrenzen, die die einzelnen Variablen der Formel maßgebend beeinflussen, kommt man zu folgendem Ergebnis.

---

[95] Vgl. hierzu Kapitel B.IV.3.d)aa).
[96] Vgl. ausführlich Kapitel B.IV.3.c).
[97] Vgl. ausführlich Kapitel A.III.2.

Der Basissteuersatz ergibt sich aus dem Durchschnitt der anzuwendenden tariflichen Steuersätze, gewichtet nach der geographischen Allokation des steuerpflichtigen Einkommens vor Steuern. Wesentlicher Einflussfaktor auf den Basissteuersatz ist deshalb die **Geschäftsstruktur** des global tätigen Unternehmens/Konzerns. Entscheidend ist mithin, wie und wo sich Geschäftsbereiche abhängig von den Geschäftsmodellen organisiert haben und wo die entsprechenden Margen erzielt werden. Die steuerwirksame Aufwands- und Ertragsallokation zwischen dem Stammhaus und den Betriebsstätten sowie die angemessene Verrechnungspreisbestimmung innerkonzernlicher Leistungen zwischen verbundenen Tochtergesellschaften wird dabei durch nationale und internationale Vorschriften vorgegeben.

Gleichzeitig legt die Geschäftsstruktur auch die Anknüpfung für diverse nationale Steuerrechte und deren spezifischen Regelungen fest, ist mittelbar somit ursächlich für permanente Differenzen und „tax only"-Effekte. Die Geschäftsstruktur ist aber nicht allein ursächlich für deren Entstehen, auch nicht im Sinne einer Managementverantwortung der operativen Geschäftsführung. Es sei nur auf die verschiedenen Möglichkeiten verwiesen, wie die Finanzierung innerhalb eines Konzerns steueroptimal ausgestaltet werden kann, ohne dabei unmittelbar in die Geschäftsstruktur eingreifen zu müssen. Im Sinne einer verursachungsorientierten und für Analysezwecke ausreichend detaillierten Abgrenzung von Einflussfaktoren sollte daher eine Kategorie **spezifischer steuerrechtlicher Regelungen** unterschieden werden. Sie umfasst alle Einflüsse, die aus steuerrechtlichen Vorschriften resultieren und nicht durch die Geschäftsstruktur vorgegeben werden.

Das Ergebnis vor Steuern, auf welches sich die Konzernsteuerquote bezieht, ist von den Vorschriften des anzuwendenden Rechnungslegungsstandards bestimmt. Immer dann, wenn die Standards Periodenverschiebungen des Ergebnisses vorgeben, kann die Steuerquote durch die besondere Abhängigkeit vom Ergebnis vor Steuern negativ oder positiv beeinflusst werden. Sind in den Perioden überdies unterschiedliche Steuersätze anzuwenden, erlangen Periodenverschiebungen zwangsläufig definitiven Charakter (absoluter Treiber). Weiterhin wird durch den Rechnungslegungsstandard festgelegt, ob sich Geschäftsvorfälle erfolgswirksam oder erfolgsunwirksam auswirken und wie Eliminierungsbuchungen im Rahmen der Konsolidierung durchzuführen sind. Werden beispielsweise einzelne Bestandteile einer wirtschaftlich zusammengehörigen Transaktion nur teilweise ergebniswirksam oder innerhalb der Gewinn- und Verlustrechnung nur im Ergebnis vor Steuern und nicht im Steuerergebnis gezeigt, kann dies zu Verwerfungen der Quote führen.[98] Eine weitere Ka-

---

[98] Vgl. zu den Beispielen ausführlich Kapitel B.IV.3.

tegorie von Einflussfaktoren sind deshalb die **Rechnungslegungsvorschriften**. Sie wirken auf den Basisteuersatz, permanente Differenzen, „tax only"-Effekte und auf das Ergebnis vor Steuern.

„Tax only"-Effekte korrespondieren nicht mit dem Ergebnis vor Steuern und entstehen insbesondere durch Rückstellungen für Steuerrisiken, Wertänderungen von DTA, Steuern für Vorjahre und durch steuerliche Subventionen. Während steuerliche Subventionen der Kategorie der steuerrechtlichen Regelungen zuzuordnen sind, ist mit den verbleibenden drei Sachverhaltstypen eine Unbestimmtheits- bzw. Risikokomponente verbunden. Namentlich handelt es sich um Steuerrechts- und Bewertungsrisiken. Um der besonderen Bedeutung von „tax only"-Effekten gerecht zu werden, sollten die unter einer separaten Kategorie der **Steuerrisiken** behandelt werden.

III. Wesentliche Determinanten zur Bestimmung der Auswirkungen einzelner Einflussfaktoren

Wie sich die einzelnen Einflussfaktoren auf die Konzernsteuerquote auswirken, hängt von ihrer Abbildung in der konsolidierten Gewinn- und Verlustrechnung und dem funktionalen Kurvenverlauf der ETR ab. Danach lassen sich zwei Einflussfaktoren, die vorgelagert die Wirkung aller anderen Treiber determinieren, vor die Klammer der Summe der Treiber ziehen. Es handelt sich dabei einerseits um die Abhängigkeit der Konzernsteuerquote vom Ergebnis vor Steuern und andererseits um Konsolidierungskreis und Konsolidierungsmethode, welche festlegen, wie sich die Geschäftsstruktur, steuerrechtliche Vorschriften, Rechnungslegungsvorschriften und auch Steuerrisiken auf Einzelgesellschaftsebene letztlich im konsolidierten Ergebnis vor Steuern und im Ertragsteuerergebnis auswirken.

1. Niveau des Ergebnisses vor Steuern[99]

Die Darstellung der Konzernsteuerquote als Funktion hat zusammen mit den möglichen Kurvenverläufen gezeigt, dass die Wirkung von permanenten Differenzen und „tax only"-Effekten bei einem hohen positiven oder hohen negativen Ergebnis vor Steuern abnimmt und sich die ETR dem Basissteuersatz annähert. Bei einem Ergebnis vor Steuern, das sich um den Betrag von Null bewegt, wirken sie sich hingegen maximal aus.[100] Der Effekt des Ergebnisses vor Steuern kann so groß sein, dass bei

---

[99] Vgl. insgesamt ausführlich Kapitel A.III.2.

[100] Auch wenn der Betrag von permanenten Differenzen bzw. von „tax only"-Effekten nicht konstant ist, ist in der Praxis u.E. davon auszugehen, dass ihre Wirkung bei steigendem Ergebnis vor Steuern überproportional abnimmt, da der überwiegende Teil eines hohen Ergebnisses vor Steuern im Konzern den statutarischen Regelsteuersätzen unterliegt, vgl. auch Kapitel A.III.2.b).

einem Ergebnisrückgang der positive Effekt von neuen steuerplanerischen Maßnahmen durch die bereits vorhandenen negativen Einflussfaktoren vollständig kompensiert wird bzw. die ETR sogar höher ausfällt als in der Vorperiode. Die folgende Abbildung verdeutlicht dies.

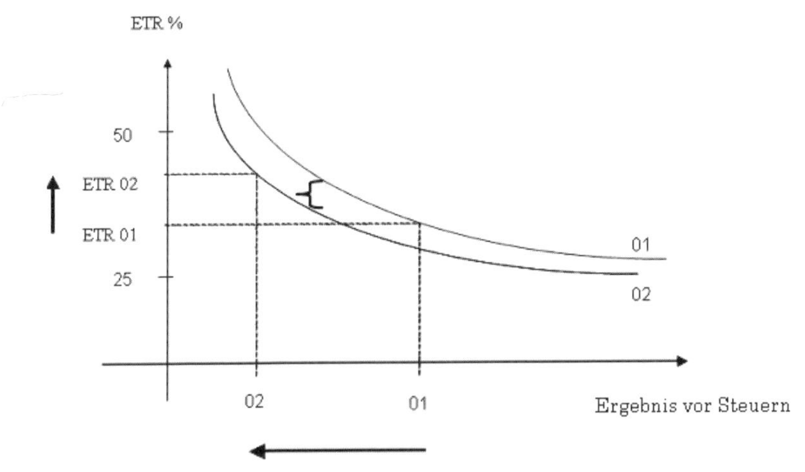

Abb. 12: Kurveneffekt des Ergebnisses vor Steuern

Abbildung 12 zeigt einen in Periode 02 gegenüber Periode 01 verbesserten Verlauf der ETR-Kurve. Der Basissteuersatz ist niedriger und auch insgesamt ist über den gesamten Kurvenverlauf deutlich, dass die Ertragsteuerlast für jedes beliebige Ergebnis vor Steuern abgesunken ist. Das Ertragsteuerniveau der Kurve hat sich vermindert. Der Vergleich zwischen den beiden Perioden gibt diese Verbesserung aber nicht wieder, wenn man nur die Ergebnisse, d.h. die ETR der jeweiligen Periode, betrachtet und diese ohne Bezug zum Niveau des Ergebnisses vor Steuern miteinander vergleicht. Der Ergebnisrückgang in Periode 02 führt in den volatilen Bereich der ETR-Kurve 02 und hat einen Anstieg der ETR zur Folge. Der positive Effekt aus der Absenkung des gesamten Ertragsteuerniveaus (Kurvenniveau 02 versus 01) wird dadurch überkompensiert.

Abbildung 12 verdeutlicht zudem, wie stark sich die in Periode 02 immer noch nahezu unverändert vorhandenen negativen Einflussfaktoren (ergebnisunabhängige ETR-Treiber) bei geringen Ergebnissen vor Steuern auswirken bzw. wie wenig aussagekräftig isolierte ETR-Vergleiche sind, wenn sie bei relativ niedrigem Niveau des Ergebnisses vor Steuern stattfinden. Deshalb lassen ETR-Vergleiche sowohl zwischen verschiedenen Perioden bei einem Unternehmen/Konzern als auch ETR-Vergleiche zwischen verschiedenen Unternehmen/Konzernen (Benchmarking) erst dann analytische Rückschlüsse auf die Quotentreiber zu, wenn der Kurvenverlauf wenigstens grob bekannt bzw. abschätzbar ist.[101]

[101] Vgl. Kapitel E.II.

2. Konsolidierungsvorschriften

Die Konsolidierungsvorschriften des anzuwendenden Rechnungslegungsstandards bestimmen, inwieweit sich das Ergebnis vor Steuern und das Ertragsteuerergebnis von Einzelgesellschaften im Konzernabschluss und damit auf die Konzernsteuerquote auswirken. Darüber hinaus gibt es Konsolidierungsvorschriften, die selbst einen treibenden Einfluss auf die Konzernsteuerquote haben. Beide Effekte zählen zur Kategorie der Rechnungslegungsvorschriften.

Zur vereinfachten Illustration für die Wirkung von Konsolidierungsvorschriften dient das Beispiel der Beteiligung an einer Gesellschaft, die nicht zur Aufnahme in den Konsolidierungskreis des Konzerns qualifiziert. Lässt man Widmungsfragen des Anteils und damit einhergehende Bewertungsvorschriften außer Acht, wirkt sich der Ergebnisbeitrag der Gesellschaft nur über die Abbildung einer Dividende bzw. eines Veräußerungsgewinns oder -verlusts in der konsolidierten Gewinn- und Verlustrechnung aus, wenn es sich bei der die Beteiligung haltenden Unternehmung um eine vollkonsolidierte Gesellschaft handelt. Dividende und Veräußerungsergebnisse aus der Beteiligung an der Einzelgesellschaft sind bei dieser jedoch Nachsteuergrößen[102], die sich deshalb nicht unmittelbar im konsolidierten Ertragsteueraufwand des Konzerns wieder finden. Ob die Gewinne oder Verluste der Gesellschaft einem hohen oder niedrigen Steuersatz unterlegen haben, ob die Gesellschaft steuerfreie Einnahmen bzw. nichtabzugsfähige Betriebsausgaben erzielt, hat für den konsolidierten Ertragsteueraufwand zunächst keine Bedeutung. Dort wirkt sich nur die steuerliche Behandlung der Dividende bzw. des Veräußerungsgewinns auf Ebene der die Beteiligung haltenden Gesellschaft aus. Sind z.B. Dividenden und Veräußerungsgewinne steuerfrei und ist die Beteiligung in jeder Hinsicht profitabel, ist eine Absenkung der ETR wegen positiver „permanenter Differenzen“ die Folge.

Anders würde das Ergebnis für die ETR aussehen, wenn dieselbe Beteiligungsgesellschaft z.B. wegen der besonderen Einflussnahme bzw. auf die Geschäftstätigkeit durch die Konzernobergesellschaft voll zu konsolidieren und bei einem Bankkonzern nach US-GAAP ein „Minderheitsanteil“ von beispielsweise 95% zu eliminieren wäre. Gewinn vor Steuern und Steueraufwand würden erfasst, aber nur der Gewinn vor Steuern würde in Höhe von 95% des Nachsteuerergebnisses reduziert werden. Der vollständige Ertragsteueraufwand bliebe im Konzernergebnis enthalten und würde die Quote deutlich belasten.[103]

Es kann also festgehalten werden, dass die Frage, ob eine Gesellschaft zum Konsolidierungskreis eines Konzerns gehört und mit welcher Methode ihr

---

[102] Das Veräußerungsergebnis wird als Vollausschüttung thesaurierter, versteuerter Gewinne bzw. Verluste der Beteiligung angesehen.

[103] Vgl. hierzu ausführlich Kapitel B.IV.3.a) und dort Beispiel 15.

Ergebnisbeitrag abgebildet wird, letztlich bestimmt, wie die Einflussfaktoren der Einzelgesellschaften im Konzernergebnis und damit auf die Konzernsteuerquote wirken. Aus diesem Grunde werden im Folgenden zum einen die wesentlichen Vorschriften zur Bestimmung des Konsolidierungskreises und der Konsolidierungsmethoden dargestellt, um die Auswirkung von Treibern auf Einzelgesellschaftsebene auf das Konzernergebnis überleiten zu können.[104] Zum anderen wird auf Konsolidierungseffekte hingewiesen, die ihrerseits einen treibenden Einfluss auf die Konzernsteuerquote haben.

Für die Bestimmung des Konsolidierungskreises und der Konsolidierungsmethoden ist generell die Qualität der Beziehung zwischen Einzel- und Konzernmuttergesellschaft maßgebend. IFRS 3 nimmt in diesem Zusammenhang eine zentrale Stellung in der Normensystematik zur Konzernrechnungslegung nach IFRS ein. Er regelt die Bilanzierung von Unternehmenszusammenschlüssen und enthält zusammen mit IAS 27 detaillierte Kriterien für das Vorliegen eines Beherrschungsverhältnisses („control") zwischen Mutter- und Tochtergesellschaft. IFRS 3 enthält darüber hinaus detaillierte Bestimmungen zur Behandlung des Firmenwerts und zur Kapitalkonsolidierung. Im IAS 12 sind steuerliche Einzelfragen der Konzernrechnungslegung geregelt.

a) Konsolidierungskreis

Für einen Konzernabschluss nach den Regelungen der IFRS gilt das Weltabschlussprinzip. Der Konsolidierungskreis umfasst alle Tochter-[105] und Zweckgesellschaften[106], Gemeinschaftsunternehmen[107] und assoziierte Unternehmen.[108] Nicht zum Konsolidierungskreis gehören Unternehmen, auf die das Mutterunternehmen keinen maßgeblichen Einfluss hat.[109] Letztere werden nur mit dem Beteiligungsansatz in der Konzernbilanz abgebildet (Beteiligungsunternehmen).

Für alle zum Konzernkreis gehörenden Gesellschaften können so genannte **„outside basis differences"**[110] entstehen. Dabei handelt es sich um Differenzen zwischen dem anteiligen Eigenkapital von konsolidierten Gesellschaften im Konzernabschluss und dem steuerlichen Buchwert bei

---

[104] Die Ausführungen beschränken sich aufgrund des Umfangs der Thematik auf die Vorschriften nach IFRS. Ausgangspunkt der Konsolidierungspflicht nach US-GAAP ist ARB 51 und zudem für börsennotierte bzw. Publikumsgesellschaften die SEC Regulation S-X Rule 3.01 (f).

[105] IAS 27.

[106] SIC 12.

[107] IAS 31.

[108] IAS 28.

[109] IAS 39 i.V.m. IAS 27, 28, 31 und SIC 12.

[110] „Inside basis differences" entstehen z.B. aus der Aufdeckung stiller Reserven bei der Kaufpreisallokation als Wertunterschied zwischen der Konzern- und Steuerbilanz von einzelnen Wirtschaftsgütern. Vgl. zu Personengesellschaften *Ernsting I./Loitz R.*, Zur Bilanzierung latenter Steuern bei Personengesellschaften nach IAS, DB 2004, S. 1053 ff.

dem in den Konzernabschluss einbezogenen (steuerrechtlichen) Gesellschafter. Das gleiche gilt im Übrigen für die Differenz zwischen dem Buchwert von Beteiligungsunternehmen in der Konzernbilanz und dem Ansatz in der Steuerbilanz des zum Konzernkreis gehörenden Gesellschafters.

Sind diese Wertdifferenzen temporärer Natur, muss untersucht werden, ob nach IAS 12.39 bzw. IAS 12.44 Steuerlatenzen zu bilden sind oder ob die Differenz nach IAS 12.81 (f) lediglich im Konzernanhang anzugeben ist. Von einem Passivierungsgebot latenter Steuern kann nur dann abgesehen werden, wenn folgende Voraussetzungen erfüllt sind.[111]

- Das Mutterunternehmen, der Anteilseigner oder das Partnerunternehmen kann den Umkehrzeitpunkt der temporären Differenz bestimmen; und
- es ist unwahrscheinlich, dass sich die temporäre Differenz in absehbarer Zeit umkehren wird. Die Absicht des Unternehmens ist dabei irrelevant.

Für (beherrschte) Tochtergesellschaften sollte der Umkehrzeitpunkt regelmäßig durch die Muttergesellschaft bestimmbar sein. Für Gemeinschaftsunternehmen[112] und auch für assoziierte Unternehmen[113] hingegen ist dies eher fraglich, was die Bildung von latenten Steuern erforderlich macht. Da ein Mutterunternehmen auf einfache Beteiligungsgesellschaften keinen maßgeblichen Einfluss hat, entstehen auch dort regelmäßig temporäre Differenzen, für die Steuerlatenzen abzugrenzen sind.

Aktive latente Steuern sind nach IAS 12.44 in dem Umfang zu bilanzieren, in dem es wahrscheinlich ist, dass

- sich die temporäre Differenz in absehbarer Zeit umkehren wird; und
- zu versteuerndes Einkommen zur Verfügung stehen wird, gegen das die temporäre Differenz verrechnet werden kann.[114]

b) Konsolidierungsmethoden

Ist ein Unternehmen konzernrechnungslegungspflichtig[115] und kapitalmarktorientiert[116] i.S.d. EU-Verordnung sind die Konsolidierungsregelun-

---

[111] Vgl. IAS 12.39.

[112] Vgl. IAS 12.43.

[113] Vgl. IAS 12.42.

[114] Vgl. IAS 12.28 f.

[115] Bestimmt sich für IFRS und deutschen Konzernmuttergesellschaften nach §§ 290 bis 293 i.V.m. 315a HGB, d.h. nach nationalen Rechnungslegungsvorschriften, die aufgrund der Vorgaben der europäischen Konzernbilanzrichtlinie (Richtlinie 83/349/EWG vom 13.6.1983, zuletzt geändert durch Richtlinie 2003/51/EG, Abl.EG L 178 vom 17.7.2003) ergangen sind. Vgl. *Busse von Colbe W.,* Anpassung der Konzernrechnungslegungsvorschriften des HGB an internationale Entwicklungen, BB 2004, S. 2063 ff.

[116] Nach Artikel 4 der EU-Verordnung Nr. 1606/2002 richtet sich die Bestimmung der Kapitalmarktorientierung im Einzelnen nach den Regelungen in der europäischen Wertpapierdienstleistungsrichtlinie; vgl. insbesondere Art. 4 Nr. 14 („Geregelter Markt") und Art. 4 Nr. 17 i.V.m. Anhang 1, Abschnitt C („Finanzinstrumente") der Richtlinie 2004/39/EG vom 21.4.2004, Abl. EG L 145/1 vom 30.4.2004.

gen von IFRS 3 i. V. m. IAS 27, 28 und 31 anzuwenden. Tochtergesellschaften sind dabei nach IAS 27 voll zu konsolidieren („Vollkonsolidierung"). Bei Gemeinschaftsunternehmen („Interest in Joint Ventures") findet IAS 31 Anwendung, wonach die Anteile und Ergebnisbeiträge entweder quotal („Quotenkonsolidierung")[117] oder nach der „Equity-Methode"[118] in den Konsolidierungskreis aufzunehmen sind. IAS 28 schreibt vor, dass bei assoziierten Unternehmen die „Equity-Methode" als Konsolidierungsmethode anzuwenden ist.

aa) Vollkonsolidierung

(1) Wesentliche Voraussetzung. Voraussetzung für die vollständige Konsolidierung von Tochtergesellschaften ist das Vorliegen eines Mutter-Tochter-Verhältnisses. Das Mutter-Tochter-Verhältnis wird nach IAS 27.4 durch die Beherrschung („control") der Tochter durch die Mutter bestimmt. Beherrschung ist dabei die Möglichkeit, die Finanz- und Geschäftspolitik eines Unternehmens zu bestimmen, um aus dessen Tätigkeit Nutzen zu ziehen. Ein Konzern umfasst ein Mutterunternehmen und mindestens ein Tochterunternehmen.

Zum Konsolidierungskreis zählen nach IAS 27.12 alle in- und ausländischen Tochtergesellschaften. Ein Beherrschungsverhältnis wird nach IAS 27.13 widerlegbar vermutet, wenn das Mutterunternehmen direkt oder indirekt über mehr als die Hälfte der Stimmrechte verfügt. Die Beherrschungsvermutung gilt dann als widerlegt, wenn sich aufgrund außergewöhnlicher Umstände eindeutig nachweisen lässt, dass eine Mehrheitsbeteiligung keine Beherrschung begründet. Umgekehrt kann auch ein Beherrschungsverhältnis vorliegen, obwohl das Mutterunternehmen nur über die Hälfte oder weniger als die Hälfte der Stimmrechte verfügt. Dies ist u. a. der Fall bei Beherrschungsverträgen bzw. Vereinbarungen mit anderen Anteilseignern, Satzungsklauseln, der Möglichkeit der Berufung der Mehrheit von Mitgliedern der mit Verfügungsgewalt ausgestatteten Organe der Gesellschaft bzw. die Möglichkeit der Beeinflussung von Mehrheitsentscheidungen dieser Gremien. Nach IAS 27.14 f. kann auch bei Optionsrechten Beherrschung angenommen werden, soweit diese zu potentiellen Stimmrechten führen können.

Ergänzt wird IAS 27.13 durch die „Standing Interpretations Committee Interpretation" (SIC) 12, wonach Zweckgesellschaften („spezial purpose entities [SPE]") zu konsolidieren sind, wenn die wirtschaftliche Betrachtung des Verhältnisses zu einer SPE zeigt, dass die SPE „wirtschaftlich" beherrscht wird. Diese Form der Beherrschung kann nach SIC 12.9 bis 10 (d) dadurch entstehen, dass:

- die Geschäftstätigkeit vorherbestimmt ist;

---

[117] IAS 31.3 „Quotenkonsolidierung".
[118] IAS 31.3 „Equity Methode".

- die Zweckgesellschaft entsprechend den besonderen Geschäftsbedürfnisse eines Unternehmens geführt wird und dieses deshalb seinen Nutzen aus der Geschäftstätigkeit der Zweckgesellschaft ziehen kann;
- die Entscheidungsmacht nur über einen „Autopilot"-Mechanismus delegiert worden ist;
- ein Unternehmen den Risiken aufgrund der Geschäftstätigkeit der Zweckgesellschaft ausgesetzt ist, weil es den überwiegenden Nutzen aus der Zweckgesellschaft ziehen kann; oder
- das Unternehmen die Mehrheit der mit der Zweckgesellschaft verbundenen Residual- oder Eigentumsrisiken an den Vermögenswerten behält, um den Nutzen aus der Geschäftstätigkeit zu ziehen.

(2) Wesentliche Merkmale. Das Mutterunternehmen („parent") ist nach IAS 27.9 verpflichtet einen Konzernabschluss aufzustellen, in dem seine Anteile an Tochterunternehmen („subsidiary") konsolidiert sind.[119] Die Konzernunternehmen werden dabei im Konzernabschluss so dargestellt, als ob es sich bei ihnen um ein einziges Unternehmen handelt („Einheitstheorie").[120]

Konstitutive Merkmale der Vollkonsolidierung sind, dass die Abschlüsse des Mutterunternehmens und seiner Tochterunternehmen durch Addition (i) gleichartiger Bilanzpositionen wie Vermögenswerte, Schulden und Eigenkapital und (ii) gleichartiger Erträge und Aufwendungen zusammengefasst werden („Summenbilanz" und „Summen-G. u. V.").[121] Damit der Konzernabschluss die Rechnungslegungsinformationen über den Konzern so darstellt, als ob es sich bei dem Konzern um ein einziges Unternehmen handelt, werden

- die Buchwerte der dem Mutterunternehmen gehörenden Anteile an jedem einzelnen Tochterunternehmen und der Anteil des Mutterunternehmens am Eigenkapital jedes Tochterunternehmens eliminiert („Kapitalkonsolidierung"),[122] und
- konzerninterne Salden, Transaktionen, Gewinne und Aufwendungen in voller Höhe eliminiert („Schuldenkonsolidierung", „Aufwands- und Ertragskonsolidierung" sowie „Zwischenergebniseliminierung").[123]

Zur Erläuterung im Einzelnen:

Kapitalkonsolidierung. Zielsetzung der Kapitalkonsolidierung ist es, die sich aus der konzerninternen Kapitalverflechtung ergebende doppelte

---

[119] Vgl. zur Befreiung von der Aufstellung eines Konzernabschlusses die Voraussetzungen nach IAS 27.10, die nicht entsprechend §§ 291 bis 293 HGB größenabhängig sind. Entfällt die Pflicht zur Aufstellung eines konsolidierten Abschlusses ist in den Einzelabschlüssen der Muttergesellschaften i. S. v. IAS 27.37 bis 39 und IAS 27.40 bis 42 darauf hinzuweisen.

[120] IAS 27.4.

[121] IAS 27.22.

[122] IAS 27.22 (a).

[123] IAS 27.24.

Erfassung vom Beteiligungsansatz und Kapital der Tochtergesellschaft in der Summenbilanz zu eliminieren. Ausgehend von der Summenbilanz[124] werden die Buchwerte der Beteiligung des Mutterunternehmens an den Tochterunternehmen mit dem anteiligen Eigenkapital der Tochterunternehmen in der Summenbilanz aufgerechnet. Hierbei sind direkte und indirekte Anteile an Tochterunternehmen einzubeziehen.

Nach IFRS 3.1 und 3.14 wird die Kapitalkonsolidierung für alle Unternehmenszusammenschlüsse nach der Erwerbsmethode[125] durchgeführt. Der Erwerbsmethode liegt die Fiktion zugrunde, es würden alle Vermögenswerte und Verpflichtungen des Tochterunternehmens bei vollständiger Aufdeckung der stillen Reserven und Lasten einzeln[126] erworben.[127] Nach IFRS 3.16 ist die Erwerbsmethode in drei Komponenten zu zerlegen:

- Identifizierung des Erwerbers (IFRS 3.16(a), IFRS 3.17–23);
- Ermittlung der Anschaffungskosten des erworbenen Unternehmens (IFRS 3.16(b), IFRS 3.24–35); und
- Kaufpreisallokation zum Erwerbszeitpunkt (IFRS 3.16 (c), IFRS 3.36–65).

IFRS 3.1 i.V.m. 3.37 schreibt für die Aufrechnung von Beteiligungsbuchwert und anteiligem Eigenkapital die Kapitalkonsolidierung zum Zeitpunkt des Erwerbs („date of acquisition") vor. Wird das Tochterunternehmen durch eine einzige Transaktion erworben, stimmt der Zeitpunkt der Übertragung mit dem Erwerbszeitpunkt überein. Handelt es sich um einen sukzessiven Unternehmenserwerb, sind die Anteilserwerbe nach IFRS 3.58 ff. gesondert zu bilanzieren. Der Erwerbszeitpunkt ist für die Abgrenzung des mitgekauften Ergebnisses von dem im Konzern erwirtschafteten Ergebnis sowie für die Bestimmung der beizulegenden Zeitwerte maßgebend. Diese Werte werden für Folgekonsolidierungen zu den jeweiligen Bilanzstichtagen beibehalten.

Wenn das Beherrschungsverhältnis, das zur Konsolidierung geführt hat, i.S.v. IAS 27.21 endet, ist zu diesem Zeitpunkt das Tochterunternehmen zu entkonsolidieren. Im Konzernabschluss ist den Erlösen aus der Veräußerung von Anteilen an einem Tochterunternehmen das zu diesem Zeitpunkt im Konzernabschluss bilanzierte und auf die veräußerten Anteile

[124] D.h. nachdem die Einzelabschlüsse in einem ersten Schritt auf den Konzernabschluss vorbereitet worden sind (Erstellung der Handelsbilanz II) und in einem zweiten Schritt für jede Bilanzposition gesondert die Zahlen aus den Einzelabschlüssen der vollständig zu konsolidierenden Tochterunternehmen zu einer Summenbilanz aufaddiert worden sind.

[125] Nach IAS 22 war bis zum 31.3.2004 neben dem Erwerb eines Unternehmens die Interessenszusammenführung möglich. Hiernach konnte die „pooling-of-interest-Methode" bei der Kapitalkonsolidierung angewendet werden, die keine vollständige Aufdeckung der stillen Reserven vorsah.

[126] IFRS 3.14 und 3.15.

[127] IFRS 3.40 i.V.m. 3.37.

entfallende Nettovermögen gegenüberzustellen. Eine positive oder negative Differenz wird nach IAS 27.30 erfolgswirksam im Konzernabschluss erfasst. Da es sich bei dem Veräußerungserlös um eine Nachsteuergröße handelt und keine weiteren Vorschriften zur steuerbilanziellen Behandlung der Entkonsolidierung bestehen, ist das Abgangsergebnis als Nettogröße im Ergebnis vor Steuern zu zeigen. Im Ertragsteuerergebnis ist lediglich die steuerliche Behandlung des Veräußerungsgewinns auf Anteilseignerebene zu berücksichtigen; dies zusammen mit den Veränderungen des Bestands an latenten Steuern auf Konzernebene, beispielsweise aufgrund von outside basis differences.[128] Da auch der Ausweis des Veräußerungserlöses innerhalb des Ergebnisses vor Steuern nach IFRS nicht geregelt ist, finden die allgemeinen Grundsätze nach IAS 1 bzw. IAS 30.9 Anwendung. Nach IAS 1.29 ist ein gesonderter Posten auszuweisen, wenn das Ergebnis aus der Entkonsolidierung von Tochterunternehmen materiell ist. Dies sollte für das Ergebnis vor Steuern und das Steuerergebnis gleichermaßen gelten.

Schuldenkonsolidierung. Konzerninterne Salden („intragroup balances") zwischen Mutter- und Tochterunternehmen sowie zwischen zum Konzernkreis gehörenden Tochtergesellschaften untereinander sind nach IAS 27.24 f. im Rahmen der Schuldenkonsolidierung vollständig zu eliminieren. Davon betroffen sind alle Bilanzpositionen mit Forderungs- und Verbindlichkeitscharakter sowie nicht bilanzierte Eventualforderungen[129] und Eventualschulden[130]. Stehen sich debitorische und kreditorische Salden aus konzerninternen Geschäften in der Summenbilanz des Konzerns betragsgleich gegenüber, werden sie mit einer Konsolidierungsbuchung aus dem Konzernabschluss eliminiert. Aus der Schuldenkonsolidierung können jedoch auch Differenzen entstehen, wenn die gegenläufigen Positionen am Bilanzstichtag nicht betragsgleich sind. Ursache hierfür können echte und unechte Aufrechnungsdifferenzen sein.

Echte Aufrechnungsdifferenzen liegen vor, wenn (i) Ansatz und Bewertungsvorschriften bei Gläubiger und Schuldner auseinander fallen oder wenn (ii) der Einzel- und Konzernabschluss zu unterschiedlichen Stichtagen aufgestellt wird. Unechte Aufrechnungsdifferenzen entstehen bei divergierenden Buchungsterminen der zu betrachtenden Konzernunternehmen. Wie mit echten und unechten Differenzen umzugehen ist, lässt IAS 27.24 offen. Sofern es sich um zeitliche Differenzen handelt, die aus abweichenden Stichtagen von Einzel- und Konzernabschluss[131] bzw. aus

---

[128] Vgl. hierzu auch nach US-GAAP die Ausbuchung eines „deferral" nach APB 51 Nr. 17, 18 auf Konzernebene, das den steuerlichen laufenden Ergebniseffekt eines Zwischengewinns eliminiert hat.

[129] IAS 37.10 und 37.31.

[130] IAS 37.10 und 37.27.

[131] IAS 27.26.

divergierenden Buchungsterminen resultieren, werden diese durch ergebniswirksame Korrekturbuchungen eliminiert. Konsolidierungsdifferenzen, die auf Ansatz- und Bewertungsvorschriften zurückzuführen sind, werden nach internationalen Bilanzierungsusancen erfolgswirksam über das Konzerneigenkapital eliminiert.[132]

Echte Aufrechnungsdifferenzen, die durch unterschiedliche Ansätze oder Bewertungen von Forderungen und Verbindlichkeiten entstehen, können im Rahmen der Schuldenkonsolidierung zusätzliche latente Steuern auslösen. Wie das folgende Beispiel verdeutlicht, entstehen konsolidierungsspezifische Steuerlatenzen aufgrund von temporären Differenzen zwischen der Handelsbilanz II (HB II) und den Konzernwerten. Auf den nach der Schuldenkonsolidierung verbleibenden Unterschiedsbetrag ist eine Steuerlatenz nach den steuerlichen Vorschriften des Unternehmens zu bilden, bei dem der zukünftige Steuereffekt eintritt.

Beispiel 4:
Tochterunternehmen 1 (HB II):
- Forderung wurde von 100 GE auf 50 GE abgeschrieben
- Steuersatz 40%

Tochterunternehmen 2 (HB II):
- Verbindlichkeit: 100 GE
- Steuersatz 46%

Die Darlehensschuld i. H. v. 100 GE wird gegen die Darlehensforderung i. H. v. 50 GE und einen Ertrag i. H. v. 50 GE ausgebucht; der Ertrag wird durch eine zweite, rein erfolgwirksame G. u. V.-Buchung eliminiert. Die Konzernbilanz enthält nun keine Forderung und keine Verbindlichkeit innerhalb des Konzernkreises mehr.

Die latente Steuer wird nicht durch den Vergleich der Konzernbilanzwerte mit den Werten in der Steuerbilanz der Einzelgesellschaften ermittelt, sondern auf die Differenz zwischen dem HB II-Wert und dem Konzernwert berechnet. Es besteht ein Bewertungsunterschied i. H. v. 50 GE, der sich auflöst, wenn die Tochtergesellschaft 2 das Darlehen in Höhe von 100 GE zurückbezahlt. In diesem Fall entsteht bei der Tochtergesellschaft 1 ein Ertrag i. H. v. 50 GE, der zu einer laufenden[133] Steuerbelastung führt. Auf diese zukünftige Steuerbelastung wird bei der Tochtergesellschaft 1 eine passive latente Steuer i. H. v. 20 GE (50 GE * 40%) gebildet.

Aufwands- und Ertragskonsolidierung. Nach IAS 27.24 sind sämtliche Aufwendungen und Erträge aus konzerninternen Leistungsbeziehungen im Rahmen der Aufwands- und Ertragskonsolidierung zu eliminieren. Hierzu zählen auch konzerninterne Gewinnausschüttungen. Insgesamt handelt es sich um Eliminierungsvorgänge im Ergebnis vor Steuern.

---

[132] Vgl. ausführlich *Löw E.*, Rechnungslegung für Banken nach IFRS, Praxisorientierte Einzeldarstellung, 2005, S. 383.

[133] Möglicherweise führt der Ertrag auch zu einer latenten Steuerbelastung, wenn die Forderung nach lokalen steuerlichen Vorschriften nicht steuerwirksam abgeschrieben worden ist.

Bei der steuerrechtlichen Beziehung zu den einzelnen Fisci, die u.a. auch aus den konzerninternen Leistungsbeziehungen erwachsen, handelt es sich um Verhältnisse zu konzernfremden Dritten. Steuern sind deshalb nicht zu eliminieren. In der Summen-G.u.V. addiert sich der laufende Steueraufwand bzw. -ertrag in der Position Steuern auf. Ein positiver oder negativer Überhang im Ertragsteuerergebnis entsteht, wenn die Steuersätze oder die steuerliche Behandlung beim leistungserbringenden und leistungsempfangenden Unternehmen unterschiedlich sind. Beispielsweise entsteht ein Steuereffekt, wenn aufgrund von grenzüberschreitenden Steuersatzgefällen bei einem Ergebnis vor Steuern von Null entweder ein Steuerertrag bzw. ein Steueraufwand entsteht.

Steuerlatenzen können sich im Rahmen der Aufwands- und Ertragskonsolidierung nicht ergeben, da hierbei keine Bewertungsunterschiede entstehen.

Zwischengewinneliminierung. Auch Gewinne und Verluste, die durch Transaktionen mit zum Konsolidierungskreis zugehörigen Unternehmen entstehen, sind nach der Einheitstheorie i.S.v. IAS 27.4 i.V.m. IAS 27.24 durch Konsolidierungsbuchungen zu eliminieren. In der Konzernbilanz sind konzernintern übertragene Vermögenswerte ohne konzerninterne Zwischengewinne bzw. -verluste und ohne aktivierungsfähige Kosten (wie beispielsweise Anschaffungsnebenkosten) mit den Konzernanschaffungs- oder Konzernherstellungskosten bzw. mit den Konzernbuchwerten vor Berücksichtigung der konzerninternen Transaktion anzusetzen.

Bei der veräußernden Konzerngesellschaft kommt es zu einem gegebenenfalls steuerpflichtigen Veräußerungsgewinn (-verlust) und bei dem aufnehmenden Unternehmen zu entsprechend höheren (niedrigeren) Anschaffungskosten. Die laufende Steuerbelastung bzw. -entlastung bei der veräußernden Gesellschaft wird im Rahmen der Konsolidierung nicht angepasst. Beim empfangenden Unternehmen weicht jedoch regelmäßig der HB II-Wert und grundsätzlich auch der Steuerbilanzwert des übertragenen Vermögensgegenstands bzw. der Schuld vom Wert in der konsolidierten Konzernbilanz ab. Diese Differenz bildet die Grundlage für die Berechnung latenter Steuern, die das laufende Steuerergebnis bei der abgebenden Gesellschaft (teilweise) ausgleichen.

Die entscheidende Frage in diesem Zusammenhang lautet, ob für die Berechnung der Steuerlatenz der Steuersatz des liefernden oder des empfangenden Unternehmens zugrunde gelegt wird. Weder im IAS 27 noch im IAS 12 existiert hierzu eine explizite Regelung. IAS 27.25 verweist zur Bestimmung latenter Steuern auf temporäre Differenzen aus der Zwischengewinneliminierung lediglich auf IAS 12. Da die zukünftige steuerliche Wirkung des übertragenen Vermögensgegenstands durch die steuerlichen Vorschriften des empfangenden Unternehmens bestimmt wird, ist nach IFRS der Steuersatz des empfangenden Unternehmens anzuwenden („buyer's rate").[134]

Beispiel 5:

Tochterunternehmen 1 (HB II):

- Veräußerung eines Vermögenswertes (Buchwert 60 GE) i.H.v. 100 GE
- Steuersatz 40%

Tochterunternehmen 2 (HB II):

- Anschaffungskosten des Vermögenswertes i.H.v. 100 GE
- Steuersatz 46%

Durch die zusammengefasste Konsolidierungsbuchung (Ertrag 40 GE an Vermögenswert 40 GE) wird der Zwischengewinn und der korrespondierend höhere Buchwert in der Konzernbilanz eliminiert. Es entsteht ein Unterschied zwischen dem Wertansatz in der HB II des erwerbenden Unternehmens (Tochterunternehmen 2) und dem Wertansatz in der Konzernbilanz. Wird der Vermögenswert in Zukunft in Höhe des Konzernwertes (60 GE) veräußert, entsteht ein steuerlicher Veräußerungsverlust von 40 GE. Auf diese Differenz sind aktive latente Steuern i.H.v. 18,4 GE (40 GE * 46%) zu bilden.

Minderheitsanteile. Neben dem Mutterunternehmen sind an den Tochterunternehmen häufig auch konzernfremde Gesellschafter (Minderheitsgesellschafter) beteiligt. Nach IFRS 3 Appendix A und IAS 27.4 handelt es sich bei Minderheitsanteilen („minority interest") um den Teil am Reinvermögen bzw. am Ergebnis des Tochterunternehmens, der auf Anteile entfällt, die dem Mutterunternehmen weder direkt noch indirekt zugerechnet werden. Minderheitsanteile sind in der Konzernbilanz innerhalb des Eigenkapitals getrennt vom Eigenkapital des Mutterunternehmens auszuweisen.[135] Ebenfalls gesondert sind die Minderheitsanteile am Konzernergebnis anzugeben.[136] Hierbei wird allerdings nicht zwischen dem Minderheitsanteil am Ergebnis vor Steuern und am Steuerergebnis unterschieden. Der Teil des Ergebnisses, der auf die Minderheitsanteile entfällt, wird aus dem Nettoergebnis eliminiert.

Verluste, die den konzernfremden Anteilseignern zugerechnet werden, können zum Ausweis eines negativen Minderheitsanteils führen. Der Verlustbetrag, der den Minderheitsanteil übersteigt, ist nach IAS 27.35 mit dem Konzernanteil zu verrechnen und wirkt daher wie ein Verlust des Konzerns.

---

[134] Die Anwendung des Steuersatzes des aufnehmenden Unternehmens führt bei Steuersatzdifferenzen bis hin zu Steuerfreistellungen zur Beeinflussung des Ertragsteuerergebnisses ohne korrespondierendes Ergebnis vor Steuern. Vgl. hierzu abweichend US-GAAP, welches die („seller's rate") vorschreibt und die aktuelle Diskussion im Rahmen des „convergence project", vgl. Short term convergence: income taxes, June 2007 (www.iasb.org/current+Projects/IASB+Projects/Income+Taxes/Income+Taxes.htm)

[135] IAS 27.22 (c) und 27.33.

[136] IAS 27.22 (b) und 27.33.

(3) Wirkung auf die Konzernsteuerquote

- Vollkonsolidierte Gesellschaften wirken sich vollständig auf die Konzernsteuerquote aus, d.h. die Einflusskategorien Geschäftsstruktur, spezifische steuerliche Regelungen, Rechnungslegungsvorschriften und Steuerrisiken auf Einzelabschlussebene finden uneingeschränkte Berücksichtigung.
- Da Minderheitsanteile erst aus dem Nettoergebnis eliminiert werden, wirken Treiber auf Einzelgesellschaftsebene vollständig auf die Konzernsteuerquote, obwohl sie wirtschaftlich betrachtet anteilig dem Minderheitsanteil zuzurechnen sind. Es kann immer dann zu Verwerfungen hinsichtlich der wirtschaftlichen Aussagekraft der Konzernsteuerquote kommen, wenn Zweckgesellschaften mit materiellen Ergebnisbeiträgen vollständig Eingang in die Berechnung der Konzernsteuerquote finden, diese maßgeblich beeinflussen und erst im Nettoergebnis und dort nahezu vollständig wieder eliminiert werden.
- Trotz innerkonzernlicher Aufwands- und Ertragseliminierung können sich innerkonzernliche Leistungsbeziehungen positiv oder negativ auf das laufende Ertragsteuerergebnis auswirken, wenn die steuerliche Behandlung beim Leistungserbringer und Leistungsempfänger unterschiedlich ist.
- Die Konzernsteuerquote nach IFRS wird auch durch rein innerkonzernliche Transaktionen beeinflusst, wenn der Vorgang bei Verkäufer und Käufer steuerlich unterschiedlich behandelt wird.
- Das Abgangsergebnis bei Entkonsolidierung wird als Nachsteuergröße im Ergebnis vor Steuern gezeigt. Latente Steuern, die auf Konzernebene gebildet worden sind, werden aufgelöst und zusammen mit der laufenden Steuer auf Anteilseignerebene im Ertragsteuerergebnis gezeigt. Der mögliche Einfluss auf die ETR ist offensichtlich.

bb) Quotenkonsolidierung

(1) Wesentliche Voraussetzungen. Nach IAS 31.3 handelt es sich ungeachtet der Rechtsform und der gesellschaftsrechtlichen Struktur um ein Gemeinschaftsunternehmen („Joint Venture"), wenn zwei oder mehr Partnerunternehmen („venturer") eine wirtschaftliche Tätigkeit unter gemeinschaftlicher Führung („joint control") durchführen. Gemeinschaftliche Führung ist dabei die vertraglich vereinbarte Teilhabe an der Kontrolle der wirtschaftlichen Geschäftstätigkeit und existiert nur dann, wenn die mit dieser Geschäftstätigkeit verbundene strategische Finanz- und Geschäftspolitik die einstimmige Zustimmung der die Kontrolle teilenden Partner erfordert. Vertraglich regelungsbedürftig sind die Absprachen der gemeinschaftlichen Führung, wie z.B. Geschäftszweck, Bestimmung der Geschäftsführung und die Ergebnisverteilung. Konstitutiv für die Qualifizierung als Gemeinschaftsunternehmen ist, dass aufgrund der vertraglichen Regelungen keiner der Beteiligten eine beherrschende Stellung ausübt.[137] Nach IAS 31.9 bis IAS 31.12 kommt es dabei nicht auf die rechtliche Ausgestaltung, sondern auf den wirtschaftlichen Gehalt der Regelungen an. Eine nur faktisch gemeinschaftliche Führung ohne vertragliche Vereinbarung führt zur Qualifizierung als assoziiertes Unternehmen.[138] Unschädlich dagegen ist (i) der Anteilsbesitz von Investoren, die keinen Partnerstatus haben und (ii) eine unterschiedlich hohe Partizipation der Partnerunternehmen am Ergebnis oder am Nettovermögen des Joint Venture.[139]

Ausgenommen vom Anwendungsbereich der Regelungen des IAS 31 sind Joint Ventures, die von Venture Capital-Gesellschaften, Publikumsfonds und ähnlichen Gesellschaften gehalten und gemäß IAS 39 ergebniswirksam zum „fair value" bewertet werden. Weiterhin ausgenommen sind Gemeinschaftsunternehmen, die als zur Veräußerung gehaltene langfristige Vermögenswerte i. S. v. IFRS 5 („held for sale") bzw. als aufgegebene Geschäftsbereiche zu qualifizieren sind.[140]

Nach IAS 31.7 können Joint Ventures in folgenden drei Hauptformen auftreten:

- gemeinschaftlich geführte Tätigkeiten („jointly controlled operations");
- gemeinschaftlich geführtes Vermögen („jointly controlled assets") und
- gemeinschaftlich geführte Unternehmen (Gemeinschaftsunternehmen; „jointly controlled entities").

Die bilanzielle Darstellung gemeinschaftlich geführter Tätigkeiten und Vermögen wird durch IAS 31.15 bzw. IAS 31.21 geregelt und führt nicht zur Anwendung einer speziellen Konsolidierungsmethode. Spezielle Konsolidierungsvorschriften existieren hingegen für die Bilanzierung der Kooperationsform der Gemeinschaftsunternehmen im Konzernabschluss. Gemäß IAS 31.30 ff. hat ein Partnerunternehmen seinen Anteil an einem gemeinschaftlich geführten Unternehmen grundsätzlich unter Anwendung der Quotenkonsolidierung in einem festgelegten Berichtsformat abzubilden.[141]

(2) Wesentliche Merkmale. Technisch entspricht die Quotenkonsolidierung von Gemeinschaftsunternehmen im Wesentlichen der Vollkonsolidierung, also der Methode der Einbeziehung von Tochterunter-

---

[137] IAS 31.11.

[138] IAS 31.9.

[139] Vgl. *PriceWaterhouseCoopers*, IFRS für Banken, 2005, S. 1088.

[140] Vgl. IAS 31.42 und ausführlich *Löw E.*, Rechnungslegung für Banken nach IFRS, Praxisorientierte Einzeldarstellung, 2005, S. 325.

[141] So genannte „erste Methode". Alternativ können Anteile an Gemeinschaftsunternehmen nach IAS 31.38 i. V. m. IAS 28 nach der Equity-Methode in den Konzernabschluss einbezogen werden. Vgl. hierzu unten Kapitel B.III.2.b)cc). Beide sind für die weitere Betrachtung mit Blick auf mögliche Beeinflussungen der Konzernsteuerquote von Relevanz.

nehmen in den Konzernabschluss.[142] Im Gegensatz zur Vollkonsolidierung von Tochterunternehmen i. S. v. IAS 27 werden die Vermögenswerte und Verpflichtungen sowie die Aufwendungen und Erträge des Gemeinschaftsunternehmens allerdings nicht in voller Höhe übernommen, sondern nur entsprechend der Beteiligungsquote, mithin quotal, abgebildet. Dadurch wird der Ausweis von Minderheitsanteilen vermieden.

IAS 31 enthält keine Vorgaben, wonach sich die quotale Einbeziehung richten soll, ob die quotale Einbeziehung also in Abhängigkeit des Anteils des Partnerunternehmens am Eigenkapital, am Ergebnis, am Nettovermögen oder an den Stimmrechten vorzunehmen ist. Einen Hinweis hierzu enthält SIC 13.5, demzufolge der Anteil am Eigenkapital des Gemeinschaftsunternehmens als Basis für die Verteilung der Ergebnisse heranzuziehen ist.

Bei der Quotenkonsolidierung finden eine quotale Kapitalkonsolidierung, eine quotale Schuldenkonsolidierung, eine quotale Aufwands- und Ertragskonsolidierung sowie eine quotale Zwischengewinneliminierung statt. Die Ausführungen zu den Auswirkungen auf das Steuerergebnis und zur Steuerabgrenzung im Rahmen der Vollkonsolidierung sind entsprechend anwendbar.[143]

Nur für die Zwischengewinneliminierung enthalten IAS 31.48 bis IAS 31.50 weitere spezielle Regelungen. Danach ist bei einer Veräußerung vom Partnerunternehmen an das Gemeinschaftsunternehmen („downstream-transfer") ein Zwischengewinn in Höhe des Anteils des Partners am Gemeinschaftsunternehmen gegen den höheren Wertansatz des übertragenen Vermögenswerts zu eliminieren. Führt der Übertragungsvorgang zu einem Verlust, ist dieser analog in Höhe des Anteils des Partnerunternehmens gegen den niedrigeren Wertansatz des übertragenen Vermögenswerts zu eliminieren. Ein Verlust in voller Höhe ist allerdings beim Partnerunternehmen zu berücksichtigen, wenn dieser auf einer Wertminderung des übertragenen Vermögenswerts i. S. d. IAS 36[144] beruht bzw. ein Rückgang des Nettoveräußerungswerts bei kurzfristigen Vermögenswerten vorliegt.

Veräußert das Gemeinschaftsunternehmen einen Vermögenswert an das Partnerunternehmen („upstream-transfer") und erzielt dabei einen Gewinn, ist dieser analog zum „downstream-transfer" beim Gemeinschaftsunternehmen gegen den höheren Wertansatz beim Partnerunternehmen zu eliminieren. Ein Verlust wird beim Gemeinschaftsunternehmen in Höhe des auf das Partnerunternehmen anteilig entfallenden niedrigeren Wertansatzes eliminiert. Einen vollständigen Verlust erzielt das Gemeinschaftsunternehmen, wenn wie beim „downstream-transfer" eine Wert-

---

[142] IAS 27.33.

[143] Vgl. hierzu Kapitel B.III.2.b)aa).

[144] Wertminderungen von Vermögenswerten.

minderung i.S.v. IAS 36 vorgenommen wird bzw. ein Rückgang des Nettoveräußerungswerts bei kurzfristigen Vermögenswerten vorliegt. Der Verlust des Gemeinschaftsunternehmens wird in diesem Fall anteilig dem Partnerunternehmen zugerechnet.

(3) Wirkung auf die Konzernsteuerquote. Die Ausführungen zur Vollkonsolidierungsmethode gelten bei der Quotenkonsolidierung entsprechend. Der wesentliche Unterschied zwischen Voll- und Quotenkonsolidierung liegt in der Berücksichtigung der Minderheitsanteile. Während bei der Vollkonsolidierung im Extremfall Einflussgrößen auf die Konzernsteuerquote wirken, die trotz einer im Extremfall fast 100%-Beteiligung von Minderheitsgesellschaftern vollständig im Ergebnis vor Steuern und im Steuerergebnis verbleiben, kann dieser gegebenenfalls verwerfende Effekt bei der Quotenkonsolidierung nicht auftreten. Der Einfluss der Quotenkonsolidierung auf die ETR entspricht im Vergleich eher dem wirtschaftlichen Gehalt der Beteiligung.

cc) Equity-Methode

(1) Wesentliche Voraussetzungen. Übt ein Unternehmen auf ein anderes Unternehmen einen maßgeblichen Einfluss aus und ist das beeinflusste Unternehmen weder ein Tochterunternehmen, noch ein Gemeinschaftsunternehmen, dann wird dieses Unternehmen als assoziiertes Unternehmen („associate") bezeichnet.[145] Maßgeblicher Einfluss ist die Möglichkeit, an den finanz- und geschäftspolitischen Entscheidungen des Unternehmens mitzuwirken, ohne das Unternehmen zu beherrschen bzw. gemeinschaftlich zu führen. IAS 28.7 benennt beispielhaft Indikatoren, bei deren Vorliegen (auch einzeln) auf einen maßgeblichen Einfluss des Anteilseigners geschlossen werden kann:

- Der Anteilseigner ist in den Leitungs- bzw. Aufsichtsorganen des Unternehmens vertreten;
- der Anteilseigner nimmt an Entscheidungsprozessen, einschließlich der Teilnahme an Entscheidungen über Dividenden oder sonstige Ausschüttungen teil;
- es existieren wesentliche Geschäftsbeziehungen zwischen dem Anteilseigner und dem Unternehmen;
- es werden Führungskräfte zwischen dem Anteilseigner und dem Unternehmen ausgetauscht; oder
- es werden fachliche Informationen bereitgestellt.

IAS 28.6 enthält zudem eine Assoziierungsvermutung: Hält ein Anteilseigner direkt oder indirekt 20% oder mehr der Stimmrechte, besteht die Vermutung, dass ein maßgeblicher Einfluss des Anteilseigners vorliegt, es sei denn, das Gegenteil kann eindeutig bewiesen werden. Umgekehrt

[145] IAS 28.2.

wird bei einem Stimmrechtsanteil von weniger als 20% vermutet, dass der Anteilseigner keinen maßgeblichen Einfluss ausübt, es sei denn, er weist diesen Einfluss eindeutig nach.

Assoziierte Unternehmen sind nach IAS 28 zwingend mit der Equity-Methode im Konzernabschluss des Investors abzubilden. Für Anteile an Gemeinschaftsunternehmen besteht nach IAS 31.38 ff. das Wahlrecht, anstelle der Quotenkonsolidierung auch die Equity-Methode anzuwenden.

Entsprechend den Regelungen zur Quotenkonsolidierung sind Anteile an assoziierten Unternehmen, die von Venture Capital-Gesellschaften, Publikumsfonds und ähnlichen Gesellschaften gehalten und gemäß IAS 39 ergebniswirksam zum „fair value" bewertet werden, auch vom Anwendungsbereich des IAS 28 ausgenommen.[146] Auch sind gemäß IAS 28.13(a) Anteile, die nach IFRS 5[147] als „held for sale" zu qualifizieren sind, nicht nach der Equity-Methode in den Konzernabschluss einzubeziehen.

(2) Wesentliche Merkmale. Ziel der Equity-Methode ist es, dem maßgeblichen Einfluss eines Anteilseigners, der durch die ausgeschüttete Dividende möglicherweise nicht adäquat zum Ausdruck kommt, bilanziell Rechnung zu tragen.[148] Die Anwendung der Equity-Methode führt zu einer zeitgleichen Vereinnahmung des anteiligen Ergebnisses des assoziierten oder des Gemeinschaftsunternehmens im Konzernabschluss und damit langfristig zur Bewertung der Anteile an dem Unternehmen mit dem anteiligen Eigenkapital.

Zunächst sind die Anteile an assoziierten Unternehmen zum Zeitpunkt der Entstehung des maßgeblichen Einflusses mit ihren Anschaffungskosten anzusetzen. Solange der maßgebliche Einfluss besteht, erhöht oder verringert sich der Buchwert der Beteiligung beim Anteilseigner entsprechend seines Anteils am Periodenergebnis.[149] Die Fortschreibung des Buchwerts der „at equity"-konsolidierten Gesellschaft ist regelmäßig erfolgswirksam.[150] Ausschüttungen des assoziierten Unternehmens an den zum Konzern gehörenden Anteilseigner werden daher im Konzernabschluss nicht mehr erfolgswirksam erfasst.

(3) Wirkung auf die Konzernsteuerquote. Der Ergebnisbeitrag von assoziierten Unternehmen ist eine Nachsteuergröße, die im Ergebnis vor Steuern des Konzerns abgebildet wird. Wie bei Beteiligungsunternehmen wirken sich deshalb der Steuersatz, steuerfreie Einkünfte oder nichtabziehbare Betriebsausgaben des assoziierten Unternehmens ebenso wenig auf das Ertragsteuerergebnis im Konzern aus wie reine Steueref-

---

146 IAS 28.1.

147 Für Geschäftsjahre, die nach dem 1.1.2005 begonnen haben.

148 Vgl. *PriceWaterhouseCoopers*, IFRS für Banken, 2005, S. 1095.

149 IAS 28.11.

150 Vgl. zur erfolgneutralen Änderungen des Buchwerts IAS 28.11, S. 3 ff.

fekte ohne Bezug zu dessen Ergebnis vor Steuern. Treiber der Ertragsteuerquote auf Einzelabschlussebene beeinflussen die Konzernsteuerquote nur mittelbar über ein höheres oder niedrigeres Ergebnis vor Steuern. Unmittelbaren Eingang in das konsolidierte Steuerergebnis findet nur die steuerliche Behandlung des Anteils bzw. einer Dividende beim Anteilseigner der assoziierten Gesellschaft.

Da sich der Buchwert des assoziierten Unternehmens im Konzernabschluss zu den einzelnen Bilanzstichtagen im Gewinnfall nach oben und im Verlustfall nach unten bewegt, der steuerliche Wert („tax base") beim Anteilseigner jedoch regelmäßig – abhängig vom lokalen Steuerrecht – wenig volatil ist, führt dies zu outside basis differences.[151] Werden nun Beteiligungserträge aufgrund von internationalen Schachtelprivilegien oder unilateralen Maßnahmen, wie z.B. dem § 8b KStG in Deutschland, steuerfrei gestellt, kehren sich die outside basis differences bei einer Ausschüttung des assoziierten Unternehmens nicht wieder um. Die Differenzen sind dauerhaft, so dass keine Steuerlatenzen gebildet werden dürfen. Die Equity-Methode zusammen mit der Besteuerung auf Anteilseignerebene führt daher oft zu einer permanenten Differenz zwischen Konzern- und Steuerbilanz des einbezogenen Unternehmens, die die Konzernsteuerquote beeinflusst.

Die Auswirkungen der Equity-Methode bei steuerpflichtigen **(Alternative 1)** bzw. steuerfreien **(Alternative 2)** Beteiligungserträgen auf Anteilseignerebene verdeutlicht **Beispiel 6:**

Assoziiertes Unternehmen:

Aktiva:	1000 GE
Eigenkapital (t_0):	100 GE
Steuersatz:	30%
Anlaufverlust (t_1):	50 GE
Gewinn (t_2):	100 GE

Steuerliche Verlustvorträge sind werthaltig i.S.v. IAS 12.34

Vollkonsolidierter Anteilseigner:

Steuerlicher Buchwert (t_0):	40 GE (= 40% Beteiligungsquote am assoziierten Unternehmen)
Steuersatz:	40%

Steuerwirksame Abschreibung auf Beteiligungen sind i.S.v. § 6 Abs. 1 Nr. 3 EStG nur bei einer voraussichtlich dauernden Wertminderung möglich. Bei Alternative 2 (Steuerfreiheit der Beteiligungserträge) gelten 5% der Bezüge als nichtabzugsfähige Betriebsausgabe i.S.v. § 8b Abs. 5 KStG.

Ausgangsituation t_0. Der Anteil wird in der Handels- und Steuerbilanz des Anteilseigners ebenso wie im Konzernabschluss mit den Anschaffungskosten abgebildet. Der zu betrachtende, konzernangehörige Anteilseigner übt einen maßgeblichen Einfluss aufgrund seiner Beteiligungsquote von 40% aus.

---

[151] Vgl. Kapitel B.III.2.a).

	Assoziiertes Unternehmen (IFRS)	**Anteilseigner (tax base)**	**Einzelabschluss Anteilseigner und Konzernabschluss (IFRS)**
Bilanz			
Aktiva	1000	40	40
EK	100		

Alternative 1 – Steuerpflichtige Beteiligungserträge beim Anteilseigner

t_1: Anlaufverlust
Beim assoziierten Unternehmen entsteht ein Verlust i. H. v. 50 GE, der steuerlich vorgetragen und auf den nach IFRS eine Steuerlatenz aktiviert wird. Da die Wertminderung voraussichtlich nicht von Dauer ist, kann der steuerliche Beteiligungswert (Steuerwert) beim Anteilseigner nicht abgeschrieben werden. Auf die so entstandene outside basis difference ist nach IAS 12.39 eine aktive latente Steuer abzugrenzen.

	Assoziiertes Unternehmen (IFRS)	**Anteilseigner (tax base)**	**Einzelabschluss Anteilseigner und Konzernabschluss (IFRS)**	**ETR**
Bilanz				
Aktiva	965	40	26	
EK	65			
G. u. V.				
Vor Steuern	(50)	0	**(14)**	**40 %**
Steuer	15	0	**5,6**	
Nachsteuer	(35)	0	(8,4)	

Die ETR i. H. v. 40% reflektiert den Steuersatz des Anteilseigners, angewendet auf den negativen Ergebnisbeitrag der „at equity"-konsolidierten Gesellschaft. Dieser geht als Nachsteuergröße in den Konzernabschluss ein.

Alternative 1 – Steuerpflichtige Beteiligungserträge beim Anteilseigner

t_2: Gewinn

	Assoziiertes Unternehmen (IFRS)	**Anteilseigner (tax base)**	**Einzelabschluss Anteilseigner und Konzernabschluss (IFRS)**	**ETR**
Bilanz				
Aktiva	1035	40	54	
EK	135			
G. u. V.				
Vor Steuern	100	0	**28**	**40 %**
Steuer	(30)	0	**(11,2)**	
Nachsteuer	70	0	16,8	

In Periode 2 erzielt das assoziierte Unternehmen einen Gewinn i.H.v. 100 GE. Das auf den Anteilseigner entfallende Nachsteuerergebnis i.H.v. 28 GE führt wiederum zu einer outside basis difference, da in der Steuerbilanz des Anteilseigners eine Zuschreibung des Buchwertes über die historischen Anschaffungskosten nicht möglich ist. Die ETR beträgt wiederum 40%.

Alternative 2 – Steuerfreie Beteiligungserträge beim Anteilseigner

t_1: Anlaufverlust

Oft werden Beteiligungserträge aus Kapitalgesellschaften steuerfrei gestellt, wenn auf diesem Wege nach lokalem Steuerrecht eine doppelte steuerliche Belastung von Gewinnen auf Gesellschaftsebene einerseits und Anteilseignerebene andererseits vermieden werden soll. Im Ergebnis sind outside basis differences dann permanenter Natur, latente Steuern werden nicht gebildet.

	Assoziiertes Unternehmen (IFRS)	**Anteilseigner (tax base)**	**Einzelabschluss Anteilseigner und Konzernabschluss (IFRS)**	**ETR**
Bilanz				
Aktiva	965	40	26	
EK	65			
G.u.V.				
Vor Steuern	(50)	0	**(14)**	**n.a.**
Steuer	15	0	**0**	
Nachsteuer	(35)	0	(14)	

Aus Konzernsicht handelt es sich bei dem Ergebnisbeitrag des assoziierten Unternehmens in diesem Fall um einen steuerlich nichtabzugsfähigen Aufwand, der die Konzernsteuerquote belastet.

Alternative 2 – Steuerfreie Beteiligungserträge beim Anteilseigner

t_2: Gewinne

	Assoziiertes Unternehmen (IFRS)	**Anteilseigner (tax base)**	**Einzelabschluss Anteilseigner und Konzernabschluss (IFRS)**	**ETR**
Bilanz				
Aktiva	1035	40	54	
EK	135			
G.u.V.				
Vor Steuern	100	0	**28**	**1%**
Steuer	(30)	0	**(0,28)**	
Nachsteuer	70	0	27,72	

Der Gewinn führt zu einem Beteiligungsbuchwert nach IFRS, der über dem steuerlichen Wert auf Ebene des Anteilseigners liegt. Zwar bleibt die Differenz im Grundsatz aufgrund der Steuerfreiheit einer Ausschüttung der assoziierten Unternehmung permanent. In Höhe des pauschalierten Betriebsausgabenabzugs von 5% der Bezüge allerdings wird für 14 GE eine latente Steuerpflicht für die outside basis difference begründet. Die Anwendung der Equity-Methode wirkt auf die Konzernsteuerquote wie steuerfreie Einkünfte mit einem nichtabzugsfähigen Betriebsausgabenanteil.

Ein aktives Steuermanagement sollte diesen Effekt bei der Konsolidierung von assoziierten Gesellschaften berücksichtigen. Bis das assoziierte Unternehmen in die Gewinnzone kommt und das anteilige Eigenkapital nach dem Geschäftsplan wieder die ursprünglichen Anschaffungskosten erreicht hat, sollte ein Anteilseigner aus der Konzernstruktur gewählt werden, dessen steuerliche Behandlung es zulässt, auf „outside basis differences" aktive latente Steuern abzugrenzen. Diese Vorgehensweise vermeidet zum einen antizipierte, nichtabzugsfähige Aufwendungen im Anfangsstadium einer Geschäftstätigkeit und ermöglicht zum anderen den steuerlich wirksamen Abzug eines eventuell entstehenden Veräußerungsverlustes bei vorzeitigem Verkauf der Beteiligung. Erzielt das assoziierte Unternehmen später dauerhaft positive Erfolgsbeiträge, die über die steuerlichen Anschaffungskosten des Anteilseigners hinausgehen, sollte das assoziierte Unternehmen auf eine Konzerngesellschaft übertragen werden, bei der Beteiligungserträge steuerfrei sind. Bei einem planmäßigen Geschäftsverlauf werden dadurch Volatilitäten vermieden und bei einem nicht planmäßigen Geschäftsverlauf sind Verluste, die durch einen Verkauf entstehen, steuerlich nutzbar.[152]

c) Währungsumrechnungsdifferenzen

aa) Grundsatz und Konzept

Aus Fremdwährungsgeschäften und durch den Einbezug ausländischer Gesellschaften in den Konzernabschluss können Umrechnungsdifferenzen aufgrund von Währungsschwankungen entstehen. Im Wesentlichen regelt IAS 21[153] die Umrechung von Fremdwährungsgeschäften sowie die Umrechnung von Fremdwährungsabschlüssen.[154] Die steuerlichen Auswirkungen beider Sachverhaltskategorien regelt IAS 21.50, wonach Gewinne und Verluste aus Umrechnungsdifferenzen nach IAS 12 abzubilden sind.

---

[152] Es ist offensichtlich, dass der Zeitpunkt der Übertragung und damit die Realisierung von stillen Reserven eingehend zu prüfen ist.

[153] Für IFRS gelten im Zusammenhang mit der Währungsrechnung zusätzlich SIC-11 „Fremdwährung-Aktivierung von Verlusten aus erheblichen Währungsabwertungen", SIC 30 „Berichtswährung – Umrechnung von der Bewertungs- in die Darstellungswährung", SIC-7 „Einführung des Euro" und IAS 30 „Finanzinstrumente: Ansatz und Bewertung".

[154] IAS 21.3(a) – (c).

Maßgebend für die Währungsumrechung ist das Konzept der funktionalen Währung („functional currency“).[155] Die funktionale Währung ist die Währung des Wirtschaftsraums, in dem ein Unternehmen („entity“) primär tätig ist.[156] Die funktionale Währung muss dabei nicht mit der Währung übereinstimmen, in der das Unternehmen aufgrund von Kapitalmarkterwägungen bzw. lokaler Anforderungen[157] berichtet.

bb) Überblick zur Währungsumrechung

Im Rahmen der Abschlusserstellung legt jedes Unternehmen („entity“) in einem ersten Schritt nach IAS 21.17 seine funktionale Währung fest. Danach werden in einem zweiten Schritt die Fremdwährungspositionen in die funktionale Währung umgerechnet und die Auswirkungen der Umrechnung nach IAS 21.20 bis IAS 21.37 bzw. IAS 21.50 gezeigt.[158] Dabei kommt nach IAS 21.16 der Unterscheidung zwischen monetären und nicht monetären Positionen eine besondere Bedeutung zu, denn sie ist maßgebend für die Ergebniswirkung von Umrechungsdifferenzen zwischen zwei Bilanzstichtagen. Monetäre Positionen stellen ein Recht auf Erhalt oder eine Verpflichtung zur Bezahlung einer festen oder bestimmbaren Anzahl von Währungseinheiten dar. Hierzu zählen beispielsweise Forderungen, Pensionen und andere Leistungen an Arbeitnehmer sowie in bar zu begleichende Verpflichtungen. Nicht monetäre Positionen sind hingegen nicht mit dem Recht auf Erhalt oder der Verpflichtung zur Bezahlung einer festen oder bestimmbaren Anzahl von Währungseinheiten verbunden. Hierzu zählen beispielsweise Vorauszahlungen für Waren oder Dienstleistungen wie Mietvorauszahlungen, Geschäfts- oder Firmenwerte, immaterielle Vermögenswerte, Sachanlagen und Verpflichtungen, die durch nicht monetäre Vermögenswerte erfüllt werden.

Zu den einzelnen Bilanzstichtagen sind

- monetäre Fremdwährungsposten anhand des Stichtagskurses (Kassakurs) umzurechnen (Stichtagskursmethode);
- nicht monetäre, mit dem beizulegenden Wert („fair value“) bewertete Positionen anhand des Kassakurses, der zum Zeitpunkt der Ermittlung des beizulegenden Wertes maßgebend war; und
- nicht monetäre, mit den (fortgeführten) Anschaffungskosten bewertete Positionen anhand des historischen Kassakurses (Zeitbezugsmethode).

---

[155] Vgl. ausführlich *WILEY,* Kommentar zur internationalen Rechnungslegung nach IFRS 2006; Abschnitt 22, Tz. 12–18.

[156] IAS 21.9 bestimmt, dass das primäre Wirtschaftsumfeld eines Unternehmens normalerweise der Raum ist, in dem das Unternehmen hauptsächlich Zahlungsmittel erwirtschaftet und aufwendet. IAS 21.9 benennt primäre Faktoren und IAS 21.10 sekundäre Faktoren zur Bestimmung der funktionalen Währung.

[157] Nach § 244 i.V.m. 298 Abs. 1 HGB ist für deutsche Unternehmen ein Abschluss in Euro aufzustellen.

[158] IAS 21.20 bis 22 regelt die erstmalige Abbildung von Fremdwährungstransaktionen.

Verändern sich die Wechselkurse zwischen zwei Bilanzstichtagen, ergeben sich Währungsumrechnungsdifferenzen. Umrechnungsdifferenzen bei monetären Positionen sind nach IAS 21.28 regelmäßig ergebniswirksam in der Berichtsperiode zu erfassen. Umrechnungsdifferenzen bei nicht monetären Positionen sind nach IAS 21.30 dann ergebniswirksam zu erfassen, wenn ein Gewinn oder Verlust aufgrund der Anwendung der Bewertungsvorschriften ebenfalls im Ergebnis der Berichtsperiode gezeigt wird. Ist ein Gewinn bzw. Verlust aufgrund der Anwendung von Bewertungsvorschriften direkt im Eigenkapital zu erfassen, folgt die Berücksichtigung der Umrechnungsdifferenz dieser Behandlung und ist gleichfalls nicht erfolgswirksam.

Nach der Umrechnung der Fremdwährungsgeschäfte in die funktionale Währung werden in einem dritten Schritt die funktionalen Währungen aller in den Konzernabschluss einzubeziehenden Unternehmen auf die Währung übergeleitet, in der der Konzern seine Abschlüsse veröffentlicht (Darstellungswährung). Die Darstellungswährung kann nach IAS 21.38 frei gewählt werden.[159] Bei der Umrechnung ist mit Ausnahme von funktionalen Währungen eines Hochinflationslandes[160] die Stichtagskursmethode anzuwenden. Nach IAS 21.39 werden alle Bilanzpositionen von der funktionalen Währung mit dem Kassakurs zum Bilanzstichtag in die Darstellungswährung umgerechnet. Ebenso sind alle Erträge und Aufwendungen einer Berichtsperiode anhand des zum Zeitpunkt des Geschäftsvorfalls gültigen Wechselkurses[161] auf die Darstellungswährung überzuleiten. Alle Differenzen aus der Umrechnung in die Darstellungswährung werden nach IAS 21.39 (c) und IAS 21.41 erfolgsneutral als separater Bestandteil im Eigenkapital angesetzt.

Wird ein ausländischer Geschäftsbetrieb veräußert, dann sind nach IAS 21.48 die kumulativ gezeigten Umrechnungsdifferenzen, die als separater Bestandteil des Eigenkapitals abgegrenzt wurden und die sich auf diesen Geschäftsbetrieb beziehen, im Ergebnis der gleichen Periode zu erfassen, in der auch der Gewinn und Verlust aus der Veräußerung erfasst wird.

cc) Eliminierungsbuchungen nach IAS 27 und IAS 31

Die Einbeziehung eines ausländischen Geschäftsbetriebs in den Konzernabschluss folgt den allgemeinen Konsolidierungsgrundätzen. Hierzu zählt auch die Eliminierung konzerninterner Salden und Transaktionen mit einer Tochtergesellschaft bzw. mit einem Gemeinschaftsunternehmen. Ein konzerninterner monetärer Vermögenswert bzw. eine konzerninterne

---

[159] Theoretisch könnte auch die funktionale Währung der Konzernmuttergesellschaft auf eine andere, frei gewählte Darstellungswährung umgerechnet werden.

[160] Vgl. hierzu IAS 21.42 ff.

[161] Es kann auch ein Durchschnittskurs der Berichtsperiode verwendet werden, wenn dieser eine sinnvolle Annäherung an die tatsächlichen Wechselkursverhältnisse zum Zeitpunkt des Geschäftsvorfalls darstellt.

Schuld darf jedoch nach IAS 21.45 nur dann mit einem korrespondierenden, konzerninternen Vermögenswert bzw. einer konzerninternen Schuld verrechnet werden, wenn das Ergebnis von Währungsschwankungen im Konzern bilanziell gezeigt wird. Diese Voraussetzung sollte regelmäßig bereits durch die Berücksichtigung der Fremdwährungsgeschäfte auf Einzelabschlussebene erfüllt worden sein. Eine generelle Ausnahmeregelung von dieser Konsolidierungsvorschrift im Zusammenhang mit Währungsdifferenzen besteht nach IAS 21.45 bei Nettoinvestitionen in einen ausländischen Geschäftsbetrieb i. S. v. IAS 21.15.[162]

dd) Wirkung auf die Konzernsteuerquote

- Umrechnungsdifferenzen aufgrund von Währungsschwankungen beeinflussen die ETR dann, wenn sie einen Ergebnisbeitrag im Ergebnis vor Steuern bzw. im Ertragsteuerergebnis für die Berichtsperiode liefern.
- Bei der ergebniswirksamen Umrechnung von Fremdwährungsgeschäften der Konzerngesellschaften hängt es von der lokalen steuerrechtlichen Behandlung ab, ob Umrechnungsdifferenzen steuerlich temporäre oder permanente Differenzen sind. Sind Währungsschwankungen temporär, also steuerwirksam, beeinflussen sie zumindest den Basissteuersatz der Konzernsteuerquote.[163] Führen Währungsschwankungen zu permanenten Differenzen, treiben sie die Konzernsteuerquote positiv oder negativ.
- Die Überlegungen zu Fremdwährungsgeschäften gelten entsprechend bei der Umrechnung des Fremdwährungsabschlusses ausländischer Tochtergesellschaften bzw. Niederlassungen und Repräsentanzen, die als wirtschaftlich unselbständige Geschäftsbetriebe i. S. v. IAS 21 zu qualifizieren sind. Dort gilt der Grundsatz, dass die Bilanzposten in der Landeswährung so umgerechnet werden, als würde das selbständig berichtende Unternehmen diese Positionen selbst halten.
- Da die Währungsumrechnung von Abschlüssen integrierter Teileinheiten ergebniswirksam zu erfassen ist[164], beeinflusst zusätzlich die Umrechnung der (in Landeswährung gegebenenfalls sogar unveränderten) Bestände von aktiven und passiven steuerlichen Bilanzpositionen das Ertragsteuerergebnis. Ein Nettoüberhang von Steuerforderungen („current tax assets“) und „deferred tax assets“ im Vergleich zu Steuerverbindlichkeiten („current tax liabilities“), „deferred tax liabilities“ und Rückstellungen für Steuerrisiken belastet das Steuerergebnis, wenn sich der Wechselkurs der Landeswährung im Vergleich zur funktionalen Währung

[162] Vgl. zu Nettoinvestitionen *WILEY*, Kommentar zur internationalen Rechnungslegung nach IFRS 2006; Abschnitt 22, Tz. 33–35.

[163] In diesem Zusammenhang ist noch auf eingeschränkte Verlustverrechnungsmöglichkeiten bei Währungsdifferenzgeschäften in einzelnen Jurisdiktionen hinzuweisen, die gegebenenfalls zu einem Abschreibungsbedarf von aus Währungsverlusten resultierenden aktiven latenten Steuern führen können. Vgl. in Deutschland beispielsweise § 15 Abs. 4 EStG.

[164] Vgl. oben und *PriceWaterhouseCoopers*, IFRS für Banken, 2005, S. 524

verschlechtert. Umkehrt wird die Konzernsteuerquote entlastet, wenn sich die Landeswährung bei einem aktivischen Nettoüberhang gegenüber der funktionalen Währung verbessert. Entsprechende Überlegungen mit umgekehrten Vorzeichen gelten bei einem passivischen Nettoüberhang.

• Die Umrechnung von Fremdwährungsabschlüssen in die Darstellungswährung ist grundsätzlich erfolgsneutral und wirkt sich gegebenenfalls erst bei einer Veräußerung des zugrunde liegenden ausländischen Geschäftsbetriebs auf das Ergebnis und die ETR aus.

• Haben sich Währungsdifferenzen bei konzerninternen Schulden bzw. anderen Transaktionen nicht bereits als Fremdwährungsgeschäft auf Einzelabschlussebene erfolgwirksam im Konzernabschluss ausgewirkt, dann sind sie bei der Schuldenkonsolidierung bzw. Zwischengewinneliminierung ergebniswirksam zu zeigen. Abhängig davon, ob sie nach lokalem Recht steuerwirksam oder steuerunwirksam sind, führen sie zu steuerpflichtigem Ertrag oder Aufwand bzw. zu nichtabzugsfähigen Aufwendungen oder steuerfreien Erträgen mit entsprechenden Konsequenzen für die ETR.

d) Zusammenfassung

Der Konsolidierungskreis und die Konsolidierungsmethode legen fest, wie sich auf Einzelgesellschaftsebene entstandene, potentielle ETR-Treiber letztlich im Konzernergebnis auswirken. Sind Beteiligungserträge einer Konzerngesellschaft auf Anteilseignerebene steuerwirksam, müssen zudem Steuerlatenzen auf „outside basis differences“ abgegrenzt werden, wenn die Konzernobergesellschaft oder der vollkonsolidierte Anteilseigner nicht in der Lage ist, die zeitliche Umkehrung zu steuern und es wahrscheinlich ist, dass sich die temporäre Differenz in absehbarer Zeit umkehren wird.

Das Ergebnis vor Steuern innerkonzernlicher Leistungsbeziehungen auf Einzelabschlussebene wird nach der Einheitstheorie regelmäßig vollständig eliminiert. Die steuerliche Wirkung hingegen tritt im Verhältnis zu den beteiligten Fisci ein und wird nicht eliminiert. Solange der Steuersatz und die steuerliche Behandlung bei dem leistenden und dem leistungsempfangenden Unternehmen identisch sind, verrechnen sich die Ergebnisbeiträge in der Summen-G. u. V. Weichen die steuerliche Behandlung oder die Steuersätze voneinander ab, wird die Konzernsteuerquote positiv oder negativ beeinflusst.

Bei voll- und quotal konsolidierten Gesellschaften werden auf Einzelgesellschaftsebene entstandene Treiber im Konzerabschluss vollständig berücksichtigt. Die Ertragsteuerergebnisse von vollkonsolidierten Gesellschaften finden dabei regelmäßig einschließlich Minderheitsanteile Eingang in die Konzernsteuerquote und können dadurch, verglichen mit ihrer wirtschaftlichen Bedeutung, einen gegebenenfalls „übertriebenen“ Einfluss ausüben.

Assoziierte Unternehmen werden nur mit ihrem Nachsteuerergebnis im Ergebnis vor Steuern berücksichtigt. Der steuerlichen Behandlung der Beteiligungserträge auf Anteilseignerebene kommt daher für Steuerplanungszwecke eine besondere Bedeutung zu. Beteiligungsunternehmen werden ebenfalls nur mit ihrem Nachsteuerergebnis erfolgswirksam im Ergebnis vor Steuern des Konzerns gezeigt. Auch dort findet nur die steuerliche Behandlung von Beteiligungserträgen auf der Ebene des Anteilseigners Eingang in das Ertragsteuerergebnis. Im Gegensatz zum assoziierten Unternehmen handelt es sich hier jedoch in aller Regel um die Berücksichtigung von Dividenden und Veräußerungsergebnissen.

Durch die Umrechnung von Fremdwährungsgeschäften in eine funktionale Währung können Währungsdifferenzen entstehen, die die Konzernsteuerquote beeinflussen. Auch die Realisierung erfolgsneutral gezeugter Differenzen von Fremdwährungsabschlüssen können die Quote beeinflussen.

IV. Nachgeordnete Einflussfaktoren im Einzelnen

Die Kategorisierung der ETR-Treiber im Rahmen dieser Abhandlung verfolgt einen konkreten Zweck. Hierdurch sollen im Hinblick auf das Management der Konzernsteuerquote Einflusssphären und Anknüpfungspunkte für Optimierungsüberlegungen abgegrenzt werden. Dementsprechend werden im folgenden bei der Darstellung der ETR-Treiber immer auch die in der Managementverantwortung stehenden Unternehmensbereiche („Kooperationspartner" für die Steuerabteilung beim ETR-Management) benannt und die einschlägigen Aktionsparameter beschrieben.

Aufgrund unserer Erfahrungen aus der Praxis konnten wir die oben[165] beschriebenen vier Kategorien von ETR-Treibern identifizieren:

- Geschäftsstruktur
- Spezifische steuerrechtliche Regelungen
- Rechnungslegungsvorschriften
- Steuerrisiken

Oft haben einzelne ETR-Treiber einen Bezug zu mehr als nur einer dieser Kategorien. In diesen Fällen erfolgt die Zuordnung unserer Einschätzung nach unter den Gesichtspunkten der primären Ursache und letzten Managementverantwortung, was am Beispiel der Steuerrechtsrisiken exemplarisch gezeigt werden soll. Ausgangspunkt dieses Einflussfaktors ist das Risiko, dass eine steuerliche Position am Ende einer steuerlichen Außenprüfung ungünstiger behandelt werden kann als die Position, die zuvor erfolgswirksam berücksichtigt worden ist. Da das Risiko nach den Vorgaben des Rechnungslegungsstandards adäquat abgebildet werden

[165] Vgl. Kapitel B.II.

muss, haben natürlich auch die Rechnungslegungsvorschriften dem Grunde und der Höhe nach Einfluss auf die Auswirkung dieses Treibers auf die Konzernsteuerquote.[166] Primäre Ursache für den potentiellen Einfluss auf die ETR ist aber die eingenommene steuerliche Deklarationsposition und auch die Managementverantwortung dürfte letztlich bei der Steuerabteilung liegen (BP-Betreuung, Rechtsmittel, etc.). Steuerrechtsrisiken werden deshalb der Kategorie der Steuerrisiken und nicht der Kategorie der Rechnungslegungsvorschriften zugeordnet.

1. Geschäftsstruktur

a) Basisteuersatz vor Finanzierungs- und Repatriierungsaufwand

aa) Beschreibung der Einflussgröße

Das Ertragsteuerergebnis wird bei einem profitablen Konzern grundsätzlich am stärksten durch den Basissteuersatz, d.h. durch den entsprechend der Geschäftstätigkeit aller global tätigen Konzerneinheiten gewichteten, durchschnittlichen, gesetzlichen Ertragsteuersatz („global blended statutory rate") beeinflusst. Er bestimmt das Niveau der Ertragsteuerbelastung im Konzern. Der Basissteuersatz ist eine langfristig wirksame strukturelle Einflussgröße für die ETR, die den Geschäftsmodellen der operativen Unternehmens-/Konzerneinheiten und damit der durch die Geschäftsmodelle festgelegten Allokation von Aufwands- und Ertragskomponenten (Margen) auf verschiedene Länder, Bundesstaaten oder Gebietskörperschaften folgt. Ist die Varianz der Steuersätze in den Ländern der Konzerntätigkeit, in denen die wesentlichen Anteile des Konzernergebnisses erwirtschaftet werden, hoch, kann auch der Basissteuersatz volatil sein. Er bewegt sich in Abhängigkeit von der Geschäftsentwicklung in einem Korridor, der durch den niedrigsten und höchsten anwendbaren Steuersatz begrenzt wird.[167]

Zieht man z.B. das statutarische Ertragsteuersatzgefälle zwischen Großbritannien (30%) und den USA im Bundesstaat New York (46%) von 16 Prozentpunkten heran und geht man ferner davon aus, dass in diesen Ländern das gesamte Konzernergebnis erzielt wird, kann der Basissteuersatz im Vergleich zur Vorperiode theoretisch um bis zu 16 Prozentpunkte schwanken.

Jahr	**Net Income before Tax (NIbT)**		**Basissteuersatz**
	UK	**USA**	
2005	50%	50%	38%
2006	0%	100%	46%
2007	100%	0%	30%

[166] Vgl. ausführlich Kapitel B.IV.4.a).
[167] Vgl. insgesamt Kapitel A.III.2.c).

Zu Überraschungen kommt es, wenn erhebliche Anstrengungen seitens der Steuerabteilung unternommen worden sind, die Ertragsteuerbelastung im Konzern abzusenken, durch die steuerlich nachteilige Verschiebung der Einkünfte jedoch der aktuell höhere Basissteuersatz dieses Ergebnis überkompensiert und die Konzernsteuerquote höher als in der Vorperiode ist. Varianzen in der geschilderten Größenordnung sind aber eher unwahrscheinlich, solange nicht ganze Geschäftsmodelle ausgetauscht werden.

Neben den tendenziell eher statischen operativen Geschäftsmodellen haben auch die Finanzierungs- und Beteiligungsstruktur erheblichen Einfluss auf den „internationalen Steuersatzmix" und damit auf den Basissteuersatz. Sie sind auch kurzfristiger und leichter zu verändern als ein operatives Geschäftsmodell. Die Strukturierung der Konzernfinanzierung und der Beteiligungsstruktur wird im Zusammenhang mit der Einflusskategorie „spezifische steuerrechtliche Regelungen" erörtert.[168] Der durch die bloße Geschäftstätigkeit verursachte Basissteuersatz ermittelt sich daher durch die Anwendung der statutarischen Ertragsteuersätze auf die Einkünfte der Geschäftstätigkeit vor Finanzierungsaufwand und Gewinnrepatriierung.

bb) Bestimmungsparameter des Basissteuersatzes

Zuordnung von Funktionen, Vermögenswerten und Risiken. Der Basissteuersatz spiegelt die Zuordnung von Funktionen auf die Länder der Konzerntätigkeit wieder. Der Begriff der Funktion umfasst dabei einen Aufgaben- und Verantwortungsbereich, der sich aus der Summe von eingesetzten Mitteln, übernommenen Risiken und ausgeübten Tätigkeiten ergibt, die zueinander in einem gewissen inneren Zusammenhang stehen und die unmittelbar oder mittelbar dem Wertschöpfungsprozess des Konzerns dienen.[169] Die Zuordnung von Funktionen beinhaltet damit die Zuordnung der für die Funktionsausübung notwendigen Vermögenswerte und mit den Funktionen im Zusammenhang stehenden Risiken.[170] Versteht man den durch den Konzern insgesamt erzielten Gewinn als Funktions- und Risikoprämie, dann bestimmt das Ausmaß der Übernahme von Funktionen und Risiken durch die einzelnen Konzerngesellschaften, welche Gesellschaften in welchem Umfang zum Konzerngewinn beitragen.[171] Die Zuordnung der Funktionen, Vermögenswerte und Risiken auf die Konzerngesellschaften führt zur Zuordnung der damit im

---

[168] Vgl. Kapitel B.IV.2.c).

[169] Vgl. fast wörtlich *Bodenmüller R.*, Steuerplanung bei Funktionsverlagerungen ins Ausland – Ertragsteuerliche Folgen, Strategien und Modelle, Düsseldorf 2004, S. 7.

[170] Vgl. *Endres D*, Reiches Ausland – Armes Inland: Steuerliche Effekte bei einer Funktionsverlagerung ins Ausland, RIW 2003, S. 731 f.

[171] Vgl. *Baumhoff H.*, Aktuelle Entwicklungen bei den Verrechnungspreisen, IStR 2003, S. 4.

Zusammenhang stehenden steuerlichen Betriebseinnahmen- und -ausgaben, die in den Ländern der Konzerntätigkeit das zu versteuernde Einkommen bestimmen.

Die Zuordnung von steuerpflichtigen Einkünften zu Jurisdiktionen ist nur dann frei von Fragestellungen der konzerninternen Leistungsverrechnung, wenn das Geschäft vollständig aus einer Jurisdiktion heraus betrieben wird und hierzu keine weiteren konzerninternen Funktionen benötigt werden, die aus anderen Ländern stammen. Ansonsten sind zwischen juristisch selbständigen Konzerngesellschaften Verrechnungspreise für erhaltene oder abgegebene Leistungen zu bestimmen und die Gewinne zwischen Stammhaus und Betriebsstätten grenzüberschreitend tätiger Konzerngesellschaften aufzuteilen. Die Zuordnung von Betriebseinnahmen bzw. -ausgaben auf unterschiedliche Länder der Konzerntätigkeit als Bestimmungsgröße für den Basisteuersatz wird dann erst durch die Verrechnungspreisbestimmung bzw. die Gewinnaufteilung zwischen Stammhaus und Betriebsstätten konkretisiert.

Die Wahl der Rechtsform der Konzerneinheiten wird regelmäßig vorrangig durch operative und u.U. durch aufsichtsrechtliche Gründe bestimmt und ist deshalb auch als durch die Geschäftsstruktur veranlasst zu betrachten. Sie bildet den Ausgangspunkt für die Anwendung unterschiedlicher steuerlicher Regelungen und liefert den Rahmen für eine nach steuerrechtlichen Vorschriften optimierte Finanzierungs- und Beteiligungsstruktur.[172]

Verrechnungspreise. Der Verrechnungspreis („transfer price") ist der Preis, den Konzerngesellschaften an andere Konzerngesellschaften für erbrachte Lieferungen oder Leistungen in Rechnung stellen. Da der Preis für konzerninterne Lieferungen und Leistungen nicht durch einen Markt, d.h. aufgrund von Angebot und Nachfrage, bestimmt wird, müssen Verrechnungspreise ermittelt werden, die den fehlenden Marktpreis ersetzen.

Folgende Leistungsbeziehungen sind in aller Regel Gegenstand von Verrechnungspreisen:

- Übertragung von Wirtschaftsgütern (wie Warenlieferungen, Kauf und Verkauf von Anlagevermögen sowie Sacheinlagen);
- Gebrauchsüberlassung von materiellen Wirtschaftsgütern (Miete, Pacht und Leasing);

[172] Es ist klar, dass sich in der Praxis das Ursache-Folgeverhältnis von Rechtsformwahl-, Finanzierungs- und Beteiligungsstruktur nicht immer eindeutig festlegen lässt. Was an dieser Stelle jedoch deutlich werden soll, ist die Dominanz betriebswirtschaftlicher Erwägungen im Verhältnis zu rein steuerlichen Überlegungen bei der Rechtsformwahl. Die Steuerplanung hingegen setzt vorrangig bei der Optimierung der Finanzierungs- und Beteiligungsstruktur an, da Gestaltungen an dieser Stelle durch operative Aspekte meist nur eingeschränkt berührt werden.

- Gebrauchsüberlassung von immateriellen Wirtschaftsgütern (wie Lizenzen und Markenrechte);
- Dienstleistungen (Management-, Service- und Kontrolleistungen); und
- Kapitalverkehr (wie Kapitalüberlassung, Patronatserklärungen, Bürgschaften und Garantien).

Die Bestimmung der Verrechnungspreise beeinflusst stets den Gewinn der beteiligten Konzerngesellschaften. Fallen hierdurch Gewinne in Niedrigsteuerländern an bzw. werden Kosten auf Hochsteuerländer allokiert, dann senkt dies aus Konzernsicht die Ertragsteuerbelastung.[173] Genauso evident ist deshalb das Interesse der beteiligten Fisci, festzustellen, ob die Verrechnungspreise zwischen Konzerngesellschaften angemessen sind und nach den internationalen Grundsätzen der OECD sowie nach nationalen Vorschriften ermittelt worden sind. Dies wiederum begründet erhebliche Dokumentations- und Nachweiserfordernisse.[174] Als Grundprinzip für die Ermittlung von Verrechnungspreisen hat sich nicht nur bei den OECD-Mitgliedstaaten der Fremdvergleichsgrundsatz[175] („arms length principle") etabliert.[176]

Selbst bei einer aus Fiskalsicht moderaten Verrechnungspreisbestimmung besteht immer das Risiko der steuerlichen Mehr- oder Doppelbelastung eines Rechtsgeschäfts, wenn zwei Staaten, abweichend von den OECD-Verrechnungspreisgrundsätzen, aufgrund nationalen Rechts einen Steueranspruch auf das Ergebnis dieses Rechtsgeschäfts begründen. Auch wenn in diesem Fall der Weg eines Verständigungs- bzw. Schiedsverfahrens[177] gegeben ist, handelt es sich zumindest bis zur abschließenden Klärung der Frage um eine steuerliche Risikoposition, für die im Zweifel

---

[173] In diesem Zusammenhang haben sich durch den Übergang vom körperschaftsteuerlichen Anrechnungsverfahren zum Freistellungsverfahren für deutsche Konzernmuttergesellschaften Möglichkeiten ergeben, vgl. u.a. *Vögele A./Edelmann G.:* Internationale Steuerplanung nach der Unternehmenssteuerreform 2001, IStR 2000, S. 465. Darüber hinaus sei auf andere steuerliche Regelungen, wie z.B. außensteuerrechtliche Hinzurechnungstatbestände, in Kapitel B.IV.2. verwiesen, die den Einfluss der Verrechnungspreisgestaltung einschränken. Neben der Ertragsteuerbelastung sind in diesem Zusammenhang untertrennbar Aspekte der Verkehrsbesteuerung, z.B. Umsatzsteuern, zu berücksichtigen, die sich regelmäßig auf das Ergebnis vor Steuern auswirken.

[174] Vgl. zu den deutschen Vorgaben: „Prüfung der Einkunftsabgrenzung zwischen international verbundenen Unternehmen und zwischen anderen nahe stehenden Personen mit grenzüberschreitenden Geschäftsbeziehungen", BMF v. 12.4.2005, BStBl. I 2005, S. 570 ff. i.V.m. § 90 Abs. 3 AO und „Verordnung zu Art, Inhalt und Umfang von Aufzeichnungspflichten i.S.d. § 90 Abs. 3 AO (Gewinnabgrenzungsaufzeichnungsverordnung – GAufzV)" v. 13.11.2003, BGBl I 2003, S. 2296.

[175] Vgl. Art. 9 Abs. 1 OECD MA 2005 und nach deutschen Vorschriften § 1 Abs. 1 AStG sowie BMF v. 23.2.1983 „Grundsätze für die Prüfung der Einkunftsabgrenzung bei internationalen verbundenen Unternehmen", BStBl. I 1983, S. 218 ff.

[176] Vgl. zu den Methoden im Einzelnen u.a. *Jacobs O.H.*, Internationale Unternehmensbesteuerung – Deutsche Investitionen im Ausland – Ausländische Investitionen im Inland, München 2002, S. 878 ff. und 923 ff. sowie BMF v. 23.2.1983, BStBl. I 1983, S. 212 f., Tz. 2.2.

[177] Vgl. zum Verständigungsverfahren Art. 25 OECD MA 2005.

eine Vorsorge gebildet werden muss, die wiederum die Ertragsteuerbelastung erhöht. Kommt es letztendlich zu Gewinnkorrekturen, sind zusätzlich Strafzuschläge und Zinsen zu berücksichtigen. In der Bestimmung von konzerninternen Verrechnungspreisen sehen wir deshalb keinen Ansatz für die Gestaltung des Basissteuersatzes. Verrechnungspreise sollten die tatsächliche Allokation von Funktionen im Konzern bzw. innerhalb der Geschäftsmodelle so abbilden, dass das Risiko der Doppelbesteuerung so weit wie möglich begrenzt bleibt.[178]

Aufteilung der Einkünfte zwischen Betriebsstätten international tätiger Unternehmen. Im Gegensatz zu rechtlich selbständigen Konzerngesellschaften gibt es zwischen den Betriebsstätten von international tätigen Konzerngesellschaften für den internen Leistungsaustausch keine grundsätzlich steuerlich anerkannte schuldrechtliche Basis. Existiert zwischen dem Sitzstaat des Stammhauses und dem Betriebsstättenstaat kein Abkommen zur Vermeidung der Doppelbesteuerung (DBA), finden meist unilaterale Regelungen des Sitzstaates Anwendung, die eine Anrechung der steuerlichen Belastung des Betriebsstättenstaates vorsehen.[179] Ist der Steuersatz im Betriebsstättenstaat niedriger als im Sitzstaat des Stammhauses, wird der Basissteuersatz durch ein Hochschleusen auf das Steuerniveau des Sitzstaates getrieben. Ist der Steuersatz im Betriebsstättenstaat allerdings höher als im Wohnsitzstaat, so wird die Anrechung der im Betriebsstättenstaat entstandenen Steuer regelmäßig auf die Steuerbelastung im Wohnsitzstaat beschränkt, so dass es im Ergebnis bei der höheren Steuerbelastung des Betriebsstättenstaates bleibt. In diesem Fall ist der Steuersatz des Betriebsstättenstaates für die Bestimmung des Basissteuersatzes maßgebend.

Ist ein DBA nach internationalem Muster vorhanden, trifft es Regelungen sowohl für die Zuordnung von Erträgen, Wirtschaftsgütern, Schulden und Kapital zur Betriebsstätte als auch für die Entlastung des Betriebsstättenergebnisses im Sitzstaat des Stammhauses. Im Methodenartikel eines DBA wird regelmäßig entweder die Freistellung der Betriebsstätteneinkünfte von der Bemessungsgrundlage des Sitzstaates angeordnet („exemption method")[180] oder es wird die Anrechnung der im Betriebsstättenstaat entstandenen Steuer auf die Ertragsteuer im Sitzstaat vorgeschrieben („credit method").[181] Zumindest im Falle einer Freistellungsmethode ohne DBA-rechtliche oder nationale Rückfallklausel[182] („subject to tax clause") und

---

[178] Anders u.a. *Dempfle U.*, Charakterisierung, Analyse und Beeinflussung der Konzernsteuerquote, 2006, S. 290 ff.

[179] Vgl. beispielsweise in Deutschland § 34c EStG.

[180] Art. 23 A OECD MA 2005.

[181] Art. 23 B OECD MA 2005.

[182] Nach einer Rückfallklausel fällt das Besteuerungsrecht trotz Freistellungsmethode wieder dem Sitzstaat zu, wenn der Betriebsstättenstaat von der Zuweisung des Besteuerungsrechts keinen Gebrauch macht. In Deutschland wurde im Rahmen des Jahressteuergesetzes 2007 vom 13.12.2006 durch § 50d Abs. 9 EStG eine nationale Rückfallklausel eingeführt; vgl. BGBl. I 2006, S. 2878.

ohne andere Vorschriften zur Vermeidung einer internationalen Minderbesteuerung[183], trägt für sich betrachtet die Aufwands- und Ertragsallokation unmittelbar zur Bildung des Basissteuersatzes bei. Bei der Anrechnungsmethode entfaltet die Gewinnaufteilung dann unmittelbare Wirkung, wenn der Steuersatz im Betriebsstättenstaat höher ist als im Wohnsitzstaat.

Für die Aufteilung von Ertrag und Eigenkapital auf das Stammhaus und seine Betriebsstätten gilt das Prinzip der wirtschaftlichen Zugehörigkeit: Der Betriebsstätte sind die Gewinne bzw. Verluste zuzurechnen, die sie hätte erzielen können, wenn sie eine gleiche oder ähnliche Tätigkeit unter gleichen oder ähnlichen Bedingungen als selbständiges Unternehmen ausgeübt hätte und im Verkehr mit dem Unternehmen, dessen Betriebsstätte sie ist, völlig unabhängig gewesen wäre.[184] Hierzu sind der Betriebsstätte die Wirtschaftsgüter und die mit den Wirtschaftsgütern im Zusammenhang stehenden Betriebseinnahmen und -ausgaben nach dem Veranlassungsprinzip zuzurechnen. Dabei gilt bei der Aufteilung des Gewinns auf die Betriebsstätten und auf das Stammhaus der Grundsatz des Fremdvergleichs im Grunde genauso, wie er auch bei rechtlich selbständigen Konzerngesellschaften Anwendung findet. Die Gewinnaufteilung zwischen Stammhaus und Betriebsstätten muss sich allerdings von den Abgrenzungsregelungen für verbundene selbständige Unternehmen insoweit unterscheiden, als das Stammhaus und seine Betriebsstätten tatsächlich eine rechtliche Einheit bilden, schuldrechtliche Vereinbarungen zwischen Stammhaus und Betriebsstätte mithin nicht möglich sind und diese Tatsache wirtschaftlich bedeutsam ist. So ist z.B. eine Vergütung für die Überlassung von Risikokapital oder für die Nutzung eines Firmenlogos zwischen Stammhaus und Betriebsstätte typischerweise nicht mit steuerlicher Wirkung möglich. Dieser Bereich des Steuerrechts ist in besonderer Weise schwierig, unklar und streitanfällig.

Genau wie bei der Ausgestaltung von Verrechnungspreisen im Allgemeinen ist die Einkünfteabgrenzung zwischen Stammhaus und Betriebsstätten kein Bereich, der sich für die Gestaltung des Basissteuersatzes als Tätigkeitsfeld anbietet, obwohl der Einfluss auf den Steuersatzmix erheblich sein kann. Die Risikobegrenzung sollte auch hier im Vordergrund stehen; Treiber für die Einkünftezuordnung ist in erster Linie die reale Funktionszuordnung.

---

[183] Vgl. ausführlich *Vogel K.*, Die Mär von den „Rückfall-Klauseln" in Doppelbesteuerungsabkommen, IStR 1997, Beihefter zu Heft 24/1997, S. 1 ff. Vgl. darüber hinaus noch Vorbehaltsklauseln z.B. wie Aktivitätsvorbehalt und die „switch-over-clause", letztere bei *Petereit A.*, Die sog. Switch-over-Klausel in den Doppelbesteuerungsabkommen – Überblick, Inhalt und Steuerplanung, IStR 2003, S. 577 ff.

[184] Vgl. Art. 7 Abs. 1 OECD MA 2005 und für Deutschland BMF 24.12.1999 „Schreiben betr. Grundsätze der Verwaltung für die Prüfung der Aufteilung der Einkünfte bei Betriebsstätten international tätiger Unternehmen", BStBl. I, S. 1076, Tz. 2.2. sowie BFH v. 20.7.1988, BStBl. II. 1989, S. 140.

cc) Bedeutung

Der Basissteuersatz ist bei „normalem Verlauf der ETR-Kurve“[185] die bedeutendste Einflussgröße auf die Konzernsteuerquote, die letztendlich alle Bemühungen um eine Senkung der effektiven Steuerbelastung nach unten begrenzt. Der Basissteuersatz legt das „Niveau“ der ETR-Kurve fest[186] und wird in erster Linie durch die Allokation der verschiedenen wertschöpfenden Funktionen im Konzern auf verschiedene Steuerhoheiten bestimmt. Verrechnungspreise spiegeln u.E. lediglich die tatsächlichen Verhältnisse wieder und eignen sich grundsätzlich nicht für eine gezielte Beeinflussung des Steuersatzmixes. Ist es bei volatilen Erträgen verschiedener Konzerneinheiten und bei hohem Steuersatzgefälle zwischen den Ländern der Konzerntätigkeit möglich, dass sich der Basisteuersatz innerhalb eines weiten Korridors bewegt, sind Auskünfte über die zukünftige Ertragsteuerbelastung im Konzern nur eingeschränkt möglich. Betrachtet man in diesem Zusammenhang außerdem den Kurveneffekt des Ergebnisses vor Steuern[187] wird deutlich wie schwierig es ist, bei solch einer Konstellation i.V.m. einem niedrigen Niveau des Ergebnisses vor Steuern verlässliche Prognosen über die ETR des Konzerns abzugeben. Idealziel ist daher ein möglichst niedriger, risiko- und volatilitätsfreier Basissteuersatz.

dd) Management

Der Basissteuersatz ergibt sich in erster Linie als Folge aus der operativen Geschäftsstruktur des Konzerns. Es ist offensichtlich, dass die hierfür maßgeblichen Entscheidungen außerhalb des primären Verantwortungsbereichs einer Steuerabteilung liegen. Zudem gibt es neben steuerlichen eine Vielzahl von bedeutenderen betriebswirtschaftlichen Zielen, beispielsweise Marktzutritt und Kundennähe, Mitarbeiterpotenzial, Infrastruktur, politische Rahmenbedingungen und operative Kosten. Da aber der Basissteuersatz gleichzeitig die fundamentale und strukturelle Bestimmungsgröße für die ETR ist, ergibt sich folgende Aufgabenteilung:

Zur Aufgabe der Steuerabteilung gehört es, den Basissteuersatz, seine Bedeutung für die ETR und seine Bestimmungsgrößen sichtbar zu machen und an das oberste Konzernmanagement zu kommunizieren. Die Folgefrage, ob und wie diese Faktoren in die Unternehmensplanung, in Investitions- und Standortentscheidungen usw. aufgenommen werden, ist auf der Ebene des obersten Managements zu beantworten. Bei der Beantwortung dieser Frage spielt auch die „Steuerkultur“ und letztlich die „steuerliche Effizienz“ einer Unternehmensorganisation eine Rolle, die über rein betriebswirtschaftliche Aspekte hinaus bis hin zur staatsbürgerlichen Verantwortung und „good corporate citizenship“ geht.

---

[185] Verlauf im I. oder III. Quadranten, siehe Abbildung 8 und die „Standardfälle“ in Abbildung 9.

[186] Vgl. Kapitel A.III.2.c).

[187] Vgl. Kapitel B.III.1.

Ein Instrument zur Optimierung des Basissteuersatzes ist die Durchführung einer Wertschöpfungsanalyse („value chain"-Analyse), um festzustellen, ob werthaltige Funktionen mit einem stabilen Ergebnisbeitrag u. U. verlagert werden können. Da der schlichte Steuersatzmix keine tiefgehenden Steuerrechtskenntnisse voraussetzt, kann u. E. die Verantwortung hierfür, wie für andere „Kosten" auch, in die operativen Geschäftseinheiten gegeben werden. Die Aufgabe der Steuerabteilung wäre es dabei (i) die Unternehmensbereiche bei der Modellierung und dem Einbezug von Steuersätzen in betriebswirtschaftliche Kalküle zu unterstützen und (ii) Verrechnungspreisexpertise einzubringen und die Anwendung der Verrechnungspreismethoden und -grundsätze zu kontrollieren. Verrechnungspreisanpassungen stehen dabei u. E. nicht zur Disposition. Eine nachhaltige Verbesserung des Basisteuersatzes erreicht man jedoch letztlich nur durch die Unterstützung der Konzernleitung und der daraus resultierend konstruktiven und pro-aktiven Zusammenarbeit der Verantwortlichen der einzelnen Geschäftsbereiche.

b) Steuerfreie Erträge und steuerlich nichtabzugsfähiger Aufwand sowie andere vom statutarischen Steuersatz nicht erfasste Einnahmen oder Ausgaben

aa) Beschreibung der Einflussgröße

Einkünfte können auch abweichend vom statutarischen Ertragsteuersatz besteuert werden. Es ist offensichtlich, dass im Vergleich zum statutarischen Steuersatz niedrigere Steuersätze ebenso wie steuerlich nicht erfasste Erträge das Ertragsteuerergebnis positiv beeinflussen, wohingegen im Vergleich zum statutarischen Steuersatz höhere Steuersätze und steuerunwirksamer Aufwand die Ertragsteuerbelastung im Vergleich zum Ergebnis vor Steuern relativ erhöht.

Nach deutschen steuerlichen Vorschriften sind in diesem Zusammenhang beispielsweise die steuerlichen Abzugsverbote der §§ 3c, 4 Abs. 5 EStG, für Körperschaften zusätzlich die §§ 9 Abs. 1 Nr. 2[188], 10 KStG und abgabenrechtlich § 160 AO zu nennen. Das steuerliche Abzugsverbot nach § 4 Abs. 5 S. 1 Nr. 1 EStG für Aufwendungen für Geschenke an unternehmensfremde Personen zählt dabei offensichtlich zum Verantwortungsbereich der operativen Geschäftstätigkeit. Ähnliches gilt für Spenden i. S. d. § 9 Abs. 1 Nr. 2 KStG, bei denen allerdings im günstigsten Fall für Großzuwendungen einen Vortragsfähigkeit des Betriebsausgabenabzugs besteht.

Steuerfreie Einnahmen und nicht abzugsfähige Betriebsausgaben entstehen aus Konzernsicht jedoch meist im Zusammenhang mit der Finanzierungs- und Beteiligungsstruktur und mit steuerlichen Subventionen,

---

[188] Vgl. auch §§ 8 Nr. 9, 9 Nr. 5 GewStG.

die in aller Regel nicht primär durch die Geschäftsstruktur verursacht sind. Sie werden deshalb der Einflusskategorie „spezifische steuerrechtliche Regelungen" zugeordnet.[189] Eine Ausnahme hiervon bilden bestimmte Geschäftsstrukturen, die steuerlich vorteilhaft oder nachteilig behandelt werden.[190]

bb) Bedeutung

Genauso wie die Absenkung des global gewichteten Basissteuersatzes ist die Reduzierung von steuerlich nichtabzugsfähigen Aufwendungen ebenso wie die Maximierung steuerfreier Erträge Bestandteil der strategischen Zielsetzung einer nachhaltig optimierten Konzernsteuerquote und deshalb von strategischer Bedeutung.

cc) Management

Da nichtabzugsfähige Betriebsausgaben in aller Regel aus einer Vielzahl von national motivierten steuerpolitischen Einzelregelungen resultieren, sollte zusammen mit dem jeweils vor Ort zuständigen Management versucht werden, den Anteil dieser Aufwendungen zu minimieren.

c) Unternehmensprodukte und Verwendung von Überschüssen

aa) Beschreibung der Einflussgröße

Auch bestimmte Produktangebote und Modelle zur Verwendung von Überschüssen von Konzerngesellschaften können zu Treibern für die Konzernsteuerquote werden. Das kann sowohl an ihrer steuerrechtlichen Behandlung als auch an ihrer bilanziellen Abbildung liegen. Unternehmensprodukte sind dann als Einflussgröße auf die Konzernsteuerquote zu qualifizieren, wenn der treibende Effekt nur durch einen Eingriff in wesentliche Parameter des Marktangebots verhindert werden kann und damit die Geschäftstätigkeit in der angedachten Form nur noch eingeschränkt oder nicht mehr möglich ist.

Wirkt das Produktangebot aufgrund der steuerrechtlichen Behandlung quotentreibend, führt dies in aller Regel zu einem definitiven ökonomischen Vor- oder Nachteil. Handelt es sich hingegen nur um einen verwerfenden Ausweis nach dem Rechnungslegungsstandard, wird die Konzernsteuerquote beeinflusst, ohne dass dabei der ökonomische Gewinn des Konzerns beeinträchtigt wird. Folgendes Beispiel aus der Finanzwirtschaft dient zur Illustration eines Produktangebots, das keinen nachteiligen Beitrag zum Nachsteuerergebnis liefert, aber das bilanzielle Ertragsteuerergebnis und damit die ETR negativ beeinflusst.

Beispiel 7a: Aufgrund regulatorischer Bestimmungen können in bestimmten Ländern nur Banken bzw. Finanzdienstleister bestimmte Wertpapiere (Aktien bzw. Anleihen) erwerben. Das Kundenangebot sieht deshalb den Kauf der Wertpapiere durch die

---

[189] Vgl. Kapitel B.IV.2.

[190] Vgl. Kapitel B.IV.1.d).

Bank und die Weitergabe von Nutzen, Chancen und Lasten vermittels einer Schuldverschreibung oder eines derivativen Instruments an einen Investor vor, wofür die Bank ein Entgelt erhält. Auf die Dividende bzw. auf die Zinsen der Wertpapiere werden Quellensteuern einbehalten, die wegen lokaler steuerlicher Regelungen bei der Bank oft nicht anrechenbar sind. Der Wertpapierertrag wird daher netto, d.h. nach Abzug der Quellensteuern, über die Schuldverschreibung oder einen Swap an den Investor weitergeben.

Nach IFRS und US-GAAP sind Dividende und Zinszahlungen aber grundsätzlich brutto, also vor Abzug der Quellensteuern im Ergebnis vor Steuern als Ertrag auszuweisen. Die Quellensteuer wird dabei in einem ersten Schritt als steuerliches Anrechnungsguthaben in Form einer Steuerforderung eingebucht. Wenn der Steuerertrag jedoch von Beginn an nicht werthaltig ist, muss er in einem zweiten Schritt wertberichtigt werden. Die Wertberichtigung führt insoweit zu einem Ertragsteueraufwand. Korrespondierend zur Höhe des Ertragsteueraufwands entsteht im Ergebnis vor Steuern ein Gewinn, da die Zins- oder Swapzahlung an den Investor dem Nettobetrag der ursprünglich empfangenen Dividenden- oder Zinszahlung entspricht. Vernachlässigt man das Entgelt, das die Bank von dem Investor für den Zugang zu Nutzen, Chancen und Lasten des Wertpapiers erhält, dann ist die Ertragsteuerquote dieses Produktangebots 100%, ohne jedoch dadurch das Nachsteuerergebnis nachteilig zu beeinflussen.[191]

Exemplarische Buchungssätze:
- Kasse 90 und Steuerforderung 10 an Dividendenertrag 100
- Steueraufwand 10 an Steuerforderung 10
- Swapzahlung 90 an Kasse 90

	Einnahmen	**Ausgaben**	**Gesamt**
vor Steuern	100	(90)	10
Steuern		(10)	(10)
nach Steuern			0

Beispiel 7b: Des Weiteren ist es häufig üblich, dass Überschüsse der Konzerntätigkeit in Beteiligungsbesitz investiert werden. Das langfristige Halten eines Beteiligungsportfolios im Anlagebestand eines Konzerns kann strukturell zu einer Entlastung der Konzernsteuerquote führen. Denn qualifizieren die Beteiligungsquoten zur Bilanzierung als Beteiligungs- oder assoziiertes Unternehmen und sind Beteiligungserträge in Form von Dividenden oder Veräußerungsgewinnen nach den „steuerlichen Holdingprivilegien" beim Anteilseigner steuerfrei zu behandeln, erhöhen sie im Gewinnfall strukturell das Ergebnis vor Steuern, ohne den Ertragsteueraufwand zu belasten. Technisch wird die Quote in beiden Fällen durch die Berücksichtigung der Ergebnisbeiträge der Zielgesellschaften als Nachsteuergröße im Ergebnis vor Steuern und der Steuerfreiheit der Beteiligungserträge beim Anteilseigner bestimmt. Verursacht wird dieser Effekt dadurch, dass ein Beteiligungsportfolio langfristig gehalten wird und gegebenenfalls Gewinne durch die Fokussierung auf die Dividendenrendite von Gesellschaften erzielt werden.

[191] Die beschriebene Abbildung des Geschäftsvorfalls gibt u.E. einen wirtschaftlich nicht sachgerechten Ausweis wieder, da die Quellensteuer von Beginn der Transaktion an wertlos ist.

bb) Bedeutung

Sollten im Produktportfolio eines Unternehmens oder Konzerns erhebliche Bestandteile mit Einfluss auf die Steuerquote vorhanden sein, wird das Produktangebot selbst zum strukturellen Treiber für die Konzernsteuerquote. Aus strategischer Sicht folgt das Produktportfolio als Einflussgröße auf die Konzernsteuerquote in der Bedeutungsrangfolge auf den Basissteuersatz. Entweder begrenzt das Produktportfolio bei einer negativen Wirkung auf die ETR nachhaltig die Bemühungen einer Optimierung oder es ist im Falle eines positiven Einflusses Garant dafür, dass die Steigung der ETR-Kurve bei einem Überhang von belastenden Ertragsteuerelementen vergleichsweise flach ausfällt oder es sogar zu einem Überhang von entlastenden Ertragsteuerelementen kommt.[192]

Im Zusammenhang mit der Investition von Überschüssen in Beteiligungsbesitz ist bei Geltung von dem § 8b KStG entsprechenden Regelungen auf folgendes hinzuweisen. Ein Beteiligungsportfolio generiert strukturell steuerfreie Dividendenerträge, die als permanente Differenz die Konzernsteuerquote entlasten. Im Jahr des Verkaufs von Beteiligungen erzielt der Konzern hohe steuerfreie Veräußerungsgewinne, die als Sondereinfluss den Ertragsteueraufwand einmalig entlasten. In den nachfolgenden Berichtsperioden fehlt dann jedoch die entlastende Wirkung der steuerfreien Dividende und damit auch ein planbares strukturelles Element für die Plansteuerquote im Zwischenabschluss.[193]

cc) Management

Auch hier gilt, dass die Konzernleitung über den treibenden Einfluss von Produktangeboten und der Verwendung von Überschüssen auf die Konzernsteuerquote durch die Steuerabteilung unterrichtet sein muss. Sie entscheidet letztlich darüber, ob Nachteile bei der Konzernsteuerquote in Kauf genommen werden.

Sicherlich sollte man in diesem Zusammenhang zwischen denjenigen quotentreibenden Produktangeboten unterscheiden, die einen ökonomischen Beitrag zum Nachsteuerergebnis liefern und solchen, die nur die Konzernsteuerquote beeinflussen. Im letzten Fall sollte jedoch erwogen werden, ob der letztlich ökonomisch unbedeutende Treiber den Analysten und Investoren als solcher vermittelbar ist, damit er sich nicht nachteilig auf die Bewertung des Unternehmens auswirkt. Erfahrungsgemäß nimmt das viel Zeit in Anspruch. Darüber hinaus bestehen keine Garantien, dass Analysten und Investoren diesen Effekt bei ihren Bewertungsmodellen eliminieren. Es sollte daher zumindest geprüft und abgewogen werden, ob der Ergebnisbeitrag eines einzelnen Produkts diesen Aufwand bzw. das Risiko einer Missinterpretation rechtfertigt.

---

[192] Vgl. Kapitel A.III.2.b).
[193] Siehe Kapitel D.II.2.

d) Einzeltransaktionen

aa) Beschreibung der Einflussgröße

Auch einzelne Geschäftsvorfälle von besonderem Gewicht sollten als potentielle ETR-Treiber gesehen und deshalb auf ihren spezifischen Einfluss auf die Konzernsteuerquote hin untersucht werden. Insbesondere M&A-Transaktionen und innerkonzernliche Restrukturierungen weisen regelmäßig eine Vielzahl von Elementen auf, die die Steuerquote treiben. Sie reichen von steuerfreien Bestandteilen bis zu besonderen Steuerrechtsrisiken und von steuerunwirksamen „goodwill"-Buchungen bis zu G. u. V.-unwirksamen Steuerbuchungen im Konzerneigenkapital.

Klassisches Beispiel einer Einzeltransaktion ist der Verkauf einer Beteiligung. Dieser kann zu einem steuerfreien Veräußerungsgewinn führen und einen signifikant positiven Einfluss auf die Quartalsquote des Konzerns entfalten. Der Verkauf kann aber auch zu einer relativen Erhöhung des Steueraufwands führen, wenn das Veräußerungsgeschäft zu einem Verlust führt, der steuerunwirksam ist.

Beispiel 8: Ein nicht ganz so offensichtliches Beispiel stellt ein Geschäftsvorfall im Zusammenhang mit der deutschen Vorschrift des § 22 i. V. m. § 20 UmwStG dar. Danach ist in den Fällen einer Sacheinlage in eine Kapitalgesellschaft oder Genossenschaft unter dem gemeinen Wert ein Einbringungsgewinn I festzustellen, der über sieben Jahre steuerunwirksam pro rata temporis aufgelöst wird. Werden die Anteile während der Sieben-Jahresfrist veräußert, gilt der im Zeitpunkt der Anteilsveräußerung noch verbliebene Einbringungsgewinn I nach § 22 Abs. 1 S. 2 UmwStG als Veräußerungsgewinn des Einbringenden. Dieser unterliegt dem gesetzlichen Körperschaftssteuersatz. Wird durch den Verkauf der Anteile ein Veräußerungsgewinn erzielt, der unter dem noch vorhandenen Einbringungsgewinn liegt,[194] ist die ertragsteuerliche Belastung höher als die statutarische Steuerbelastung. Wird ein Veräußerungsverlust hinsichtlich der ursprünglich übertragenen Buchwerte erzielt und ist gleichzeitig ein noch vorhandener Einbringungsgewinn zu versteuern, kommt es zu einer in jeder Hinsicht negativen ETR der Einzeltransaktion.

Einbringung eines Betriebs bzw. Teilbetriebs zum 1. 1. 2007	
Buchwert:	100 GE
Gemeiner Wert zum Zeitpunkt der Einbringung:	170 GE
Erlös aus Anteilsveräußerung zum 1. 1. 2009:	80 GE
Steuersatz:	39%

Hieraus ergibt sich folgende ETR der Einzeltransaktion:

Einbringungsgewinn und Ertragsteuerbelastung zum 1. 1. 2009
5/7 von 70 GE = 50 GE (maßgebender Einbringungsgewinn I)
50 GE * 39% = 19,5 GE (Laufende Steuerbelastung)

Veräußerungsverlust
80 GE ./. 100 GE = (20) GE

ETR der Anteilsveräußerung
19,5 GE/(20) GE = (0,975) * 100 = (97,5)%

---

[194] Nach Konsolidierung, aber vor Steuern. An dieser Stelle sind technisch Konsolidierungseffekte zu berücksichtigen, die einen möglichen step-up der Wertansätze nach dem Rechnungslegungsstandard auf Einzelabschlussebene eliminieren.

bb) Bedeutung

Einzeltransaktionen von wesentlicher Größe sind meist kapitalmarktrelevant und werden daher in aller Regel gegenüber Analysten und Investoren separat erläutert. Trotz einer möglicherweise vorteilhaften oder nachteiligen Beeinflussung der Quote handelt es sich naturgemäß nur um einen Einmaleffekt. Aus strategischer Sicht sind sie daher für die Zielsetzung einer nachhaltig optimierten Konzernsteuerquote von nachrangiger Bedeutung. Strategisch bedeutend sind Einzeltransaktionen allerdings dann, wenn sich durch sie dauerhafte Verschiebungen der steuerlichen Strukturen ergeben, beispielsweise indem steuerfreie Einkünfte für die Zukunft verloren gehen.

Wie in Kapitel A.IV.2. festgestellt wurde, sind zumindest die nach IFRS und US-GAAP vorgeschriebenen Veröffentlichungspflichten zum Ertragsteuerergebnis nicht ausreichend, um die zur Ermittlung einer „normalisierten" ETR benötigten Informationen zur Verfügung zu stellen. Hieraus ergibt sich ein zusätzlicher Erläuterungsbedarf. Es erscheint daher zumindest überlegenswert, kleinere Effekte aus Einzeltransaktionen, die sich gegenseitig ausgleichen können, in der gleichen Berichtsperiode zu realisieren. Voraussetzung hierfür ist allerdings, dass keine betriebswirtschaftlichen Gründe dagegen sprechen. Dies reduziert den Erläuterungsbedarf für mehrere – im Zweifel nur schwer verständlich zu erläuternde – steuerliche Einflussgrößen. Um bei materiellen Einmaleffekten falsche Schlüsse auf die längerfristige Konzernsteuerquote zu vermeiden, könnte neben einer expliziten Erläuterung auch eine entsprechende ETR-Guidance in Betracht gezogen werden.[195]

cc) Management

Idealerweise ist die Steuerabteilung mit allen Bereichen des Konzerns so eng „vernetzt", dass einerseits alle größeren Einmaleffekte frühzeitig erkannt werden und dadurch andererseits steuerlich sinnvolle Strukturierungen möglich sind. Die zeitliche Abstimmung von Einzelmaßnahmen sollte, soweit vorhanden, in Zusammenarbeit mit der für die Entwicklung der Geschäftsstruktur des Konzerns betrauten Abteilung vorgenommen werden. Die Kommunikation kapitalmarktrelevanter Einzeltransaktion wäre mit der für „Investor Relations" und Kapitalmarktkommunikation zuständigen Abteilung abzustimmen.

e) Verlustausgleichs-, Verlustabzugs- und Verlustverrechnungsmöglichkeiten

aa) Beschreibung der Einflussgröße

Durch die Geschäftsstruktur bzw. den Ort der Geschäftstätigkeit wird u.a. auch bestimmt, ob und wo Verluste entstehen und ob und gegebe-

---

[195] Vgl. auch Kapitel A.IV.2.

nenfalls wie diese steuerlich nutzbar sind. Die Entstehung von Verlusten ist für die Konzernsteuerquote nur unter folgenden Idealbedingungen ohne Bedeutung, wenn man mittel- und langfristig bei dem jeweiligen Rechtsträger von Gewinnen ausgeht:

- Uneingeschränkte Verlustausgleichmöglichkeit mit Einkünften aus anderen Quellen bzw. Betätigungen;
- grenzüberschreitende Verlustausgleichs- bzw. -verrechnungsmöglichkeit mit zu einer Steuergruppe gehörenden Konzerneinheiten;
- unbegrenzte Verlustrücktragsmöglichkeit;
- unbegrenzte Verlustvortragsmöglichkeit;
- keine Begrenzung des Verlustabzugs auf lediglich einen Bruchteil zukünftiger Gewinne oder andere Mindestbesteuerungs-Regeln.

In vielen Staaten setzt eine Einschränkung der Verlustausgleichs-, Verlustabzugs- und Verlustverrechnungsmöglichkeiten aber genau bei diesen Parametern an, um zum einen das Steueraufkommen des Staates zu verstetigen und zum anderen gesellschafts- oder steuerpolitisch ungewollte Rechtsgeschäfte zu unterbinden.

In Deutschland sind im Zusammenhang mit Verlustnutzungsbeschränkungen vor allem die §§ 2 Abs. 3, 2a, 10d, 15 Abs. 4, 15a, 15b EStG, §§ 14–19 KStG, § 10a GewStG und § 12 UmwStG[196] zu nennen; zusätzlich wird im Rahmen der Unternehmensteuerreform 2008 mit § 8c KStG eine weitere Einschränkung eingeführt.

bb) Bedeutung

Die Verlustnutzungsmöglichkeiten an sich beeinflussen den Ertragsteueraufwand zunächst nicht, sondern bilden den steuerrechtlichen Rahmen für die Bewertung von DTA auf steuerliche Verlustvorträge. G. u. V.-orientierte Steueraufwandsrisiken[197] stellen als potentiell negativer „tax only"-Effekt einen erheblichen Einflussfaktor auf die Konzernsteuerquote dar. Eine Überprüfung des Wertes der aktiven latenten Steuern bei einer Konzerneinheit beginnt stets mit der Frage, ob die Verlustvorträge werthaltig sind, d.h. ob Steuerkapazität oder andere steuerliche Strukturierungsmöglichkeiten zur zukünftigen zeitgerechten Nutzung zur Verfügung stehen. In einem zweiten Schritt kann es zu einer Wertberichtigung aktiver latenter Steuern auf temporäre Wertunterschiede kommen. Da Anlaufverluste oder unplanmäßige Verluste innerhalb eines Konzerns nicht auszuschließen sind, sollte zumindest im Rahmen von Neugründungen bei der Standortwahl darauf geachtet werden, dass die Verlustnutzung nicht übermäßig eingeschränkt ist. Mögliche Optimierungsmög-

[196] Seit dem Inkrafttreten des SEStEG ist auch ein Verlustübergang bei der Verschmelzung zweier Körperschaften i.S.d. § 12 Abs. 3 S. 2 UmwStG a.F. nicht mehr möglich.

[197] Vgl. Kapitel B.IV.4.c).

lichkeiten bestehen hier z.B. in der Wahl der geeigneten Rechtsform oder im Einbezug in eine lokale steuerliche Organschaft. Die Vermeidung der Verlustnutzungsbeschränkung bildet den Rahmen für steuerplanerische Maßnahmen, die eine Wertberichtigung von aktiven latenten Steuern verhindern sollen und ist damit von strategischer Relevanz.

cc) Management

Da es sich bei den Normen zur Beschränkung der Verlustverrechung, ähnlich wie bei nicht abzugsfähigen Betriebsausgaben, um eine Vielzahl von national motivierten, steuer- und gesellschaftspolitischen Einzelregelungen handelt, sollte die Steuerabteilung die Geschäftsleitung bei Neugründungen über weitgehende Verlustnutzungsbeschränkungen unterrichten. Während die Ausschöpfung der steuerlichen Strukturierungsmöglichkeiten vor Ort in der primären Verantwortung der Steuerabteilung liegt, sind für die vorausschauende Planung der Steuerkapazität, d.h. die hierzu notwendige Allokation von operativen Funktionen[198] primär die Geschäftsbereiche verantwortlich, wenn sie zuvor durch die Steuerabteilung entsprechend beraten worden sind.

2. Spezifische steuerrechtliche Regelungen

Durch Änderungen der Gesetzes- bzw. Rechtslage kann die Konzernsteuerquote einmalig, aber auch strukturell beeinflusst werden. Zivil- und steuerrechtlich getrieben ist in der Praxis oft auch die Finanzierungs- und Beteiligungsstruktur eines Konzerns. Darüber hinaus können steuerliche Subventionen den Ausschlag für ein bestimmtes Investitionsverhalten geben und besondere steuerliche Vorschriften die Ausgestaltung von Mitarbeitervergütungsmodellen beeinflussen.

a) Sondereinflüsse durch Änderung der Gesetzes- bzw. Rechtslage

aa) Beschreibung der Einflussgröße

Sondereinflüsse auf die Konzernsteuerquote entstehen durch steuergesetzgeberisches Handeln, Änderungen in der Steuerrechtsprechung oder durch neue Verwaltungsanweisungen, die das Ertragsteuerergebnis einmalig be- oder entlasten. Deutlichster Fall ist dabei die gesetzliche **Veränderung der Ertragsteuersätze**. Diese wirkt kumuliert als Einmalereignis in der Berichtsperiode der Steuersatzänderung auf alle bestehenden aktiven und passiven latenten Steuern, denn die zukünftigen Steueransprüche und -verbindlichkeiten sind in dieser Periode an die geänderte Gesetzeslage anzupassen. Überwiegen die aktiven latenten Steuern gegenüber den passiven latenten Steuern, führt eine Steuersatzsen-

---

[198] Wie in Kapitel B.IV.1.a) hinsichtlich der Beeinflussung des Basissteuersatzes ausgeführt.

kung zu einem einmaligen latenten Ertragsteueraufwand. Überwiegen die passiven latenten Steuern, führt die Abwertung der zukünftigen Steuerverbindlichkeiten zu einem latenten Steuerertrag. Eine Erhöhung der Ertragsteuersätze führt zum entsprechenden Ergebnis nur mit umgekehrten Vorzeichen.

Als Beispiel für eine gesetzgeberische Maßnahme mit Auswirkung auf die laufenden Steuern – **ohne Steuersatzänderung** – kann die Neufassung der deutschen Regelung zur Erstattung des Körperschaftsteuerguthabens i. S. d. § 37 KStG genannt werden:

Beispiel 9: Die bis 2000 von der Kapitalgesellschaft gezahlte Körperschaftsteuer wäre bei Fortgeltung des Anrechnungsverfahrens den (deutschen) Anteilseignern bei zukünftigen Dividendenzahlungen nach und nach – in Form von Dividendenbescheinigungen – gutgeschrieben (angerechnet) oder erstattet worden. Gleichzeitig wäre die Körperschaftsteuerbelastung der Kapitalgesellschaft durch die Herstellung der Ausschüttungsbelastung gemindert worden. Mit dem Wechsel zum so genannten Halbeinkünfteverfahren entfielen die Dividendenbescheinigungen und 1/6 der bei den Kapitalgesellschaften noch nicht für die Dividendenbescheinigung verbrauchten und entrichteten Körperschaftsteuer[199] wurde als Körperschaftsteuerguthaben i. S. v. § 37 KStG a. F. festgestellt. Das Guthaben wurde den Kapitalgesellschaften in der Folgezeit unter mehrfach geänderten Modalitäten in Abhängigkeit von der tatsächlichen Dividendenzahlung an die Aktionäre vergütet, d. h. es entstand ein den Steueraufwand (und die ETR) vermindernder Fiskalanspruch in dem Jahr des jeweiligen Ausschüttungsbeschlusses. Durch Gesetzesänderung im Dezember 2006[200] wurde die Erstattung des noch verbliebenen Körperschaftsteuerguthabens von der gezahlten Dividende abgekoppelt und in zehn gleichen Jahresraten vorgesehen. Damit wurde der Erstattungsanspruch erstmals unbedingt (unabhängig von Ausschüttungsbeschlüssen), so dass ein noch vorhandenes Körperschaftsguthaben im 4. Quartal 2006 vollständig aktiviert werden konnte und zu einem einmaligen Steuerertrag führte.[201]

---

[199] Dieser Satz entspricht der Minderung durch die Herstellung der Ausschüttungsbelastung.

[200] SEStEG, BGBl. I 2006, S. 2782.

[201] Eine ratierliche Berücksichtigung auf Basis zukünftiger Zahlungen durch die Finanzbehörde bzw. die Gegenbuchung eines passiven Rechnungsabgrenzungspostens ist nicht möglich gewesen. Gemäß § 37 Abs. 6 KStG ist zwar mit einer Anpassung des endgültigen Betrags des Körperschaftsteuerguthabens aufgrund der Ergebnisse steuerlicher Außenprüfungen bzw. geänderter Steuererklärungen zu rechnen, diese Anpassung stellt jedoch das grundsätzliche Bestehen der Forderung zum Bilanzstichtag nicht in Frage. Nach IFRS bestimmt sich der durch die Finanzbehörde zu zahlende Betrag aufgrund der Veranlagung für 2006 und ist zum 31. 12. 2006 nach IAS 12.12 (i. V. m. IFRS Framework paragraph 49 und 53 ff..) als „current tax asset“ erfolgswirksam zu aktivieren. Nach IAS 12.46 i. V. m. F.100(d) ist der Barwert des Anspruches anzusetzen. Im Ergebnis ist der zum 31. 12. 2006 festzustellende gesamte Körperschaftsteuererstattungsbetrag auch nach US-GAAP (CON 6, para. 25) als „current“ oder „non current tax asset“ erfolgswirksam mit dem Barwert anzusetzen. Ist mit dem Erhalt der Erstattungsbeträge während des nicht länger als 12 Monate dauernden „operating cycle“ des Konzerns zu rechnen, ist der Steuererstattungsanspruch als „current tax asset“ ansonsten als „non current tax asset“ auszuweisen. Schließlich ist der Barwert des Steuererstattungsanspruches, der sich aus der Veranlagung für 2006 ergibt, zum 31. 12. 2006 als „sonstiger Vermögensgegenstand“ erfolgswirksam zu aktivieren; allg. Grundsätze §§ 246 ff.., 253 HGB. Der Ertrag wird unter „Steuern vom Einkommen und Ertrag“ ausgewiesen; siehe HFA 205. Sitzung v. 28./29.11.2006.

Da die Forderung nach IFRS, US-GAAP und HGB mit dem Barwert zu aktivieren ist, hat die Frage des Ausweises des Aufzinsungsbetrags aus ETR-Sicht auch für die nachfolgenden Berichtsperioden Bedeutung. U.E. ist es vertretbar, den Aufzinsungsertrag im Zins- oder im Steuerergebnis zu zeigen.[202] Der unterschiedliche Einfluss lässt sich vereinfacht folgendermaßen darstellen.

Abzinsungsbetrag: 100 GE
Laufzeit: 10 Jahre
Zuführungsbetrag p.a.: 10 GE
Erwartete Konzernsteuerquote vor Zuführung: 35%

Steuerertrag bei Zuführung im Zinsergebnis:
Steuerfreier Zinsertrag i.H.v.: 10 GE * 35% = 3,5 GE Steuerertrag

Zuführung im Ertragsteuerergebnis:
10 GE Steuerertrag

Bei einem sonstigen Konzernergebnis von 1000 GE p.a. wirkt sich die unterschiedliche bilanzielle Behandlung wie folgt auf die Konzernsteuerquote aus:

	Zuführung im Zinsergebnis [GE]	**Zuführung im Ertragsteuerergebnis [GE]**
vor Steuern	1010	1000
Steuern	350	340
ETR	34,65%	34%

An diesem Beispiel sieht man sehr anschaulich das Zusammenspiel zwischen materiell-rechtlichen Vorgaben und der bilanziellen Abbildung, das die Konzernsteuerquote beeinflusst.

Neben steuergesetzgeberischen Maßnahmen gilt das zuvor gesagte grundsätzlich auch für **neuere Rechtsprechung** und für **Verwaltungsanweisungen** mit Einfluss auf die ertragsteuerliche Behandlung von Geschäftsvorfällen in zurückliegenden Berichtsperioden. Da es sich bei diesen Geschäftsvorfällen allerdings meist schon in der Vergangenheit um unsichere Steuerrechtspositionen gehandelt hat, sind diese Effekte oft bereits Gegenstand einer Risikobetrachtung gewesen, die gegebenenfalls zur Bildung von Rückstellungen für Steuerrechtsrisiken geführt ha-

[202] Zunächst spricht die Darstellung als Forderung dafür, den Zinseffekt im Zinsergebnis auszuweisen. Ökonomisch handelt es sich allerdings um eine Rückzahlung von Steuern (Steuererstattungsanspruch), deren G.u.V.-Effekt ursprünglich im Steueraufwand berücksichtigt wurde, was wiederum für einen Ausweis des Zinseffektes im Ertragsteuerergebnis spricht. Nach US-GAAP könnte zudem der Ausweis im Steuerergebnis analog zur Abgrenzung von Verbindlichkeiten aus „exit and disposal activities" gemäß FAS 146 gesehen werden. Nach FAS 146.6 gilt: „changes due to the passage of time shall be recognized as an increase in the carrying amount of the liability and as an expense (for example, accretion expense)" und „accretion expense shall not be considered interest cost for purposes of classification in the income statement (statement of activities)"; FAS 146, FN 6. Aufgrund der unterschiedlichen Argumentationsmöglichkeiten sollte der Ausweis in jedem Fall vorab verbindlich mit dem Abschlussprüfer abgestimmt werden.

ben.[203] Der Einfluss einer Verwaltungsanweisung bzw. neueren Rechtsprechung ist daher meist im Zusammenhang mit der Nutzung oder Auflösung von Rückstellungen zu sehen.

bb) Bedeutung

Gesetzesänderungen sind i.d.R schwer zu antizipieren. Da jedoch der risikobehaftete Bestand von DTA aufgrund von Steuerrechtsänderungen für jedes Land bekannt ist, sollte aus strategischer Sicht zumindest auf eine ausgeglichene Bilanz zwischen DTA und DTL geachtet werden. Glücklich war in der jüngeren Vergangenheit bei den verschiedenen Steuersatzsenkungen in Europa, wer einen Überhang von DTL hatte, da er (i) die bilanzielle Kapitalbindung rückblickend zinsfrei finanzieren konnte und (ii) durch die Steuersatzsenkungen der Ertragsteueraufwand einmal entlastet wurde. Folgt man dem strategischen Ziel der Steuerbarwertminimierung, sollte es ohnehin tendenziell zu einem Überhang von passiven latenten Steuern kommen.[204] Abschließend bleibt noch darauf hinzuweisen, dass sich steuerliche Risikopositionen „temporärer Natur" durch Steuersatzänderungen insoweit in Risikopositionen „permanenter Natur" umwandeln können und dadurch bei ihrer Konkretisierung unmittelbar die Konzernsteuerquote beeinflussen.[205]

cc) Management

Die Analyse der Auswirkungen von Steuergesetzen, neuer Rechtsprechung und von Verwaltungsanweisungen sowie die Erarbeitung konzeptioneller Vorschläge zur Nutzung einer geänderten Gesetzes- und Rechtslage ist originäre Aufgabe der Steuerabteilung.

b) Steuerliche Subventionen

aa) Beschreibung der Einflussgröße

Steuerfrei gestellte Investitionszulagen sind die deutlichste Form einer staatlichen Direktsubvention mit dem Ziel, das Investitionsverhalten zu beeinflussen. Bei einer Inanspruchnahme entlasten sie relativ den Ertragsteueraufwand. Zielsetzung steuerlicher Subventionen ist es üblicherweise, strukturschwache Gebiete zu fördern oder bestimmte gesellschafts- und wirtschaftspolitisch erwünschte Tätigkeiten zu begünstigen. Bei der Förderung strukturschwacher Gebiete wird der Nachteil anderer Standortfaktoren kompensiert und insbesondere bei grenzüberschreitendem Wettbewerb um bestimmte Tätigkeiten die regionale Ausgangslage durch Renditeverbesserung nach Steuern beim Investor verschoben.

---

[203] Vgl. unten Kapitel B.IV.4.
[204] Vgl. Kapitel A.II.3.
[205] Vgl. zu den steuerlichen Risikopositionen im Einzelnen Kapitel B.IV.4.

Nach dem deutschen Investitionszulagengesetz 2007[206] haben Steuerpflichtige Anspruch auf ertragsteuerfreie Zulagen für Erstinvestitionen in den Fördergebieten Berlin, Brandenburg, Mecklenburg-Vorpommern, Sachsen, Sachsen-Anhalt und Thüringen. Die Investitionszulage mindert dabei nicht die steuerlichen Anschaffungs- und Herstellungskosten. Steuerlich werden die Zulagen außerbilanziell aus der steuerlichen Bemessungsgrundlage herausgerechnet, während sie handelsrechtlich erfolgswirksam vereinnahmt werden.[207] Sie sind als steuerfreie, permanente Differenz zu qualifizieren, die die Ertragsteuerquote entlasten.

bb) Bedeutung

Steuerliche Subventionen werden meist nur mittelfristig gewährt, d.h. bis der gewünschte Effekt der Förderung erreicht ist. Sie begünstigen das Ertragsteuerergebnis und im Falle von Zulagen auch das Ergebnis vor Steuern. Die ETR fällt in jedem Fall besser aus. Soweit sich die steuerlich motivierte Standortwahl in die Geschäftsstruktur bzw. das Produktportfolio des Unternehmens einfügen lässt und dadurch ein positiver Effekt erzielt werden kann, sollten in jedem Fall die sich bietenden Möglichkeiten genutzt werden. Auch wenn mittelfristig mit einem Wegfall oder einer Reduzierung der vorgesehenen Fördermittel zu rechnen ist, bleibt es dennoch bei einer planbaren, strukturellen Beeinflussung der Konzernsteuerquote, die für den Steueraufwand auch in Zwischenperioden wirksam ist.[208] Strategisch ist es daher u.E. sinnvoll, ein Konzept zu verfolgen, das steuerliche Subventionen im Rahmen von Investitionsentscheidungen relevant macht.

cc) Management

Die Konzernleitung und die Verantwortlichen der Geschäftsbereiche sind durch die Steuerabteilung fortlaufend und pro-aktiv über Subventionierungen zu informieren. Die Konzernleitung entscheidet letztlich darüber, ob sie im Rahmen von Standortfragen und Investitionen genutzt werden sollen.

c) Finanzierungs- und Beteiligungsstruktur

Neben gesellschafts- und arbeitsrechtlichen Erwägungen beeinflussen insbesondere steuerliche Rahmenbedingungen die Optimierung der Finanzierungs- und Beteiligungsstruktur.[209] Bei regulierten Tätigkeiten,

---

[206] InvZulG 2007 v. 15.7.2006, BGBl. I 2006, S. 1614.

[207] Vgl. *Heurung R.*, Latente Steuerabgrenzung im Konzernabschluss im Vergleich zwischen HGB, IAS und US-GAAP, AG 2000, S. 539.

[208] Vgl. zu „discrete items" Kapitel D.II.1.

[209] Die Rechtsform der operativen Konzerneinheiten wird allerdings regelmäßig vorrangig durch geschäftliche Gründe bestimmt; vgl. oben Kapitel B.IV.1.a).

beispielsweise von Banken und Versicherungen, treten neben die steuerlichen Rahmenbedingungen mindestens gleichwertig aufsichtsrechtliche Erfordernisse, die eine steueroptimale Strukturierung aufgrund lokaler Eigenkapitalanforderungen erheblich einschränken.

Der Einfluss von Finanzierungsstrukturen einerseits und Beteiligungsstrukturen andererseits auf die Konzernsteuerquote überschneidet sich regelmäßig,[210] weshalb nachfolgend beide gemeinsam betrachtet werden. Zentraler Aspekt bei der Finanzierungsstruktur ist die ertragsteuerliche Wirkung der Allokation von Eigen- und Fremdkapital auf die Konzerneinheiten, während bei der Beteiligungsstruktur die ertragsteuerliche Wirkung der Repatriierung von Gewinnen zur Konzernobergesellschaft im Vordergrund steht.[211]

aa) Beitrag zum Basissteuersatz

(1) Beschreibung der Einflussgröße. Durch die Allokation von steuerlichem Eigen- und Fremdkapital wird bestimmt, ob und mit welchem Steuersatz Refinanzierungsaufwendungen bei einer Konzerngesellschaft steuerlich abzugsfähig sind.

Beispiel 10a: Eine US-amerikanische Ltd. (vollkonsolidierte Tochtergesellschaft), die im Bundesstaat New York steuerlich ansässig ist, versteuert ihr Einkommen mit einem kombinierten Ertragsteuersatz i.H.v. 46%. Die Konzernobergesellschaft ist eine steuerlich in Deutschland ansässige AG, die ihr Einkommen mit einem kombinierten Ertragsteuersatz i.H.v. 39% versteuert und unmittelbar 100% der Anteile an der US-amerikanischen Ltd. hält.

Die US-amerikanische Ltd. möchte ihre Geschäftstätigkeit ausweiten und hat dafür einen Finanzierungsbedarf von 1000 GE, der konzernintern durch eigene Mittel der Konzernobergesellschaft zur Verfügung gestellt werden soll.[212] Die Konzernobergesellschaft kann die Konzerntochtergesellschaft wahlweise mit Fremd- oder Eigenkapital finanzieren.[213]

Finanzierungsvariante 1 – Fremdkapital
Fremdkapital: 1000 GE
Zins: 5% p.a.

Durch die Steuersatzdifferenz von 7 Prozentpunkten zwischen Tochter- und Konzernobergesellschaft (46% ./. 39%) wird das Ertragsteuerergebnis bei einer Fremdmittelausstattung der U.S.-amerikanischen Ltd. um 3,5 GE entlastet.

---

[210] Vgl. auch *Herzig N.,* Gestaltung der Konzernsteuerquote – eine neue Herausforderung für die Steuerberatung?, WPg 2003, Sonderheft, S. 88 f.

[211] Vgl. *Kessler W.,* Die Euro-Holding – Steuerplanung, Standortwahl, Länderprofile, München 1996, S. 83 ff., 91 ff. und *Kessler W./Dorfmüller P.,* Gestaltungsstrategien bei internationaler Steuerplanung mit Holdunggesellschaften, PIStB 2001, S. 179 ff.

[212] Zur Vereinfachung wird unterstellt, dass keine US-amerikanischen steuerlichen Vorschriften zur Fremdkapitalfinanzierung („earning stripping rules/thin capitalization rules") anwendbar sind, die zu einer Versagung des Betriebsausgabenabzugs führen könnten.

[213] Aus Vereinfachungsgründen werden auch etwaige Quellensteuern vernachlässigt.

	Konzerntoch-tergesellschaft	**Konzernober-gesellschaft**	**Konsoli-dierung**	**Nach Kon-solidierung**
Zinsergebnis	(50)	50	Aufwands- und Ertrags-eliminierung	./.
Steuerergebnis	23	(19,5)	./.	3,5
Nachsteuer-ergebnis	(27)	30,5		3,5

Finanzierungsvariante 2 – Eigenkapital
Wird bei der Ltd. hingegen das Kapital erhöht, entstehen bis zu einer Dividendenausschüttung keinerlei G.u.V.-wirksame Finanzierungseffekte, die die Konzernsteuerquote beeinflussen bzw. entlasten.[214]

Vergleicht man die beiden Finanzierungsvarianten, dann ist aufgrund des Steuersatzgefälles eine Fremdkapitalausstattung der Ltd. zu bevorzugen. Der wirtschaftliche Vorteil i.H.v. 3,5 GE konkretisiert sich allerdings nur dann, wenn der Betriebsgabenabzug bei der Ltd. steuerrechtlich zugelassen und mit anderen steuerpflichtigen Einkünfte verrechenbar ist. Stehen keine verrechenbaren Einkünfte zur Verfügung, führen sie zu einem Verlustvortrag, der gegebenenfalls als DTA aktiviert werden kann. Im schlechtesten Fall kommt es jedoch zu einer vollen Wertberichtung und damit zu einem Steueraufwand i.H.v. 23 GE. Bei der Gestaltung von Finanzierungsstrukturen ist daher immer auch mit zu berücksichtigen, ob zusätzlich generierte Betriebsausgaben genutzt werden können. Das Beispiel illustriert allerdings den Grundsatz, dass eine Fremdkapitalausstattung von Konzerngesellschaften die ETR positiv beeinflussen kann, wenn der Ertragsteuersatz bei der kapitalempfangenden Konzerngesellschaft höher ist als bei der kapitalgewährenden Konzerngesellschaft.

Beispiel 10b: Das zuvor dargestellte Ergebnis aus Beispiel 10a gilt grundsätzlich auch, wenn die Finanzierung nicht aus Eigenmitteln des Konzerns, sondern aus einer externen Finanzierung der Konzerndarlehensgeberin zur Verfügung gestellt wird.[215]

Finanzierungsvariante 1 – Fremdkapital

	Konzerntoch-tergesellschaft	**Konzernobergesellschaft**		**Nach Kon-solidierung**
		Ertrag	Aufwand	
Zinsergebnis	(50)	50	(50)	(50)[216]
Steuerergebnis	23	(19,5)	19,5	23
Nachsteuer-ergebnis	(27)	0		(27)

[214] Auch auf eine etwaige „outside basis"-Differenz muss i.S.v. IAS 12.39 keine latente Steuer gebildet werden.

[215] Aus Vereinfachungsgründen wurden gewerbesteuerliche Dauerschulden und eine etwaige Finanzierungsmarge bei der Konzernobergesellschaft nicht berücksichtigt.

[216] Die erfolgwirksame Verbuchung der innerkonzernlichen Finanzierung wird im Rahmen der Aufwands- und Ertragseliminierung aus der Konzern-G.u.V. eliminiert.

Finanzierungsvariante 2 – Eigenkapital

	Konzerntochtergesellschaft	**Konzernobergesellschaft**		**Nach Konsolidierung**
		Ertrag	Aufwand	
Zinsergebnis	0	0	(50)	(50)
Steuerergebnis	0	0	19,5	19,5
Nachsteuerergebnis	0	0		(30,5)

Die ETR bei Fremdfinanzierung der Ltd. beträgt 46% (23 GE/50 GE * 100) und ist aufgrund des negativen Ergebnisses vor Steuern vorteilhafter als die ETR von 39% (19,5 GE/50 GE * 100) bei einer Kapitalerhöhung.

Beispiel 10c: Eine Finanzierung der Konzerntochtergesellschaft mit Eigenkapital wirkt hingegen dann positiv auf die Konzernsteuerquote, wenn der Ertragsteuersatz bei der Konzernobergesellschaft höher ist als bei der zu finanzierenden Konzerntochtergesellschaft. Im Beispiel 10c soll angenommen werden, dass das zu finanzierende, 100%ige Tochterunternehmen eine in Luxemburg steuerlich ansässig S.a.r.l. ist, die mit einem Steuersatz von 29% besteuert wird. Ansonsten gelten die Annahmen des Beispiels 10a.

Finanzierungsvariante 1 – Fremdkapital

	Konzerntochtergesellschaft	**Konzernobergesellschaft**	**Konsolidierung**	**Nach Konsolidierung**
Zinsergebnis	(50)	50	Aufwands- und Ertragseliminierung	./.
Steuerergebnis	14,5	(19,5)	./.	(5)
Nachsteuerergebnis	(35,5)	30,5		(5)

Durch die Ausstattung der Konzerntochtergesellschaft mit Fremdkapital entsteht aufgrund des Steuersatzgefälles ein Steueraufwand i. H. v. (5) GE.

Finanzierungsvariante 2 – Eigenkapital
Wird der Finanzierungsbedarf bei der Konzerntochtergesellschaft durch eine Kapitalerhöhung befriedigt, entstehen bis zu einer Dividendenausschüttung keine erfolgswirksamen Finanzierungseffekte und belasten daher die Konzernsteuerquote nicht.[217] Das gleiche Ergebnis erhält man, wenn sich die Konzernobergesellschaft mit Fremdkapital refinanziert.

Die eben gezeigten Beispielsfälle 10a–10c illustrieren das steuerliche „Naturgesetz", dass bei der Konzernfinanzierung (i) Eigenkapital dem niedrigeren Steuersatz und (ii) Fremdkapital dem höheren Steuersatz folgen. Gleiches gilt dem Grunde nach auch,

[217] Auch hier wird die Bildung von latenten Steuern auf „outside basis"-Differenzen nicht angenommen.

nur in andere steuer- und handelsrechtliche Vorschriften eingebettet, für die Bestimmung der Höhe des Dotationskapitals von in anderen Jurisdiktionen steuerlich ansässigen Betriebsstätten.[218]

Der positive Effekt einer steuerlich optimalen Finanzierungswahl kann durch eine Optimierung der Beteiligungsstruktur noch verstärkt werden.[219] Nimmt man das Beispiel der U.S.-amerikanischen Ltd. (Beispiel 10a) und schaltet zwischen sie und die deutsche AG eine Konzernfinanzierungsgesellschaft, beispielsweise wie in Beispiel 10c die in Luxemburg steuerlich ansässige S.a.r.l., kann man die eben gezeigten Finanzierungsgrundsätze miteinander kombinieren. Da der Steuersatz der US-amerikanischen Ltd. höher ist als der der luxemburgischen S.a.r.l., gewährt die S.a.r.l. zur Finanzierung der Ltd. Fremdkapital. Umgekehrt refinanziert sich die S.a.r.l. bei der AG mit Eigenkapital, da der Ertragsteuersatz in Deutschland um 10 Prozentpunkte höher ist als in Luxemburg. Die AG finanziert die Beteiligung an der S.a.r.l. mit eigenen Mitteln. Hieraus ergibt sich folgender Effekt.

Beispiel 11:

	USA (Ltd.)	**Luxemburg (S.a.r.l.)**	**Deutschland (AG)**	**Konsolidierung**	**Nach Konsolidierung**
Zinsergebnis	(50)	50	0	Aufwands- und Ertragseliminierung	./.
Steuerergebnis	23	(14,5)	0	./.	8,5
Nachsteuerergebnis	(27)	35,5	0		8,5

Das Ertragsteuerergebnis wird durch einen kombinierten Effekt aus Beteiligungs- und Finanzierungsstrukturierung um den Vorteil aus Beispiel 10a von 3,5 GE und den Vorteil aus Beispiel 10c von 5 GE, d.h. also insgesamt um 8,5 GE entlastet. Dieses Ergebnis wird unabhängig davon erzielt, ob die AG den Beteiligungserwerb an der S.a.r.l. mit Eigen- oder Fremdmitteln finanziert. Wie oben bereits ausgeführt wurde, handelt es sich allerdings nur dann um einen definitiven Steuerertrag, wenn die US-amerikanische Ltd. und auch die deutsche AG ausreichend zu versteuerndes Einkommen erzielen, das mit den steuerlich abzugsfähigen Finanzierungsaufwendungen verrechnet werden kann.

Der steuerlichen Würdigung auf Gesellschaftsebene[220] schließen sich im Zusammenhang mit der Beteiligungs- und Finanzierungsstruktur unmittelbar folgende Fragen an:

- Welchen Einfluss haben gegebenenfalls anfallende Quellensteuern?
- Sind Dividenden bei der empfangenden Gesellschaft steuerpflichtig?

[218] Eine optimale Finanzierungsstrukturierung setzt natürlich eine über diese schlichte Betrachtung hinausgehende steuerliche Analyse von Dotationskapitalvorschriften und Gesellschafterfremdfinanzierungsregeln im Einzelfall voraus.

[219] Vgl. *Ammelung U.*, Ausländische Finanzierungsgesellschaften und Cash-Pools, in: *Piltz D.J./Schaumburg H.*, Internationale Unternehmensfinanzierung, Köln 2006, S. 71 ff.

[220] Also auch nach der Berücksichtigung, ob steuerliche Unterkapitalisierungsregelungen („thin capitalization rules") am Ort der Darlehensaufnahme Anwendung finden.

- Gibt es Methoden zur Vermeidung steuerlicher Doppelbelastungen?[221]
- Kommt es zu einer Hinzurechnungsbesteuerung nach den steuerlichen Regelungen für „controlled foreign companies"?[222]
- Welcher steuerliche Aufwand entsteht insgesamt bei einer Repatriierung der Gewinne bis zur Konzernobergesellschaft?[223]

Bevor im Einzelnen auf Methoden zur Vermeidung steuerlicher Doppelbelastungen und auf Hinzurechnungen aufgrund außensteuerlicher Regelungen eingegangen wird, vorab einige wesentliche Grundsätze:

- Quellensteuern belasten den Ertragsteueraufwand und treiben die Konzernsteuerquote[224], wenn sie nicht vollständig auf die Ertragsteuerschuld bei der empfangenden Konzerngesellschaft angerechnet werden können;
- Quellensteuern auf Dividenden von beherrschten Gesellschaften können in zeitlicher Hinsicht gesteuert werden; und
- bei zeitlich unbeschränkter Gewinnthesaurierung kann demzufolge die bilanzielle Wirkung von (Quellen-)Steuern auf Dividenden in die Zukunft verschoben werden.[225] Diese Strategie wird in aller Regel von der Fähigkeit der Konzernobergesellschaft bestimmt, ihrerseits die in Aussicht gestellte Dividende an ihre Aktionäre aus eigenen Gewinnen bedienen zu können.

(2) Bedeutung. Eine steueroptimale Finanzierungs- und Beteiligungsstruktur beeinflusst den Ertragsteueraufwand im Konzern nachhaltig positiv. Ziel einer Optimierung in diesem Zusammenhang ist es, steuerpflichtige Einnahmen in Niedrigsteuerländer zu verlagern und steuerliche Betriebsausgaben in Hochsteuerländer, sofern diese dort mit steuerpflichtigem Einkommen verrechenbar sind. Bei einem hohen Steuersatzgefälle zwischen den einzelnen Ländern der Konzerntätigkeit kann sich eine Finanzierungs- und Beteiligungsstruktur erheblich auf den Basissteuersatz auswirken.

Erfordert die Konzerntätigkeit kein aufsichtsrechtliches Kapital – wie z.B. bei Banken und Versicherungen –, dann kann die Finanzierung der Geschäftstätigkeit und die Beteiligungsstruktur für die Geschäftseinheiten im Rahmen der zivil- und steuerrechtlichen Grenzen relativ frei gestaltet werden. In diesen Fällen sollte sich eine Optimierung an den Bedürfnissen der Verbesserung des Basissteuersatzes orientieren. Bei der regulierten

---

[221] Vgl. unten Kapitel B.IV.2.c)dd).

[222] Vgl. unten Kapitel B.IV.2.c)ee).

[223] Vgl. in diesem Zusammenhang beispielhaft den Kaskadeneffekt durch den pauschalierten Betriebsausgaben nach § 8b Abs. 3 S. 1 KStG in Deutschland.

[224] Vgl. hierzu auch Kapitel B.IV.1.c).

[225] Vgl. IAS 12.39 und APB 23 Nr. 10 und 12.

Geschäftstätigkeit von Banken und Versicherungen sind die Einflussmöglichkeiten auf den Basissteuersatz erheblich eingeschränkt, wenn das Kapital aufsichtsrechtlich bereits optimiert verteilt worden ist.

(3) Management. Pro-aktive Vorschläge für steueroptimale Finanzierungs- und Beteiligungsstrukturen sind u.E. eine originäre Aufgabe der Konzernsteuerabteilung im Rahmen der Steuerplanung. Die Umsetzung ist allerdings meist nur in Zusammenarbeit mit anderen Stabsabteilungen, beispielsweise der Abteilung für (Konzern-)Finanzierung (Treasury), der Rechtsabteilung, dem Rechnungswesen, einer Abteilung für die Geschäfts- bzw. Konzernentwicklung und den betroffenen Geschäftsbereichen, möglich. Operationale Strukturen der Geschäftsbereiche werden von dieser Form der Konzernsteuerplanung und ETR-Optimierung i.d.R. nicht betroffen, was diese ETR-Planungsinstrumente relativ schnell wirken lassen und ihren Einsatz flexibel macht.

bb) Hybride Finanzierungsinstrumente

(1) Beschreibung der Einflussgröße. Finanzierungsinstrumente, die rechtlich und wirtschaftlich Merkmale sowohl von Eigen- als auch von Fremdkapital aufweisen, werden als hybride Finanzierungsformen oder als mezzanine Finanzierungen bezeichnet.[226] Es handelt sich dabei nach deutschem Verständnis insbesondere um Genussrechte, Vorzugsaktien, Wandel- und Optionsanleihen, stille Beteiligungen sowie partialische Darlehen. Abhängig davon, wie viel Risiko, Einfluss und Beteiligung an den stillen Reserven und am Liquidationserlös durch das Finanzierungsinstrument an der Gesellschaft vermittelt wird, kann es ein eigenkapitalähnliches („equity mezzanine") oder ein fremdkapitalähnliches Instrument („debt mezzanine") sein. Da Handels- und Steuerrecht[227] meist unterschiedlichen Konzepten zur Bestimmung von Eigen- und Fremdkapital folgen, kann man den hybriden Charakter der Finanzierungsinstrumente auch in den Qualifikationskonflikten zwischen den unterschiedlichen Regelungssystemen sehen. Einfluss auf die Konzernsteuerquote entfalten hybride Finanzierungsinstrumente durch ihre Qualifikation nach Handels- **und** Steuerrecht.

Nach IAS 32.35 sind „Ausschüttungen an Inhaber eines Eigenkapitalinstruments [...], gemindert um alle damit verbundenen Ertragsteuervorteile, vom Unternehmen direkt vom Eigenkapital abzusetzen". IAS 12.61

---

[226] Vgl. insgesamt *Jacobs O.H.,* Internationale Unternehmensbesteuerung – Deutsche Investitionen im Ausland – Ausländische Investitionen im Inland, München 2002, S. 1255 ff. und *Fahrholz B.,* Neue Formen der Unternehmensfinanzierung: Unternehmensübernahmen, Big ticket-Leasing, Asset-backed- und Projektfinanzierungen, München 1998, S. 88.

[227] Neben der handels- und steuerrechtlichen Qualifikation als Eigen- oder Fremdkapital ist für regulierte Geschäftstätigkeiten von Banken und Versicherungen auch die aufsichtsrechtliche Einordnung von zentraler Bedeutung. Vgl. in diesem Zusammenhang für Banken die Unterteilung nach § 10 KWG in Kern- (Tier 1) und Ergänzungskapital (Tier 2) sowie in Drittrangmittel (Tier 3).

sieht weiterhin vor, dass laufende „Ertragsteuern [...] unmittelbar dem Eigenkapital zu belasten oder gutzuschreiben [sind], wenn sich die Steuer auf Posten bezieht, die [...] unmittelbar dem Eigenkapital gutgeschrieben oder belastet werden".[228] Ist demnach ein hybrides Finanzierungsinstrument nach dem Rechnungslegungsstandard als Eigenkapital und steuerlich als Fremdkapital zu qualifizieren, sind die damit im Zusammenhang stehenden steuerlichen Effekte beim Emittenten regelmäßig ergebnisneutral abzubilden. Vergütungen für das betreffende Instrument sind handelsrechtlich ergebnisneutrale Ausgaben, steuerlich aber abzugsfähige Betriebsausgaben, die zwar den ausgewiesenen Ertragsteueraufwand nicht reduzieren, die sich aber positiv im Konzerneigenkapital auswirken. Das Finanzierungsinstrument beeinflusst in diesem Fall die ETR nur über den Kurveneffekt, wenn dadurch nach Konsolidierung ein Aufwand vermieden wird.[229] Wird das Finanzierungsinstrument hingegen beim Emittenten steuerrechtlich als Eigenkapital und handelrechtlich als Fremdkapital

Emittent[230]		**Handelsrechtliche Qualifikation**	
		Fremdkapital	**Eigenkapital**
Steuerrechtliche Qualifikation	**Eigenkapital**	**Negativer Einfluss auf die ETR** (wenn der Finanzierungsaufwand nicht durch Konsolidierung eliminiert wird)	**Kein treibender Einfluss auf die ETR** (ggf. positiver Kurveneffekt)
	Fremdkapital	**Positiver Einfluss auf die ETR** (wenn der Finanzierungsaufwand durch Konsolidierung eliminiert wird)	**Kein treibender Einfluss auf die ETR** (ggf. positiver Kurveneffekt, aber positiver Beitrag auf das Konzerneigenkapital)

Abb. 13a: Handels- und steuerrechtliche Qualifikation von hybriden Finanzierungsinstrumenten beim Emittenten und ihr Einfluss auf die Konzernsteuerquote

228 Vgl. zu Ausnahmen Kapitel B.IV.3.c).

229 Vgl. Kapitel B.III.1.

230 Die handelsrechtliche Qualifikation für den Konzernabschluss ist für den Emittent und den Inhaber des hybriden Finanzierungsinstruments identisch.

eingeordnet, führen Vergütungen für dieses Instrument aus Konzernsicht zu steuerlich nicht abzugsfähigen Betriebsausgaben und zu einem negativen Einfluss auf die ETR, wenn der Aufwand vor Steuern nicht im Rahmen der Konsolidierung eliminiert wird. Das vorhergehende Schaubild (Abbildung 13a) stellt das Zusammenwirken von handels- und steuerrechtlicher Qualifikation von hybriden Finanzierungsinstrumenten und ihre Auswirkung auf die Konzernsteuerquote dar.

Der Überblick zeigt, dass Finanzierungsaufwand im Zusammenhang mit hybriden Finanzierungsinstrumenten bei innerkonzernlichen Strukturen einen positiven Effekt auf die ETR haben kann und bei externem Finanzierungsbedarf einen negativen Effekt.

Einordnung nach dem Rechnungslegungsstandard. IAS 32 „Finanzinstrumente: Darstellung" sowie IAS 39 „Finanzinstrumente: Ansatz und Bewertung" sind die zentralen Normen, um ein hybrides Finanzierungsinstrument nach IFRS als eigen- oder fremdkapitalähnlich einzuordnen.[231] Die IFRS unterscheiden Eigen- vom Fremdkapital primär auf der Basis seines wirtschaftlichen Gehalts und nicht nach der rechtlichen Ausgestaltung.[232] Nach IAS 32.18 und 32.16 handelt es sich bei den eingeworbenen Mitteln um Fremdkapital, wenn sich der Emittent des Instruments aufgrund einer vertraglichen oder faktischen Verpflichtung zur Zahlung flüssiger Mittel bzw. einer Übertragung anderer finanzieller Vermögenswerte an einen Dritten auch unter ungünstigen Bedingungen nicht entziehen kann. Dies gilt hinsichtlich der Rückzahlung des Kapitals und der Zahlung einer Kapitalüberlassungsvergütung i. S. v. IAS 32.17. Eigenkapital wird nach IAS 32.11 negativ als Residualanspruch auf die Vermögenswerte eines Unternehmens nach Abzug aller Verbindlichkeiten bestimmt.

Handelt es sich um Finanzierungsinstrumente, bei denen sich der Emittent hinsichtlich einer Komponente einer faktischen oder vertraglichen Verpflichtung entziehen kann, sind die Instrumente nach IAS 32.28 in ihre Eigen- und Fremdkapitalkomponenten aufzuteilen („compound instrument"). Der Emittent kann sich regelmäßig von einer Verpflichtung i. S. d. IAS 32.19 entziehen, wenn es sich um gesellschaftsrechtliches Eigenkapital einer deutschen Kapitalgesellschaft oder stimmrechtslose Vorzugsaktien nach § 139 AktG handelt, da keine Rückzahlungsverpflichtung besteht und eine Dividende von dem Beschluss der Hauptversammlung abhängt.[233]

[231] Vgl. auch IFRIC 2 im Zusammenhang mit gesetzlichen Kündigungsrechten bei Genossenschaften und ähnlichen Instrumenten. Für US-GAAP regelt SFAS 115 Ansatz, Bewertung und Ausweis von nicht-derivativen Instrumenten und SFAS 133 Ansatz, Bewertung und Ausweisfragen von Finanzderivaten und Sicherungsgeschäften; vgl. ausführlich *Pellens B./Fülbier R. U./Gassen J.*, Internationale Rechnungslegung, Stuttgart 2004, S. 525.

[232] Im Einzelnen dazu IDW, Einzelfragen zur Bilanzierung von Finanzinstrumenten nach IFRS (IDW RS HFA 9), WPg 2006, S. 537.

[233] Vgl. im Gegensatz hierzu „preference shares" i. S. v. IAS 32.18 (a), die üblicherweise rückzahlbar sind und daher als Fremdkapital zu qualifizieren sind. Insgesamt *Breker N./Harrison D. A./Schmidt M.*, Die Abgrenzung von Eigen- und Fremdkapital, KoR 2005, S. 469 ff.

Steuerrechtliche Betrachtung: Deutsches Körperschaftsteuerrecht. Der Begriff des Eigenkapitals ist nach deutschen steuerrechtlichen Vorschriften nicht eigenständig definiert, sondern aus dem Begriff des Betriebsvermögens i.S.d. § 4 Abs. 1 EStG abzuleiten.[234] Für die Beurteilung, ob die Übertragung von Vermögenswerten auf eine Kapitalgesellschaft aus Gesellschaftssicht zu Eigen- oder Fremdkapital führt, ist grundsätzlich auf das anwendbare Zivil- und Gesellschaftsrecht der Gesellschaft abzustellen.[235] Merkmale zur Abgrenzung von Eigen- und Fremdkapital lassen sich daher aufgrund des Unterschieds zwischen einer vollwertigen Gesellschafterstellung und einer rein schuldrechtlichen Gläubigerstellung ermitteln. In diesem Zusammenhang sind u.a. Stimmrechte, Nachrangverhältnisse und Verlustbegrenzungen als Kriterien zu nennen.

Durch § 8 Abs. 3 S. 2 KStG wird für ertragsteuerliche Zwecke das formelle Eigenkapital um bestimmte Formen des Genussrechtskapitals ergänzt. Das so genannte funktionelle steuerliche Eigenkapital ist dabei in der Tendenz weit gefasst. Hiernach sind Vergütungen für Finanzierungsinstrumente beim Emittenten steuerlich nicht abzugsfähig, wenn diese den Inhabern eine Beteiligung am Gewinn und am Liquidationserlös des Emittenten vermitteln.[236] Das Recht auf Beteiligung am Gewinn wird dabei mangels gesetzlicher Definition regelmäßig durch eine negative Abgrenzung bestimmt. Danach liegt keine Gewinnbeteiligung vor, wenn auch in einer Verlustperiode eine Verzinsung auf das Genussrecht zu entrichten ist. Am Liquidationserlös ist der Kapitalgeber regelmäßig dann beteiligt, wenn (i) das Kapital bei Liquidation mit den dann vorhandenen anteiligen stillen Reserven zurückzuzahlen ist (Beteiligung am Liquidationsüberschuss) und (ii) eine Rückzahlung vor Liquidation des Emittenten nicht verlangt werden kann.[237] Vermittelt das Genussrecht die Beteiligung am Gewinn und Liquidationserlös, handelt es sich nach § 8 Abs. 3 S. 2 KStG um ein eigenkapitalähnliches Genussrecht. Die Vergütungen sind dann beim Emittenten nicht als Betriebsausgaben steuerlich abzugsfähig und sie stellen beim Empfänger dividendenähnliche Einkünfte nach § 20 Abs. 1 Nr. 1 EStG dar. Ist eines der beiden Merkmale nicht erfüllt, handelt es sich um ein obligationenartiges Genussrecht. Vergütungen hierfür sind steuerlich als Betriebsausgaben abzugsfähig und stellen beim Empfänger regelmäßig zinsgleiche Einkünfte nach 20 Abs. 1 Nr. 7 EStG

---

[234] Vgl. *Winnefeld R.*, Bilanz-Handbuch, 4. Aufl. 2006, Rn. D 1665.

[235] Vgl. BFH v. 30.5.1990, BStBl. II 1990, S. 875.

[236] Das Genussrechtskapital ist dann als Eigenkapital auszuweisen, obwohl die Kapitalüberlassung schuldrechtlicher Natur ist. Vgl. BMF v. 15.12.1994, BStBl. I 1995, S. 25, Tz. 44.

[237] Vgl. hierzu die Auffassung der deutschen Finanzverwaltung, die das Kriterium der Beteiligung am Liquidationserlös dann als erfüllt ansieht, wenn entweder die Rückzahlung vor der Liquidation nicht verlangt werden kann oder beim Vorliegen einer unbefristeten Laufzeit der Kapitalüberlassung, die regelmäßig ab 30 Jahre angenommen wird; BStBl. I 1996, S. 49

dar.[238] § 8 Abs. 3 S. 2 KStG und § 20 Abs. 1 Nr. 1 EStG sind in ihrem Anwendungsbereich nicht auf unbeschränkt körperschaftsteuerpflichtige Kapitalgesellschaften beschränkt, sondern bestimmen insgesamt für deutsche steuerliche Zwecke, ob ein Finanzierungsinstrument als Eigen- oder Fremdkapital zu qualifizieren ist.[239]

Bei **grenzüberschreitenden Finanzierungen** kann es durch die Zwitterstellung von hybriden Finanzierungsinstrumenten zu steuerlichen Qualifikationskonflikten kommen. So kann es entweder im Staat des Investors zu steuerpflichtigen Erträgen kommen (Einordnung des Instrumentes als Fremdkapital), während im Staat des Emittenten (wegen der Eigenkapitalqualifikation desselben Instrumentes) kein steuerlich verwertbarer Finanzierungsaufwand anerkannt wird. Umgekehrt kann es trotz steuerfreier Erträge beim Investor (Eigenkapitalqualifikation und steuerliche Holdingprivilegien für Dividende) beim Betriebsausgabenabzug des Emittenten bleiben (Fremdkapitalqualifikation). Es ist offensichtlich, dass die erste Variante keine Zielsetzung einer wertschöpfenden Steuerplanung sein kann. In Abbildung 13b sind die möglichen Varianten steuerlicher Qualifikationskonflikte und ihr Einfluss auf die Konzernsteuerquote

Hybrides Instrument Steuerrechtlicher Qualifikationskonflikt		**Investor (Konzerngesellschaft 2)**	
		Fremdkapital	**Eigenkapital**
Emittent (Konzerngesellschaft 1)	**Eigenkapital**	**Potentiell negativer Einfluss auf die ETR** (Zumindest negativer Beitrag zum Konzernkapital)	**Qualifikations-konflikt**
	Fremdkapital	**Kein steuerlicher Qualifikations-konflikt**	**Potentiell positiver Einfluss auf die ETR** (Zumindest positiver Beitrag für das Konzerneigenkapital)

Abb. 13b: Steuerrechtlicher Qualifikationskonflikt von hybriden Finanzierungsinstrumenten und ihr Einfluss auf die Konzernsteuerquote

[238] Vgl. in diesem Zusammenhang ergänzend die Regelungen zur Gesellschafterfremdfinanzierung des § 8a KStG.
[239] Vgl. BFH v. 24.3.1992, BStBl. II 1992, S. 941

dargestellt. Die Darstellung ist hinsichtlich der unterschiedlichen Qualifizierung des hybriden Finanzierungsinstruments nach Handels- und Steuerrecht beim Emittenten im Zusammenhang mit Abbildung 13a zu sehen: Steuerrechtliche Qualifikationsunterschiede hybrider Finanzierungsinstrumente können sich nur dann im Ertragsteuerergebnis auswirken, wenn sie aus Konzernsicht handelsrechtlich als Fremdkapital behandelt werden.[240]

Beispiel 12: Zur Veranschaulichung des steuerlichen Effekts hybrider Finanzierungsinstrumente wird, ausgehend von Beispiel 11, das Darlehen zur Finanzierung der Ltd. durch Genussrechtskapital ersetzt.[241] Das Genussrecht ist mit einer fest vereinbarten Laufzeit und einem Gläubigerkündigungsrecht ausgestattet, die Genussrechtsbedingungen verpflichten den Emittenten bei Fälligkeit zur Übertragung von Geld oder anderen finanziellen Vermögenswerten. Bei der Ltd. als Emittent zählt das Instrument nach IFRS ebenso wie nach steuerrechtlichen Vorschriften zum Fremdkapital. Bei der S.a.r.l. wird das Genussrecht als Überlassung von Eigenkapital behandelt. Vergütungen für das Genussrechtskapital sind beim Emittenten steuerlich abzugsfähig, die Einnahmen beim Inhaber des Genussrechts steuerfrei. Hierdurch wird die Steuerbelastung bei der S.a.r.l. im Vergleich zum Beispiel 11 um 14,5 GE gesenkt. Die Steuerbelastung bei der Ltd. und der Konzermutter in Deutschland bleibt unverändert.

	Ltd.	**S.a.r.l.**		**Deutschland (AG)**	**Konsolidierung**	**Nach Konsolidierung**
		Ertrag	Aufwand			
Zinsergebnis	(50)	50	0	0	Aufwands- und Ertragskonsolidierung	0
Steuerergebnis	23	0	0	0	./.	23
Nachsteuerergebnis	(27)	50		0		(23)

Durch die Verwendung eines hybriden Finanzierungsinstruments, das handelsrechtlich als Fremdkapital zu qualifizieren ist und einen steuerlichen Qualifikationskonflikt zwischen der Ltd. und der S.a.r.l. ausnutzt, erhöht sich der Steuerertrag im Vergleich zur Darlehensvergabe in Beispiel 11 aus Konzernsicht um 14,5 GE. Refinanziert sich die Konzernobergesellschaft mit Fremdkapital, dann beträgt die ETR der Finanzierungs- und Beteiligungsstruktur bei einem negativen Ergebnis vor Steuern 85% und führt nur noch zu effektiven Finanzierungskosten i. H. v. 7,5 GE nach Steuern (d. h. die Steuerentlastungswirkung des Finanzierungsaufwands beträgt 85%).[242]

[240] Es kann allerdings durch das Zusammenwirken von schuld- und gesellschaftsrechtlichen Beziehungen zwischen mehreren Tochtergesellschaften Konstellationen aus Konzernsicht geben, die es zulassen, ein Finanzierungsinstrument als Fremdkapital zu qualifizieren, wenngleich es auf Einzelabschlussebene als Eigenkapital zu bewerten ist.

[241] Zur Vereinfachung werden wieder etwaige Quellensteuern, Fremdfinanzierungsregelungen und andere zu berücksichtigende steuerliche Vorschriften vernachlässigt.

(2) Bedeutung. Es ist offensichtlich, dass Finanzierungs- und Beteiligungsstrukturen, die auf Qualifikationskonflikte abzielen und dadurch das Steueraufkommen eines Staates vermindern, durch die betroffenen Finanzverwaltungen kritisch gesehen werden. Auch wenn sich derartige Gestaltungen im legitimen Rahmen bewegen, sind sie nicht risikofrei. Denn in den meisten (Steuer-)Rechtsordnungen stehen Instrumente zur steuerlichen „Missbrauchsbekämpfung" zur Verfügung und es werden mehr und mehr spezifische Steuerregelungen eingeführt, die im Ergebnis zu einer effektiven „Qualifikationsverkettung" über die Grenze führen. Deshalb sind hybride Finanzierungsstrukturen meist nicht dauerhaft nutzbar und bedürfen einer ständigen Überprüfung. Für etwaige Risiken ist eine Vorsorge nach den Vorgaben des Rechnungslegungsstandards zu berücksichtigen, die den bilanziellen Vorteil der strukturierten Finanzierungs- bzw. Beteiligungsstruktur vermindert.[243]

Die optimale Strukturierung von hybriden Finanzierungsinstrumenten trägt nachhaltig zur Verbesserung der Eigenkapitalposition des Konzerns bei. Ob dies auch zu einer Entlastung der Konzernsteuerquote führt, hängt in der Praxis vor allem vom Zusammenwirken mit nicht steuerlich motivierten Zielen ab. Denn der Einsatz hybrider Finanzierungsinstrumente orientiert sich zuvorderst an z. B. der Verbesserung des Ratings und damit der Kreditkonditionen, der Optimierung anderer bilanzieller Kennzahlen wie der Relation von Eigen- und Fremdkapital und des „return on equity" sowie der Vermeidung von Volatilitäten durch die Bewertung von Absicherungsinstrumenten. Wenn hybride Finanzinstrumente beim Emittenten handelsrechtlich als Fremdkapital eingestuft werden, ist die steuerliche Wirkung erfolgswirksam und deshalb quotenrelevant. Aus strategischer Sicht sollte daher zumindest sichergestellt werden, dass ein handelsrechtlicher Aufwand nach Konsolidierung einmal im Konzern steuerlich abzugsfähig ist. Durch die sich ständig anpassende und steuerlichen Qualifikationskonflikten entgegenwirkende Gesetzgebung müssen hybride Finanzierungsstrukturen permanent auf ihre Wirksamkeit hin beobachtet werden. Dies ist meist zeit- und kostenintensiv, was bei der Kosten-Nutzen-Analyse für den Einsatz derartiger Instrumente mit in die Betrachtung einbezogen werden sollte.

(3) Management. Die Treasury-Abteilung, die meist auch für das Management des Kapitals im Konzern zuständig ist, und die Abteilung

---

[242] Umgekehrt könnte auch ein hybrides Finanzierungsinstrument zwischen der S.a.r.l. und der Konzernmuttergesellschaft in Deutschland zum gleichen Ergebnis führen, wenn steuerrechtlich die Ausgaben bei der S.a.r.l. abzugsfähig und bei der AG steuerfrei sind. Hinsichtlich der Auswirkungen einer stillen Beteiligung vor Einführung des § 50d Abs. 9 EStG i. d. F. des Jahressteuergesetzes 2007 zwischen Luxemburg und Deutschland vgl. beispielsweise *Köhler S.*, Hybride Finanzierungen über die Grenze, in: *Piltz D.J./Schaumburg H.*, Internationale Unternehmensfinanzierung, Köln 2006, S. 137 ff.

[243] Vgl. hierzu ausführlich Kapitel B.IV.4.

Konzernrechungswesen, die die bilanziellen Kennziffern überwacht, sind für die Steuerabteilung zentrale Management-Partner, um negative Auswirkungen durch den Einsatz von regulatorisch bzw. handelsrechtlich getriebenen, hybriden Finanzinstrumenten auf die Konzernsteuerquote zu vermeiden. Sie sind auch Kooperationspartner der Steuerabteilung, wenn hybride Finanzierungen im Rahmen der Steuerplanung eingesetzt werden.

cc) Hybride Gesellschaften

(1) Beschreibung der Einflussgröße. Hybride Gesellschaften weisen analog zu den hybriden Finanzierungsinstrumenten Merkmale von zwei unterschiedlichen gesellschaftsrechtlichen Typen auf, von Kapital- und Personengesellschaften. Im Rahmen der internationalen Steuerplanung folgt ihr Einsatz dem gleichen Grundgedanken wie die Nutzung hybrider Finanzierungsinstrumente, Qualifikationskonflikte zwischen unterschiedlichen Staaten entweder zu vermeiden oder auszunutzen. Während es bei hybriden Finanzierungsinstrumenten um einzelne Rechtsgeschäfte geht, handelt es sich bei hybriden Gesellschaften um die unterschiedliche Einstufung eines Rechtssubjekts als Personen- oder Kapitalgesellschaft. Wird beispielsweise eine Gesellschaft nach den steuerrechtlichen Vorschriften ihres Sitzstaates als Kapitalgesellschaft und nach den Vorschriften des Ansässigkeitsstaates des Anteilseigners als vermögensverwaltende Personengesellschaft qualifiziert, kann es zu einer steuerlichen Doppelbelastung kommen. Denn der Sitzstaat der hybriden Gesellschaft und der Staat des Anteilseigners machen in diesem Fall regelmäßig gleichzeitig von ihrem Besteuerungsrecht Gebrauch. Umgekehrt sind Konstellationen denkbar, bei denen eine Gesellschaft nach den steuerrechtlichen Vorschriften ihres Sitzstaates als vermögensverwaltende Personengesellschaft und nach den Vorschriften, die auf den Anteilseigner Anwendung finden, als Kapitalgesellschaft qualifiziert wird. Ohne Vorbehaltsklauseln im DBA kann es dabei zu steuerfreien Einkünften kommen, da gegebenenfalls keiner der beiden Staaten von seinem Besteuerungsrecht Gebrauch macht.

Nach deutschen Vorschriften folgt die steuerrechtliche Qualifikation ausländischer Gesellschaften einem zweistufigen Typenvergleich, wobei der real vorgefundene Unternehmenstyp und die materielle Struktur der Gesellschaft bedeutsam sind. Die ausländische Privatrechtsform wird dabei auf der ersten Stufe auf ihre Vergleichbarkeit mit der Organisationsform des inländischen Privatrechts überprüft. Die steuerrechtlichen Organisationstypen des Auslands werden dann auf der zweiten Stufe den inländischen Körperschaften i.S.d. § 1 Abs. 1 KStG, den Personengesellschaften i.S.d. §§ 13, 15, 18 und 21 EStG sowie den Einzelunternehmen nach §§ 13, 15 und 18 EStG zugeordnet. Die Zuordnung wird nach Maßgabe des rechtlichen Aufbaus und der wirtschaftlichen Struktur des ausländischen Investments (Realtypus) vorgenommen. Da es sich hierbei lediglich um einen Rechtstypenvergleich handelt, ist zur Feststellung der Identität mit einer inländischen Rechtsform nicht zwingend eine völlige Vergleichbarkeit der betrachteten Gesellschaften erforderlich.[244] Qualifikationsprobleme treten allerdings immer dann auf, wenn es für einen ausländischen Rechtsträger im Inland an einem entsprechenden zivilrechtlichen Gebilde fehlt.

Wie hybride Finanzierungen können auch hybride Gesellschaften durch internationale steuerrechtliche Qualifikationskonflikte das Ertragsteuerergebnis im Konzern beeinflussen. Das Zusammenspiel von handels- und steuerrechtlicher Qualifikation ist bei hybriden Gesellschaften jedoch im Gegensatz zu hybriden Finanzierungen ohne Bedeutung, da in der Summen- und Konzernbilanz nur einzelne Rechtsgeschäfte abgebildet werden.[245] Darüber hinaus kann die Konzernsteuerquote noch durch das Zusammenwirken steuerlich hybrider Gesellschaften mit Bilanzierungsvorschriften beeinflusst werden.

Beispiel 13: Eine in den USA gewerblich tätige „limited liability company" (LLC) wird nach U.S.-amerikanischen steuerlichen Grundsätzen wie eine Personengesellschaft behandelt. Aufgrund des Gesellschaftervertrags wird sie jedoch beim Anteilseigner (A), der nicht in den USA steuerlich ansässig ist, als Kapitalgesellschaft qualifiziert. Zwischen beiden Staaten besteht ein DBA mit Betriebsstättenvorbehalt und aus Vereinfachungsgründen wird unterstellt, dass keine Quellensteuern anfallen. A ist voll konsolidierte Konzerngesellschaft, hält 30% am Stimmrechtskapital der LLC und hat damit maßgeblichen Einfluss auf deren Geschäftsführung. Die LLC wird als assoziiertes Unternehmen mit der Equity-Methode in den Konzernabschluss einbezogen. Sie erzielt einen Gewinn i.H.v. 100 GE, der mit 35% versteuert wird. Bei A sind die Beteiligungserträge aus der LLC aufgrund deren Behandlung als Körperschaft nach nationalem Steuerrecht steuerbefreit. Da es sich bei der LLC um eine hybride Gesellschaft handelt, die mit der Equity-Methode konsolidiert wird, stellt sich nun folgende Frage.

Ist der Ertragsteueraufwand bei der LLC i.H.v. 10,5 GE (100 * 35% * 30%= 10,5) im Ertragsteuerergebnis des Konzerns auszuweisen, da es sich aus U.S.-amerikanischer Sicht um eine Steuer beim Anteilseigner einer voll konsolidierten Tochtergesellschaft handelt, oder ist das Ergebnis einer mit der Equity-Methode in den Konzernabschluss einbezogenen Gesellschaft um den anteiligen Steueraufwand von 30 GE auf 19,5 GE zu reduzieren? Aufgrund des Betriebsstättenvorbehalts handelt es sich dabei um eine reine Ausweisfrage, die nicht das Nettoergebnis beeinflusst. Die Auswirkungen auf die Konzernsteuerquote stellen sich folgendermaßen dar.

Steuerfreier Beteiligungsertrag führt zu einem steuerfreien „equity-pick-up" i.H.v. 19,5 GE (100 ./. 35 = 65 * 30% Beteiligungsquote):

ETR = 0/19,5 * 100 = 0%

Steuerschuldner sind nach U.S.-amerikanischen Vorschriften die Anteilseigner der LLC, weshalb der Ertragsteueraufwand vollständig im Ertragsteuerergebnis von A auszuweisen ist. Der „equity pick up" wird insoweit um 10,5 GE erhöht:

---

[244] Vgl. ausführlich *Jacobs O.H.*, Internationale Unternehmensbesteuerung – Deutsche Investitionen im Ausland – Ausländische Investitionen im Inland, München 2002, S. 557 f.

[245] Für den ausgewiesenen Ertragsteueraufwand ist es beispielsweise unerheblich, ob die Beteiligung an einer nach steuerlichen Grundsätzen vermögensverwaltende Personengesellschaft handelsrechtlich als Personen- oder Kapitalgesellschaft einzustufen ist.

ETR = 10,5/30 * 100 = 35%

Mangels einschlägiger Vorschriften sind u. E. nach IFRS beide Vorgehensweisen möglich, die allerdings konzerneinheitlich angewendet werden müssen. Im Rahmen der Festlegung ist zu berücksichtigen, dass es bei Verlusten des assoziierten Unternehmens zur Belastung der ETR kommen kann.

(2) Bedeutung. Wie bei hybriden Finanzierungen ist der positive Einfluss hybrider Gesellschaften von strategischer Bedeutung und Gegenstand einer umfassenden Steuerplanung im Konzern. Die im Zusammenhang mit hybriden Finanzierungsinstrumenten getroffenen Aussagen sind übertragbar. Von reinen Konzernfinanzierungsgesellschaften abgesehen, hängt bei operativen Gesellschaften die Rechtsformwahl jedoch regelmäßig hauptsächlich von außersteuerlichen Gründen ab und ist deshalb der Einflusskategorie Geschäftsstruktur zuzuordnen.

Das Ertragsteuerergebnis von hybriden Beteiligungs- bzw. assoziierten Unternehmen kann u. E. unter bestimmten Voraussetzungen im Ergebnis vor Steuern ausgewiesen werden. Bei profitablen Gesellschaften wird dadurch die Konzernsteuerquote strukturell entlastet.

(3) Management. Die Geschäftsbereiche bestimmen regelmäßig die Rechtsform der Konzerneinheiten. Ausschließlich ertragsteuerlich getriebene Beteiligungs- und Finanzierungsstrukturen sollten regelmäßig mit der für das Kapitalmanagement zuständigen Fachabteilung und dem Konzernrechnungswesen abgestimmt werden.

dd) Methoden zur Vermeidung steuerlicher Doppelbelastungen

(1) Beschreibung der Einflussgröße. Einkünfte, die durch einen Inländer im Ausland oder durch Ausländer im Inland erzielt werden, sind grundsätzlich Gegenstand der Besteuerung mehrerer Fisci. Ursache hierfür ist das Nebeneinander von unbeschränkter und beschränkter Steuerpflicht oder die Konkurrenz doppelter unbeschränkter oder doppelter beschränkter Steuerpflicht desselben Steuerobjekts bei dem demselben Steuersubjekt (rechtliche Doppelbesteuerung). Neben einer rechtlichen Doppelbelastung kann es zu einer wirtschaftlichen Doppelbesteuerung kommen, wenn dieselben Gewinnanteile bei unterschiedlichen Steuersubjekten mehrfach besteuert werden. Bei beiden Formen der Doppelbesteuerung besteht die Gefahr, dass Einkommensteile endgültig mehrfach besteuert werden und die Ertragsteuerbelastung (im Konzern) erhöhen. Daher gibt es verschiedene Methoden zur Vermeidung bzw. Verminderung steuerlicher Doppelbelastungen, die Eingang in internationale, supranationale und nationale Vorschriften gefunden haben. Die Methode selbst und die Art und Weise, wie sie im Detail ausgestaltet ist, beeinflusst den Ertragsteueraufwand im Konzern.

Wesentliche, in den Abkommen zur Vermeidung von Doppelbesteuerung (DBA) normierte, Methoden zur Vermeidung einer rechtlichen Doppelbesteuerung sind die Freistellungs- und die Anrechnungsmethode.[246] Bei der Freistellungsmethode verzichtet der Wohnsitzstaat des Steuerpflichtigen auf sein nationales Recht, ausländische Einkünfte der unbeschränkt Steuerpflichtigen, für die der andere DBA-Vertragsstaat ein Besteuerungsrecht hat, selbst ebenfalls zu besteuern. Die ausländischen Einkünfte werden dann im Ergebnis abschließend in Höhe der ausländischen Ertragsteuer belastet.[247] Diese kann höher oder geringer sein als die Ertragsteuerbelastung im Wohnsitzstaat. Bei der Anrechnungsmethode werden die betroffenen Einkommensteile regelmäßig mindestens mit der Steuer im Wohnsitzstaat belastet. Anknüpfungspunkt bei der Anrechnungsmethode ist der zu entrichtende Steuerbetrag und nicht wie bei der Freistellungsmethode die Bemessungsgrundlage. Der Wohnsitzstaat berechnet die Steuer nach dem Welteinkommen des Steuerpflichtigen und lässt die im Ausland gezahlte Steuer zum Abzug von der Inlandsteuer zu. Hierbei gibt es im Wesentlichen zwei Vorgehensweisen. So kann der Wohnsitzstaat den Abzug des Gesamtbetrages der ausländischen Steuer von der Inlandsteuer zulassen. Es handelt sich dann um eine unbegrenzte Anrechnung, bei der die steuerliche Gesamtbelastung das Steuerniveau im Wohnsitzstaat nicht übersteigen kann. Der Wohnsitzstaat kann jedoch den Abzug der ausländischen Steuer auf den Teil der Inlandsteuer einschränken, der auf das Auslandseinkommen entfallen würde. Der Anrechnungshöchstbetrag wird dabei länder- und/oder einkunftsartenbezogen ermittelt. Bei der länderbezogenen Berechnung („per country limitation") gilt derjenige Teil der inländischen Steuer als Anrechnungshöchstbetrag, der auf das Einkommen aus einem oder mehreren ausländischen Staaten entfällt. Die einkunftsartenbezogene Anrechnung bestimmt den Anrechnungshöchstbetrag innerhalb einer Einkunftsart. Bei Anrechnungshöchstbetragsregelungen kann es aufgrund von Beträgen, die nicht zur Anrechnung zugelassen sind, zu einer Besteuerung der zugrunde liegenden Einkommensteile kommen, die über der Steuer des Wohnsitzstaates liegt, obwohl die ausländische Steuer nominell niedriger ist als im Wohnsitzstaat.

Auch eine (nicht rechtliche, sondern) nur wirtschaftliche Doppelbelastung, z.B. von Gewinnen über mehrere Konzernstufen, kann durch Freistellung oder durch indirekte Anrechnung vermieden bzw. vermindert werden. Es handelt sich um die Anwendung der Freistellungsmethode, wenn Dividendeneinkünfte nicht in die Bemessungsgrundlage einer Muttergesellschaft einbezogen werden, um der steuerlichen Vorbelastung bei

---

[246] Daneben gibt es beispielsweise noch die Steuerabzugs-, -pauschalierungs- und -erlass-methode, vgl. hierzu in Deutschland § 34c EStG.

[247] Bei der Freistellungsmethode existieren verschiedene Ausprägungen. Bei der uneingeschränkten Befreiung wird das Auslandseinkommen, nachdem es aus der Bemessungsgrundlage ausgeschieden ist, auch bei der Bestimmung des Steuersatzes unberücksichtigt gelassen. Bei der Befreiung mit Progressionsvorbehalt wird das Auslandseinkommen zur Bestimmung des Steuersatzes einbezogen.

der Tochtergesellschaft Rechnung zu tragen. Bei der indirekten Anrechnungsmethode wird eine Mehrfachbelastung mit Körperschaftsteuer von Gewinnanteilen einer Tochtergesellschaft dadurch reduziert, dass die von der Tochtergesellschaft bezahlte Körperschaftsteuer bei der Muttergesellschaft angerechnet wird, soweit die vorbelasteten Gewinnanteile an die Muttergesellschaft ausgeschüttet werden.[248]

Die Vorschriften zur Vermeidung einer wirtschaftlichen Doppelbesteuerung beeinflussen regelmäßig die Höhe des steuerlichen Repatriierungsaufwands von Gewinnen bis hin zur Konzernobergesellschaft. Inwieweit hierdurch die Konzernsteuerquote bei Gewinnthesaurierung durch die Tochtergesellschaft beeinflusst wird, hängt von den Vorgaben des Rechnungslegungsstandards im Zusammenhang mit Steuerabgrenzungen auf „outside basis differences" ab.[249]

(2) Bedeutung. Methoden zur Vermeidung von Doppelbesteuerung entlasten die ETR strukturell. Es ist deshalb von strategischer Bedeutung, die Beteiligungsstruktur so aufzusetzen, dass die Anwendungsvoraussetzungen für DBA-Entlastungen geschaffen werden. Hierbei ist es vor allem wichtig, (i) Gewinne über Länder mit günstigen DBA zu repatriieren, (ii) Beteiligungen vorteilhaft zu bündeln und (iii) die Zuordnung von Kosten im Rahmen der Anrechnungsmethode positiv zu beeinflussen.

(3) Management. Es ist gemeinsame Aufgabe der Steuerabteilung, der Rechtsabteilung, der Beteiligungsverwaltung, dem Konzernrechnungswesen und der für das Kapitalmanagement zuständigen Fachabteilung, steuerlich vorteilhafte Beteiligungsstrukturen abzustimmen und der Konzernleitung vorzuschlagen.

ee) Besteuerung von „Controlled Foreign Companies (CFC)"

(1) Beschreibung der Einflussgröße. Kapitalgesellschaften stellen regelmäßig selbständige Steuersubjekte dar. Es kommt dadurch steuerlich zur Trennung zwischen der Gesellschafts- und Anteilseignerebene. Neben der oben ausgeführten Gefahr einer wirtschaftlichen Doppelbelastung bietet die Abschirmwirkung einer ausländischen Kapitalgesellschaft jedoch auch die Möglichkeit, Funktionen in niedrig besteuerte Kapitalgesellschaften zu verlagern und damit zumindest bis zur Repatriierung der dort erzielten Gewinne die Ertragsteuerbelastung abzusenken. Abhängig von der Besteuerung der Beteiligungserträge und den Bilanzierungsregeln im Zusammenhang mit „outside basis differences" kann dies zu einer dauerhaften Absenkung der Konzernsteuerquote führen.

---

[248] Vor dem Wechsel vom deutschen körperschaftsteuerlichen Anrechungsverfahren zum Freistellungs- bzw. Halbeinkünfteverfahren im Jahr 2000 wurde die von einer Tochtergesellschaft gezahlte und auf die an die Muttergesellschaft ausgeschütteten Gewinne entfallende Körperschaftsteuer nach § 26 Abs. 2 KStG a. F. angerechnet.

[249] Vgl. in diesem Zusammenhang Kapitel B.III.2.a).

In zahlreichen Ländern existieren weitreichende steuerliche Regelungskonzepte im Zusammenhang mit ausländischen Tochtergesellschaften („controlled foreign companies" (CFC)),[250] die die steuerliche Sphärentrennung von Gesellschafts- und Gesellschafterebene durchbrechen und einen Steueranspruch des Sitzstaates des unmittelbar oder mittelbar beteiligten Anteilseigners begründen. Es kommt damit im Ergebnis zu einer Hinzurechnung von Gewinnen ausländischer Kapitalgesellschaften beim Anteilseigner und damit zur Hochschleusung von niedrig besteuerten Einkünften auf das steuerliche Niveau des Sitzstaates. Die so genannten CFC-rules erhöhen dadurch regelmäßig die Ertragsteuersteuerbelastung und beeinflussen die Konzernsteuerquote negativ. In über 20 Industriestaaten bestehen CFC-Besteuerungsregeln[251], deren überlappende Anwendung außerdem nicht durch bestehende DBA unterbunden wird.

In Deutschland wird eine Hinzurechnungsbesteuerung durch §§ 7 ff. AStG begründet. Unabhängig von der tatsächlichen Ausschüttung wird bei Vorliegen der dort bestimmten Voraussetzungen unwiderlegbar die Ausschüttung aller Zwischengewinne in Form eines so genannten Hinzurechnungsbetrags angeordnet, der dem Anteilseigner am ersten Tag nach Abschluss des Wirtschaftsjahres der Tochtergesellschaft („Zwischengesellschaft") als steuerlich zugeflossen gilt. Der Hinzurechnungstatbestand ist erfüllt (i) bei einer Beteiligungsquote an der Zwischengesellschaft von mehr als 50% oder bei Zwischeneinkünften mit Kapitalanlagecharakter von (weniger) als einem 1%, (ii) bei einer Ertragsteuerbelastung von weniger als 25% und (iii) in den Fällen, in denen die Tätigkeitsmerkmale der Zwischengesellschaft nach den Kriterien des Aktivitätskatalogs des § 8 Abs. 1 AStG nicht ausreichend aktiv ausgestaltet sind.

(2) Bedeutung. Eine Hinzurechnungsbesteuerung führt unabhängig von Gewinnrepatriierungen regelmäßig zu einer Erhöhung der laufenden Ertragsteuerbelastung und beeinflusst nachhaltig negativ die Konzernsteuerquote. Bei der Festlegung und Anpassung der Beteiligungs- und Finanzierungsstruktur ist sie deshalb, wie die Methoden zur Vermeidung von Doppelbesteuerung unter strategischen Gesichtspunkten, zwingend zu berücksichtigen.

(3) Management. Es ist originäre Aufgabe der Steuerabteilung, auf nachteilige Ertragsteuereffekte durch eine mögliche Hinzurechnungsbesteuerung hinzuweisen und Gestaltungsmöglichkeiten vorzuschlagen, die das Risiko einer Hinzurechnungsbesteuerung minimieren.

---

[250] In den Regelungskreis des deutschen Außensteuergesetzes fallen auch so genannte Zwerganteile; vgl. § 7 Abs. 2 und 6 AStG.

[251] Vgl. IFA Tagungsband 2001, Limits on the use of low-tax regimes by multinational businesses: current measures and emerging trends, Vol. XXXVIb.

ff) Sitz der Konzernobergesellschaft

(1) Beschreibung der Einflussgröße. Durch den steuerlichen und den statutarischen Sitz der Konzernobergesellschaft wird u.a. festgelegt, in welcher Jurisdiktion die Konzernobergesellschaft unbeschränkt oder beschränkt steuerpflichtig ist, welche Abkommen zur Vermeidung von Doppelbesteuerung für das Verhältnis zu den Tochtergesellschaften und Betriebsstätten Anwendung finden, ob supranationale Vorschriften wie der EG-Vertrag die grenzüberschreitende unternehmerische Tätigkeit steuerlich begünstigt, ob außensteuerliche Regelungen des Wohnsitzstaates zu einer Hinzurechnung im Zusammenhang mit Tochterkapitalgesellschaften führen und ob andere vorteilhafte oder nachteilige steuerrechtliche Regelungen im Zusammenhang mit Restrukturierungen anwendbar sind. Abhängig von der Geschäfts- sowie Beteiligungs- und Finanzierungsstruktur können die steuerrechtlichen Regelungen des Sitzstaates der Konzernobergesellschaft das Ertragsteuerergebnis im Konzern vorteilhaft oder nachteilig beeinflussen. Beispielsweise kann das DBA-Netzwerk eines Sitzstaates überwiegend die Freistellungsmethode vorsehen, während an alternativen Standorten die Anrechnungsmethode vorrangig ist und dort dann typischerweise den nationalen „CFC-Regelungen" geringere Bedeutung zukommt.

(2) Bedeutung. Wie aus der Beschreibung der Einflussgröße hervorgeht, sind mit der Sitzwahl langfristig wirkende, strukturelle Steuerwirkungen verbunden. Wenn aber die Sitzwahl in der Praxis „Sitzverlegung" bedeutet, stehen möglichen zukünftigen Verbesserungen regelmäßig signifikante Einmalbelastungen aus der Aufdeckung und Besteuerung stiller Reserven beim „Auszug" aus der bisherigen Steuerrechtsordnung gegenüber. Dabei hängt das Ausmaß der Steuerwirkungen (typischerweise sowohl im Hinblick auf die Wegzugsbesteuerung als auch auf die potentiellen künftigen Ersparnisse) entscheidend davon ab, wie viel „Substanz" bzw. Besteuerungssubstrat zusammen mit der Geschäftsleitung über die Grenze bewegt wird oder umgekehrt, wie viel gewachsene Strukturen und Funktionen als zukünftige Betriebsstätten am alten Sitz verbleiben. Die strategische Bedeutung für die Konzernsteuerquote resultiert aus der Kombination eines leicht erklärbaren negativen Einmaleffekts[252] bei Sitzverlegung auf der einen Seite und langfristig wirkenden, möglichst positiven Steuereffekten auf der anderen Seite; dies bei potentiell unterschiedlicher Wirkung beider Elemente für die Marktkapitalisierung.

---

[252] Auch bei einer aufgeschobenen oder zeitlich gestreckten Besteuerung stiller Reserven – wie beispielsweise nach § 4g EStG – ergibt sich aufgrund des Steuersatzunterschieds zwischen dem alten und neuen Sitzland trotz korrespondierendem „step up" ein bilanzieller Einmaleffekt. In aller Regel ist wohl anzunehmen, dass der „neue" statutarische Steuersatz der Konzernobergesellschaft niedriger ist als bisher, was zu einem negativen Einmaleffekt führt.

(3) Management. Die Wahl des Sitzes der Konzernobergesellschaft hängt von vielen steuerlichen, hauptsächlich aber von nicht steuerlichen Faktoren ab. Die Frage einer Sitzverlegung dürfte sich in der Praxis insbesondere im Zusammenhang mit größeren Restrukturierungen, Fusionen oder Übernahmen stellen. Dann gehören steuerliche Komponenten zu den gewichtigen und einflussreichen Entscheidungsparametern, da sie langfristig wirken und über die Steuerquote einen signifikanten Einfluss auf die Marktkapitalisierung haben können. Den möglichen Verbesserungen der Steuerquote sind die Steuerkosten und -risiken des Wegzugs gegenüberzustellen. Aufgabe der Steuerabteilung ist es, beide Seiten der Steuerrechnung zur Verfügung zu stellen und zu erläutern. Entschieden wird die Frage des Sitzes der Konzernobergesellschaft dann alleine durch die Konzernleitung.

d) Mitarbeitervergütungsmodelle

aa) Beschreibung der Einflussgröße

Die Vielschichtigkeit von Mitarbeitervergütungsmodellen hat in einigen Ländern zu spezifischen steuerlichen Regelungen geführt, die im Wesentlichen anordnen, ob und wann die den Mitarbeiter beschäftigende Gesellschaft die Lohnkosten steuerlich abziehen kann und wann und in welcher Höhe der Arbeitnehmer Einkünfte aus nichtselbständiger Arbeit mit seinem individuellen Einkommensteuersatz versteuern muss. Möglich ist hierbei die Umsetzung eines Korrespondenzprinzips, bei dem der steuerliche Betriebsausgabenabzug dem steuerpflichtigen Zufluss beim Arbeitnehmer entspricht. Daneben existieren Regelungen, bei denen Betriebsausgabenabzug und Zufluss unabhängig voneinander betrachtet werden. Insbesondere bei Modellen, die zu einer zeitlich nachgelagerten Auszahlung der Vergütungen führen („deferred compensation"), wird der ausgewiesene Ertragsteueraufwand zusätzlich durch besondere Rechnungslegungsvorschriften beeinflusst.[253]

Ist der Steuersatz der den Mitarbeiter beschäftigenden Gesellschaft niedriger als der individuelle Ertragsteuersatz des Arbeitnehmers, können die Bestrebungen seitens der Arbeitnehmer dahin gehen, auf einen Teil der Vergütung aus nichtselbständiger Arbeit zu verzichten, wenn sie dafür auf einem anderen Wege steuerfreie Einkünfte erzielen können und insgesamt eine höhere Nachsteuervergütung erhalten. Steuerfreiheit wird aber meist nur dann erreicht, wenn die Lohnkosten steuerlich nicht abzugsfähig sind. Der Lohnverzicht des Arbeitnehmers entspricht bei diesen Modellen regelmäßig dem Nachteil für die Gesellschaft, keine Betriebsausgaben steuerlich ansetzen zu können. Im Ergebnis ändert sich das Nachsteuerergebnis der Gesellschaft daher nicht.

[253] Siehe unten Kapitel B.IV.3.c).

Beispiel 14: Vergütungen für einen Arbeitnehmer werden nach dem hier vereinbarten Vergütungsmodell in einen Trust eingebracht. Zweck des Trusts ist die Vermögensverwaltung der eingebrachten Mittel. Der steuerliche Abzug für die Vergütung an den Arbeitnehmer ist nach den lokalen steuerlichen Vorschriften bei der Konzerngesellschaft erst dann möglich, wenn der Arbeitnehmer die Vergütung erhält und mit seinem individuellen Einkommensteuersatz versteuert. Wird der Trust und der Kreis seiner Begünstigten (z.B. Familienangehörige) nun so konstruiert, dass ein steuerlicher Zufluss beim Arbeitnehmer aller Voraussicht nach nicht stattfinden wird, dann entfällt der steuerliche Betriebsausgabenabzug für die Vergütung vollständig und erhöht den Ertragsteueraufwand der Gesellschaft. Auf deren Nachsteuerergebnis hat das Modell allerdings, wie oben bereits dargestellt, keinen Einfluss.

Steuersätze:

Ertragsteuersatz bei der Konzerngesellschaft (Arbeitgeber)	30%
Individueller Einkommensteuersatz des Mitarbeiters	40%

Vergütung[254] außerhalb des Trust Modells: 1000 GE

Steuerposition der Konzerngesellschaft

Lohnkosten:	(1000) GE
Steuervorteil (30%)	300 GE
Nettoergebnis	(700) GE

Steuerposition des Mitarbeiters

Lohnkosten:	1000 GE
Steuerbelastung (40%)	(400) GE
Nettoergebnis	600 GE

Vergütung im Rahmen des Trust Modells: 700 GE

Steuerposition der Konzerngesellschaft

Lohnkosten:	(700) GE
Steuervorteil	0 GE
Nettoergebnis	(700) GE

Steuerposition des Mitarbeiters

Lohnkosten:	700 GE
Steuerbelastung	(0) GE
Nettoergebnis	700 GE

Konzernsicht:

Einsparung vor Steuern durch das Trust-Modell:	300 GE
Steueraufwand wegen der Versagung des Betriebsausgabenabzugs:	300 GE
Veränderung des Nettoergebnisses der Konzerngesellschaft:	0 GE
Die isolierte ETR dieser Struktur beträgt somit	100%.

Indem die Steuersatzdifferenz zwischen Konzerngesellschaft und Arbeitnehmer ausgenutzt wird, erzielt der Mitarbeiter im Rahmen des Trust Modells ein um 100 GE höheres Nachsteuereinkommen von 700 GE. Zwar wird hierbei das Nettoergebnis der Konzerngesellschaft nicht beeinflusst, allerdings können die Lohnkosten nicht mehr als Betriebsausgabe steuerlich abgezogen werden. Dieses Vergütungsmodell stellt im Vergleich zur steuerlichen Abzugsfähigkeit der Lohnkosten einen zu 100% negativen Treiber der Konzernsteuerquote dar.

[254] Sozialversicherungsbeiträge oder andere Abgaben bleiben aus Vereinfachungsgründen unberücksichtigt. Sie können in der Praxis den Vorteil solcher Modelle erhöhen.

bb) Bedeutung

Vergütungsmodelle, die die steuerliche Abzugsfähigkeit der Lohnkosten einschränken, beeinflussen die Konzernsteuerquote strukturell und nachhaltig und sind deshalb von strategischer Bedeutung. Ökonomisch stellt sich allerdings die Frage, ob diese Art von Vergütungsmodellen aus Aktionärssicht nicht doch sinnvoll ist, da sie das Nachsteuerergebnis unberührt lassen und gleichzeitig dem Mitarbeiter einen Vorteil verschaffen. Der Preis hierfür ist allerdings die negative Beeinflussung einer Kennziffer, die kapitalmarktrelevant ist und Bedeutung für die Bewertung der Anteilsscheine hat.

cc) Management

In der Diskussion über den o. g. Zielkonflikt findet im Hinblick auf den negativen Einfluss der Vergütungsmodelle auf die Konzernsteuerquote eine konstruktive Beratung durch die Steuerabteilung statt, die den Sachverhalt zudem bewertet. Die Personalabteilung und die Vertretung der interessierten Mitarbeiter werden regelmäßig dafür sorgen, dass eine Entscheidung in den dafür zuständigen übergeordneten Gremien stattfindet. Entscheidend ist u. E. auch hier, dass die Steuerabteilung die Vergütungsalternativen aus steuerlicher Sicht im Hinblick auf die Konzernsteuerquote bewertet und kommentiert.

3. Rechnungslegungsvorschriften

Auch wenn es Zielsetzung der IFRS und der US-GAAP ist, die Ertrags- und Vermögenslage aus Investorensicht ökonomisch sachgerecht abzubilden, kann es aufgrund besonderer Regelungen dennoch zu einem verwerfenden Einfluss auf die Konzernsteuerquote kommen. Deshalb stellen die Rechnungslegungsvorschriften an sich eine Einflusskategorie auf die Konzernsteuerquote dar. In diesem Zusammenhang sind die Eliminierung von Minderheitsanteilen („minority interest"), die bilanzielle Abbildung von Erwerbsvorgängen, von aktienbasierten Mitarbeitervergütungsmodellen („share based payments") und von innerkonzernlichen Absicherungsgeschäften („intragroup hedges") von besonderem Interesse.[255]

a) Eliminierung von Minderheitsanteilen

aa) Beschreibung der Einflussgröße

Nach IAS 27.22 (b) und 27.33 sind Minderheitsanteile am Konzernergebnis gesondert anzugeben und im Nettoergebnis zu eliminieren. Durch

---

[255] Vgl. darüber hinaus nach US-GAAP die Umkehrung des Effekts von Steuersatzänderungen bei „available for sale securities" (AfS) im „other comprehensive income" (OCI) bei Beteiligungsveräußerung. Zur Bilanzierung nach IFRS und US-GAAP vgl. *Leibfried P./Sommer U.,* KoR 2001, S. 254 ff.

den Eliminierungsvorgang wird die Konzernsteuerquote nicht beeinflusst.[256] Im Gegensatz hierzu müssen Banken, die nach US-GAAP bilanzieren und nach Artikel 9 der Regulation S-X als „banking holding companies" zu qualifizieren sind, den Nettoergebnisbeitrag, der auf die Minderheitenteile entfällt, als „operating expenses" vom Ergebnis vor Steuern abziehen. Erzielt die Tochtergesellschaft einen positiven Ergebnisbeitrag wird die Konzernsteuerquote durch die Eliminierungsbuchung belastet, da das Ergebnis vor Steuern ohne korrespondierenden Ertragsteuereffekt reduziert wird. Umgekehrt wird die Konzernsteuerquote entlastet, wenn die Tochtergesellschaft einen Verlust erzielt und dieser anteilig durch den Eliminierungsvorgang das Ergebnis vor Steuern erhöht, ohne dass es zu einer zusätzlichen Ertragsteuerbelastung kommt. Beispiel 15 veranschaulicht den treibenden Effekt der Eliminierungsvorschrift für Minderheitsanteile bei Banken.

Beispiel 15: Die Konzernobergesellschaft (M, banking holding company i.S.d. Art. 9 der Reg. S-X) ist mit 60% an der Tochtergesellschaft (T) beteiligt. T erzielt in Periode 1 einen Gewinn vor Steuern i.H.v. 100 GE mit einem Steueraufwand von 36 GE und in Periode 2 einen Verlust vor Steuern i.H.v. 100 GE mit einem Steuerertrag von 36 GE. Der Einfluss auf die Konzersteuerquote stellt sich folgendermaßen dar:

Periode 1 – Gewinn 100

	Einzelabschluss T (GE)	Eliminierung (GE)	Konzernbeitrag (GE)
Vor Steuern	100	(25,6)	74,4
Steuern	(36)	./.	(36)
Nettoergebnis	64	38,4	
ETR (%)	36%		**48,39**

Das auf den Minderheitsanteil entfallende Nachsteuerergebnis i.H.v. 25,6 GE (64 GE * 40%) wird aus dem Ergebnis vor Steuern eliminiert und belastet die Ertragsteuerquote von T nach Konsolidierung, die von 36% auf 48,39% ansteigt.

Periode 2 – Verlust 100

	Einzelabschluss T (GE)	Eliminierung (GE)	Konzernbeitrag (GE)
Vor Steuern	(100)	25,6	(74,4)
Steuern	36	./.	36
Nettoergebnis	(64)	(38,4)	
ETR (%)	36%		**48,39**

[256] Vgl. zur Auswirkung der Konsolidierungsmethode Kapitel B.III.2.b)aa) und B.III.2.b)bb).

Das Ergebnis vor Steuern wird aufgrund des Eliminierungsvorgangs um 25,6 GE erhöht und entlastet die Ertragsteuerquote von T nach Konsolidierung, die zwar ebenfalls von 36% auf 48,39% ansteigt, was aber für den Verlustfall das angestrebte Ergebnis ist.

Die US-GAAP Eliminierungsvorschrift der Regulation S-X für Minderheitsanteile beeinflusst die Konzernsteuerquote bei einem betragsmäßig hohen positiven oder negativen Ergebnis der betreffenden Tochtergesellschaft und einem hohen Minderheitsanteil besonders deutlich.

bb) Bedeutung

Da zumindest langfristig von positiven Ergebnisbeiträgen der Tochtergesellschaften auszugehen sein sollte, belastet diese Eliminierungsvorschrift strukturell die Konzernsteuerquote und hat strategische Bedeutung. Darüber hinaus trägt sie zur Volatilität der Quote bei. Sie behindert zudem die Vergleichbarkeit von Konzernsteuerquoten im Rahmen eines Benchmarking.

cc) Management

Abhängig von der Materialität dieses Effekts sollte gemeinsam mit den Abteilungen Investor Relations und Rechnungswesen ein separater Ausweis im Rahmen der Finanzberichterstattung geprüft werden.

b) Erstmaliger Ansatz von Vermögenswerten und Schulden im Konzernabschluss

aa) Beschreibung der Einflussgröße

Spezielle Bilanzierungsvorschriften, die den Ansatz und die Neubewertung von Steuerlatenzen im Zusammenhang mit dem erstmaligen Ansatz von Vermögenswerten und Schulden in der Konzernbilanz regeln, können ebenfalls das Ertragsteuerergebnis beeinflussen. Dabei ist nach IFRS danach zu unterscheiden, ob Anlass für den erstmaligen Ansatz ein Unternehmenszusammenschluss („business combination“) i.S.v. IFRS 3.4 ist oder ob es sich um den Erwerb von einzelnen Vermögenswerten oder Schulden handelt.[257]

(1) Kein Unternehmenszusammenschluss. Der Grundsatz beim Erwerb einzelner Vermögenswerte und Schulden lautet, dass der gezahlte Kaufpreis den Anschaffungskosten nach dem Rechnungslegungsstandard und nach lokalem Steuerrecht entspricht. Demnach sollte es beim erstmaligen Ansatz der erworbenen Vermögenswerte und Schulden regelmäßig nicht zu temporären Wertunterschieden kommen. Eine Ausnahme von diesem Grundsatz bildet jedoch bspw. der Erwerb von Portfolien von Vermögensgegenständen, wie z.B. Leasingportfolios oder verbriefter Forde-

---

[257] Die Betrachtung wird aus Vereinfachungs- und Darstellungsgründen auf die Vorgaben nach IFRS beschränkt. Für US-GAAP regeln SFAS 141 i.V.m. SFAS 109.30 und 109.259 ff. Steuerabgrenzungen im Zusammenhang mit Unternehmenszusammenschlüssen. Darüber hinaus finden die allgemeinen Vorschriften zur bilanziellen Berücksichtigung von Steuerlatenzen nach SFAS 109 Anwendung.

rungsportfolios, wenn die steuerlichen Buchwerte der Vermögensgegenstände nach lokalen steuerlichen Vorschriften fortgeführt werden dürfen. Nach IAS 12.22c i.V.m. IAS 12.15b dürfen auf solche bereits beim Erwerb bestehenden temporären Wertunterschiede keine passiven latenten Steuern gebildet werden. Auch für abzugsfähige temporäre Wertunterschiede besteht nach IAS 12.22c i.V.m. IAS 12.24b ein entsprechendes Aktivierungsverbot.[258] Da zum Zeitpunkt des Erwerbs der Vermögenswerte und Schulden keine latenten Steuern abgegrenzt werden, beeinflussen deren erfolgswirksame Wertänderungen in den Folgeperioden die Konzernsteuerquote.[259]

Beispiel 16: Die Konzernobergesellschaft (M) erwirbt ein Leasingportfolio. Der Erwerb stellt keinen Unternehmenszusammenschluss nach IFRS 3 dar und die steuerlichen Buchwerte der Leasinggegenstände dürfen nach lokalen steuerlichen Regelungen fortgeführt werden. Der Marktwert der Leasinggegenstände beträgt 100 GE und der steuerliche Buchwert lautet auf 1 GE. Die Gegenstände werden nach IFRS linear über 5 Jahre abgeschrieben. Das übrige Konzernergebnis beträgt 1000 GE und wird mit einer effektiven Ertragsteuerquote von 36% versteuert. Hiernach ergibt sich folgender Ausweis der Konzernsteuerquote.

	01 (GE)	**02 (GE)**	**03 (GE)**	**04 (GE)**	**05 (GE)**
Planmäßige Abschreibung	(20)	(20)	(20)	(20)	(20)
Übriges Ergebnis vor Steuern	1000	1000	1000	1000	1000
Gesamt vor Steuern	**980**	**980**	**980**	**980**	**980**
Steuern	**360**	**360**	**360**	**360**	**360**
ETR (%)	**36,73%**	**36,73%**	**36,73%**	**36,73%**	**36,73%**

Die Konzernsteuerquote wird zwar zum Zeitpunkt des erstmaligen Ansatzes der Vermögensgegenstände nicht beeinflusst. Der treibende Effekt entsteht allerdings in den Folgeperioden aufgrund des Ansatzverbots passiver latenter Steuern nach IAS 12.22c:[260] Die Konzernsteuerquote in den Perioden 1–5 ist um 0,73% höher als dies bei der Bilanzierung einer passiven latenten Steuer im Erwerbszeitpunkt und deren Auflösung in den Folgeperioden der Fall wäre.

(2) Unternehmenszusammenschluss („business combination“). Ist der Grund für den erstmaligen Ansatz von Vermögenswerten und Schulden in der Konzernbilanz ein Unternehmenszusammenschluss i.S.v. IFRS 3.4, werden auf temporäre Wertunterschiede, die nach Durchführung der Kaufpreisallokation verblieben sind, latente Steuern abgegrenzt.

[258] Hierdurch soll eine Iterationsrechung bei der Bestimmung des Firmenwertes vermieden werden.

[259] Vgl. hierzu allgemein die Wirkung von latenten Steuern in Kapitel A.II.1.

[260] Anders verhält es sich bei dem Erwerb von Mantelgesellschaften mit Verlustvorträgen. Mangels einer expliziten Regelung nach IFRS werden miterworbene Steuerlatenzen auf steuerliche Anrechungsguthaben in voller Höhe erfolgsneutral bilanziert, wenn diese werthaltig sind. Vgl. hierzu auch SFAS 109, EITF 98-11.

Dieser Vorgang ist grundsätzlich erfolgsneutral. Es ist dabei regelmäßig unerheblich, ob es sich um einen „share deal" oder einen „asset deal" handelt. Allerdings ist beim „share deal" i.d.R. von höheren temporären Differenzen als beim „asset deal" auszugehen, denn während beim „asset deal" die steuerlichen Wertansätze meistens entsprechend der handelsrechtlichen Kaufpreisallokation angepasst werden, ist dies beim „share deal" üblicherweise nicht der Fall.[261]

„Outside basis differences" aufgrund temporärer Wertunterschiede beim Erwerber zum Zeitpunkt eines Anteilserwerbs sollten die Ausnahme darstellen. Kommt es dennoch zu Abweichungen, ist i.S.v. IAS 12.39 und 12.44 zu prüfen, ob eine Steuerlatenz erfolgsneutral abzugrenzen ist.

Ein späterer Einfluss auf die Konzernsteuerquote aufgrund von Rechnungslegungsvorschriften, die den Ansatz und die Bewertung von Steuerlatenzen regeln, ist daher beim erstmaligen Ansatz von Vermögensgegenständen und Schulden im Rahmen eines Unternehmenszusammenschlusses grundsätzlich nicht anzunehmen. Von diesem Grundsatz gibt es jedoch zwei Ausnahmen: Einerseits die Bestimmung des Firmenwerts und andererseits die Neueinschätzung der Werthaltigkeit aktiver latenter Steuern im Rahmen der Erstkonsolidierung sowie die Änderung der Werthaltigkeitseinschätzung aktiver latenter Steuern aus der Erstkonsolidierung in Folgeperioden.

Firmenwert. Entsteht ein negativer Firmenwert („badwill"), wird dieser nach IFRS 3.56 erfolgswirksam erfasst und führt nicht zu einer Reduzierung der Wertansätze der anderen Vermögensgegenstände.[262] Hieraus resultiert regelmäßig ein latenter oder laufender Steueraufwand, weshalb die Ertragsteuerquote zum Zeitpunkt der Erstkonsolidierung nicht beeinflusst werden sollte.

Entsteht bei einem Unternehmenszusammenschluss ein positiver Firmenwert und ist der zugehörige Steuerwert größer oder kleiner als der Firmenwert nach IFRS, liegt ein temporärer Wertunterschied vor. Ist der Firmenwert nach IFRS größer als sein korrespondierender Steuerwert, darf aufgrund der Bilanzierungsvorschrift IAS 12.21 in diesem Fall aber keine passive latente Steuer auf den steuerpflichtigen temporären Wertun-

[261] Beim „share deal", beispielsweise beim Erwerb einer Kapitalgesellschaft, handelt es sich daher regelmäßig um eine „nontaxable business combination" (SFAS 109.260). Der „asset deal", beispielsweise der Erwerb einer Personengesellschaft, stellt demgegenüber i.d.R. eine „taxable business combination" (SFAS 109.261) dar. Werden beim Erwerb einer Beteiligung an einer Personengesellschaft („asset deal") im Rahmen der Erstkonsolidierung stille Reserven aufgedeckt, entsprechen die Wertansätze in der steuerlichen Ergänzungsbilanz regelmäßig dem „step up" in der Konzernbilanz. Es sollten sich daher durch den Erwerb regelmäßig wenig neue temporäre Differenzen ergeben. Ähnlich verhält es sich bei der Nutzung einer steuerwirksamen „Aufstockung" der Buchwerte durch die Beteiligungskette beim „share deal" nach der „338 election" in den USA (Title 26, Subtitle A, Chapter C, Part II, Subpart B, Sec. 338 IRC).

[262] Nach US-GAAP wird dies anders gehandhabt, vgl. SFAS 141.44 und 45.

terschied gebildet werden.[263] Dadurch wird die Konzernsteuerquote in den Folgeperioden belastet, sofern der Firmenwert handelsrechtlich abzuschreiben ist. Dem Aufwand steht dann kein entsprechender latenter Steuerertrag durch die Auflösung einer passiven latenten Steuer gegenüber. Im umgekehrten Fall hingegen, d.h. bei einem im Vergleich zum IFRS-Wert höheren steuerlichen Wertansatz des Firmenwerts, finden die allgemeinen Grundsätze Anwendung, weshalb eine aktive latente Steuer erfolgsneutral anzusetzen ist.[264] Die Konzernsteuerquote wird dort in den Folgeperioden nicht aufgrund von Rechnungslegungsvorschriften beeinflusst. Durch die Vorschrift entsteht allerdings ein bilanzielles Steueraufwandsrisiko, das in den Folgeperioden – wie jedes DTA – die Quote belasten kann.[265] Durch die asymmetrische bilanzielle Behandlung von temporären Differenzen im Zusammenhang mit dem Firmenwert, d.h. durch die einseitige Aktivierung eines DTA, wird der Firmenwert tendenziell reduziert.

Neueinschätzung der Werthaltigkeit aktiver latenter Steuern im Rahmen der Erstkonsolidierung. Im Rahmen eines Unternehmenszusammenschlusses ist stets zu prüfen, ob beim Erwerber oder beim Erworbenen aktive latente Steuern in der Vergangenheit wertberichtigt waren. Denn durch den Unternehmenszusammenschluss kann es auf der Grundlage eines Geschäftsplans, der die Verrechnung von steuerlichen Einkünften beider Gesellschaften vorsieht, zu einem erneuten Aufleben der Werthaltigkeit und damit zu einer Wertaufholung der aktiven latenten Steuer kommen. Bilanziell führt dies nach IFRS zu folgender Abbildung.[266]

- Aktive latente Steuer beim Erwerber (M)
  Die Wertaufholung ist erfolgswirksam als latenter Steuerertrag auszuweisen und beeinflusst als „tax only"-Effekt einmalig die Konzernsteuerquote. Nachträgliche Änderungen der Werthaltigkeitseinschätzungen werden nach den allgemeinen Grundsätzen abgebildet.
- Aktive latente Steuer beim Erworbenen (T)
  Die neuen aktiven latenten Steuern werden erfolgsneutral bei der Berechnung des „goodwill" bzw. des „badwill" miteinbezogen, wobei ein „goodwill" reduziert bzw. ein „badwill" erhöht wird.[267] Die Konzernsteuerquote wird durch diesen Vorgang zum Zeitpunkt der Erstkonsolidierung nicht beeinflusst.

---

[263] Vgl. hierzu den widersprüchlichen Wortlaut nach IFRS 3.51 (a), der den Firmenwert nicht als Residualgröße, sondern als Vermögenswert beschreibt.

[264] Vgl. hierzu für US-GAAP die Komponentenmethode nach SFAS 109.261 f.

[265] Vgl. unten Kapitel B.IV.4.c).

[266] Nach US-GAAP wird eine Wertaufholung aktiver latenter Steuern auf Verlustvorträge beim Erworbenen **und** Erwerber erfolgsneutral mit dem Firmenwert verrechnet, vgl. SFAS 109.30 und 109.264 ff.

[267] Vgl. IFRS 3.44.

Änderung der Werthaltigkeitseinschätzung aktiver latenter Steuern aus der Erstkonsolidierung. Da die Erstkonsolidierung oft auf der Basis vorläufiger Wertansätze vorgenommen wird, sieht IFRS 3.62 eine zwölfmonatige Anpassungsfrist ab dem Erwerbszeitpunkt vor. Während dieses Zeitraums können die vorläufigen Werte des erworbenen Unternehmens rückwirkend auf den Erwerbszeitpunkt angepasst werden. In diesen Fällen werden auch die latenten Steuern zusammen mit der Auswirkung auf den Firmenwert während der zwölfmonatigen Anpassungsfrist erfolgsneutral angepasst.[268]

Nach IFRS 3.65 wird die Wertaufholung einer aktiven latenten Steuer auf Verlustvorträge oder anderer latenter Steueransprüche als Steuerertrag ausgewiesen, wenn zum Zeitpunkt der Erstkonsolidierung, namentlich während der ersten zwölf Monate nach Erwerb, die Kriterien für eine Wertaufholung i. S. v. IFRS 3.37 nicht erfüllt waren.[269] In diesen Fällen ist der Firmenwert jedoch ebenfalls ergebniswirksam zu kürzen.[270] Die Konzernsteuerquote wird nach dieser Bilanzierungsvorschrift einerseits durch einen „tax only"-Effekt entlastet und andererseits durch ein verringertes Ergebnis vor Steuern über den Kurveneffekt[271] beeinflusst.

bb) Bedeutung

Die Wirkung von Rechnungslegungsvorschriften im Zusammenhang mit dem erstmaligen Ansatz von Vermögensgegenständen und Schulden in der Konzernbilanz hat gegebenenfalls über einen längeren Zeitraum nachwirkende Risiken bzw. Belastungen der Konzernsteuerquote zur Folge. Denn ist es aufgrund von Bilanzierungsvorschriften nicht möglich, passive latente Steuern abzugrenzen, ist anzunehmen, dass die Konzernsteuerquote in den Folgeperioden durch einen höheren laufenden Steueraufwand ohne kompensierenden latenten Steuerertrag belastet wird. Sind latente Steuern zu aktivieren, stellen sie zukünftig bilanzielle Steueraufwandsrisiken dar, die die Konzernsteuerquote belasten können.

cc) Management

Zusammen mit der Abteilung Rechnungswesen, der Rechtsabteilung und den betroffenen Geschäftsbereichen sollte geprüft werden, welche Akquisitionsstruktur und welche Integrationsmaßnahmen den größten ökonomischen und auch bilanziell darstellbaren Wertbeitrag liefern können.

---

[268] Nach Ablauf der Zwölf-Monatsfrist sind spätere Anpassungen i. S. v. IFRS 3.63 regelmäßig nur noch zur Berichtigung von Fehlern unter den Voraussetzungen von IAS 8 möglich.

[269] Anders gehen US-GAAP vor, die nach SFAS 109.30 zunächst eine erfolgsneutrale Reduzierung (i) eines goodwill und (ii) eine Abschreibung „other noncurrent intangible assets related to the acquisition" vorsehen.

[270] Aus diesem Vorgang darf sich allerdings kein negativer Firmenwert ergeben, vgl. IFRS 3.65.

[271] Vgl. Kapitel B.III.1.

c) Aktienbasierte Vergütungen

aa) Beschreibung der Einflussgröße

Insbesondere Führungskräfte eines Unternehmens erhalten meist einen Bestandteil ihrer Vergütung bezogen auf die (zukünftige) Entwicklung der Aktie der Konzernobergesellschaft. Hierdurch soll der Mitarbeiter an das Unternehmen gebunden werden und am Erfolg der Geschäftstätigkeit mittel- und langfristig partizipieren. Es gibt eine Vielzahl von Gestaltungsmöglichkeiten für aktienbasierte Vergütungsmodelle, die sich im Wesentlichen in zwei Kategorien unterteilen lassen. Zum einen existieren Programme, bei denen ein Unternehmensgewinn auf der Grundlage von virtuellen Beteiligungen in Geld vergütet wird (z.B. „stock appreciation rights" oder „phantom shares"), zum anderen gibt es Vergütungspläne, bei denen Aktien oder Aktienoptionen gewährt, aber erst zu einem späteren Zeitpunkt an die Begünstigten übertragen werden (z.B. „restricted stock" oder „performance stock"). Vor allem die zweite Form der Mitarbeitervergütung unterliegt besonderen Rechnungslegungsvorschriften, die berücksichtigen, dass zwischen der Gewährung der Vergütungskomponente und der Übertragung an den Begünstigten meist mehrere Berichtsperioden liegen, und dass es sich um Lohnkosten handelt, die durch Eigenkapitalinstrumente bedient werden.

Der strukturelle Einfluss der in ihrer bilanziellen Abbildung z.T. komplexen aktienbasierten Vergütungsmodelle auf die Konzernsteuerquote soll durch Beispiel 17 anhand von Aktien gezeigt werden, die der Mitarbeiter gewährt bekommt („grant date"), aber erst nach Ablauf einer Periode von drei Jahren („vesting period") zur freien Verfügung erhält („vesting" und „delivery date").

Beispiel 17: Nach IFRS 2 bzw. für US-GAAP nach SFAS 123 und 123 R bestimmt sich der Aufwand für die aktienbasierte Vergütung nach dem beizulegenden Wert („fair value") zum „grant date", der pro rata temporis über die „vesting period" verteilt wird. Der beizulegende Wert entspricht dabei regelmäßig dem an einer Börse notierten Aktienkurs zum „grant date", gekürzt um den Barwert zukünftiger Dividenden während der „vesting period". Unterstellt man die steuerliche Abzugsfähigkeit der aktienbasierten Mitarbeitervergütung zum „vesting date", entsteht im Verlauf der „vesting period" ein latenter steuerlicher Vorteil in Höhe des maßgeblichen Aktienkurses multipliziert mit dem anzuwendenden Steuersatz. Der bilanzielle Steuerertrag ist auf die Höhe des zugrunde liegenden handelsrechtlichen Aufwands begrenzt, der zum „grant date" festgestellt worden ist. In Höhe des Barwerts der Dividende wird der steuerliche Betriebsausgabenabzug handelsrechtlich nicht erfolgswirksam, dieser wird nur im Eigenkapital gezeigt („excess tax benefit"). Für die Periode zwischen „grant" und „vesting date" ergibt sich daher bei unveränderten Wertverhältnissen zusammengefasst folgende bilanzielle Abbildung.

Aktienkurs zum „grant date":	100 GE
Aktienkurs zum „vesting date":	unverändert
Barwert Dividende von drei Jahren (5%):	5 GE
Aufwand nach IFRS/US-GAAP (95%):	95 GE

Steuerlicher Betriebsausgabenabzug:	100 GE
Ertragsteuersatz:	36%
Bilanzieller Vorteil:	36 GE
Hiervon:	
Erfolgswirksame Steuerlatenz 95%	34,2 GE
Erfolgsunwirksame Steuerlatenz 5%	1,8 GE

Bei unveränderten Wertverhältnissen wird die Konzernsteuerquote nicht beeinflusst, da der handelsrechtliche Aufwand i.H.v. 95 GE zu einem latenten Steuerertrag i.H.v. 34,2 GE (= 36%) führt. Zwischen „grant date" und „vesting date" verändert sich der zugrunde liegende Aktienkurs allerdings regelmäßig und mit ihm die Höhe des steuerlichen Betriebsausgabenabzugs zum „vesting date" (in jedem Fall für die USA/UK, d.h. unabhängig vom Eindeckungspreis). Ist der Aktienkurs zum „vesting date" höher als der über drei Jahre kumulierte Aufwand, wird der zusätzliche Steuerertrag nach IAS 12.68 C erfolgsunwirksam im Eigenkapital ausgewiesen. Ist der Aktienkurs im Vergleich zum „grant date" gefallen, ist die bis zum „vesting date" kumulierte aktive Steuerlatenz allerdings aufwandswirksam aufzulösen.[272] Da sich der handelsrechtliche Aufwand nicht ändert, wird die Konzernsteuerquote in diesem Fall durch einen „tax only"-Effekt belastet.

Fortsetzung Beispiel 17:

Aktienkurs zum „vesting date":	60 GE
Steuerlicher Betriebsausgabenabzug:	60 GE
Laufender Steuerertrag (36%):	21,6 GE
Latenter Steueraufwand aus Auflösung DTA:	34,2 GE
Ertragsteueraufwand:	12,6 GE

Dieser zusätzliche Ertragsteueraufwand hat keinerlei Entsprechung im Ergebnis vor Steuern und wirkt deshalb als unmittelbarer Treiber für die ETR.

Neben dem absoluten Einfluss von IAS 12.68 i.V.m. IFRS 2 und SFAS 109 i.V.m. 123 bzw. 123 R auf die Konzernsteuerquote stellt IAS 12.68 B auch einen Volatilitätstreiber dar. Im Gegensatz zu US-GAAP ist nach IAS 12.68 B zu jedem Bilanzstichtag während der „vesting period" der erwartete steuerliche Betriebsausgabenabzug zum „vesting date" anhand der zum Bilanzstichtag verfügbaren Informationen zu schätzen. Ist der zum Bilanzstichtag erwartete steuerliche Betriebsausgabenabzug zum „vesting date" geringer als der handelsrechtliche Aufwand im Ergebnis vor Steuern, belastet er aufgrund von IAS 12.68 C das latente Ertragsteuerergebnis als „tax only"-Effekt. Dies ist dann anzunehmen, wenn der

[272] Gleiches gilt für US-GAAP nach FAS 123 und 123 R. Nach US-GAAP besteht im Gegensatz zu IFRS die Möglichkeit, einen geringeren steuerlichen Betriebsausgabenabzug bilanziell mit dem erfolgsunwirksamen, im Eigenkapital gezeigten höheren steuerlichen Betriebsausgabenabzug eines anderen Aktienvergütungsplans zu verrechnen. Ein danach noch verleibender Überhang eines geringeren Betriebsausgabenabzugs ist erfolgswirksam aufzulösen. Darüber hinaus darf nach SFAS 123 R, A 94, FN 82 ein im Vergleich zum handelsrechtlichen Aufwand höherer steuerlicher Betriebsausgabenabzug zum „vesting date" nur dann gezeigt werden, wenn der Betriebsausgabenabzug zur Reduzierung einer laufenden Steuerverbindlichkeit führt. Gesellschaften, die sich in einer Verlustsituation befinden, müssen zunächst einen Verlustvortrag verbrauchen, bevor sie den zusätzlichen Steuervorteil im Kapital zeigen dürfen.

Aktienkurs seit dem „grant date" gesunken ist und unter dem beizuliegenden Wert nach Abzug des Barwerts der angenommenen Dividende während der „vesting period" notiert. Erholt sich der Aktienkurs zum nachfolgenden Bilanzstichtag, wirkt der höhere steuerliche Betriebsausgabenabzug bis zur Höhe des erfolgswirksam kumulierten handelsrechtlichen Aufwands als latenter Steuerertrag und entlastet die Konzernsteuerquote insoweit wieder. IAS 12.68 B führt damit einerseits zu einer im Vergleich zu US-GAAP volatileren Ertragsteuerquote. Andererseits sind Kursrückgänge bis zum letzten Stichtag vor dem „vesting date" nach IFRS bereits bilanziell berücksichtigt und wirken sich daher zum „vesting date" nicht mehr so deutlich aus wie nach SFAS 109 i.V.m. 123 R.

Aufgrund der Rechnungslegungsvorschriften im Zusammenhang mit aktienbasierten Mitarbeitervergütungsmodellen werden Wertunterschiede zwischen dem „grant date" und dem „vesting date" bilanziell asymmetrisch gezeigt. Ein steuerlicher Betriebsausgabenabzug, der wegen gestiegener Aktienkurse höher ist als der handelsrechtliche Aufwand, der nach IFRS bzw. US-GAAP im Ergebnis vor Steuern auf der Grundlage der Wertverhältnisse zum „grant date" gezeigt wurde, wird erfolgsunwirksam im Eigenkapital ausgewiesen und entlastet die Konzernsteuerquote nicht. Reduziert sich hingegen der steuerliche Betriebsausgabenabzug im Vergleich zum handelsrechtlichen Aufwand im Ergebnis vor Steuern, wird der dadurch wegfallende Steuerertrag erfolgswirksam und belastet das Ertragsteuerergebnis.

Diese asymmetrische bilanzielle Berücksichtigung von Änderungen der Wertverhältnisse gilt auch für Optionen auf Aktien. Dies führt dazu, dass Aktienoptionen die Konzernsteuerquote strukturell belasten. Die Optionsprämie[273] stellt regelmäßig den beizulegenden Wert zum „grant date" dar und bildet damit den Bezugspunkt dafür, ob Wertänderungen im Kapital oder erfolgswirksam auszuweisen sind. Die Optionsprämie, d.h. der Preis für das Optionsrecht, setzt sich aus dem Inneren Wert („intrinsic value") und dem Zeitwert („time value") der Option zusammen. Der Innere Wert ist die Differenz zwischen dem aktuellen Aktienkurs und dem Basispreis der Option, d.h. dem vereinbarten Bezugspreis der Aktie. Der Zeitwert hingegen ist die Differenz zwischen dem Inneren Wert und dem Optionspreis. Er drückt die Markterwartung des Käufers aus und beschreibt damit das Chance-Risikoprofil der Option. Neben der Laufzeit bestimmen insbesondere Preisschwankungen der Aktie, der am Markt bestehende Zins und voraussichtliche Dividendenzahlungen den Zeitwert der Option. Nähert sich der Verfallzeitpunkt der Option, beschleunigt sich die Abnahme des Zeitwerts, da sich die Chance einer positiven Preisänderung des Basiswertes verringert. Am Ende der Laufzeit beträgt der

[273] Gegebenenfalls auch um erwartete, diskontierte Dividenden des Basiswerts reduziert.

Zeitwert Null und der Wert der Option wird nur noch durch den Inneren Wert bestimmt.[274] Hiernach ist bei isolierter Betrachtung des Zeitwerts der Wert einer Option zum „grant date" immer höher als zum „vesting date". Wenn die Abnahme des Zeitwerts nicht durch eine Erhöhung des Inneren Wertes ausgeglichen wird, führt der geringere steuerliche Betriebsausgabenabzug zum „vesting date" also regelmäßig zu einer Belastung des Ertragsteuerergebnisses und damit der Konzernsteuerquote.

Schließlich ist im Zusammenhang mit aktienbasierten Vergütungsmodellen noch auf den quotentreibenden Einfluss der bilanziellen Abbildung von Absicherungsgeschäften hinzuweisen. Absicherungsgeschäfte stellen sicher, dass die physische Lieferung der Aktien an den Mitarbeiter den Konzern zum „delivery date" nur mit den Wertverhältnissen zum „grant date" belastet. Im Ergebnis wird dadurch das Konzerneigenkapital gegen Kursschwankungen abgesichert. Üblicherweise wird hierfür zum „grant date" ein unbedingtes Termingeschäft („forward")[275] mit einem konzernfremden Dritten über den Bestand der gewährten Aktien zum Marktpreis abgeschlossen. Bilanziell werden die tatsächlichen Aufwendungen für das Absicherungsgeschäft um einen fiktiven Zinsaufwand erhöht, der sich aus der ausgeschütteten Dividende der Konzernobergesellschaft ergibt, die zuvor als „manufactured dividend" mindernd berücksichtigt wurde.[276] Da es sich um eine ausschließlich bilanzielle Maßnahme handelt, ist der „Zinsaufwand" steuerlich nicht abzugsfähig. Die Konzernsteuerquote wird insoweit durch eine permanente Differenz belastet.

bb) Bedeutung

Aktienbasierte Mitarbeitervergütungsprogramme stellen in einigen Branchen und Regionen eine der gewichtigsten Aufwandspositionen in der Gewinn- und Verlustrechung dar. Ihre möglichen negativen Auswirkungen auf die Konzernsteuerquote sind daher regelmäßig materiell und von strategischer Bedeutung im Zusammenhang mit einer effektiven und effizienten Steuerplanung. Durch die asymmetrisch erfolgwirksame Berücksichtigung von Wertänderungen der zugrunde liegenden Aktie bzw. Aktienoption zwischen „grant date" und „vesting date" besteht zumindest hinsichtlich der USA/UK immer das einseitig latente Risiko, dass die Konzernsteuerquote signifikant belastet wird.

Absicherungsgeschäfte bei aktienbasierten Vergütungsmodellen belasten die Konzernsteuerquote strukturell durch einen fiktiven, ausschließ-

---

[274] Vgl. u.a. *Steiner M./Bruns C.,* Wertpapiermanagement, 2002, S. 298.

[275] Um Volatilitäten durch „mark-to-market"-Bewertungen zu vermeiden, ist der „forward" in der Praxis so ausgestaltet, dass er bilanziell als „liability" und nicht als „derivat" zu behandeln ist.

[276] Vgl. IAS 32.35 und SFAS 150.

lich bilanziellen Aufwand, der steuerlich nicht abzugsfähig ist. Insbesondere bei einer Erhöhung der Dividendenrendite der Gesellschaft erhöht sich korrespondierend der fiktive bilanzielle Aufwand und belastet als permanente Differenz das Ertragsteuerergebnis im Konzern.

cc) Management

Gemeinsam mit der Abteilung Rechnungswesen und der Personalabteilung sollte überprüft werden, welche Mitarbeitervergütungsprogramme unter Berücksichtigung aller Effekte aus Konzernsicht am geeignetsten erscheinen. Sollte eine Güterabwägung zu Lasten der Konzernsteuerquote durchgeführt worden sein, ist auch hier aufgrund des Potentials einer nachteiligen und schwer vorhersehbaren Beeinflussung der Quote zu empfehlen, gemeinsam mit der Abteilung Investor Relations einen separaten Ausweis im Rahmen der externen Finanzberichterstattung zu prüfen.

d) Bewertungsvorschriften am Beispiel innerkonzernlicher Absicherungsgeschäfte mit derivativen Finanzinstrumenten

aa) Beschreibung der Einflussgröße

Innerkonzernliche grenzüberschreitende Absicherungsgeschäfte führen regelmäßig zu einem volatilen Ertragsteuerergebnis zu den einzelnen Bilanzstichtagen, wenn die Ertragsteuersätze in den beiden betroffenen Ländern unterschiedlich sind. Ein so genannter „split hedge" kann zu einer strukturellen Absenkung des Ertragsteuerergebnisses führen. Voraussetzung hierfür ist, dass die risikotragende Gesellschaft mit einem niedrigeren Ertragsteuersatz besteuert wird als die Gesellschaft, die ein Verlustrisiko absichert und deshalb regelmäßig eine steuerlich abzugsfähige Prämie entrichten muss. Kommt es allerdings zur Inanspruchnahme der risikoübernehmenden Gesellschaft, wird der bis dahin erzielte steuerliche Vorteil durch einen geringeren Steuerertrag bei der den Verlust tragenden Gesellschaft wieder ausgeglichen.[277]

Darüber hinaus kann es innerhalb eines Konzerns Konstellationen geben, bei denen zwei Konzerngesellschaften mit unterschiedlichen Ertragsteuersätzen dasselbe Grundgeschäft gegenseitig absichern. Sind Grund- und Absicherungsgeschäft nach dem Rechnungslegungsstandard bei der jeweiligen Konzerngesellschaft nicht als „perfect hedge" zu qualifizieren, kann es bis zur Realisierung bzw. Auflösung der Positionen wegen unterschiedlicher Bewertungsregeln für das Grund- und das Absicherungsgeschäft nach dem Rechnungslegungsstandard zu einer volatilen Beeinflussung des Ertragsteuerergebnisses kommen.

---

[277] Wegen der besonders schwierigen Festlegung der adäquaten Verrechnungspreise und dem entsprechend hohen Doppelbesteuerungsrisiko raten wir in der Praxis normalerweise von „split hedges" (über die Grenze) ab.

Beispiel 18: Die in Deutschland ansässige 100%-ige Tochtergesellschaft 1 (T1) gewährt ein Darlehen an die in Großbritannien ansässige 100%-ige Tochtergesellschaft 2 (T2). Aufgrund lokaler regulatorischer Anforderungen muss T1 das Darlehen absichern und schließt mit T2 einen Swap ab. Der Swap wird zu den einzelnen Bilanzstichtagen zu Marktwerten und der zugrunde liegende Darlehensvertrag zu Anschaffungskosten bewertet. Aus Konzernsicht existiert keine offene, d.h. keine nicht abgesicherte Position, da sich etwaige zwischenzeitliche Wertschwankungen spätestens bei Realisierung einschließlich des Steuereffekts wieder ausgleichen. Bis zur Realisierung kann es jedoch aufgrund des Steuersatzunterschiedes und der Marktbewertung des Swaps zu einer bewertungsgetriebenen Beeinflussung des latenten Ertragsteuerergebnisses kommen. Das Beispiel zur Illustration dieses Volatilitätsreibers basiert auf folgenden Annahmen.

Ertragsteuersatz T1:	39%
Ertragsteuersatz T2:	30%
Anschaffungskosten Forderung T1:	100 GE
Verbindlichkeit T2:	100 GE
Swap T1:	0 GE
Swap T2:	0 GE

Aufgrund einer Änderung der Zinskurve wird der Swap zum Bilanzstichtag bei T1 mit 25 GE und bei T2 mit (25) GE bewertet. Der Wertansatz der Forderung und der Verbindlichkeit bleibt trotz Änderung des Zinsniveaus unverändert. Hieraus ergibt sich folgender Einfluss auf die Konzernsteuerquote:

Vor Realisierung	**T1 (GE)**	**T2 (GE)**	**Konzernbilanz (GE)**
I. Darlehensvertrag			
Ergebnis vor Steuern	0	0	./.
Steuerergebnis	0	0	0
II. Swapvereinbarung			
Ergebnis vor Steuern	25	(25)	./.
Steuerergebnis	(9,75)	7,5	(2,75)
Summe Steuern	(2,75)		

Die Konzernsteuerquote wird aufgrund der unterschiedlichen Bewertungsregeln und dem Steuersatzunterschied zwischen T1 und T2 mit 2,75 GE belastet. Umgekehrt würde das Ertragsteuerergebnis entsprechend um 2,75 GE entlastet, hätte sich der Marktwert des Swap in die entgegengesetzte Richtung entwickelt. Wird die Swapvereinbarung und der Darlehensvertrag zum gleichen Stichtag realisiert, ergibt sich aufgrund des sich gegenseitig ausgleichenden Absicherungs- und Grundgeschäfts keine Auswirkung auf das Ertragsteuerergebnis:

Realisierung	**T1 (GE)**	**T2 (GE)**	**Konzernbilanz (GE)**
I. Darlehensvertrag			
Ergebnis vor Steuern	(25)	25	./.
Steuerergebnis	9,75	(7,5)	0

Realisierung	**T1 (GE)**	**T2 (GE)**	**Konzern-bilanz (GE)**
II. Swapvereinbarung			
Ergebnis vor Steuern	25	(25)	./.
Steuerergebnis	(9,75)	7,5	0
Summe Steuern	0		

bb) Bedeutung

Volatilitäten ohne ökonomische Substanz beeinträchtigen die Kapitalmarktfunktion der Konzernsteuerquote. Wenn interperiodische Verwerfungen, z.B. durch innerkonzernliche Absicherungsgeschäfte wie oben beschrieben, zu einer anhaltenden Volatilität der Quote führen, wird in der externen Wahrnehmung letztlich ein Volatilitätszuschlag zur kommunizierten Konzernsteuerquote die Folge sein („Volatilitätstreiber"). Werden Volatilitäten ausschließlich durch die Anwendung unterschiedlicher Bewertungsregeln im Zusammenhang mit innerkonzernlichen Absicherungsgeschäften begründet, sollte zumindest durch Veränderung der Besicherungsstruktur, der Sicherungsinstrumente, durch Maßnahmen in derselben Jurisdiktion (oder zumindest durch Anwendung gleicher Steuersätze) versucht werden, aus Konzernsicht einen Gleichklang für die Zwecke vor Steuern und Steuern zu erreichen.

cc) Management

Die Abteilung Rechnungswesen stellt den ersten Ansprechpartner dar, um in Abhängigkeit von den zugrunde liegenden vertraglichen Beziehungen einen Lösungsansatz zu einer optimierten bilanziellen Abbildung zu finden.

4. Steuerrisiken

Ertragsteuerliche Positionen, die im Konzern bilanziell zunächst ausschließlich auf der Grundlage von Steuererklärungen und Steuerberechnungen abgebildet werden, können unsicher sein. Die Unsicherheit kann dabei zum einen in der materiell-rechtlichen Steuerposition selber und zum anderen im bilanziellen Wert von aktiven latenten Steuern bestehen.

Ausgangspunkt für die Bestimmung des Ausmaßes von Unsicherheiten ist die steuerrechtliche Würdigung von Sachverhalten im Rahmen der Steuerdeklaration bzw. der steuerlichen Veranlagung. Steuerrechtsrisiken entstehen immer dann, wenn bilanziell berücksichtigte, steuerrechtlich vorteilhafte Positionen in nachfolgenden Berichtsperioden nicht durchgesetzt werden können und es zu steuerlichen Mehrergebnissen und damit zu Nachzahlungen kommt. Das mit der Unsicherheit verbundene Risiko verändert sich dabei regelmäßig vom Tag der erstmaligen bilanziellen Berücksichtigung der unsicheren Position bis zur Beseitigung des Risikos durch eine endgültige Steuerfestsetzung. Grund hierfür können zwischenzeitlich ergehende Rechtsprechung, Änderungen in den Verwaltungsanweisungen bzw. der Verwaltungspraxis und klarstellende Gesetzgebung sein, die die Risikobeurteilung beeinflussen. In der Theorie sollte dabei die Aufdeckung eines Risikos in der Betriebsprüfung kein Anlass für eine geänderte Risikobewertung sein.[278] In den bedeutenden Industriestaaten beträgt die „Lebensdauer" einer Risikoposition erfahrungsgemäß ca. fünf bis acht Jahre.

Steuerrechtsrisiken werden bilanziell in Übereinstimmung mit dem Rechnungslegungsstandard durch die Bildung und Neubewertung von Rückstellungen berücksichtigt. Bewertungsänderungen der Rückstellungen beeinflussen dabei die Höhe und die Zusammensetzung des Ertragsteueraufwands. Zusätzlich sind dabei regelmäßig steuerliche Nebenleistungen wie Zinsen und Zuschläge zu beachten. Auch sie können abhängig von ihrem bilanziellen Ausweis bei einem langen, noch nicht abschließend veranlagten Zeitraum die Konzernsteuerquote erheblich beeinflussen.

Neben Steuerrechtsrisiken existieren bilanzielle Steueraufwandsrisiken. Diese entstehen regelmäßig bei einem Überhang von aktiven gegenüber passiven latenten Steuern – absolut oder in zeitlicher Staffelung – und konkretisieren sich als Aufwand bei einer erfolgswirksamen Abwertung von aktiven latenten Steuern. Sozusagen nachgelagert zur Einschätzung von Steuerrechtsrisiken stellen bilanzielle Steueraufwandsrisiken den zweiten Einflussfaktor innerhalb der Kategorie der Steuerrisiken auf die Konzernsteuerquote dar.

a) Bildung und Neubewertung von Rückstellungen für Steuerrechtsrisiken

Steuerrechtsrisiken können aus zwei unterschiedlichen Arten von Steuerrechtspositionen entstehen. Zum einen existieren Steuerrechtspositionen, die durch die Bildung oder die Neubewertung von Rückstellungen zu einer absoluten Erhöhung oder Reduzierung des Ertragsteueraufwands führen. Die einzuschätzende Steuerrechtsposition liefert dort beispielsweise in Form von steuerfreien Einnahmen oder nichtabzugsfähigen Betriebsausgaben einen permanenten Beitrag zum Ertragsteuerergebnis. Sie können deshalb als Risikopositionen mit unmittelbarem Einfluss auf die Konzernsteuerquote bezeichnet werden. Zum anderen gibt es Steuerrechtspositionen, die zwar zu einer Erhöhung oder Reduzierung des laufenden Ertragsteueraufwands führen, der aber durch eine Reduzierung oder Erhöhung des latenten Ertragsteueraufwands kompensiert wird. Die

---

[278] FIN 48, No. 7a.

einzuschätzende Steuerrechtsposition liefert dort einen temporären Beitrag zum Ertragsteuerergebnis, beispielsweise bei der Frage, ob Betriebsaugaben in der aktuellen oder erst in einer späteren Periode steuerlich geltend gemacht werden können. Sie sollen deshalb als Ertragsteuerrisiken mit mittelbarem Einfluss auf die Konzernsteuerquote bezeichnet werden.

aa) Unmittelbarer Einfluss von Steuerrechtsrisiken auf die Konzernsteuerquote

(1) Beschreibung der Einflussgröße. Steuerrechtsrisiken mit unmittelbarem Einfluss auf die Höhe des Ertragsteueraufwands resultieren insbesondere aus der Behandlung folgender Fragen:

- Können Einnahmen als steuerfrei behandelt werden?
- Sind Betriebsausgaben steuerrechtlich abzugsfähig oder nicht?
- Werden Hinzurechnungstatbestände erfüllt, die zu einer effektiv höheren Steuerbelastung führen?
- Berechtigen steuerlich vorbelastete Einkünfte zu einem Anrechnungsguthaben und inwieweit entlasten sie dauerhaft das Ertragsteuerergebnis?
- Führen Anteilsübertragungen und andere Strukturierungsmaßnahmen zur Versagung eines Verlustabzugs?
- Wird der Tatbestand zur Erzielung von steuerfreien Zulagen tatsächlich verwirklicht?
- Sind Einkünfte aufgrund außensteuerrechtlicher Vorschriften dem inländischen Einkommen hinzuzurechnen?

In der Steuerberechnung zum Bilanzstichtag und nachfolgend in der Steuererklärung wird regelmäßig entsprechend der lokalen Rechts- und Gesetzeslage eine Position eingenommen, die bei vollständiger Offenlegung des Sachverhalts rechtlich vertretbar ist und die verfahrensrechtlich die für den Steuerpflichtigen positive Klärung der Rechtsfragen erlaubt. Je nachdem, ob im Rahmen der Deklaration ein konservativer oder ein eher aggressiver Ansatz verfolgt wird, kann es an dieser Stelle zu erheblichen Abweichungen zur Auffassung der Finanzverwaltung kommen. Der Rechnungslegungsstandard gibt dann vor, welche Voraussetzungen erfüllt sein müssen, um den Vorteil einer steuerrechtlichen Position zeigen zu können oder zeigen zu müssen. Erfolgswirksame Chancen, die sich in der Zukunft über die bilanzielle Ansatzhürde hinaus noch im Zusammenhang mit dieser Steuerrechtsposition ergeben könnten, finden keine bilanzielle Berücksichtigung. Risiken hingegen werden durch Rückstellungen für Steuerrechtsrisiken bilanziell abgebildet.[279] Da die Klärung dieser Steuerrechtsfragen zumindest unmittelbar und für sich betrachtet keine Auswir-

---

[279] Vgl. hierzu IAS 12 (i.V.m. 37) und SFAS 109 i.V.m. FIN 48.

kung auf die Bildung latenter Steuern hat, beeinflusst die Bildung und Neubewertung der Rückstellung als „tax only"-Effekt unmittelbar den Ertragsteueraufwand.

Die Konzernsteuerquote wird somit einerseits durch die bilanzielle Abbildung des Vorteils einer unsicheren Steuerposition und andererseits durch die passivische bilanzielle Wertberichtigung dieser Position in Form einer Rückstellung für Steuerrechtsrisiken unmittelbar beeinflusst. Wenn sich das mit der Steuerrechtsposition im Zusammenhang stehende Risiko im Zeitablauf verändert, wird in Übereinstimmung mit den Anforderungen des Rechnungslegungsstandards in der Praxis regelmäßig die Rückstellung angepasst. Im Vergleich zur „aktivischen" bilanziellen Berücksichtigung eines Vorteils kommt daher der Bildung und Neubewertung von Rückstellungen von Steuerrechtsrisiken als Einflussgröße der Konzernsteuerquote zumindest aus praktischer Sicht die bedeutendere Rolle zu.

Da die Bildung und Neubewertung von Rückstellungen für Steuerrechtsrisiken Interpretationsspielräume eröffnet, existieren mittlerweile Rechnungslegungsvorschriften, die die bilanzielle Berücksichtigung von Steuerrechtsrisiken vereinheitlichen sollen. Als prominentester Fall ist in diesem Zusammenhang die FASB Interpretation No. 48 („FIN 48")[280] zu nennen, die im Rahmen der „convergence" möglicherweise wegweisend für die IFRS sein dürfte.

Nach FIN 48 ist der bilanzielle Wert von steuerrechtlich unsicheren Positionen, die im Rahmen der steuerlichen Veranlagung erklärt werden sollen oder bereits erklärt worden sind, in zwei Schritten zu ermitteln („two-step approach"). Ausgangspunkt für die Betrachtung ist danach die im Rahmen der steuerlichen Veranlagung und Festsetzung erklärte oder in Zukunft zu erklärende Steuerrechtsposition.

In einem ersten Schritt wird bestimmt, ob der mit der Steuerrechtsposition im Zusammenhang stehende Vorteil[281] („benefit/asset approach") dem Grunde nach überhaupt angesetzt werden kann („recognition test"). Es geht dabei inhaltlich um die Fragen, ob Einnahmen steuerfrei sind, ob Betriebsausgaben abgezogen werden dürfen, ob Quellensteuern anrechenbar sind, ob der Tatbestand zum Bezug von steuerlichen Subventionen erfüllt ist und ob nicht-steuerliche Hinzurechnungstatbestände erfüllt werden.[282] Die bilanziell zu würdigende Position kann sich dabei auch aus einer Mehrzahl unterschiedlicher Steuerrechtspositionen zusammensetzen, die für bilanzielle Zwecke als eine zusammenhängende Steuerrechts-

---

[280] FASB Interpretation No. 48, Accounting for Uncertainty in Income Taxes – an interpretation of FASB Statement No. 109, June 2006.

[281] Vgl. FIN 48, No. 5.

[282] Die gleichen Fragen nach dem Vorteil einer Steuerrechtsposition gelten auch für Steuerrechtsrisiken mit mittelbarem Einfluss auf die Konzernsteuerquote.

position („unit of account") betrachtet werden.[283] Der Vorteil einer noch unsicheren steuerlichen Position kann dem Grunde nach nur dann bilanziell angesetzt werden, wenn es wahrscheinlich ist („more likely than not"), dass diese Position bei Offenlegung aller Fakten und bei Anwendung der aktuellen Rechts- und Gesetzeslage im Rahmen einer steuerlichen Außenprüfung oder vor Gericht letztlich durchgesetzt werden kann. Ist es nicht wahrscheinlich, dass die Position durchgesetzt werden kann, ist der bilanziell berücksichtigte Vorteil durch die Bildung einer Rückstellung für Steuerrechtsrisiken („tax contingency reserve") vollständig zu eliminieren.

Der zweite Schritt, der die Bewertung („measurement") des steuerrechtlichen Vorteils zum Gegenstand hat, ist dann entbehrlich, da der Vorteil bilanziell nicht berücksichtigungsfähig ist. Wenn es hingegen wahrscheinlich ist, dass die Steuerrechtsposition durchgesetzt werden kann, dann ist der Höhe nach der größte bilanzielle Wert anzusetzen, der wahrscheinlich durchgesetzt werden kann.[284] Im Ergebnis führt diese Regelung dazu, dass der Vorteil von Steuerrechtspositionen, der wahrscheinlich durchgesetzt werden kann, zunächst immer vollständig bilanziell ausgewiesen wird. Wenn allerdings feststeht, dass das bilanzierende Unternehmen diese Einschätzung nicht immer gerichtlich, sondern beispielsweise im Zusammenhang mit einer tatsächlichen Verständigung („settlement") durchsetzen wird, können Bewertungsabschläge bei der Bemessung der Höhe des steuerlichen Vorteils vorgenommen werden.[285]

Kann der Vorteil einer steuerrechtlichen Position aufgrund von „recognition" und „measurement" ganz oder teilweise bilanziell nicht gezeigt werden („unrecognised tax benefit"), dann ist in entsprechender Höhe eine Rückstellung für Steuerrisiken zu passivieren, die als „current liability"[286] auszuweisen ist. Abbildung 14a zeigt die beschriebene Vorgehensweise zur Ermittlung des bilanziellen Wertes eines steuerrechtlichen Vorteils nach FIN 48 graphisch.

Zum besseren Verständnis der graphischen Darstellung ist darauf hinzuweisen, dass die Ansatzvorschrift[287] für den steuerlichen Vorteil zumindest methodisch unabhängig vom quantifizierten Vorteil zu betrachten ist. Kann der steuerliche Vorteil aufgrund einer mehr als 50%igen Wahrscheinlichkeit seiner Durchsetzung bilanziell angesetzt werden, dann wird regelmäßig auch der quantifizierte steuerliche Vorteil größer als 50% der

---

[283] Vgl. FIN 48, No. 5.

[284] Vgl. FIN 48, No. 8.

[285] Wenn die Voraussetzungen zum Ansatz des steuerlichen Vorteils erfüllt sind, ist für die Bewertung des Vorteils eine kumulierte Wahrscheinlichkeitsbetrachtung („cumulative probability") der möglichen Szenarien vorzunehmen. Alle Szenarien müssen dabei wiederum in einem ersten Schritt ansatzfähig, d.h. wahrscheinlich sein; vgl. FIN 48, No. 8 S. 2.

[286] FIN 48, No. 17.

[287] Vgl. FIN 48, No. 6

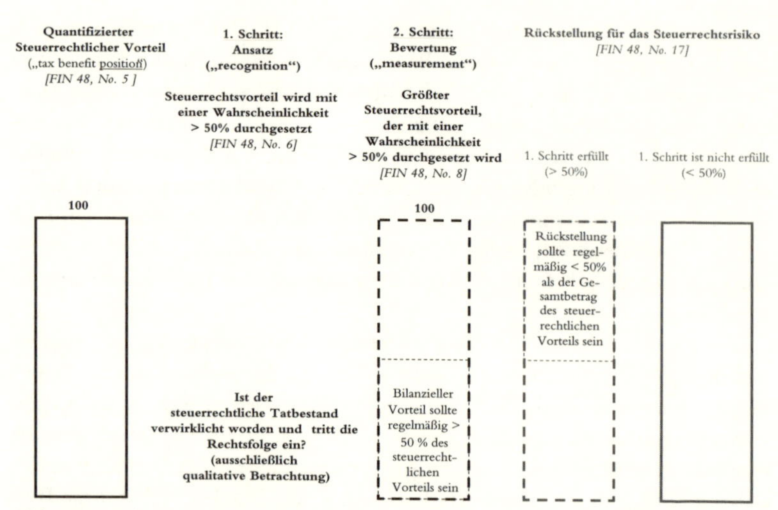

Abb. 14a: Bilanzielle Berücksichtigung von Steuerrechtsrisiken nach US-GAAP

Steuerposition sein, da die Einschätzung der Verwirklichung der steuerlichen Tatbestände mit der daraus resultierenden quantifizierbaren Rechtsfolge in aller Regel zusammenhängt.[288] Der Bewertungsabschlag des zweiten Schritts sollte deshalb im Regelfall auf weniger als 50% des quantifizierten steuerlichen Vorteils beschränkt sein. Konzeptionell und damit theoretisch denkbar ist allerdings auch ein Bewertungsabschlag bis zu 100% des quantifizierten Vorteils. Der u.E. vorhandene Zusammenhang zwischen qualitativer und quantitativer Einschätzung von Tatbestandsverwirklichung und Rechtsfolge indiziert eine Schwäche des Konzepts von FIN 48, da die Wahrscheinlichkeitseinschätzung nach der Ansatzvorschrift („recognition") regelmäßig nicht unabhängig von der Bewertungsvorschrift („measurement") betrachtet werden kann und umgekehrt.

Die IFRS sehen eine andere Vorgehensweise zur Ermittlung des bilanziellen Wertes von risikobehafteten Steuerrechtspositionen vor. Nach IAS 12.46 i.V.m. IAS 37.14; u.E. trotz IAS 37.5 (b) u.a. wegen IAS 12.88) sind (Steuer-)Rückstellungen dann anzusetzen, wenn (i) ein Unternehmen aus einem Ereignis der Vergangenheit eine gegenwärtige Verpflichtung hat, (ii) der Abfluss von Ressourcen mit wirtschaftlichem Nutzen zur Erfüllung dieser Verpflichtung wahrscheinlich ist und (iii) eine verlässliche Schätzung der Höhe der Verpflichtung möglich

[288] Nicht zuletzt aus Ermangelung einer ausreichend großen Grundmenge, die für valide statistische Verfahren notwendig ist, wird es von der subjektiven Beurteilung des Anwenders abhängen, wie hoch er die Wahrscheinlichkeit einschätzt, einen steuerlichen Vorteil betragsmäßig durchsetzen zu können. Da die Einschätzung durch dieselbe Person vorgenommen wird, sind u.E. gegenseitige Beeinflussungen der Überlegungen zu vermuten.

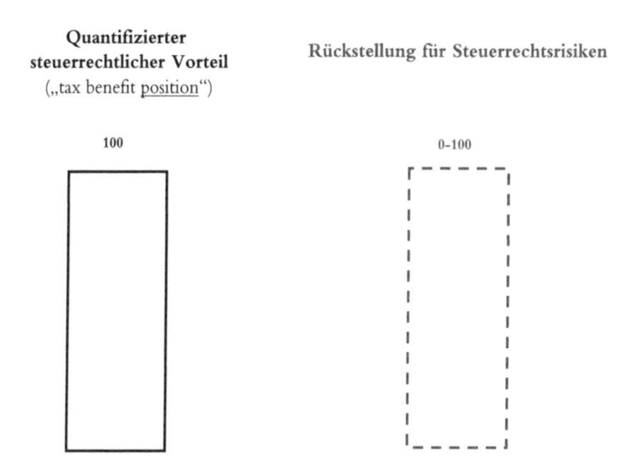

Abb. 14b: Bilanzielle Berücksichtigung von Steuerrechtsrisiken nach IFRS

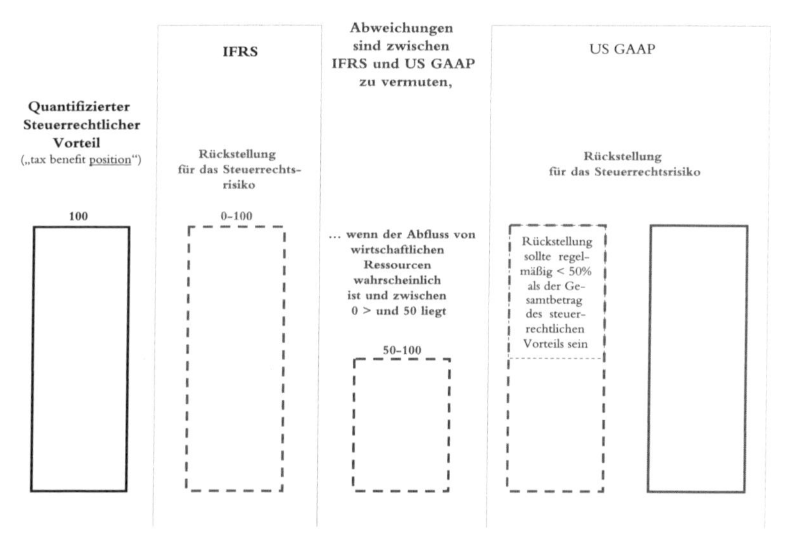

Abb. 14c: Unterschiede bei der bilanziellen Berücksichtigung von Steuerrechtsrisiken zwischen US-GAAP und IFRS

ist.[289] Sind diese Bedingungen nicht erfüllt, ist keine Rückstellung für Steuerrechtsrisiken anzusetzen. Es handelt sich hierbei um ein dem HGB ähnliches Konzept, das auf das Risiko eines wahrscheinlichen und quanti-

[289] Da der ED IAS 37 sehr umstritten ist und nicht zu einer Konvergenz mit US-GAAP führt, soll auf eine ausführliche Erläuterung seiner Wirkungsweise an dieser Stelle verzichtet werden.

fizierbaren Abflusses eines steuerlichen Vorteils abstellt („expense/liability approach“), das zum Bilanzstichtag ausreichend konkretisiert, aber dem Grunde und oder der Höhe nach ungewiss ist.

Abbildung 14b veranschaulicht die Vorgehensweise nach IFRS graphisch und Abbildung 14c illustriert vergleichend die Unterschiede der bilanziellen Abbildung zwischen IFRS und US-GAAP.

Unterstellt man eine einheitliche Definition der Steuerposition („unit of account“) für IFRS und US-GAAP und einen quantifizierbaren Vorteil von 100 GE, dann sind Abweichungen bei der bilanziellen Berücksichtigung von Steuerrechtsrisiken zwischen IFRS und US-GAAP u. E. vor allem dann zu vermuten, wenn die Höhe des wirtschaftlichen Abflusses zwischen 50 GE und 100 GE liegt. Dieser Vermutung liegt die Annahme zugrunde, dass es einen Zusammenhang zwischen qualitativer und quantitativer Einschätzung von Tatbestandsverwirklichung und Rechtsfolge gibt. Ist beispielsweise im Zusammenhang mit dem steuerlichen Vorteil von 100 GE ein wirtschaftlicher Abfluss i. H. v. 70 GE wahrscheinlich, dann ist zu vermuten, dass es nach FIN 48, No. 6, unwahrscheinlich (Wahrscheinlichkeit kleiner 50%) ist, dass der Vorteil letztendlich im Rahmen einer Betriebsprüfung durchgesetzt werden kann. Hiernach würde der bilanzielle Wert des steuerlichen Vorteils nach US-GAAP 0 GE betragen. Nach IFRS hingegen wäre zu vermuten, dass der Abfluss von Ressourcen mit wirtschaftlichem Nutzen zu 70% wahrscheinlich ist und eine verlässliche Schätzung der Höhe der Verpflichtung mit 70 GE bewertet wird. Der bilanzielle Wert des steuerlichen Vorteils beträgt nach IFRS 30 GE. Der Ertragsteueraufwand der Periode wäre dann bei derselben Steuerrechtsposition nach US-GAAP um 30 GE höher als nach IFRS. Darüberhinaus könnten sich noch Unterschiede aufgrund der Bewertungsmethode ergeben.[290]

(2) Bedeutung. Die Bildung und Neubewertung von Rückstellungen für Steuerrechtsrisiken mit unmittelbarem Einfluss auf die Konzernsteuerquote sind strategisch von besonderer Relevanz, da sie die Höhe des Ertragsteueraufwands punktuell und nachhaltig beeinflussen. Die Rückstellungen basieren dabei auf einem mehr oder weniger ausdifferenzierten System zur Erfassung und zum Management von steuerbezogenen Rechtsrisiken und werden durch die subjektive Einschätzung des Anwenders beeinflusst.

Die subjektive Einschätzung bei der Dotierung von Rückstellungen für Steuerrechtsrisiken bildet den Gegenpol zu den Extremen einer sehr konservativen oder einer sehr risikofreudigen Praxis der Steuerdeklaration und des Geltendmachens von – gegebenenfalls auch sehr unsicheren –

[290] USGAAP: „cumulative probability“ und IFRS: „best estimate“.

Steuervorteilen. Eine konservative Einschätzung führt, betrachtet über die Totalperiode der Geschäftstätigkeit, zu einem höheren Ertragsteuerniveau, das sich am Ende in einen relativen Ertragsteuervorteil umkehren kann. Eine risikofreudigere und selbstbewusste Einschätzung der Steuerrechtsposition hingegen führt zu einem strukturell geringeren Ertragsteueraufwand, der sich jedoch in einer Periode von Steuernachzahlungen sprunghaft nach oben verändern kann. Abhängig von der Größenordnung unsicherer Steuerrechtspositionen kann die Konzernsteuerquote hierdurch erheblich beeinflusst werden.

(3) Management. Die Bewertung und Beeinflussung von Steuerrisiken ist originäre Aufgabe der Steuerabteilung, die, abhängig von der Ausgestaltung der einzelnen Maßnahmen im Rahmen des Managements von Steuerrechtsrisiken, allerdings der Unterstützung anderer Konzernabteilungen bedarf. Zu den Aufgaben der Steuerabteilung gehört in diesem Zusammenhang die Einrichtung eines geeigneten Prozesses mit den dazugehörigen Instrumenten zur Erfassung und zum Management von Steuerrisiken. Die Steuerrechtsdurchsetzungsrisiken sind hiervon in der Praxis – zumindest traditionell – der gewichtigste Bestandteil. Darüber hinaus sollte die Steuerabteilung die Grundsätze der Bewertung von Steuerrisiken (und deren Dokumentation) definieren und konzernweit vereinheitlichen. Wegen der potentiell hohen Beträge, der entsprechend großen Bedeutung für die Darstellung der finanziellen Performance und die (bilanzielle) Kapitalbindung sollten diese Grundsätze u. E. auch mit der Konzernleitung und gegebenenfalls mit der Abteilung Investor Relations sowie mit der zuständigen Abteilung für Fragen im Zusammenhang mit dem Risikomanagement des Konzerns abgestimmt werden.

bb) Mittelbarer Einfluss von Steuerrechtsrisiken auf die Konzernsteuerquote

(1) Beschreibung der Einflussgröße. Steuerrechtsrisiken mit mittelbarem Einfluss auf die Höhe des Ertragsteueraufwands resultieren regelmäßig aus der Frage, ob Betriebsausgaben zum frühest möglichen Zeitpunkt steuerlich geltend gemacht werden können. Steuerrechtlich handelt es sich dabei u. a. um folgende Fragestellungen, die zu „zeitbezogenen" (temporären) Steuerrechtsrisiken führen können:

- Sind Ausgaben steuerlich abzugsfähig oder sind sie zu aktivieren?
- Kann ein abnutzbares Wirtschaftsgut steuerlich degressiv abgeschrieben werden?
- Ist eine steuerliche Teilwertabschreibung möglich?
- Ist die erfolgswirksame Passivierung einer Rückstellung steuerwirksam möglich?

Das mit diesen Steuerrechtsfragen verbundene Risiko bezieht sich ausschließlich auf den Zeitpunkt des steuerlichen Betriebsausgabenabzugs und nicht darauf, ob der Betriebsausgabenabzug überhaupt möglich ist („temporary effect"). Auch Fragen der Aktivierungs- bzw. Passivierungsfähigkeit von Ausgaben und Aufwendungen sind bilanztechnisch lediglich Fragen der zeitlichen Allokation von steuerlich abziehbarem Aufwand, solange sie sich auf steuerverhaftete Aktiva oder Passiva beziehen. Dann nämlich wirkt sich der entsprechende Aufwand spätestens bei Abschreibung oder Verkauf des Aktivpostens bzw. bei Verbrauch oder Auflösung des Passivpostens auf die steuerliche Bemessungsgrundlage aus. Die Bildung von Rückstellungen für zeitbezogene Steuerrechtsrisiken führt korrespondierend zu einer neuen temporären Differenz, die entweder zu einer Reduzierung von passiven latenten Steuern und/oder zu einer Erhöhung von aktiven latenten Steuern führt. Da latente Steuern nicht abgezinst werden, bleibt der Ertragsteueraufwand der Totalperiode bei gleich bleibenden Steuersätzen[291] unverändert, weil bei einer Rückstellungsbildung der laufende Steueraufwand durch einen neuen latenten Steuerertrag ausgeglichen wird. Bei diesen Steuerrechtsrisiken ändert sich mithin nur die Aufteilung zwischen dem laufenden und latenten Ertragsteuerergebnis. Die Konzernsteuerquote wird nicht unmittelbar beeinflusst.

Die bilanzielle Berücksichtigung von zeitbezogenen Steuerrechtsrisiken wird ebenfalls durch den anzuwendenden Rechnungslegungsstandard vorgegeben. Die Ausführungen zur Anwendung von FIN 48 und IAS 12 i.V.m. 37 in Kapitel B.IV.4. finden daher entsprechend Anwendung.

Beispiel 19a: Aktivsseite (Wert nach IFRS/US-GAAP > Steuerbilanzwert). In Übereinstimmung mit dem Rechnungslegungsstandard wird ein immaterielles Wirtschaftsgut i.H.v. 100 GE aktiviert. Planmäßige und außerplanmäßige Abschreibungen sind nicht anzunehmen. Da die Gesetzes- und Rechtslage nicht eindeutig ist, kann mit einer Wahrscheinlichkeit von mehr als 50% davon ausgegangen werden, dass für Steuerzwecke kein immaterielles Wirtschaftsgut aktiviert werden muss, sondern der Betrag in voller Höhe als Betriebsausgabe steuerlich abzugsfähig ist. In der Steuererklärung wird daher der vollständige Betriebsausgabenabzug geltend gemacht. Es ist aber wahrscheinlich, dass der Betriebsausgabenabzug im Rahmen einer Betriebsprüfung nur zu 60% durchgesetzt werden kann. Bei einem angenommen Steuersatz von 40% wird das wahrscheinliche Steuerrechtsrisiko, dass i.H.v. 40 GE kein steuerlicher Betriebsausgabenabzug möglich ist, durch eine Steuerrückstellung i.H.v. 16 GE (40 GE * 40%) berücksichtigt.

Zum Bilanzstichtag ergeben sich folgende Auswirkungen:

Bilanzpositionen vor Rückstellungsbildung

IFRS – Immaterielles Wirtschaftsgut:	100 GE
Steuerbilanz – Immaterielles Wirtschaftsgut:	0 GE
IFRS – DTL (100 GE – 0 GE = 100 GE * 40%):	40 GE

[291] D.h. die Steuersätze für latente und laufende Steuern sind identisch.

Buchungssätze zur bilanziellen Berücksichtigung des Risikos

Laufender Steueraufwand („current tax expense“) von 16 GE an Laufende Steuerverbindlichkeit („current tax liability, CTL“) von 16 GE

Latente Steuerverbindlichkeit („deferred tax liability“) von 16 GE an Latenten Steuerertrag („deferred tax benefit“) von 16 GE

Bilanzpositionen nach Rückstellungsbildung

IFRS – Immaterielles Wirtschaftsgut:	100 GE
Steuerbilanz – Immaterielles Wirtschaftsgut:	0 GE
Risikoadjustierter Steuerbilanzwert:	40 GE
IFRS – DTL (100 GE – 40 GE = 60 GE * 40%):	24 GE
IFRS – CTL (40 GE * 40% = 16 GE):	16 GE

Insgesamt verändert sich durch die Rückstellungsbildung das Ertragsteuerergebnis nicht. Bilanziell entsteht ein laufender Ertragsteueraufwand von 16 GE bei gleichzeitigem latenten Steuerertrag i. H. v. 16 GE. Es handelt sich um einen Passivtausch zwischen einer DTL und einer Rückstellung für Steuerrechtsrisiken. Die Konzernsteuerquote wird somit nicht unmittelbar beeinflusst. Einflüsse auf die Konzernsteuerquote können sich jedoch mittelbar ergeben, da laufende und latente Steuerverpflichtungen unterschiedlichen Bewertungsregeln folgen. Am einfachsten lässt sich der Unterschied durch die Anwendung von sich im Zeitablauf verändernden Steuersätzen bei unveränderten Bilanzpositionen verdeutlichen: Während die Rückstellung für Steuerrechtsrisiken unverändert mit dem Steuersatz des betreffenden Veranlagungszeitraums dotiert wird, ist die latente Steuerschuld mit dem neuen Steuersatz zu bewerten.

An diesem Beispiel der Veränderung passiver latenter Steuern durch Rechtsänderung wird deutlich, dass es bei der bilanziellen Berücksichtigung von temporären Steuerrechtsrisiken letztendlich um die Berücksichtigung von Bewertungsrisiken und der damit zusammenhängenden Steueraufwandsrisiken geht.

Beispiel 19b: Aktivseite (Wert nach IFRS/US-GAAP < Steuerbilanzwert). In Übereinstimmung mit dem Rechnungslegungsstandard wird ein Wirtschaftsgut zu Herstellungskosten i. H. v. 100 GE aktiviert. Planmäßige und außerplanmäßige Abschreibungen sind wiederum nicht anzunehmen. Da die Gesetzes- und Rechtslage nicht eindeutig ist, könnte vertreten werden, dass das Wirtschaftsgut für Steuerzwecke (wegen potentiell zuzuordnenden Anschaffungsnebenkosten) steuerbilanziell mit einem Wert von 200 GE zu erfassen sei. Es gibt jedoch auch sehr gute Argumente, das Wirtschaftsgut mit einem Wert von 150 GE zu aktivieren. Wahrscheinlich ist, dass auf dem Rechtsweg ein Wertansatz von 150 GE durchgesetzt werden kann. Es ist aber auch wahrscheinlich, dass es im Rahmen einer abschließenden Einigung mit der Betriebsprüfung („settlement“) bei einem Wertansatz von 175 GE und damit bei einer Verringerung des steuerlichen Betriebsausgabenabzugs um 25 GE bleiben kann. Da die Einigung außerhalb des Gerichts in diesem Fall die Grundlage für die Einschätzung des Steuerrisikos darstellt, wird eine Rückstellung für Steuerrechtsrisiken gebildet. Der Steuersatz beträgt 40%.

Zum Bilanzstichtag ergeben sich folgende Auswirkungen:

Bilanzpositionen vor Rückstellungsbildung

IFRS – Immaterielles Wirtschaftsgut:	100 GE
Steuerbilanz – Immaterielles Wirtschaftsgut:	150 GE
IFRS – DTA (100 GE – 150 GE = – 50 * 40% * –1):	20 GE

Buchungssätze zur bilanziellen Berücksichtigung des Risikos

Laufender Steueraufwand („current tax expense“) von 10 GE an Laufende Steuerverbindlichkeit („current tax liability“) von 10 GE

Latente Steuerforderung („deferred tax asset“) von 10 GE an Latenten Steuerertrag („deferred tax benefit“) von 10 GE

Bilanzpositionen nach Rückstellungsbildung

IFRS – Immaterielles Wirtschaftsgut:	100 GE
Steuerbilanz – Immaterielles Wirtschaftsgut:	150 GE
Risikoadjustierter Steuerbilanzwert:	175 GE
IFRS – DTA (100 GE – 175 GE = –75 GE * 40% * –1):	30 GE
IFRS – CTL (25 GE * 40% = 10 GE):	10 GE

Durch die Rückstellungsbildung für das Risiko, dass 25 GE steuerbilanziell aktiviert werden müssen, erhöht sich die aktive latente Steuer um 10 GE (= 25 GE * 40%). Es handelt sich um eine Bilanzverlängerung, die zu einem laufenden Steueraufwand und in gleicher Höhe zu einem latenten Steuerertrag führt. Diese zusätzliche aktive latente Steuer in Höhe von 10 GE unterliegt bis zur Beseitigung des Steuerrechtsrisikos einem Bewertungsrisiko. Wenn z.B. die abzugsfähige temporäre Differenz voraussichtlich nicht mehr mit steuerpflichtigem Einkommen verrechnet werden kann oder wenn der Ertragsteuersatz gesenkt wird, ist der Wert der aktiven latenten Steuern zu berichtigen. Dies führt zu einem latenten Steueraufwand, der die Konzernsteuerquote belastet. Im Extremfall ist die aktive latente Steuer bereits in der aktuellen Berichtsperiode wertlos und beeinflusst die Konzernsteuerquote sofort negativ. Unmittelbarer Einflussfaktor auf das Ertragsteuerergebnis ist jedoch nach der hier gewählten Systematisierung und Diktion nicht das Steuerrechtsrisiko, sondern der Einflussfaktor des bilanziellen Steueraufwandsrisikos.

Die Beispiele 20a und 20b können analog auf Sachverhalte der Passivseite übertragen werden. Im Ergebnis werden auch dort durch die Bildung von Rückstellungen für zeitbezogene Steuerrechtsrisiken entweder passive latente Steuern ersetzt (Passivtausch) oder aktive latente Steuern gebildet (Bilanzverlängerung).

(2) Bedeutung. Rückstellungen für zeitbezogene Steuerrechtsrisiken beeinflussen die Höhe der aktiven und passiven latenten Steuern und damit das Risikoprofil bilanzieller Aufwandsrisiken. Sie beeinflussen in Verbindung mit bilanziellen Steueraufwandsrisiken und Rückstellungen für steuerliche Nebenleistungen unmittelbar die Konzernsteuerquote.[292] Die Ausführungen zum steuerlichen Risikomanagement und der Bandbreite subjektiver Risikoeinschätzungen bei Steuerrechtsrisiken mit unmittelbarer Wirkung auf die Konzernsteuerquote gelten entsprechend.

(3) Management. Auch hier gilt das zu den Steuerrechtsrisiken mit unmittelbarem Einfluss auf die Konzernsteuerquote Gesagte.

[292] Vgl. Kapitel B.IV.4.b) und Kapitel B.IV.4.c).

b) Abbildung der Risiken für steuerliche Nebenleistungen

aa) Beschreibung der Einflussgröße

Werden Steuern vom Steuerpflichtigen erst im Nachhinein entrichtet oder vom Fiskus mit einer zeitlichen Verzögerung zurückerstattet, dann entsteht durch den Zeitablauf entweder ein wirtschaftlicher Vor- oder Nachteil. Dieser soll in aller Regel durch lokale Zinslaufregelungen annäherungsweise ausgeglichen werden. Darüber hinaus existieren weitere Abgaben oder Zuschläge, die entstehen, wenn es zu einer zeitlich verzögerten Steuererklärung oder -zahlung des Steuerpflichtigen kommt. Solche Zinsen, Zuschläge und andere Abgaben werden zusammenfassend als steuerliche Nebenleistungen[293] bezeichnet.

Im Rahmen der Bildung und Neubewertung von Rückstellungen für Steuerrechtsrisiken sind aus Konsistenzgründen auch die Risiken für steuerliche Nebenleistungen bilanziell zu berücksichtigen. Bei einer Vielzahl von noch nicht abschließend veranlagten Steuerjahren kann es im Extremfall dazu kommen, dass die Rückstellung für Zinsen die Höhe der Rückstellung für das zugrunde liegende materiell-rechtliche Steuerrisiko übersteigt. Beispiel 20 illustriert den Akkumulierungseffekt von Risiken für steuerliche Nebenleistungen.

Beispiel 20: Obwohl mittlerweile schon Gegenstand einer Betriebsprüfungsfeststellung, ist für den Veranlagungszeitraum 1996 nicht endgültig geklärt, ob bestimmte Betriebseinnahmen steuerpflichtig oder steuerfrei sind. In Übereinstimmung mit dem Rechnungslegungsstandard wurde hierfür eine Rückstellung für Steuerrisiken i. H. v. 100 GE gebildet. Die lokalen Zinslaufregelungen sehen einen Zinssatz von 6% p. a. vor. Zinslaufbeginn war der 1. April 1998. Der Steuerpflichtige hat in jedem Veranlagungszeitraum Gewinne erzielt.

Jahre	**1998**	**1999**	**2000**	**2001**	**2002**	**2003**	**2004**	**2005**	**2006**	**2007**
Steuer	100	100	100	100	100	100	100	100	100	100
Zins p. a.	4,5	6	6	6	6	6	6	6	6	6
Zins Gesamt	**4,5**	**10,5**	**16,5**	**22,5**	**28,5**	**34,5**	**40,5**	**46,5**	**52,5**	**58,5**

Aufgrund der Rückstellungsbildung für ein Steuerrechtsrisiko i. H. v. 100 GE besteht zum 31. 12. 2007 korrespondierend eine zusätzliche Rückstellung für steuerliche Nebenleistungen i. H. v. 58,5 GE.

Hieran wird deutlich, dass die steuerlichen Nebenleistungen im Gefolge der Rückstellungen für Steuerrechtsrisiken die Konzernsteuerquote erheblich beeinflussen können. Der Einfluss wird dabei (i) durch die lokalen Zinslauf- bzw. Zuschlagsregelungen, (ii) ihrer steuerrechtlichen Behandlung und (iii) durch den bilanziellen Ausweis der Rückstellung für steuerliche Nebenleistungen bestimmt.

IFRS und US-GAAP sehen ein Wahlrecht vor, den Aufwand oder Ertrag aus der Bildung oder Neubewertung von Rückstellungen für steuerliche Nebenleistungen entweder im Ertragsteuerergebnis oder im Ergebnis vor Steuern auszuwei-

---

[293] Vgl. für Deutschland § 3 Abs. 4 AO.

sen.[294] Wenn steuerliche Nebenleistungen steuerwirksam, d.h. als Betriebsausgaben steuerlich abzugsfähig und als Betriebseinnahmen steuerpflichtig sind, beeinflusst ein bilanzieller Ausweis im Ergebnis vor Steuern die Konzernsteuerquote nur über den „Kurveneffekt"[295]. Sind steuerliche Nebenleistungen nach lokalen Vorschriften nicht steuerwirksam und werden sie im Ergebnis vor Steuern abgebildet, wirkt die Bildung und Neubewertung von Rückstellungen als nichtabzugsfähige Betriebsausgabe oder steuerfreie Einnahme, d.h. als permanente Differenz auf das Ertragsteuerergebnis. Werden steuerliche Nebenleistungen hingegen im Ertragsteuerergebnis ausgewiesen, beeinflussen sie in jedem Fall als „tax only"-Effekt unmittelbar den Ertragsteueraufwand. Der unterschiedliche Einfluss dieser drei Varianten auf die Konzernsteuerquote lässt sich folgendermaßen veranschaulichen.

Beispiel 21:

Sonstiges Konzernergebnis:	1000 GE
Steuerrechtsrisiko bleibt unverändert:	./.
Zuführungsbetrag p.a. für steuerliche Nebenleistungen:	10 GE
Erwartete Konzernsteuerquote vor Zuführung:	35%

Variante 1a: Ausweis im Ergebnis vor Steuern bei steuerlicher Abzugsfähigkeit

- Abzugsfähiger Zinsaufwand i.H.v. 10 GE * 35%
  = 3,5 GE Steuerertrag

Variante 1b: Ausweis im Ergebnis vor Steuern ohne steuerliche Abzugsfähigkeit

- Nichtabzugsfähiger Zinsaufwand i.H.v. 10 GE =
  0 GE Steuerertrag

Variante 2a: Ausweis im Ertragsteuerergebnis bei steuerlicher Abzugsfähigkeit

- Abzugsfähiger Steueraufwand i.H.v. 10 GE (– 10 GE * 35%)
  = 6,5 GE Steueraufwand

Variante 2b: Ausweis im Ertragsteuerergebnis ohne steuerliche Abzugsfähigkeit

- Nichtabzugsfähiger Steueraufwand i.H.v.
  10 GE Steueraufwand

	Variante 1a (GE)	**Variante 1b (GE)**	**Variante 2a (GE)**	**Variante 2b (GE)**
Vor Steuern	990	990	1000	1000
Steuer	346,5	350	356,5	360
Nach Steuern	643,5	640	643,5	640
ETR	**35%**	**35,35%**	**35,65%**	**36%**

[294] FIN 48, Nr. 15 lässt für US-GAAP optional einen Ausweis im Steuer- oder im Ergebnis vor Steuern zu. IAS 12 i.V.m. IAS 37 regelt den Ausweis von „interest" und „penalties" nicht, weshalb wohl davon ausgegangen werden kann, dass der Ausweis im Rahmen einer Managemententscheidung für den Konzern festzulegen ist. Wirtschaftlich betrachtet, führt die Anlage der noch nicht bezahlten Steuern zu einem Zinsertrag oder kann zur Finanzierung einer operativen Tätigkeit verwendet werden. Deshalb ist u.E. der erfolgswirksame Ausweis der Bildung und Neubewertung von Rückstellungen für steuerliche Nebenleistungen im Ergebnis vor Steuern sachgerecht. Anders könnte man den Ausweis möglicherweise im Zusammenhang mit Zuschlägen sehen, wenn die Zuschlagszahlung eine bestrafende Wirkung hat und das Verhalten des Steuerpflichtigen beeinflussen soll.

[295] Vgl. Kapitel B.III.1.

Die Darstellung zeigt, dass die Konzernsteuerquote bei den hier unterstellten Annahmen sensitiver auf den bilanziellen Ausweis als auf die steuerliche Abzugsfähigkeit reagiert.

bb) Bedeutung

Steuerliche Nebenleistungen sind immer parallel zur Bildung und Neubewertung von Rückstellungen für Steuerrechtsrisiken mit unmittelbare und mittelbare Einfluss auf die Konzernsteuerquote zu betrachten und deshalb schon aus den dort genannten Gründen von Bedeutung. Ihr Gewicht nimmt zu, wenn sie nicht steuerwirksam sind und sich auf weiter zurückliegende Veranlagungszeiträume beziehen. Ein bilanzieller Ausweis im Ergebnis vor Steuern hat einen glättenden und tendenziell entlastenden Effekt auf den Ertragsteueraufwand und die Konzernsteuerquote.

cc) Management

Die Abteilungen Rechnungswesen und Investor Relations sind die Ansprechpartner der Steuerabteilung, um den bilanziellen Ausweis für steuerliche Nebenleistungen kapitalmarktorientiert zu bestimmen.

c) Bilanzielle Steueraufwandsrisiken

aa) Beschreibung der Einflussgröße

Nach IAS 12.47 sind latente Steueransprüche und -schulden anhand der Steuersätze zu bewerten, deren Gültigkeit für die Periode erwartet wird, in der ein Vermögenswert realisiert oder eine Schuld erfüllt wird. Dabei werden die Steuersätze und steuerlichen Vorschriften verwendet, die zum Bilanzstichtag gültig oder angekündigt sind („substantively enacted“).[296] Es besteht demnach immer die Möglichkeit, dass bei einer Steuersatzänderung der Ertragsteueraufwand in der Periode der Gesetzesänderung steigt: Überwiegen DTL gegenüber DTA, existiert ein steuerbilanzielles Aufwandsrisiko hinsichtlich einer Steuersatzerhöhung; überwiegen DTA gegenüber DTL, besteht das Risiko in Bezug auf eine Steuersatzsenkung. Ein Steueraufwandsrisiko wegen Steuersatzänderungen ist zum Bilanzstichtag nur dann nicht vorhanden, wenn DTAs und DTLs mit gleicher Fristigkeit eines Steuerpflichtigen in einer Jurisdiktion betragsgleich sind. Der Buchwert aktiver latenter Steuern ist zusätzlich zu jedem Bilanzstichtag nach IAS 12.56 auf seine Werthaltigkeit zu überprüfen. Sofern es nicht wahrscheinlich ist, dass in kommenden Perioden zu versteuerndes Ergebnis vorliegt, um den Vorteil der aktiven Steuerlatenz zu nutzen, ist die gebildete aktive latente Steuer teilweise oder insgesamt aufzulösen. Unter diesem Aspekt besteht ein potentielles Steueraufwandsrisiko immer dann, wenn die aktiven latenten Steuern die passiven latenten Steuern betragsmäßig übersteigen oder wenn die zeitliche Staffelung der Auflösung aktiver und passiver Steuerlatenzen derart auseinander fällt,

---

[296] Vgl. für US-GAAP Kapitel A.II.2.b).

dass die passiven Steuerlatenzen für eine Verrechnung nicht zur Verfügung stehen und anderes zu versteuerndes Einkommen (Steuerkapazität) fehlt. Für das Vorhandensein übriger Steuerkapazität ist der Rückblick in die jüngere Vergangenheit ein allgemein akzeptierter Anhaltspunkt. Das Abwertungsrisiko aktiver latenter Steuern mangels Werthaltigkeit sollte demnach als gering einzustufen sein, wenn:

- das Steuersubjekt in Vorperioden handelsrechtlich Gewinne erzielt hat, die zumindest teilweise zu einer Steuerschuld geführt haben;
- ein Geschäftsplan vorliegt, der einen positiven Ergebnisbeitrag vorsieht;
- der Bestand aktiver latenter Steuern der Vorperiode teilweise genutzt werden konnte;
- ein hoher Bestand passiver latenter Steuern vorliegt, der eine ähnliche Fristigkeit hinsichtlich seiner Umkehrung aufweist; und
- keine steuerlichen Verlustvorträge oder anderen steuerlichen Anrechnungsguthaben vorliegen oder bilanziell als Vorteil abgebildet worden sind.

Nach IAS 12.28 bis 12.35 liegen Anhaltspunkte für eine mangelnde Werthaltigkeit von DTA vor, wenn hinsichtlich des gleichen Steuersubjekts und der gleichen Steuerbehörde

- keine ausreichenden DTLs vorliegen, die sich in entsprechenden Perioden umkehren;
- keine ausreichenden sonstigen zu versteuernden Ergebnisse in der Periode der Umkehrung der abzugsfähigen temporären Differenzen erwartet werden können; oder
- durch Steuergestaltungsmöglichkeiten in den betroffenen Perioden voraussichtlich kein ausreichendes steuerpflichtiges Einkommen generiert werden kann.

Nach IAS 12.82 (b) muss im Zusammenhang mit aktiven latenten Steuern auf Verlustvorträge und Steueranrechnungsguthaben eine zusätzliche Erklärung abgegeben werden, weshalb DTA auf Verlustvorträge aktiviert worden sind, wenn das gleiche Steuersubjekt in der laufenden oder in der Vorperiode in der gleichen Steuerjurisdiktion Verluste erlitten hat.[297]

Insgesamt wirkt eine Neubewertung aktiver oder passiver latenter Steuern als „tax only"-Effekt unmittelbar auf das Ertragsteuerergebnis.

bb) Bedeutung

Wie bereits in Kapitel A.II.4. festgestellt wurde, lässt sich die Zielsetzung der Steuerbarwertminimierung mit der Zielsetzung einer dauerhaft niedrigen Konzernsteuerquote verknüpfen. Aus steuerplanerischer Sicht ist daher unter normalen Umständen eine Minimierung von aktiven la-

---

[297] Vgl. Kapitel A.II.2.a).

tenten Steuern und eine Maximierung der passiven latenten Steuern anzustreben, um das bilanzielle Steueraufwandsrisiko zu reduzieren. Das verbleibende Steueraufwandsrisiko einer Steuersatzerhöhung bei einem Überhang von DTLs ist in den betreffenden Ländern i.d.R. abzusehen und kann steuerplanerisch antizipiert werden. Die Auflösung einer „deferred tax liability“, d.h. ihre Bezahlung vor Steuersatzerhöhung ist eine adäquate Strategie, der Aufbau zusätzlicher „deferred tax assets“ die logisch zweite, in der Praxis aber oft teurere Variante (da sich die anstehende Steuersatzerhöhung dann auch im „Markt für strukturierte Steuertransaktionen“ auswirkt).

cc) Management

Steuerbarwertminimierung ist originäre Aufgabe der Konzernsteuerabteilung. Steuerplanerische Maßnahmen, die die Abschreibung aktiver latenter Steuern vermeiden sollen, bedürfen zudem oft der Unterstützung von Geschäftseinheiten, die die entsprechenden Transaktionen entweder im Rahmen ihrer geschäftlichen Tätigkeit ermöglichen oder sie zumindest operativ umsetzen.

V. Zusammenfassung

Die Darstellung der verschiedenen Einflussfaktoren auf die Konzernsteuerquote („ETR-Treiber“) zeigt verschiedene Merkmale, nach denen sie sich unterscheiden. Zunächst ist ihre Wirkungsweise danach zu unterscheiden, ob sie lediglich die Volatilität der ETR beeinflussen oder ob sie **absolute Treiber** für die ETR sind. Der auslösende Sachverhalt kann dabei in völlig unterschiedlichen Bereichen liegen. Wie zu erwarten, handelt es sich dabei zunächst um den Bereich der steuerrechtlichen Bestimmungen, viel gewichtiger aber ist der Bereich der Rechnungslegungsvorschriften (insbesondere bei Konsolidierungs- und Ausweisfragen in der Gewinn- und Verlustrechnung). Die ETR wird daneben wesentlich durch die geographische Aufstellung der Geschäftsbereiche und der Aufteilung der Wertschöpfungskette, durch die Strukturierung bedeutender Einzeltransaktionen und durch den rechtlichen und bewertungstechnischen Umgang mit steuerbezogenen Risiken beeinflusst. Bei der Unterscheidung der verschiedenen ETR-Treiber zeigt sich auch, dass ETR-Management weit über den traditionellen Zuständigkeitsbereich einer Steuerabteilung hinausgeht, wenn sie tatsächlich versucht, alle Treiber im Blick zu haben. Die Steuerabteilung übernimmt dann vielfach die Rolle eines Moderators und eine Erklärungsfunktion im Verhältnis zur Konzernleitung und zu anderen Konzernabteilungen bzw. -geschäftsbereichen.

C. Messung der Konzernsteuerquote

I. Anforderungen an ein System zur Messung der „Effective Tax Rate“

Die Messung der Konzernsteuerquote muss unterschiedlichen Informationsbedürfnissen gerecht werden. Ausgangspunkt bilden die Veröffentlichungspflichten steuerrelevanter Informationen nach dem Rechnungslegungsstandard und nach anderen Kapitalmarktvorschriften. Unternehmensinterne Informationserfordernisse ergänzen die externen Anforderungen und bilden zusammen die Datenbasis für das Management der Ertragsteuerbelastung im Konzern. Dabei stellt sich für interne und externe Zwecke permanent die Frage nach der Qualität und Verlässlichkeit der Daten. Zumindest für Unternehmen, die bei der U.S.-amerikanischen Security Exchange Commission (SEC) registriert sind („registrants“), wird die Unternehmensleitung heute schon verpflichtet, ein angemessenes, rechnungslegungsbezogenes, internes Kontrollsystem zu etablieren und dessen Effektivität jährlich zu beurteilen.

1. Externe Anforderungen

a) Jahresabschluss

Welche Informationen im Zusammenhang mit der Konzernsteuerquote im Finanzbericht offen zu legen sind, wird durch den Rechnungslegungsstandard und gegebenenfalls auch durch die Vorschriften der zuständigen Börsenaufsicht bestimmt.[298] Sie bilden die Minimalanforderung an ein System zur Messung der Konzernsteuerquote und bestimmen damit gleichermaßen die Qualität und Aussagefähigkeit von Benchmarking Studien, die auf der Grundlage öffentlich zugänglicher Daten erstellt werden.[299] Beim Messen der Konzernsteuerquote für den Jahresabschluss handelt es sich vor allem um die Ermittlung vergangenheitsorientierter Angaben, die

- im Konzern als „schlichte“ Fakten erhoben werden müssen **(Kategorie I)**,
- Ergebnis einer Managementbeurteilung sind **(Kategorie II)** und
- die sich als arithmetische Folge aus den erhobenen Daten ergeben **(Kategorie III)**.

---

[298] Vgl. ausführlich Kapitel E.I.

[299] Vgl. ausführlich Kapitel E.II.

Kategorie I: Hierunter fallen diejenigen Daten, die ohne weitere Verarbeitung zunächst einmal nur an den richtigen Stellen im Konzernrechnungswesen oder anderenorts innerhalb eines zuverlässigen Prozesses eingesammelt werden müssen. Hierzu zählen insbesondere:

- das Ergebnis vor Steuern auf Einzelabschlussebene (IFRS & US-GAAP);
- Bilanzansätze auf Einzelabschlussebene ohne laufende bzw. latente Steuerbilanzpositionen in der Anfangs- und Schlussbilanz zusammen mit den Veränderungen der Periode, die in ergebniswirksame und ergebnisunwirksame zu differenzieren sind (IFRS & US-GAAP);
- Konsolidierungsbuchungen mit der zugehörigen Geschäftsvorfallinformation sowie die betroffenen Rechtsträger (IFRS & US-GAAP);
- das Ergebnis vor Steuern nach Konsolidierung (IFRS & US-GAAP);
- Anzuwendende Währungsumrechnungskurse (IFRS & US-GAAP);
- Ergebnisbeitrag von Geschäftsbereichen, die in der aktuellen Periode aufgegeben worden sind, getrennt nach laufendem Ergebnis und Veräußerungsergebnis sowie die darauf entfallenden laufenden und latenten Steuern (IFRS & US-GAAP);
- Ergebnis vor Steuern und Steuerergebnis von „extraordinary items“ (US-GAAP);
- das gebuchte laufende und latente Ertragsteuerergebnis auf Einzelgesellschaftsebene (IFRS & US-GAAP);
- Betrag des Ertragsteuerergebnisses, der aus Änderungen der Bilanzierungs- und Bewertungsmethoden resultiert (IFRS & US-GAAP);
- Ertragsteuersätze einzelner Jurisdiktionen, in denen durch die Konzerntätigkeit eine unbeschränkte oder beschränkte Steuerpflicht begründet worden ist (IFRS & US-GAAP);
- Ertragsteuerarten getrennt nach Bundes-, Staats- und Kommunalsteuern (US-GAAP);
- Ertragsteuersatzänderungen je Einzelabschluss im Vergleich zur Vorperiode (IFRS & US-GAAP);
- Steuerliche Wertansätze der einzelnen Bilanzpositionen, gegliedert nach dem Rechnungslegungsstandard auf Einzelabschlussebene (IFRS & US-GAAP);
- Qualifizierung von Vermögenswerten oder Schulden danach ob Änderungen der Bilanzpositionen steuerwirksam oder steuerunwirksam sind (IFRS & US-GAAP);
- Qualifizierung von Einkünften und Aufwendungen danach ob sie steuerpflichtig, steuerbefreit oder steuerermäßigt (einschließlich der Angabe des dann anzuwendenden Steuersatzes) sind (IFRS & US-GAAP);
- Steuerattribute, wie steuerliche Anrechnungsguthaben und Verlustvorträge zusammen mit Fälligkeitsdaten (IFRS & US-GAAP);
- Steuerliche Anrechungsguthaben aus Investitionen (US-GAAP);

- Arten von temporären Wertunterschieden und Verlustvorträgen, die zur signifikanten Bildung von aktiven bzw. passiven latenten Steuern führen (IFRS & US-GAAP);
- Steueraufwand, der erfolgsunwirksam direkt dem Eigenkapital zugerechnet worden ist bzw. einen aktivierten Firmenwert oder immaterielle Wirtschaftsgüter eines erworbenen Unternehmens verringert (US-GAAP);
- Steuern Vorjahre, beispielsweise wegen Abschluss von Betriebsprüfungen und geänderter Steuererklärungen (IFRS & US-GAAP);
- Steuern Vorjahre aufgrund von Fehlern (IFRS);
- Steuerrückstellungen (im Sinne von Steuerabgrenzungen und nicht im Sinne einer Vorsorge für Steuerrechtsrisiken) (IFRS & US-GAAP);
- sonstige laufende Steuerverbindlichkeiten bzw. -forderungen (IFRS & US-GAAP); sowie
- die Angabe, ob eine Konzerngesellschaft zu einer „Tax Group" gehört (US-GAAP).

Auch wenn die Informationen der Kategorie I bereits das Ergebnis der richtigen Anwendung steuerlicher Vorschriften und Rechnungslegungsvorschriften sind, müssen sie lediglich als „regelkonforme" Daten erhoben werden. Mit Blick auf die Komplexität der jeweiligen Steuerrechtsnormen bzw. der Bilanzierungsvorschriften, ist besondere Sorgfalt geboten, damit die Daten für Zwecke der Erhebung auch richtig und vollständig zur Verfügung stehen.[300]

Kategorie II: Anders verhält es sich bei der Beurteilung steuerlicher Sachverhalte, die nicht eindeutig durch die Gesetzes- und Rechtslage geregelt sind bzw. die wegen neuer Rechtsprechung, Verwaltungsanweisungen oder Gesetzgebungsverfahren neu eingeschätzt werden müssen. In diesen Fällen ist zu analysieren und zu entscheiden, wie sich die mit dem Sachverhalt verbundenen Steuerrechtsrisiken bilanziell auswirken. Eine schlichte Erhebung dieser Daten ist nicht ausreichend, sondern es bedarf einer tiefer gehenden Betrachtung im Kontext der Steuerplanung bzw. am Bilanzstichtag. Das Ergebnis der daraus resultierenden Managemententscheidung ist die zusammengefasste Rückstellungsposition für Steuerrechtsrisiken im Konzern.[301]

Ähnliches gilt für die Einschätzung der Werthaltigkeit von aktiven Steuerlatenzen. Immer dann, wenn es i. S. v. IAS 12.24 bzw. 12.34 i. V. m. IAS 12.28 bis 12.35 oder SFAS 109.17e nicht mehr oder wieder wahr-

[300] Vgl. auch unten Kapitel C.I.3.

[301] FIN trägt dem besonderen Merkmal von subjektiven Einschätzungen Rechnung und fordert an dieser Stelle sehr weitgehende Dokumentations- und Offenlegungsverpflichtungen; vgl. insgesamt FASB Interpretation No. 48: „Accounting for Uncertainty in Income Taxes – an interpretation of FASB Statement No 109"; June 2006.

scheinlich ist, dass zukünftig zu versteuerndes Einkommen zur Verfügung stehen wird, sind aktive latente Steuern neu zu bewerten.[302] Der Werthaltigkeitsanalyse von Verlustvorträgen und von anderen steuerlichen Anrechnungsguthaben ist dabei besondere Aufmerksamkeit zu schenken. Das Ergebnis der Analyse[303] ist separat für

- temporäre Wertunterschiede
- steuerliche Verlustvorträge und
- sonstige Steuergutschriften

anzugeben. Für US-GAAP ist dabei zusätzlich der Betrag von „valuation allowances“ zu veröffentlichen, der im Falle einer Reduzierung einen Firmenwert bzw. immaterielle Wirtschaftsgüter verringert.[304]

Neben der Einschätzung von Steuerrechts- und bilanzieller Bewertungsrisiken gehören zur Kategorie II noch solche Daten, die nach dem Rechnungslegungsstandard Gegenstand einer Ermessensentscheidung sind. Hierbei handelt es sich für IFRS und US-GAAP insbesondere um:

- die Frage, ob auf quasi-permanente Differenzen, wie temporäre „outside basis differences“, latente Steuern abzugrenzen sind oder ob diese nur im Anhang angegeben werden (IAS 12.81 (f) i.V.m. IAS 12.39 und 12.44 sowie APB 23 und SFAS 109.31); bzw.
- welcher Steuersatz für die Überleitungsrechnung vom erwarteten Steuerergebnis zum tatsächlichen Steuerergebnis verwendet wird und wieso er sich gegebenenfalls im Vergleich zur vorangegangenen Periode verändert hat (IAS 12.81 (d) und S-X Rule 4-08(h)(2)).

Kategorie III: Auf der Grundlage der Ergebnisse der schlichten Datenerhebung (Kategorie I) und der Risikoeinschätzungen bzw. Ermessenentscheidungen (Kategorie II), können die noch fehlenden Informationen zur Messung der Konzernsteuerquote rechnerisch ermittelt werden. Aus praktischer Sicht ist es dabei wünschenswert, dass:

- das Ertragsteuerergebnis automatisch in die Darstellungswährung des Konzernabschlusses umgerechnet wird,
- das laufende und latente Ertragsteuerergebnis nach Konsolidierung automatisch durch die Zusammenführung der Summen-G.u.V mit den erfolgswirksamen Konsolidierungsbuchungen ermittelt wird,
- eine konzernweite Tax Reconciliation automatisch auf der Grundlage der aggregierten, G.u.V bezogenen Steuerinformation und der G.u.V. bezogenen Konsolidierungsinformation erstellt werden kann, und

---

302 Vgl. Kapitel A.II.2.a) und b).

303 D.h. in welchem Umfang aktive Steuerlatenzen nach IFRS abgegrenzt werden bzw. welche aktiven Steuerlatenzen nach US-GAAP wieder passivisch über eine „valuation allowance“ wertberichtigt werden müssen und wie sie sich im Vergleich zur Vorperiode entwickelt haben.

304 Vgl. zum Hintergrund Kapitel B.IV.3.b).

- separate Auswertungen für Offenlegungs- und auch Analysezwecke auf der Basis eines zentral geführten Datenpools vorgenommen werden können.

b) Zwischenbericht

IAS 34 Nr. 8 und entsprechend auch APB 28 para. 10 i.V.m. para. 19 f. für US-GAAP bestimmen, dass der Ertragssteueraufwand für eine Zwischenperiode auf der Basis eines für ein Jahr geschätzten, durchschnittlichen Ertragsteuersatzes zu ermitteln ist. Nur wenn keine valide Schätzung möglich ist, wird als Ausnahme auf das tatsächliche, im Quartal gebuchte Ertragsteuerergebnis abgestellt. Es existieren somit externe Anforderungen, die eine zukunftsgerichtete Ermittlung und Beobachtung der Konzernsteuerquote erforderlich machen. Der Planungshorizont beträgt dabei allerdings nicht mehr als ein Jahr.[305] Zusammengefasst sind für die Planung einer Jahressteuerquote zusätzlich folgende Informationen erforderlich:

- das Ergebnis vor Steuern des vorangegangenen Jahres, bereinigt um Einmaleffekte und ergänzt um zu erwartende Effekte der Planperiode;
- sollten die Zahlen der Konzernplanung nicht auf der Grundlage einer Rechtsträgerplanung („legal entity“) ermittelt werden, ist zusätzlich die Verteilung des Ergebnisses vor Steuern auf die einzelnen Jurisdiktionen einzuschätzen;
- permanente Differenzen der Vorperiode, bereinigt um Einmaleffekte und ergänzt um zu erwartende Effekte der Planperiode; sowie
- „tax only“-Effekte der Vorperiode, wiederum bereinigt um Einmaleffekte und ergänzt um die erwarteten Veränderungen dieser ertragsunabhängigen Steuerbe- bzw. -entlastungen für die Planperiode.

2. Interne Anforderungen

Mit Ausnahme der Angaben, die der Kategorie II zuzuordnen sind und der Anforderungen an einen Zwischenbericht, handelt es sich bei den veröffentlichten Informationen um Zahlen und Fakten, die einer abgeschlossenen Bilanzierungsperiode zuzurechnen sind. Für ein wirkungsvolles Management der Steuerbelastung im Konzern reichen diese größtenteils vergangenheitsorientierten Zahlen nicht aus, weil dabei das Steuerplanungselement vernachlässigt wird. Zusätzlich zu den externen Berichtsanforderungen empfiehlt sich deshalb u. E.:[306]

---

[305] Kapitel D. „Planung der Konzernsteuerquote für den Zwischenabschluss“ setzt sich mit den Rechnungslegungsvorschriften, einem Planungsansatz bzw. einer Planungsmethodik sowie der Darstellung der Planquote im Zwischenabschluss auseinander.

[306] Vgl. ausführlich Kapitel C.II.4.

- eine Planung des globalen Basissteuersatzes mit einem Planungshorizont von zwei oder mehr Jahren auf der Grundlage konzerninterner Planungsprozesse und der Geschäftsstrukturen;
- die Ermittlung von strukturellen, steuerfreien Einkünften bzw. nichtabzugsfähigen Aufwendungen für einen Planungshorizont von zwei oder mehr Jahren;
- eine über die reine Werthaltigkeitsfrage hinausgehende detaillierte Analyse von latenten Steuern, insbesondere im Hinblick darauf wann mit der Umkehrung der Steuerlatenzierungen zu rechnen ist, die zu Steuererstattungen bei DTAs und zu Steuerbelastungen bei DTLs führen; und
- eine strukturelle Steuerkapazitätsplanung für jedes Land der Konzerntätigkeit.

Die auf der Grundlage von Ist- und Plandaten gemessene Konzernsteuerquote bildet dann den Startpunkt, um mit gezielten steuerplanerischen Maßnahmen, die relative Ertragsteuerbelastung im Konzern zu optimieren.

3. Qualitative Anforderungen („SOX 404“)

Die Section 404 des am 30. Juli 2002 in Kraft getretenen Sarbanes-Oxley Act („SOX 404“) hat weitreichende Auswirkungen auf die internen Kontrollsysteme von Unternehmen, die bei der SEC registriert sind. Danach liegt es in der Verantwortung der Unternehmensleitung (i) ein internes Kontrollsystem zu etablieren, das die Richtigkeit und Ordnungsmäßigkeit von extern veröffentlichten Angaben zum Gegenstand hat und (ii) dessen Effektivität jährlich zu beurteilen. Diese Anforderungen implizieren die umfassende Dokumentation der internen Kontrollen, da die Unternehmensleitung aus US-amerikanischer Sicht ansonsten nicht in der Lage ist, die nach SOX 404 geforderte jährliche Beurteilung über die Funktionalität und Effektivität der Kontrollen verantwortlich abzugeben. Der Abschlussprüfer muss nach SOX 404 die internen Kontrollen überprüfen und über das Ergebnis der Prüfung berichten.

Mängel, die im Rahmen der Überprüfung der Kontrollen auftreten, sind als „control deficiency“, „significant deficiency“ bzw. als „material weakness“ durch den Abschlussprüfer einzuschätzen. Eine „control deficiency“ liegt vor, wenn durch die eingerichtete Kontrolle Fehler bei der Finanzdatenermittlung im Rahmen der Ausübung der dem Mitarbeiter zugeordneten Funktion nicht verhindert bzw. nicht zeitgerecht identifiziert werden können. Unter einer „significant deficiency“ ist eine ernstere Form der „control deficiency“ zu verstehen. Die Wahrscheinlichkeit, dass Fehler bei der Zwischen- bzw. Abschlussberichterstattung entstehen bzw. nicht verhindert werden können, weil eine oder mehrere Kontrollen nicht funktionieren, ist dort mehr als gering einzuschätzen

(„more than a remote likelihood"). Eine „material weakness" von Kontrollen ist schließlich eine „significant deficiency", die mit einer nicht nur mehr als geringen Wahrscheinlichkeit materielle Fehler im Zwischen- bzw. Abschlussbericht nicht verhindert bzw. nicht identifiziert. Eine „material weakness" kann sich auch aus einer Kombination mehrerer „significant deficiencies" ergeben. Sollte eine „material weakness" durch den Abschlussprüfer festgestellt werden, ist dies der SEC mitzuteilen und wird dann auf der SEC Internetseite publiziert. Es Bedarf u.E. keiner weiteren Erläuterungen, dass eine „material weakness" bei US-GAAP bilanzierenden Unternehmen den Marktwert erheblich schädigen kann.

Es ist weiterhin zu beobachten, dass immer mehr Management- und Kontrollgremien offensichtlich zur Auffassung gelangen, dass die umfassende Dokumentation und Prüfung der Kontrollen, die im Rahmen der externen Berichterstattung implementiert worden sind, Voraussetzung für eine valide Beurteilung der Finanzdaten ist, um den gestiegenen Anforderungen an die „corporate governance" Rechnung zu tragen. Bereits jetzt verlangen potentielle Investoren im Rahmen der bekannten „due diligence" Prozesse oftmals eine Dokumentation, die den Anforderungen von SOX 404 entspricht. Hierdurch soll die Richtigkeit der zur Verfügung gestellten externen bzw. internen Daten angemessen beurteilt werden können und auch eingeschätzt werden, welcher Aufwand im Rahmen einer Integration entstehen wird, um das erworbene Unternehmen auf die eigenen internen Standards auszurichten.

Alles in allem sind die qualitativen Anforderungen i.S.v. SOX 404 an ein System zur Messung der Konzernsteuerquote hoch. Für alle drei Datenkategorien sind prozess- und systemseitige Kontrollen vorzusehen, die die Richtigkeit bzw. Vollständigkeit der Daten gewährleisten. Hierbei ist zwischen Kontrollen zu unterscheiden, die bei der Ermittlung der Daten zu implementieren sind („einfache Kontrollen") und Schlüsselkontrollen, die die Finanzdaten plausibilisieren („key controls"). Einfache Kontrollen können beispielsweise durch ein Vier-Augen-Prinzip dokumentiert werden. Schlüsselkontrollen hingegen haben die Prüfung von offensichtlichen Unrichtigkeiten der Daten zum Gegenstand. Hierunter ist beispielsweise der Abgleich von systemseitig ermittelten Vortragswerten und Endbeständen der Vorperiode zu verstehen oder ob größere Bewegungen von Bilanzpositionen innerhalb der Berichtsperiode plausibel sind. Auch die Tax Reconciliation dient dabei der inhaltlichen Verprobung des Ertragsteuerergebnisses einer Periode. Sollte die Durchführung einer Schlüsselkontrolle zu Rückfragen führen, muss im Prozess zur ordnungsmäßigen Ermittlung von Finanzdaten gegebenenfalls bis zur lokalen Steuerberechnung oder Steuererklärung „top down" zurückgegangen werden und alle einfachen Kontrollen auf ihre Funktionsfähigkeit hin überprüft werden, bis alle Auffälligkeiten geklärt sind. Führen Schlüsselkontrollen zu keinen weiteren Rückfragen, sollte – und dies ist die Anforderung an die Definition einer Schlüsselkontrolle – davon ausgegangen werden können, dass die „darunter liegenden" einfachen Kontrollen funktionieren.

II. Erfassungssysteme und Erfassungsprozesse

1. Informationen auf Einzelabschlussebene

a) Arten von Informationen

Den Ausgangspunkt für die Messung der Konzernsteuerquote bilden die steuerrelevanten Informationen der voll- bzw. quotal konsolidierten Gesellschaften. Sie werden auf Einzelabschlussebene ermittelt und müssen den lokalen steuerlichen Vorschriften entsprechen. Es handelt sich dabei zunächst um die Steuerberechnung zu den Meldestichtagen. Als Ergebnis erhält man die voraussichtliche Steuerverbindlichkeit bzw. -forderung der Periode, die dazugehörigen steuerlichen Bilanzwerte, steuerliche Verlustvorträge und sonstige steuerliche Anrechnungsguthaben.

Die Steuerberechnung wird jedoch häufig auch im Nachhinein nochmals angepasst und kann dadurch die Ertragsteuerquote in Folgeperioden beeinflussen. Dies liegt daran, dass einerseits die Steuererklärung für einen Veranlagungszeitraum i.d.R. deutlich nach dem Ablauf der betreffenden Berichtsperiode fertig gestellt wird und dann auf einer besseren Erkenntnis als die ursprünglich angefertigte Steuerberechnung beruht. Andererseits sind steuerliche Sachverhalte von Konzerngesellschaften regelmäßig Gegenstand von steuerlichen Außenprüfungen, die oft erst nach Ablauf von mehreren Jahren zum Abschluss kommen. Wenn es im Rahmen der Abgabe von Steuererklärungen bzw. aufgrund des Abschlusses von steuerlichen Außenprüfungen zu Änderungen kommt, sind zwei Fälle zu unterscheiden:

- Eine Anpassung von permanenten Differenzen führt zu Steuererstattungen bzw. -nachzahlungen, die sich als Steuern früherer Jahre unmittelbar auf die Ertragsteuerquote der laufenden Berichtsperiode auswirken.
- Änderungen im Zusammenhang mit temporären Differenzen hingegen führen zu Folgewirkungen in nachfolgenden Berichtsperioden und sind deshalb grundsätzlich erfolgsunwirksam.[307] Sie beeinflussen jedoch die Ertragsteuerquote, wenn zwischen dem Veranlagungszeitraum und der aktuellen Berichtsperiode Steuerrechtsänderungen, wie beispielsweise Steuersatzsenkungen oder -erhöhungen, stattgefunden haben. Die Steuersatzdifferenz führt zu einem permanenten Vor- oder Nachteil, der wiederum die Ertragsteuerquote in der Periode der Änderung beeinflusst.

---

[307] Sie bestimmen allerdings die Aufteilung zwischen dem laufenden und latenten Ertragsteuerergebnis neu.

Schließlich sind im Zusammenhang mit Änderungen der Steuererklärungen noch die Anpassungen steuerlicher Nebenleistungen i.S.v. § 3 Abs. 4 AO zu beachten.[308]

Die Steuerberechnung, Steuererklärung bzw. das Ergebnis der steuerlichen Außenprüfung bilden also die Grundlage für die Ermittlung des bilanziellen Ertragsteuerergebnisses auf Einzelabschlussebene. Die laufenden Steuern entsprechen dabei regelmäßig den Ertragsteueransprüchen bzw. -verpflichtungen, die nach lokalen Vorschriften ermittelt werden. Noch nicht bezahlte Steuerverpflichtungen sind als Schuld und noch nicht erhaltene Erstattungsansprüche sind als Vermögenswerte anzusetzen. Auch die Bildung oder die erfolgswirksame Auflösung von Rückstellungen für Steuerrechtsrisiken wirken sich im laufenden Steuerergebnis aus. Die latenten Steuern ergeben sich aufgrund der ergebniswirksamen Veränderung von temporären Differenzen, aktivierter steuerlicher Verlustvorträge bzw. anderer steuerlicher Anrechnungsguthaben. Der **Zuordnung der steuerlichen Wertansätze zu den Bilanzpositionen** nach dem Rechnungslegungsstandard kommt dabei eine besondere Bedeutung zu. Besonders deutlich wird dies am Beispiel eines „asset deal" nach deutschen steuerlichen Vorschriften:

Falls die Voraussetzungen für einen steuerlichen Teilbetrieb nicht erfüllt werden, kann steuerbilanziell im Gegensatz zu IFRS kein Firmenwert („goodwill"), sondern nur ein Kundenstamm aktiviert werden. Wird dem Firmenwert nicht der Kundenstamm als entsprechender Steuerbilanzwert zugeordnet, hat dies folgende Auswirkungen:

- Nach den allgemeinen Grundsätzen wird auf den Wertunterschied bei dem Kundenstamm ein „deferred tax asset" abgegrenzt, da der steuerbilanzielle Wert höher ist als nach IFRS.
- Auf den korrespondierend höheren Firmenwert nach IFRS kann jedoch keine „deferred tax liability" gebildet werden, da nach IAS 12.21 ein Passivierungsverbot besteht.
- Aufgrund der asymmetrischen Bildung latenter Steuern verringert sich der Firmenwert nach IFRS in Höhe des DTA.
- Im Ergebnis wird hierdurch eine steuerliche Risikoposition geschaffen, die den „goodwill" nach IFRS verringert und im Falle mangelnder Werthaltigkeit abzuschreiben ist.

Hätte im Vergleich zu dieser Vorgehensweise eine Analyse in Übereinstimmung mit IFRS zum Ergebnis geführt, dass der Kundenstamm als Steuerwert dem Firmenwerts nach IFRS zuzuordnen ist, wäre es nicht zur Aktivierung eines DTA gekommen.

---

[308] Vgl. hierzu ausführlich Kapitel B.IV.4.b).

Nicht ganz so deutlich wie im Beispiel, aber im Ergebnis identisch verhält es sich, wenn ein Steuerbilanzwert einem handelsrechtlichen Wert nicht zweifelsfrei zugeordnet werden kann und diese Zuordnung dann in nachfolgenden Berichtsperioden aufgrund unterschiedlicher Abschreibungsreihen zu einem Nettoüberhang aktiver latenter Steuern führt. Vor allem bei Akquisitionen sollte deshalb der Zuordnung der Steuerwerte zu den handelsrechtlichen Bilanzpositionen ein besonderes Augenmerk geschenkt werden.[309]

Schließlich ist auf Einzelabschlussebene im Zusammenhang mit aktiven latenten Steuern noch zu bestimmen, ob sie werthaltig sind. Gibt es keine offensichtlichen Anhaltspunkte für eine mangelnde Werthaltigkeit, können die Steuerwerte zusammen mit den handelsrechtlichen Werten und den Ertragsteuersätzen als Daten der Kategorie I erhoben werden. Die Steuerlatenzen ergeben sich dann rechnerisch als Daten der Kategorie III. Gibt es allerdings berechtigte Zweifel an der Werthaltigkeit, handelt es sich um Daten der Kategorie II, die in einem separaten Prozess zur Erfassung von Bewertungsrisiken ermittelt werden sollten. Gleiches gilt auf Einzelabschlussebene für die bilanzielle Bewertung von Steuerrechtsrisiken.[310]

Zuguterletzt sind auf Einzelabschlussebene noch die Währungsumrechnungskurse zu erheben und nachzuhalten, die für die Anwendung der Zeitbezugsmethode erforderlich sind.[311] Die Daten, die auf Einzelabschlussebene einschließlich der Risikoinformationen ermittelt worden sind, können addiert werden und finden als aggregierte Information Eingang in die Ermittlung der Konzernsteuerquote.

b) Prozessüberlegungen

Steuerberechnung. Bei der Steuerberechnung nach lokalen, steuerrechtlichen Vorschriften handelt es sich aus Sicht der Steuerabteilung oft um ein Schnittstellenthema. Ist beispielsweise wie in Deutschland die lokale Handelsbilanz maßgeblich für die Steuerbilanz und umgekehrt, müssen zumindest in einem ersten Schritt die handelsrechtlichen Wertansätze bzw. Ergebnisbeiträge durch die für das Rechnungswesen zuständige Abteilung ermittelt und an die Steuerabteilung übergeben werden. Die Steuerabteilung berechnet dann die laufende Steuer, bestimmt die steuerlichen Wertansätze, die Vorauszahlungen für Ertragsteuern und beurteilt steuerrechtliche Risiken auf Einzelabschlussebene.[312] Die so ermittelte Steuerrückstellung bzw. Steuerabgrenzung wird dann wieder, zumeist als Buchungsanweisung, dem Rechnungswesen aufgegeben.

[309] Vgl. auch Kapitel B.IV.3.b).

[310] Vgl. hierzu unten Kapitel C.II.2.

[311] Vgl. zur Währungsumrechnung Kapitel B.III.2.c).

[312] Für die Konzernsteuerquote nur aus Konsistenzgründen von Bedeutung werden zusätzlich für lokales Handelsrecht latente Steuern abgegrenzt.

An Komplexität gewinnt die Datenermittlung der Kategorie I, wenn auf Einzelabschlussebene nur eine partielle Steuerpflicht oder „steuerliche Transparenz" besteht und eine Abstimmung und steuerliche Bewertung der Sachverhalte zusätzlich bei dem inländischen oder auch ausländischen Anteilseigner der Konzerngesellschaft stattfinden muss. Ähnlich verhält es sich mit der deutschen steuerlichen Organschaft und mit anderen Systemen, die eine konsolidierte steuerliche Betrachtung mehrerer Gesellschaften erfordern. Prozessual anspruchsvoll ist ebenso die Ermittlung der Ergebnisse von Konzerngesellschaften, die in Form von ausländischen Betriebsstätten international tätig sind. Immer dann, wenn es keinen Betriebsstättenvorbehalt aufgrund DBA-rechtlicher Regelungen gibt bzw. zusätzlich die steuerliche Behandlung im Ausland für die steuerliche Würdigung im Inland wegen nationaler oder internationaler Rückfallklauseln maßgebend ist, muss eine Abstimmung zwischen den lokalen, steuerlichen Informationen des Betriebsstättenstaates und der steuerlichen Würdigung beim Stammhaus stattfinden. Schließlich sind im Zusammenhang mit der Berechung der lokalen Steuern (und dort insbesondere bei der Konzernobergesellschaft) noch Hinzurechnungstatbestände für „controlled foreign companies" zu berücksichtigen.[313]

Angaben nach IFRS bzw. US-GAAP. Für die Bestimmung latenter Steuern ist die Veränderung der Bilanzpositionen nach IFRS bzw. US-GAAP zu ermitteln. Da diese üblicherweise nicht innerhalb einer Konzernsteuerabteilung ermittelt werden, handelt es sich auch hier wieder um ein Schnittstellenthema zwischen der für das Rechnungswesen zuständigen Fach- und der Steuerabteilung.

Die praktischen Schwierigkeiten sind dabei nicht zu unterschätzen.[314] Rechnungslegungsdaten werden üblicherweise im Rahmen eines „bottom up" Prozesses ermittelt. Beginnend mit der Bilanzaufstellung nach lokalen Vorschriften wird meist in einem nachfolgenden Schritt die Handelsbilanz II für den Konzernabschluss vorbereitet. Die mit Zeitverzögerung für den Konzernabschluss ermittelte Rechnungslegungsinformation auf Einzelabschlussebene stellt dann die Basis für die Ermittlung der latenten Steuern dar. Da bereits gemeldete Daten aufgrund besserer Erkenntnis im Rahmen des Financial Reporting Prozesses wieder revidiert und neu gemeldet werden, kann sich dann gleichermaßen, wiederum mit einer zeitlichen Verzögerung, auch die Basis für die Berechnung latenter Steuern verändern. Um an dieser Stelle Ineffizienzen zu vermeiden und vor allem um richtige und vollständige Steuerinformationen sicherzustellen, sollte eindeutig festgelegt werden, (i) wann Änderungen möglich sind, (ii) wie Änderungen kenntlich gemacht werden müssen

[313] Vgl. Kapitel B.IV.2.c)ee).

[314] Dies kann abhängig von der Komplexität der Beteiligungs- und Betriebsstättenstruktur auch schon für die Ermittlung der laufenden Steuerberechnung gelten.

und (iii) wann die Berechnung latenter Steuern stattfindet bzw. wann sie erneut beginnen soll.

Gesamt. Der vollständige Prozess, der zur Gewinnung steuerrelevanter Daten auf Einzelabschlussebene zu definieren ist, wird durch die inhaltlichen Anforderungen[315] und durch die IT-Infrastruktur des Financial Reporting eines Konzerns bestimmt. Beide zusammen bilden auch die Grundlage für die Bestimmung von Kontrollen im Prozessablauf, die die richtige und vollständige Erfassung der steuerrelevanten Finanzdaten gewährleisten sollen. Es bietet sich an, den Gesamtprozess zur Ermittlung der Daten von Kategorie I, II und III aufgrund der Komplexität einzelner Berechnungen in Teilprozesse zu zerlegen, die wie folgt aussehen könnten:

- Stichtagsbezogene Steuerberechnung unter Berücksichtigung der Schnittstelle zum Rechnungswesen (einschließlich Verrechnungspreismethodik und -verbuchung, Berücksichtigung ausländischer Repräsentanzen, ausländische Betriebsstätten, außensteuerliche Hinzurechnungsregelungen, Organschaften und Anteilseignersteuern);
- Berücksichtigung von berichtigten Steuererklärungen für Vorperioden;
- Verarbeitung von klarstellender Rechtsprechung bzw. neuen Verwaltungsanweisungen bis hin zum Abschluss einer steuerlichen Außenprüfung;
- Zuordnung von steuerlichen Werten zu den Bilanzpositionen nach dem Rechnungslegungsstandard unter Berücksichtigung der Schnittstelle zum Rechnungswesen; und die
- Ermittlung der Daten der Kategorie II und III.

c) Informationstechnologie und SOX

Um eine denkbar fehleranfällige Lösung handelt es sich, wenn Informationen der Kategorie I und II auf Einzelabschlussebene manuell bzw. außerhalb einer einheitlichen IT-Infrastruktur ermittelt und die Daten der Kategorie III konzernweit vermittels unterschiedlicher „Excel" Kalkulationen berechnet werden. Das „Excel-Spreadsheet" wird dann meist am Ende der „Meldekette" in digitalisierter Form an die Konzernzentrale zur weiteren Verarbeitung übergegeben. In solch einem Fall muss jeder Schritt definiert und mit einer Kontrolle versehen werden, der die Übernahme von Daten der Kategorie I und II in Eingabefelder vorsieht. Es ist offensichtlich, dass die zusätzliche Überprüfung der Übernahme von historischen, neuen und im Nachhinein geänderten Daten zu erheblichem zeitlichen Aufwand führen kann. Auch für das „Excel-Spreadheet" an sich müssen Kontrollen vorgesehen werden, die die Ordnungsmäßigkeit und die Vollständigkeit der berechneten Daten sicherstellen. Bei der Wei-

[315] Hierunter sind die materiell-rechtlichen Anforderungen und auch die Frage zu berücksichtigen, wer innerhalb eines Konzerns die Erstellung von Finanzdaten verantwortet.

terleitung eines „Excel-Spreadsheet" als elektronischer Mailanhang sind darüber hinaus Vorkehrungen zum Schutz vor unberechtigtem Datenzugriff notwendig.

Am wenigsten fehleranfällig ist üblicherweise eine integrierte und stabile IT-Infrastruktur, die bereits auf Einzelabschlussebene ansetzt. Bestenfalls handelt es sich dabei um ein Informations- und Buchungssystem, das einen einheitlichen Datenpool für externe und interne Berichterstattungszwecke sowie Planungen zur Verfügung stellt. Daten der Kategorie I und II sowie Daten, die für Planungszwecke bzw. aus Managementgesichtspunkten benötigt werden, können so über Eingabemasken einheitlich im Konzern ermittelt und gepflegt werden. Übertragungsfehler durch erneute manuelle Eingaben sind i.d.R. ausgeschlossen. Die Informationen sind zudem zeitnah bzw. zentral verfügbar und können rechnerisch in einem stabilen Umfeld weiterverarbeitet werden.

Ein im System geführtes und selbst rechnendes „workbook" für Steuerinformationen auf Einzelabschlussebene ist wünschenswert, insbesondere wenn im globalen Konzern eine Vielzahl von Rechtsträgern operieren. Unter einem „workbook" ist dabei ein abgegrenzter Bereich innerhalb eines integrierten Informations- und Buchungssystems zu verstehen, der standardisierte Eingabemasken vorsieht, standardisierte Berechnungen zur Ermittlungen von Daten der Kategorie III vornimmt sowie die Daten der Konzerngesellschaft in einen zentral geführten Datenpool des Konzerns nach Abschluss der Kalkulationen und nach vorheriger Freigabe einspielt („upload").

Den Berechnungsmöglichkeiten eines „workbook" werden dabei nur durch IT Kapazitäten, SOX gerechte Tests und dem Verständnis des Befüllers des „workbook" Grenzen gesetzt. U.E. sollten die „workbook" Befüller in der Lage sein, die Ergebnisse ihrer Eingaben zu verproben und die Verprobung im Rahmen einer Kontrolle zu dokumentieren. Auch sollten innerhalb des „workbook" technische Validierungsregeln vorgesehen werden, die zur Datenkonsistenz beitragen. Die wesentlichen Vorteile solch einer integrierten Lösung lassen sich folgendermaßen zusammenfassen:

- Informationen anderer Abteilungen, wie beispielsweise die handelsrechtlichen Wertansätze zur Bestimmung latenter Steuern, können automatisch importiert werden und müssen nicht erneut eingegeben werden.
- Zur Sicherung der Datenkonsistenz können auch Validierungsregeln zwischen dem „workbook" für Steuerinformationen, gebuchten Zahlen und anderen Managementinformationen definiert werden. Das „workbook" für Steuerinformationen kann dann beispielsweise erst dann in den zentralen Datenpool eingespielt werden, wenn die gebuchte laufende bzw. latente Steuer sowie die zugehörigen Bilanzpositionen mit den „workbook" Informationen übereinstimmen.

- Eine Tax Reconciliation auf Einzelabschlussebene kann automatisch erstellt werden und dadurch die Überleitungsrechnung für den Konzernabschluss vorbereiten. Voraussetzung hierfür ist die Verknüpfung der laufenden mit den latenten Steuern über die Veränderung der temporären Differenzen. Außerdem kann diese oder eine noch detaillierter ausgestaltete Überleitungsrechnung dem „workbook" Befüller als Kontrolle für die Vollständigkeit und Richtigkeit der steuerlich erfassten Sachverhalte auf Einzelabschlussebene dienen.
- Die Umrechnung von (i) Fremdwährungsgeschäften in die funktionale Währung der einzelnen Unternehmen und (ii) die Umrechung der Fremdwährungsabschlüsse in die Darstellungswährung zählen zur Datenkategorie III und sind deshalb grundsätzlich rechnerisch und damit automatisch ermittelbar.
- Werden Angabepflichten für den Zwischen- und Jahresabschluss um Daten der Kategorie III erweitert, kann diesem Erfordernis gegebenenfalls nur durch die Umstellung der Anforderungen an einen Bericht („report") Rechnung getragen werden.

Eine integrierte Lösung, die sich an den externen und internen Informationsbedürfnissen zur Messung der Konzernsteuerquote orientiert, kann schließlich noch um Funktionalitäten ergänzt werden, die bereits die lokalen Steuerberechnungen unterstützen. Auch hier wären beispielsweise Importfunktionen und Validierungsregeln zwischen gebuchten Zahlen nach lokalem Handelsrecht denkbar. Da die Anforderungen an die Steuerberechnung jedoch sehr unterschiedlich sein können und sich stetig verändern, ist eine Standardisierung an dieser Stelle meist aufwendig. Der Nachteil einer vollständig integrierten Lösung ist u. E. dort vor allem bei den zunehmenden Entwicklungs-, Implementierungs- und Pflegeaufwendungen zu sehen.

In der Praxis bewegen sich der zu definierende Prozess und die damit festzulegenden Kontrollen zwischen den beiden Extremen eines „Excel-Spreadsheet Reporting" und eines vollständig integrierten Buchungs- und Management-Informations-Systems.

Es ist u. E. empfehlenswert, über die Analyse- und Verprobungsschritte auf Einzelabschlussebene hinaus einen (SOX-relevanten) übergeordneten Prozess zu implementieren, der in Abstimmung mit anderen Konzernabteilungen und insbesondere dem Konzernrechnungswesen ein „Inventar" an materiell bedeutsamen Transaktionen bzw. singulären Geschäftsvorfällen erstellt. Transaktionen die bei mehreren Rechtsträgern bilanziell abzubilden sind, können so einer steuerlichen „Querschnittsanalyse" bzw. -kontrolle unterzogen werden. Die Verlässlichkeit der Steuerzahlen kann durch diese Art der fokussierten Analyse und Kontrolle oft substantiell verbessert werden.

2. Erfassung von Steuerrisiken

Durch die Bildung von Rückstellungen für Steuerrechtsrisiken in Übereinstimmung mit IAS 12 (i. V. m. 37) bzw. SFAS 109 i. V. m. FIN 48 erhält man den risikoadjustierten, bilanziellen Betrag von Steuerrechtspositionen.[316] Hierzu zählen auch der Steuerwert von Verlustvorträgen, von steuerlichen Anrechnungsguthaben und von temporären, steuerlich abzugsfähigen Differenzen, für die gegebenenfalls DTAs zu aktivieren sind. Der materiell-rechtlichen Analyse und bilanziellen Berücksichtigung steuerrechtlicher Risiken folgend muss dort in einem zweiten Schritt festgestellt werden, ob zusätzlich ein bilanzielles Aufwandsrisiko besteht.[317]

Aufgrund des sich im Zeitablauf verändernden, materiell-rechtlichen Risikoprofils sowie der Änderung der Werthaltigkeit aktiver latenter Steuern sind Prozesse zu implementieren, die diese Risiken regelmäßig erfassen und bewerten. Im Ergebnis werden dadurch (i) der Rückstellungsbedarf für Steuerrechtsrisiken und (ii) der Neubewertungsbedarf von aktiven latenten Steuern im Konzern bestimmt.

Entsprechend ihres Einflusses auf die Konzernsteuerquote lassen sich folgende Prozesse zur Erfassung von Steuerrisiken unterscheiden:[318]

- Erfassung von Steuerrechtsrisiken mit unmittelbarem Einfluss auf die Konzernsteuerquote;
- Erfassung von Steuerrechtsrisiken ohne unmittelbarem Einfluss auf die Konzernsteuerquote; und
- Erfassung von bilanziellen Steueraufwandsrisiken.

a) Erfassung von Steuerrechtsrisiken mit unmittelbarem Einfluss auf die Konzernsteuerquote

Auf Einzelabschlussebene muss zu jedem Bilanzstichtag festgestellt werden, ob im Rahmen der Steuerberechnungen zwar rechtlich vertretbare aber risikobehaftete Positionen berücksichtigt worden sind. Es kann sich dabei auch um Steuerberechnungen für zurückliegende, aber noch nicht abschließend veranlagter Zeiträume handeln. Das Raster der Erfassung sollte dabei so eng sein, dass alle Risiken erfasst werden, die wesentlich für die Darstellung der Finanz- und Vermögenslage der einzelnen Konzerngesellschaft sind. Hierzu zählt auch die Erfassung von Risiken für steuerliche Nebenleistungen.

Dokumentations- und Offenlegungspflichten nach dem Rechnungslegungsstandard sollten bereits bei der Erhebung auf Einzelabschlussebene berücksichtigt werden. Beispielsweise sieht FIN 48 No. 20 und 21 für US-GAAP umfangreiche Offenlegungsvorschriften im Zusammenhang

[316] Vgl. Kapitel B.IV.4.a) für Steuerrechtsrisiken.
[317] Vgl. zu bilanziellen Steueraufwandsrisiken Kapitel B.IV.4.c).
[318] Vgl. Kapitel B.IV.4.

mit „uncertain income tax positions" vor, die zusammen mit der Risikoinformation ermittelt werden müssen. Auch die nach dem Rechnungslegungsstandard anzuwendende „Technik", d.h. wie Unsicherheiten bei Steuerrechtspositionen bilanziell abzubilden sind, sollte Eingang in den Prozess zur Erfassung von Steuerrechtsrisiken finden. Während nach IAS 12 i.V.m. IAS 37 ein „loss contingency model" anzuwenden ist, handelt es sich nach SFAS 109 i.V.m. FIN 48 um einen „tax benefit-" bzw. „two-step" Ansatz.[319] Eine auf den Standard ausgerichtete und entsprechend dokumentierte Erfassung erleichtert jedenfalls im Nachhinein den Nachweis, dass eine regelkonforme Rückstellungsdotierung für Steuerrechtsrisiken vorgenommen worden ist. Darüber hinaus kann es sich noch anbieten, abhängig von Ansatz und Methode des Managements von Steuerrechtsrisiken, die Risikoinformationen strukturiert zu erheben. Vor allem die Kennzeichnung und Zuordnung von wie auch immer definierten „Klumpenrisiken" ist dabei in der Praxis häufig anzutreffen.

Die konzernweit gesammelte Information zu Steuerrechtsrisiken sollte dann im Rahmen einer Gesamtschau bilanziell bewertet werden. Eine Gesamtbetrachtung ist u.E. deshalb notwendig, weil oft innerkonzernliche Leistungsbeziehungen, gesellschaftsrechtliche Verhältnisse bzw. innerkonzernliche Transaktionen Gegenstand der Bewertung von Sachverhalten mit unmittelbarem Einfluss auf die Quote sind und deshalb mehrere Konzerngesellschaften betreffen. Eine isolierte Betrachtung auf Einzelabschlussebene würde diesem Umstand nicht gerecht und sich gegenseitig ausgleichende Effekte würden vernachlässigt. Das Ergebnis der Managementbewertung ist den betroffenen Einzelgesellschaften im Rahmen eines festgelegten Prozesses vorzuschlagen, damit dort die Rückstellung für Steuerrechtsrisiken gebildet oder angepasst werden kann. Etwaige Unterscheide zum Ansatz und zur Bewertung von Rückstellungen nach lokalen, handelsrechtlichen Vorschriften sind dabei beachten.

Durch diese Vorgehensweise erhält man zu den Bilanzstichtagen eine konzernweit abgestimmte, ständig aktualisierte Übersicht von Steuerrechtsrisiken und ihrer bilanziellen Abbildung, die die Konzernsteuerquote unmittelbar beeinflussen können. Damit es zwischen den Informationen dieser Risiko-Übersicht in der Darstellungswährung des Konzerns und den lokal gebuchten Zahlen keine Zuordnungsschwierigkeiten gibt, sollten alle am Prozess Beteiligten einheitlich vorgegebene Umrechnungskurse verwenden. Die im vorangegangenen Abschnitt gemachten Überlegungen zu einer „Excel-Spreadsheet" – Lösung und einem integrierten Informations- und Buchungssystem vor dem Hintergrund der Anforderungen von SOX finden auch in diesem Zusammenhang im Wesentlichen Anwendung.

---

[319] Vgl. ausführlich Kapitel B.IV.4.a)aa).

Schließlich bleibt noch darauf hinzuweisen, dass es sinnvoll sein kann, einen weiteren Prozess zu implementieren, der das Steuerrechtsrisiko von größeren Transaktionen unmittelbar zum Transaktionszeitpunkt erfasst und bewertet. Sollten mehrere Konzerngesellschaften von der Transaktion betroffen sein, erleichtert diese Vorgehensweise erheblich die Risikoeinschätzung im Rahmen einer Gesamtschau. Sie ermöglicht darüber hinaus auch eine Kontrolle, ob denn auf Einzelabschlussebene alle Steuerrechtsrisiken „bottom up" vollständig gemeldet worden sind. Der Prozess kann mit der weiter oben angeregten Querschnittsanalyse und -kontrolle[320] verknüpft werden.

b) Erfassung von Steuerrechtsrisiken ohne unmittelbaren Einfluss auf die Konzernsteuerquote[321]

Bei der Erfassung von Steuerrechtsrisiken ohne unmittelbaren Einfluss auf die Quote ist aus prozessualer Sicht zu beachten, dass eine Rückstellungsbildung oft eine korrespondierende Änderung des Steuerwerts und damit der Steuerlatenzen zur Folge hat. Eine zentrale Erfassung und Bewertung führt dadurch zu höherem Abstimmungsaufwand, der zu Inkonsistenzen bzw. zu zeitlichen Ineffizienzen führen kann. In Abhängigkeit von dem Mengengerüst und der Größenordnung dieser Risiken sollte deshalb erst nach eingehender Prüfung entschieden werden, ob ein zentraler Prozess erforderlich ist, oder ob eine Erfassung bzw. Bewertung auf Einzelabschlussebene ausreicht. Ansonsten sind auch hier die eben gemachten Überlegungen zur Erfassung und Bewertung von Steuerrechtsrisiken anwendbar.

Aus praktischer Sicht bleibt noch darauf hinzuweisen, dass der Steuerwert, der im Rahmen der Steuererklärung angegeben wird, im Erfassungssystem erhalten bleiben sollte und nicht durch einen risikoadjustierten Wert ersetzt wird. Nur so erscheint uns eine zentrale Plausibilisierung von erklärten und risikoadjustierten Steuerrechtspositionen im Zusammenhang mit Steuerlatenzen möglich.

c) Erfassung von bilanziellen Steueraufwandsrisiken

Bewertungsänderungen von DTA orientieren sich an den Anforderungen des Rechnungslegungsstandards für den Konzernabschluss und wirken als „tax only"-Effekte auf das Ertragsteuerergebnis.[322] Aus diesem Grunde sollte ein Prozess implementiert werden, der einen drohenden Wertverlust bzw. eine mögliche Wertaufholung vor dem Hintergrund aktueller Geschäftsentwicklungen zentral beurteilt. Diese Vorgehensweise ermöglicht es auch, im Rahmen einer konzernweiten Steuerplanung Sorge dafür zu tragen, dass Abwertungs- bzw. bilanzielle Steueraufwands-

---

[320] Vgl. Kapitel C.II.1.c).
[321] Vgl. zum quotentreibenden Einfluss ausführlich Kapitel B.IV.4.a)bb).
[322] Vgl. ausführlich Kapitel B.IV.4.c).

risiken minimiert und Wertaufholungspotentiale zeitgerecht als Steuerertrag gezeigt werden können. Abhängig vom Bestand aktiver latenter Steuern, trägt dieser Prozess u.E. auch maßgeblich zur Ordnungsmäßigkeit der Steuerquote zu den einzelnen Berichtszeitpunkten bei.

Der Praktiker sollte eine konzernweite Übersicht aller größeren aktivierten bzw. bereits (teilweise) wertberichtigten DTA führen.[323] Da regelmäßig zuerst aktive latente Steuern auf Verlustvorträge bzw. andere Steuergutschriften wertberichtigt werden, sollten zumindest diese quartalsweise auf ihre Werthaltigkeit hin überprüft werden.

Abschließend ist in diesem Zusammenhang noch das Bewertungsrisiko von passiven latenten Steuern anzusprechen. Wenn dort auch keine Werthaltigkeitsüberlegungen anzustellen sind, so wirken doch Steuersatzänderungen quotenerhöhend oder quotenvermindernd. Zumindest für Planungszwecke sollte daher auch eine Übersicht über wesentliche passive latente Steuern zentral geführt werden.

3. Erfassung von Konsolidierungseffekten

a) Informationen

Ausgehend von der Summenbilanz und Summen-G. u. V. ist festzustellen, wie sich die einzelnen Konsolidierungsbuchungen auf das Ertragsteuerergebnis und die steuerlichen Bilanzpositionen im Konzernabschluss auswirken. Hierzu sind in einem ersten Schritt alle Konsolidierungsbuchungen zu erheben, die das Ergebnis vor Steuern bzw. nicht steuerliche Bilanzpositionen betreffen. In einem zweiten Schritt ist zu ermitteln, ob aufgrund der Konsolidierungssachverhalte weitere rein steuerliche[324] Konsolidierungsbuchungen angezeigt sind. Zumindest auf folgende, beispielhaft aufgezählte Konsolidierungssachverhalte sollte der Praktiker sein besonderes Augenmerk richten und sie steuerlich beurteilen bzw. erfassen.[325]

Kapitalkonsolidierung

- **Erwerb eines Unternehmens.** Beim Erwerb von Unternehmensanteilen, der Anlass für die vollständige Konsolidierung einer Gesellschaft ist, treten regelmäßig keine Ergebniseffekte auf. Die Vorschriften zur „business combination" nach IFRS 3 beeinflussen jedoch die Konzernsteuerquote in nachfolgenden Berichtsperioden. Ihre Effekte sind entsprechend zu erfassen.[326]

---

[323] Vgl. zum Format dieser Tax Management Information Kapitel C.III.1.b).

[324] Wie auf Einzelabschlussebene sollten hier auch ergebnisunwirksame Maßnahmen erfasst werden, da sie Rückschlüsse auf die Finanz- und Vermögenslage der aktuellen Periode und damit auf das Profil der Konzernsteuerquote für nachfolgende Berichtsperioden zu lassen.

[325] Vgl. Kapitel B.III.2.b)aa).

[326] Vgl. ausführlich Kapitel B.IV.3.b) und für US-GAAP SFAS 141.

- **Laufende Betrachtung.** Abhängig vom Geschäftsverlauf verändert sich das anteilige Eigenkapital von Tochtergesellschaften zu den Bilanzstichtagen. Damit verändert sich üblicherweise auch der temporäre Unterschied zwischen dem anteiligen Eigenkapital im Konzernabschluss, das auf die Tochtergesellschaft entfällt und dem steuerlichen Buchwert des Anteilseigners („outside basis differences"). Entsprechend den Vorschriften der IFRS und der US-GAAP sind hierauf latente Steuern abzugrenzen.[327]
  Für Gesellschaften, die mit der Equity-Methode in den Konzernabschluss einbezogen werden, sind latente Steuern auf die temporäre Differenz zwischen dem steuerlichem Beteiligungsbuchwert und dem Beteiligungsansatz in der Handelsbilanz II des Anteilseigners abzugrenzen.[328]
- **Entkonsolidierung.** Zum Zeitpunkt der Entkonsolidierung ist den Erlösen aus der Veräußerung von Anteilen an einem Tochter- bzw. quotal konsolidierten Gemeinschaftsunternehmen, das zu diesem Zeitpunkt im Konzernabschluss bilanzierte bzw. abgegrenzte und auf die Anteile entfallende Nettovermögen gegenüber zu stellen und auszubuchen. Ertragsteuerlich ist die laufende Steuer auf Anteilseignerebene zu zeigen und die bis dahin abgegrenzte latente Steuer auf Konzernebene aufzulösen.

Schuldenkonsolidierung

- **Ausgeglichene „intragroup balances".** Betragsgleiche debitorische und kreditorische Salden aus konzerninternen Geschäften werden mit einer Konsolidierungsbuchung aus dem Konzernabschluss eliminiert. Wertunterschiede zwischen Handelsbilanz II und Konzernbilanz gleichen sich wieder aus. Es sind insoweit keine weiteren Buchungen zu veranlassen.
- **Aufrechnungsdifferenzen**
  - Ausgehend von der Summen-G. u. V. werden unechte Aufrechungsdifferenzen durch entsprechende ergebniswirksame Korrekturbuchungen eliminiert.
  - Echte Aufrechnungsdifferenzen, die sich aufgrund einer unterschiedlichen Bewertung der Forderung durch das kreditgebende Unternehmen bzw. der Verbindlichkeit durch das kreditnehmende Unternehmen ergeben, führen nach IFRS zu konsolidierungsspezifischen Steuerlatenzen im Konzernabschluss. Praktisch relevant sind vor allem wertberichtigte, innerkonzernliche Forderungen in der HB II

---

[327] Vgl. Kapitel B.III.2.a).

[328] Da die Equity-Methode bereits auf Ebene des Anteilseigners des Gemeinschaftsunternehmens bzw. des assoziierten Unternehmens Anwendung findet, könnte diese Information schon auf Einzelabschlussebene ermittelt werden.

des kreditgebenden Unternehmens. Auf den Überhang der Verbindlichkeiten im Vergleich zu den Forderungen sind latente Steuern nach den steuerlichen Vorschriften des kreditgebenden Unternehmens abzugrenzen.[329]

Aufwands- und Ertragseliminierung

- **Aufwands- und Ertragseliminierung.** Die Aufwands- und Ertragseliminierung wird ausschließlich im Ergebnis vor Steuern vorgenommen. Es ist daher lediglich sicherzustellen, dass bei einer steuerlich asymmetrischen Behandlung der Aufwands- und Ertragspositionen, der daraus entstehende Steuereffekt beim Erstellen der Tax Reconciliation (siehe unten) zutreffend zugeordnet wird.
- **Gewinnausschüttungen**
  - Steuerlatenzen, die auf „outside basis differences" gebildet worden sind, müssen gegebenenfalls anteilig aufgelöst werden und kompensieren dadurch die laufende steuerliche Wirkung der Dividendenausschüttungen beim konsolidierten Anteilseigner.
  - Gleiches gilt für assoziierte Unternehmen und Gemeinschaftsunternehmen, die mit der Equity-Methode in den Konzernabschluss einbezogen werden. Der Ergebnisbeitrag ist bereits durch Anwendung der Equity-Methode zum Bilanzstichtag berücksichtigt worden. Der fortgeschriebene Beteiligungsbuchwert des assoziierten Unternehmens wird erfolgsneutral um die Dividende gekürzt. Eine laufende Steuerbelastung wird mit der Auflösung der latenten Steuer auf „ouside basis differences" verrechnet.
  - Gerade bei mehrstufigen Beteiligungsstrukturen stellen Dividendenausschüttungen oft der Anzahl und auch der Größe nach die bedeutendste Position bei der Aufwands- und Ertragseliminierung dar. Darüber hinaus weicht häufig die steuerliche Behandlung der Dividende beim Anteilseigner von der Besteuerung seiner normalen Geschäftstätigkeit ab. Gewinnausschüttungen sind deshalb bei der Erstellung der Tax Reconcilation in besonderem Maße zu berücksichtigen.

Zwischengewinneliminierungen

- **Bilanzansatz**
  - Rein innerkonzernlich übertragene Positionen werden unverändert mit den Buchwerten im Konzernabschluss angesetzt, die vor der Transaktion maßgebend waren. Der höhere Bilanzansatz, der sich gegebenenfalls aus der Summenbilanz ergibt wird durch eine Konsolidierungsbuchung eliminiert. Auf die Differenz zwischen dem

---

[329] Vgl. Kapitel B.III.2.b)aa).

Wertansatz in der Handelsbilanz II des aufnehmenden Unternehmens und dem Wertansatz in der Konzernbilanz sind bei Steuerpflicht des zugrunde liegenden Vermögensgegenstands bzw. der Schuld latente Steuern abzugrenzen. Maßgebend für die Berechung sind die steuerlichen Verhältnisse der aufnehmenden Gesellschaft.[330]

- **Gewinn- und Verlustrechung**
  - Die laufende Steuerbe- bzw. entlastung einer innerkonzernlichen Transaktion wird nach IFRS nicht eliminiert, da es sich bei dem Steuerschuldverhältnis nicht um einen konzerninternen Vorgang handelt.[331] Die Buchung einer Steuerlatenz auf den Wertunterschied zwischen Handelsbilanz II und dem unveränderten Wertansatz in der Konzernbilanz ist erfolgswirksam und kompensiert insoweit den laufenden Ertragsteuereffekt.
  - Wie bei der Aufwands- und Ertragskonsolidierung kann es auch hier bei unterschiedlichen Steuersätzen der betroffenen Konzerngesellschaften zur asymmetrischen steuerlichen Behandlung und damit zu einem Auseinanderfallen von laufendem und latentem Steuerergebnis kommen. Im Rahmen der Ermittlung der steuerlichen Überleitungsrechnung ist deshalb auch der Zwischengewinneliminierung besondere Beachtung zu widmen.

Tax Reconciliation. Parallel zur Bewertung und Erfassung von Konsolidierungsmaßnahmen sollte festgestellt werden, inwieweit sie die steuerliche Überleitungsrechung des Konzerns beeinflussen. Hierbei sind zu beachten:

(1) Konsolidierungssachverhalte, die Überleitungspositionen auf Einzelabschlussebene verändern; bzw.
(2) Konsolidierungssachverhalte, durch die neue Überleitungspositionen entstehen.

Ad (1): Als einfachstes Beispiel ist an dieser Stelle die Eliminierung von steuerfreien Dividendeneinkünften im Rahmen der Aufwands- und Ertragskonsolidierung zu nennen. Steuerfreie Dividenden führen beim Empfänger regelmäßig zu einem „reconciling item" zwischen erwartetem und tatsächlichem Ertragsteueraufwand. Nach Konsolidierung existiert kein steuerfreies Ergebnis vor Steuern, weshalb auch die Überleitungsposition entfällt.

Ad (2): Neue Überleitungspositionen im Rahmen der Konsolidierung entstehen beispielsweise dann, wenn assoziierte Unternehmen mit der Equity-Methode in den Konzernabschluss einbezogen werden und

---

[330] Vgl. Kapitel B.III.2.b)aa).

[331] Vgl. im Gegensatz hierzu die spezielle Vorschrift von ARB 51, No. 17, die für US-GAAP eine Eliminierung eines laufenden Steuereffekts aufgrund innerkonzernlicher Transaktionen anordnet.

die Beteiligungserträge beim Anteilseigner steuerfrei sind. Durch die Konsolidierungsbuchung („equity-pick-up") entstehen aus Konzernsicht steuerfreie Einkünfte, die im Zweifel als „reconciling item" auszuweisen sind.

Insgesamt ist deshalb zu empfehlen, die Steuereffekte von Konsolidierungsmaßnahmen bereits bei ihrer Erfassung und Bewertung der Struktur einer Tax Reconciliation zuzuordnen.

b) Prozessüberlegungen

Konsolidierungsbuchungen, die das Ergebnis vor Steuern oder nicht steuerliche Bilanzpositionen betreffen, werden regelmäßig vom Rechnungswesen verantwortet.[332] Im Verhältnis zur Steuerabteilung handelt es sich auch hier wiederum um ein Schnittstellenthema, das in inhaltlicher und zeitlicher Hinsicht und im Hinblick auf die IT – Infrastruktur abgestimmt werden muss.

Die bilanziellen Folgen der Konsolidierungssachverhalte können größtenteils als Daten der Kategorie I bzw. III ermittelt werden. Sie werden zum einen als Informationen auf Einzel- und Konzernabschlussebene vom Konzernrechnungswesen zur Verfügung gestellt. Zum anderen können konsolidierungsspezifische Steuerlatenzen größtenteils bereits durch die zutreffende Zuordnung der anzuwendenden Steuersätze auf die Konsolidierungsbuchungen als Daten der Kategorie III ermittelt werden. Separat, als Daten der Kategorie II sind allerdings folgende Informationen zu ermitteln:

- der anzuwendende Steuersatz für die Überleitungsrechnung wird konzernweit nach den Vorgaben des Rechnungslegungsstandards zentral festgelegt;
- die Erfassung von Steuerrisiken sowie die Erfassung von Planungsinformationen sind Gegenstand von separaten Prozessen, die wiederum bereits zum Teil auf Einzelabschlussebene berücksichtigt werden; und
- die Frage ob auf „outside basis differences" latente Steuern abzugrenzen sind, wird in Übereinstimmung mit dem Rechnungslegungsstandard zum Bilanzstichtag von Fall zu Fall entschieden. An dieser Stelle können konzernweit einheitlich angewandte Prinzipien, wie die grundsätzliche Ausschüttung oder Wiederanlage von Gewinnen bei Tochtergesellschaften, eine automatisierte Berechung und Verbuchung von latenten Steuern erlauben.

Prozessual ist darüber hinaus zu bestimmen, ob die Erfassung und steuerliche Beurteilung von Konsolidierungssachverhalten zentral oder regional durchgeführt werden soll. Auch wenn es sich in erster Linie um ein

---

[332] Die gesamte Darstellung dieses Buchs basiert darauf auf, dass das „Tax Accounting" in der Steuerabteilung angesiedelt ist.

Thema der Weiterverarbeitung von Daten handelt, so erscheint es aus qualitativer Sicht sinnvoll, zumindest den Personenkreis in den Konsolidierungsprozess mit einzubeziehen, der mit den Sachverhalten auf Einzelabschlussebene vertraut ist. Umgekehrt kann auch bei einer vollständigen Regionalisierung der Bewertung und steuerlichen Verbuchung von Konsolidierungssachverhalten nicht auf eine zentrale Abstimmung und Zuordnung der Verantwortlichkeiten verzichtet werden. Zumindest dort, wo überregionale und innerkonzernliche Leistungsbeziehungen oder Transaktionen vorkommen, muss eine regionale Zuordnung des Geschäftsvorfalls zentral vorgenommen werden.

Auch die Struktur zur Ermittlung und Pflege der Daten im Konzernrechnungswesen sollte Eingang in die Überlegungen zur Regionalisierung von steuerlichen Konsolidierungseffekten finden.[333] Eine völlig kongruente Zuordnung von Gesellschaften zu Regionen im Rechnungswesen und der Steuerabteilung ist wünschenswert. Zum einen müssen dann die Daten des Konzernrechungswesens nicht auf eine veränderte regionale Struktur für Steuerzwecke übergeleitet werden. Zum anderen führt dies innerhalb des Konzerns zu einer einheitlichen und konsistenten Kommunikation über die Ergebnisbeiträge von Regionen. Abstimmungsbedarf entsteht, wenn die regionale Aufteilung von Gesellschaften schon aufgrund der natürlichen Zielsetzung von Konzernrechnungswesen und Steuerabteilung auseinander fällt. Deutlichster Fall ist dabei eine vom handelsrechtlichen Sitz abweichende steuerliche Ansässigkeit einer Konzerngesellschaft. Man wird üblicherweise davon ausgehen können, dass die Gesellschaft im Rechnungswesen dem Land zugeordnet wird, in dem sie ihren handelsrechtlichen Sitz hat. Dadurch kann am einfachsten den lokalen gesellschafts- und handelsrechtlichen Vorschriften Rechnung getragen werden. Aus rein steuerlichen Erwägungen hingegen ist eine Zuordnung zu der Jurisdiktion der steuerlichen Ansässigkeit zweckmäßig. Die steuerliche Ansässigkeit begründet meist eine unbeschränkte Steuerpflicht und gibt z.B. vor, welche Steuersätze anzuwenden oder auch welche DBAs anwendbar sind.

c) Informationstechnologie und SOX

Die Überlegungen zu den beiden Extremen einer „Excel-Spreadsheet" – Lösung und einem integrierten Buchungs- und Managementinformationssystem auf Einzelabschlussebene sind uneingeschränkt auf die Ermittlung von Konsolidierungsinformationen übertragbar. Darüber hinaus soll an dieser Stelle noch ein Hinweis zur Ermittlung der Tax Reconciliation für den Konzernabschluss gegeben werden:

---

[333] Vgl. hierzu Kapitel C.III.2.

Die Summe aller Überleitungsrechnungen, die mit einem einheitlichen (erwarteten) Steuersatz ermittelt worden sind, stellt die aggregierte Überleitungsrechnung für den Konzern dar. Sie bildet den Startpunkt für die Berücksichtigung der ergebniswirksamen Konsolidierungseffekte. In einem ersten Schritt sind dann alle ergebniswirksamen Konsolidierungsbuchungen, unterteilt nach wesentlichen Konsolidierungssachverhalten, als Daten der Kategorie I zu erheben. In einem zweiten Schritt sind die Steuereffekte der Konsolidierungsmaßnahmen, der aggregierten Konzern-Überleitungsrechnung gegenüberzustellen. Aus praktischen Gründen bietet es sich an, die Gegenüberstellung in Form einer Matrix vorzunehmen, d.h. die aggregierte Überleitungsrechnung erscheint beispielsweise auf der vertikalen und alle erfolgswirksamen steuerlichen Konsolidierungsbuchungen auf der horizontalen Achse der Matrix. Sowohl die ergebniswirksamen Beträge vor Steuern als auch die Steuerbeträge werden dann für jeden Konsolidierungssachverhalt nach einer festgelegten Regel den einzelnen Positionen der Überleitungsrechnung zugeordnet. Im Ergebnis erhält man die Tax Reconciliation nach Konsolidierung, die über eine Matrix transparent und von der aggregierten Überleitung ausgehend ermittelt wird. Diese Vorgehensweise dient auch als Kontrolle dafür, ob alle Steuereffekte aus Konsolidierungssachverhalten berücksichtigt und vollständig den einzelnen Positionen der Tax Reconciliation zugeordnet worden sind.

4. Erfassung von Planungsinformationen

a) Allgemeines

Die Erfassung von Informationen zur Ermittlung einer Plan-Konzernsteuerquote lässt sich nach verschiedenen Aspekten strukturieren:

(1) Fristigkeit (taktisch, operativ, strategisch);
(2) Einmalereignis oder wiederkehrender Geschäftsvorfall;
(3) Verantwortlichkeit zur Ermittlung der benötigten Plandaten;
(4) Einzelabschluss bzw. Konzernabschlussebene;
(5) Regionalisierung;
(6) Analyse der latenten Steuern;
(7) Planung der Einflussgrößen
  - Basissteuersatz;
  - Höhe der permanenten Differenzen,[334]
  - Ertragsteuerergebnis ohne korrespondierendes Ergebnis vor Steuern;
(8) Kategorisierung der Einflussfaktoren nach dem Verursachungsprinzip
  - Geschäftsstruktur,
  - steuerrechtliche Regelungen,

[334] Nach dem Konzept der latenten Steuern.

- Rechnungslegungsvorschriften und
- Steuerrisiken.

Jeder dieser Aspekte ist für die Ableitung einer Plansteuerquote entweder materiell oder prozessual bedeutsam. Es wäre dem praktischen Ansatz dieses Buches nicht angemessen für die über den Zwischenabschluss hinausgehende Planung einen konkreten Ablauf zugrundezulegen. Die steuerplanerisch hervorzuhebenden Aspekte können an den unterschiedlichen Stellen einer Konzernplanung bzw. Budgetierung angesiedelt sein. Wir begnügen uns an dieser Stelle mit Hinweisen zur steuerplanerischen Relevanz der genannten Größen und zu Teilprozessen, die sie gegebenenfalls erzeugen können.

Ad (1): Fristigkeit (taktisch, operativ, strategisch). Ein kurzfristiger (taktischer) Planungsansatz dient in erster Linie der Ermittlung der Planquote für den Zwischenabschluss. Um mittelfristige (operative) Planungsinformationen ergänzt dient sie der steuerlichen Kapazitätsplanung und der Bestimmung der Werthaltigkeit von aktiven latenten Steuern. Eine langfristige (strategische) Planung muss Investitionsentscheidungen und die strategische Ausrichtung des Konzerns – soweit steuerlich relevant – berücksichtigen.

Wichtig ist es, bei der Erfassung der Planungsinformationen sicherzustellen, dass die kurz-, mittel- und langfristigen Planungen aufeinander aufbauen und konsistent sind. Ein integriertes und systemseitig unterstütztes Planungssystem, das zwischen den drei Planungshorizonten unterscheidet und jeweils die Planungsinformation der kurzfristigeren Planung automatisch berücksichtigt, ist wünschenswert.

Ad (2): Einmalereignis oder wiederkehrender Geschäftsvorfall. Falls Plandaten aus der Extrapolation von Vergangenheitsdaten gewonnen werden ist darauf zu achten, dass – über die übliche „Normalisierung" der Extrapolationsbasis hinaus – auch alle ETR-Treiber daraufhin untersucht werden, ob sie einmaliger Natur sind oder als wiederkehrend bzw. dauerhaft wirksam in der Planungsbasis verbleiben dürfen.

Abhängig von der Geschäftstätigkeit des Konzerns kann es sich anbieten, die Freigabe von Transaktionen durch die Steuerabteilung um eine Planungsrechung zu ergänzen, die Aufschluss über den zukünftigen Beitrag zur Konzernsteuerquote liefert. Die transaktionsbezogene Planungsrechnung sollte dabei zwischen wiederkehrenden bzw. Einmaleffekten unterscheiden. Im Falle von Akquisitionen handelt es sich beispielsweise um (i) die Phase des Erwerbs und Integration gegebenenfalls einschließlich der Berücksichtigung der Regelungen einer „business combination", (ii) die Phase der wiederkehrenden Ergebnisbeiträge und (iii) die Phase einer möglichen Veräußerung.

Ad (3): Verantwortlichkeit zur Ermittlung der benötigten Plandaten. Bei der Definition des Planungsprozesses sind Verantwortlichkeiten zu klären und entsprechende Aufgabenbeschreibungen, Schnittstellen und Zeitpläne festzulegen. An dieser Stelle kommt der aufeinander abgestimmten Zusammenarbeit zwischen Konzernrechnungswesen und Steuerabteilung eine besondere Bedeutung zu. Ausgehend von der kurz-, mittel- und langfristigen Planung im Konzernrechnungswesen ist die Weiterverarbeitung der zur Verfügung gestellten Informationen durch die Steuerabteilung zu bestimmen. Auch umgekehrt ist sicherzustellen, dass die Planungsergebnisse der Steuerabteilung Eingang in die Planung des Konzernkapitals und des Ergebnisses vor Steuern finden. Auch Änderungen und Anpassungen der Planungsinformationen (in beide Richtungen) sind dabei fortlaufend zu berücksichtigen.

Ad (4): Einzelabschluss bzw. Konzernabschlussebene. Die gesonderte Führung von Teilprozessen auf den beiden Ebenen des Einzel- und des Konzernabschluss kann u.E. auch für Planungszwecke beibehalten werden. Dadurch ist ein strukturierter Plan-Ist Abgleich auf Einzel- und Konzernabschlussebene jederzeit möglich.

Ad (5): Regionalisierung. Abhängig von der Reportingstruktur eines Konzerns kann es sich anbieten, den Planungsprozess für steuerrelevante Informationen zu regionalisieren. Wie bei der Analyse von steuerrelevanten Konsolidierungssachverhalten besteht der wesentliche Vorteil einer Regionalisierung darin, dass die Geschäftsvorfälle inhaltlich in aller Regel vor Ort im Detail bekannt und bereits analysiert worden sind.

Ad (6): Analyse der latenten Steuern. Der Einfluss latenter Steuern auf die Gewinn- und Verlustrechnung ist erheblich und übersteigt oft die laufenden Steuern. Ein zentrales Steuerplanungselement ist deshalb die Analyse und Projektion der Veränderung der latenten Steuern. In Ergänzung zur Erfassung und Bewertung von bilanziellen Steueraufwandsrisiken, sollte daher zumindest die Umkehrwirkung der wesentlichen passiven Steuerlatenzierungen im Konzern bei der Steuerplanung berücksichtigt werden.

Solange sich die steuerrechtlichen Vorschriften nicht ändern, die zum Zeitpunkt der Bildung latenter Steuern anzuwenden waren, hat die Umkehrwirkung rechnerisch keinen Einfluss auf die Konzernsteuerquote zum Bilanzstichtag. Sie bestimmt jedoch die Steuerkapazitätsplanung und das Risikoprofil der Konzernsteuerquote.[335]

Ad (7): Planung von spezifischen Einflussgrößen. Basissteuersatz. Der Basissteuersatz ist bei einem hohen Einkommen vor Steuern der bedeutendste Treiber der Konzernsteuerquote. Die Planung des Ergebnisses vor Steuern und die Aufteilung der Erträge und Aufwendungen auf die einzelnen Jurisdiktionen stellt damit eine der zentralen Aufgaben einer Quotenplanung dar. Das Ergebnis vor Steuern wird in aller Regel

---

[335] Siehe ausführlich unten Kapitel C.II.4.b).

durch das Rechnungswesen eines Konzerns geplant. Handelt es sich dabei um eine an den Rechtsträgern ausgerichtete Planung, können die Ergebnisbeiträge auf Einzelabschlussebene zusammen mit den Konsolidierungseffekten direkt vom Konzernrechungswesen übernommen werden. Folgt die Ergebnisplanung allerdings der Logik einer Segmentsberichterstattung, d.h. keiner Rechtsträger- oder Länderplanung, sind erhebliche Zusatzarbeiten erforderlich, die in der Praxis notfalls durch die Steuerabteilung verrichtet werden müssen. Aufgrund der gebuchten Daten der Vorjahre lässt sich eine Übersicht erstellt, wie sich in der Vergangenheit Erträge und Aufwendungen auf die einzelnen Rechtsträger verteilt haben. Hieraus erhält man einen Verteilungsschlüssel, der um vergangenheitsbezogene Einmaleffekte bereinigt und um bereits in der Planung enthaltene Sondereffekte ergänzt werden muss. Dieser Aufteilungsschlüssel dient dann als Grundlage für die Aufteilung des kurz-, mittel- und langfristig geplanten Konzernergebnisses auf die einzelnen Jurisdiktionen.

Im Zusammenhang mit der Planung des Basissteuersatzes sind noch so genannte „tax reduced" Geschäftsvorfälle zu nennen. Hierbei handelt es sich um steuerliche Sachverhalte, die nicht dem statutarischen, sondern einem begünstigten Steuersatz unterliegen. Abhängig von der Materialität dieser Sachverhalte auf das Konzernergebnis sollten sie separat geplant werden.

Höhe der permanenten Differenzen. Das Niveau der permanenten Differenzen lässt sich grundsätzlich auf zwei Wegen planen. Einerseits können „bottom up" alle strukturellen, permanenten Differenzen aus Vorperioden hinsichtlich des jeweiligen Planungshorizonts eingeschätzt werden. Andererseits besteht jedoch auch die Möglichkeit, diese Planung aufgrund von statistischen Methoden durchzuführen. Voraussetzung dafür ist allerdings eine ausreichend große Grundmenge, die Trendaussagen zulässt. Ergänzt werden diese Plandaten durch bereits bekannte permanente Differenzen der Planperiode. Besonders bei volatilen Ergebnisbeiträgen kann es sinnvoll sein, eine Mischform beider Methoden anzuwenden.

Ertragsteuerergebnis ohne korrespondierendes Ergebnis vor Steuern. Die Planung von Effekten, die sich nur auf das Ertragsteuerergebnis auswirken, haben in der Praxis regelmäßig mit Steuerrisiken zu tun. Zu erwartende Ergebnisse aus Betriebsprüfungen, die bilanzielle Berücksichtigung von Steuerrechtsrisiken sowie bilanzieller Steueraufwandsrisiken sind bereits für die Ermittlung der Konzernsteuerquote zum Bilanzstichtag einzuschätzen. Da spezifische Steuerrisiken über die bereits bilanzierten hinaus nicht planbar sind kann man sich für Planungszwecke mit einer statistischen Schlüsselung behelfen. Beispielsweise kann man aus Vergangenheitsdaten für jede Jurisdiktion das letztlich aufwandswirksame Betriebsprüfungsrisiko pro Steuerjahr herausgreifen und es den zukünftigen Planperioden zuordnen. Um dabei zukünftigen Entwicklungen

Rechnung zu tragen, kann das statistisch quantifizierte Betriebsprüfungsrisiko mit der Entwicklung anderer Plandaten wie Nettoertrag, direkten Kosten, Anzahl von Tochtergesellschaften etc. kombiniert werden.

Ad (8): Kategorisierung der Einflussfaktoren nach dem Verursachungsprinzip. Eine verursachungsgerechte Erfassung der Plandaten erleichtert die Steuerplanung und das Tax Management der Konzernsteuerquote. Zum einen werden die Einflussfaktoren auf die Planung sichtbar, die im primären Verantwortungsbereich anderer Abteilungen als der Steuerabteilung liegen. Zum anderen können dadurch die Ursachen für negative Einflüsse auf die Konzernsteuerquote schnell identifiziert werden und Gegenstand von Optimierungsprojekten werden.[336]

b) Steuerkapazitätsplanung

Unter Steuerkapazität ist das positive, steuerpflichtige Einkommen einer Periode nach lokalen steuerlichen Vorschriften zu verstehen. Die Planung der Steuerkapazität ist nicht nur für die Festlegung der steuerlichen Vorauszahlungen eines Veranlagungszeitraums wichtig, ihr kommt auch innerhalb der Planungsrechnung im Zusammenhang mit der Konzernsteuerquote eine besondere Bedeutung zu. Sie bildet zum einen die Grundlage für die Bestimmung der Werthaltigkeit von aktiven latenten Steuern und zum anderen ist sie Ausgangspunkt für steuerplanerische Überlegungen. Die Steuerkapazität definiert für steuermindernde Steuergestaltungen die Grenze, bis zu der eine sofortige („cash"-) Verrechnung möglich ist und ab der weitere „Steuerersparnisse" lediglich „deferred tax assets" aufbauen. Letztere sind – wie bereits mehrfach erläutert – bekanntlich solange ein Risikoposten, bis sie tatsächlich zu einem monetären Vorteil werden. Beispielsweise ist eine ökonomisch sinnvolle Strukturierung der Konzernfinanzierung regelmäßig nur dann möglich, wenn feststeht, wo aller Voraussicht nach zu versteuerndes Einkommen erzielt wird, das auch zu einer laufenden Steuerverbindlichkeit führt. Ohne Informationen über die Steuerkapazität im Konzern werden im Zweifel steuerliche Verlustvorträge erzielt, die nur den Bestand von steuerlichen Risikopositionen aufbauen, möglicherweise nicht genutzt werden können und dann quotenbelastend wertberichtigt werden müssen. Darüber hinaus verschafft die Steuerkapazitätsplanung auch einen Überblick zur Cash-Wirkung von Ertragsteuern, d.h. über Steuerzahlungszu- und -abflüsse.

Die Steuerkapazität kann aus der aktuellen und geplanten Summenbilanz des Konzerns abgeleitet werden. Wenn es nicht darum geht, innerkonzernliche Geschäftsbeziehungen neu zu strukturieren, dann sind Konsolidierungsmaßnahmen für die Kapazitätsplanung regelmäßig unbeachtlich. Die Steuerkapazität einer Berichtsperiode wird (i) von der Umkehrwirkung der latenten in laufende Steuern und (ii) den sonstigen steuerpflichtigen Ein-

[336] Vgl. auch Kapitel B.III. und IV.

künfte einer Periode bestimmt. Es bietet sich daher an, die Steuerkapazitätsplanung entsprechend in zwei Schritten durchzuführen.

aa) Umkehrung latenter in laufende Ertragsteuern

Latente Steuern stellen das Bindeglied zwischen der periodenbezogenen Ergebnisermittlung nach dem Rechnungslegungsstandard und den lokalen steuerbilanziellen Vorschriften dar. Der Vorteil einer Analyse der Umkehrwirkung von latenten Steuern im Vergleich zur Planung sonstiger, steuerpflichtiger Einkünfte einer Periode liegt daher bei dem bilanziellen Bezugspunkt, der durch eine Bilanzposition ausgedrückt wird.

(1) Passive latente Steuerbilanzpositionen („deferred tax liabilities"). Passive latente Steuern drücken im Vergleich zum Rechnungslegungsstandard aufgeschobene Steuerzahlungen aus. Sie lösen sich auf, wenn sich die Buchwerte zwischen Handels- und Steuerbilanz annähern. Nähert sich dabei der steuerbilanzielle Wert dem handelsrechtlichen Wertansatz an, wird das steuerpflichtige Einkommen der Periode erhöht.

Geschieht die Annäherung durch planmäßige Abschreibungen, kann der Umkehrzeitpunkt exakt vorher bestimmt werden. Geht man von einer bereits existieren DTL aus, wird der Umkehreffekt allerdings nicht zu einer Erhöhung des versteuernden Einkommens der Periode führen, da sich in aller Regel der handelsrechtliche dem steuerrechtlichen Wertansatz annähert.

Wenn die handels- und steuerrechtlichen Bewertungsvorschriften für außerplanmäßige Abschreibungen bzw. Wertaufholungen unterschiedliche Voraussetzungen vorsehen, kann es möglich sein, den Umkehreffekt der latenten Steuer zu planen. Auch hier gilt, dass eine Auflösung der passiven Steuerlatenz nur dann das zu versteuernde Einkommen beeinflusst, wenn sich der steuerliche dem handelsrechtlichen Wert annähert. Zumindest für materielle Bilanzpositionen, die zur Bildung einer bedeutenden passiven Steuerlatenz geführt haben und keiner planmäßigen Abschreibung zugänglich sind, sollte dieser Vorschriftenvergleich durchgeführt und etwaige Änderungen der DTL eingeschätzt werden.

(2) Aktive latente Steuerbilanzpositionen („deferred tax asset"). Abzugsfähige temporäre Wertunterschiede. Es gilt das Gleiche, nur mit umgekehrten Vorzeichen wie bei passiven latenten Steuern. Aktive latente Steuern stellen im Zusammenhang mit der Kapazitätsplanung aufgeschobene Steuererstattungen oder -verrechnungen dar.

Steuerliche Verlustvorträge und andere steuerliche Anrechnungsguthaben. Als DTA aktivierte oder auch bilanziell abgeschriebene Steuerwerte von Verlustvorträgen mindern die laufende Ertragsteuerbelastung einer Berichtsperiode, wenn sie mit steuerpflichtigem Einkommen verrechenbar sind. Andere steuerliche Anrechungsguthaben unterliegen im Vergleich zu Verlustvorträgen regelmäßig erhöhten Nutzungsanforderungen. Eine Steuerkapazitätsplanung muss dort in besonderem Maße berücksichtigen, ob entweder als laufende Steuer realisierte, passive latente Steuern oder andere steuerpflichtige Einkünfte der laufenden Periode diesen Anforderungen entsprechen.

bb) Steuerpflichtige Einkünfte der laufenden Berichtsperiode

Nach der Bestimmung der Umkehrwirkung von latenten Steuern auf das laufende Steuerergebnis müssen noch die steuerpflichtigen Einkünfte aufgrund der laufenden Geschäftstätigkeit geplant werden. Die Vorgehensweise entspricht dabei den allgemeinen Überlegungen zur Erfassung von Planungsinformationen. Stark vereinfacht wird dabei das steuerliche Ergebnis der vorangegangenen Periode um Einmaleffekte bereinigt und um geplante Einmaleffekte der Planperiode ergänzt. Besondere Bedeutung hat in diesem Zusammenhang die Analyse steuerrechtlicher Änderungen und die ergebnisneutrale Nutzung von Rückstellungen für Steuerrisiken, die die Steuerkapazität wesentlich beeinflussen können.

c) Zusammenfassung

Insgesamt stellt die Erfassung von bilanziellen und „cash" – wirksamen Planungsinformationen den aufwendigsten Teil zur Messung der Konzernsteuerquote dar. Auf der Grundlage dieser Planungsinformationen werden allerdings steuerliche Ineffizienzen deutlich, denen zielgerichtet durch entsprechende Steuerplanungen entgegengewirkt werden kann.

III. Ableitung von Tax Management Informationen

Durch die Erfassung von (i) Informationen auf Einzelabschlussebene, (ii) Steuerrisiken, (iii) Konsolidierungseffekten und (iv) Planungsinformationen erhält man einen Datenbestand, der den Anforderungen an ein System zur Messung der Konzernsteuerquote gerecht wird. Für interne, d.h. insbesondere für Steuerplanungszwecke müssen diese Informationen jedoch noch in ein praktikables Format überführt werden, um einen komprimierten Überblick über die wesentlichen, quotenrelevanten Positionen des Konzerns zu erhalten. Hierzu zählen ertragsteuerrelevante Bilanz- und G.u.V.-Positionen, Überleitungspositionen der Tax Reconciliation, eine Steuerkapazitätsübersicht sowie einzelne Kennziffern. Der dadurch gewonnene Überblick ermöglicht es, Steuergestaltungsmöglichkeiten und -potentiale zu erkennen, und er kann außerdem dazu genutzt werden, die Richtigkeit der erfassten Daten zu verproben bzw. zumindest zu plausibilisieren.[337]

---

[337] Werden die Tax Managementinformationen aus einem integrierten Datenbestand ermittelt, kann u.E. die Plausibilisierung der Daten eines Tax Management Reports als eine Schlüsselkontrolle („key control") nach den Vorgaben von SOX für die Ordnungsmäßigkeit und Vollständigkeit der wesentlichen Finanzdaten dienen.

1. Struktur eines Managementberichts

Die Struktur der Tax Management Informationen sollte sich an den Einflussfaktoren auf die Konzernsteuerquote orientieren und eine „top-down“ Analyse, also von der hoch aggregierten, abstrakten Ebene „hinunter“ bis zum gewünschten Detail unterstützen. Startpunkt für die Struktur eines Managementberichts ist daher die quotenrelevante Steuerinformation auf Konzernebene, die dann weiter aufgefächert wird. Die weitere Unterteilung sollte sich zumindest an Ländern, Meldeeinheiten bis hin zum einzelnen Rechtsträger im Konzern orientieren. Auf diese Weise ist eine Substantiierung der Konzerninformation bis zum zugrunde liegenden Geschäftsvorfall vor und nach Konsolidierung auf Rechtsträgerebene möglich. Denkbar ist auch eine ergänzende Ausrichtung des Tax Management Reports an der Geschäftsstruktur. Insbesondere dann, wenn der Beitrag von Geschäftsbereichen auf die Konzernsteuerquote gemessen und transparent gemacht werden soll und möglicherweise Eingang in die Vergütungsmodelle des Konzerns findet, kann hierauf nicht verzichtet werden. Zeitintensiv wird die Strukturierung der steuerrelevanten Information an dieser Stelle vor allem dann, wenn Konzerngesellschaften durch verschiedene Geschäftsbereiche für ihre Geschäftstätigkeit verwendet werden.

Der Tax Management Report sollte neben der aktuellen Berichtsperiode auch einen Planungsteil beinhalten. Der Planungsteil ist dabei u. E. am zweckmäßigsten wie der Bericht für die aktuelle und die vorangegangenen Berichtsperioden zu gliedern, um dadurch einfach einen Plan-Ist Vergleich vorzunehmen und Trendaussagen ableiten zu können. Die kurz-, mittel – und langfristig geplanten Konzernsteuerquoten bilden zusammen mit den Planannahmen die Entscheidungsgrundlage für steuerplanerische Maßannahmen.

Dieses sind u. E. die Kernelemente eines „Tax Management“ Berichts bzw. die empfehlenswerten Mindestbestandteile, wenn aus dem Pool an Steuerdaten Managementkonsequenzen gezogen werden sollen:

- Entwicklung der ertragsteuerlichen Bilanzpositionen unterteilt in laufende und latente Steuern;
- Entwicklung der ertragsteuerlichen Gutschriften wie Verlustvorträge und andere steuerliche Anrechungsguthaben zusammen mit etwaigen Fälligkeitsdaten;
- eine Tax Reconciliation, die wesentlich umfassender sein kann als die Überleitungsrechnung, die nach den Rechnungslegungsstandards gefordert ist;
- eine Steuerkapazitätsübersicht; sowie
- weitere Kennziffern, als rechnerisches „Abfallprodukt“ des ohnehin vorhandenen Datenpools.

Neben der numerischen Darstellung von Anfangs- bzw. Endbeständen bzw. erfolgs- bzw. erfolgsunwirksamen Effekten sollten alle wesentlichen Einzelpositionen des Berichts durch Verweisungen inhaltlich erläutert werden. Dies trägt erfahrungsgemäß zum besseren Verständnis bei.

a) Entwicklung der ertragsteuerlichen Bilanzpositionen

Dem Rechnungslegungsstandard entsprechend sollte zwischen (i) laufenden und latenten sowie (ii) aktiven und passiven Bilanzpositionen unterschieden werden. Neben dem Anfangs- und dem Endbestand einer Periode sind Währungsumrechnungsdifferenzen, Akquisitionen und Veräußerungen von grundsätzlichem Interesse. Der Zusammenhang zwischen Anfangs- und Endbestand sollte weiterhin erfolgs- und erfolgsunwirksame Änderungen kenntlich machen und es sollte danach unterschieden werden, ob sich die Bestandspositionen durch Geschäftsvorfälle der aktuellen oder durch Neueinschätzungen von Ereignissen der Vorperioden verändert haben.

Bei den laufenden Steuerforderungen bzw. -verbindlichkeiten sollte zusätzlich gezeigt werden, ob sie sich verändert haben, weil sie beglichen worden sind. Hierdurch erhält man einen Überblick zur Cash-Wirkung der laufenden ertragsteuerlichen Bilanzpositionen. Die Cash-Wirkung lässt wiederum Rückschlüsse auf die Werthaltigkeit[338] und auf die optimale Beitreibung von Steuerforderungen bzw. der Bezahlung von Steuerverbindlichkeiten zu. Beide Elemente können wiederum über die Entstehung steuerlicher Nebenleistungen die Konzernsteuerquote entweder unmittelbar oder mittelbar beeinflussen.[339]

Das Daten- bzw. Informationsblatt zu laufenden Steuerpositionen könnte folgendermaßen aussehen, wobei es zwischen den laufenden Steuerpositionen der Konzernbilanz- und den in der Summenbilanz ausgewiesenen laufenden Steuern regelmäßig keine Abweichungen geben sollte (s. Abbildung 15a auf Seite 178).

Bei den latenten Steuern sollte im Gegensatz hierzu noch ergänzend nach den zugrunde liegenden Sachverhalten, wie temporäre Wertunterschiede, Verlustvorträge und andere steuerliche Anrechnungsguthaben differenziert werden.[340] Weiterhin sollte zumindest für die wesentlichen temporären Differenzen eine Angabe zu ihrer Umkehrwirkung gemacht werden, d.h. wie sie sich zukünftig auf die laufende Steuerbelastung auswirken. Vergleichsweise einfach lassen sich diese Angaben als Information der Kategorie III ermitteln, wenn planmäßige steuerliche Abschreibungen Anwendung finden, die ursächlich für die Bildung latenter

---

[338] Werthaltigkeitsfragen spielen insbesondere in Jurisdiktionen eine Rolle, in denen allgemein anerkannte, rechtsstaatliche Prinzipien nur teilweise umgesetzt werden.

[339] Im Zusammenhang mit den steuerlichen Nebenleistungen vgl. Kapitel B.IV.4.b).

[340] Vgl. Kapitel A.II.1.

Entwicklungsspiegel Laufende Steuern (€ mn)
per 31/03, 30/06, 30/09 bzw. 31/12/20XX

Konzern/ Summe/ Jurisdiktionen	Rechtsträger	Forderung/ Verbindlichkeit/ Rückstellung	Referenz: Beschreibung	AB: Anfangsbestand (01.01.20XX)	Änderungsinformation – Erfolgsneutrale Änderung: Währungsumrechnung Anfangsbestand mit Stichtagskurs	Änderungsinformation – Erfolgsneutrale Änderung: Akquiriert / Verkauft	Änderungsinformation – Erfolgsneutrale Änderung: Andere erfolgsneutrale Änderung	Änderungsinformation: Steuertrag/-aufwand aktuelle Periode	Änderungsinformation: Steuertrag/-aufwand Vorperiode	Änderungsinformation: Ggf. Währungsumrechnungseffekte des Steuerertrags/-aufwands bei Verwendung von Durchschnittskursen	Cash Zahlung/Erstattung	Sonstige	EB: Endbestand (Stichtag: XX/XX/200XX)
Konzernbilanz		F											
		V											
		R											
Summenbilanz		F											
		V											
		R											
Jurisdiktionen													
Deutschland	AG 1	F	...										
		V											
		R	...										
	AG 2	F	...										
		V											
		R	...										
	...	...	...										
...													

Abb. 15a: Bestandteile eines Tax Management Reports – Laufende Steuern

Entwicklungsspiegel Latente Steuern (€ mn)
per 31/03, 30/06, 30/09 bzw. 31/12/20XX

					AB	Änderungsinformation							EB	Umkehrung in laufende Steuern		
						Erfolgsneutrale Änderung			Erfolgswirksame Änderung							
Konzern/ Summe/ Jurisdiktionen	Rechtsträger	DTA/DTL	Sachverhalt	Referenz: Beschreibung	Anfangsbestand (01.01.20XX)	Währungsumrechnung Anfangsbestand mit Stichtagskurs	Akquiriert / Verkauft	Andere erfolgsneutrale Änderung	Latenter Steuerertrag/-aufwand aktuelle Periode	Latenter Steuerertrag/-aufwand Vorperiode	Ggf. Währungsumrechnungseffekte des latenten Steuerertrags/-aufwands bei Verwendung von Durchschnittskursen	Sonstige	Endbestand (Stichtag: XX/XX/200XX)	Planmäßig	Außerplanmäßig	Keine Angabe
Konzernbilanz		DTA	LCF	...												
		DTA	Credits	...												
		DTA	Temp	...												
		DTL	Temp	...												
Summenbilanz		DTA	LCF	...												
		DTA	Credits	...												
		DTA	Temp	...												
		DTL	Temp	...												
Jurisidktionen																
Deutschland	AG 1	DTA	LCF	...												
		DTA	Credits	...												
		DTA	Temp	...												
		DTL	Temp	...												
	GmbH 1	DTA	...	...												
		DTA														
		DTA														
		DTL														
...	...	...														

Abb. 15b: Bestandteile eines Tax Management Reports – Latente Steuern

Management Information: DTA auf Verlustvorträge (€ mn)
per 31/03, 30/06, 30/09 bzw. 31/12/20XX

			Bilanzposition						Verlustvortrag											Werthaltigkeit & Maßnahmen						Beeinflussung anderer Gutschriften		
Konzern/ Summe/ Jurisdiktionen	Rechts-träger	Steuerart	Brutto DTA	Risikoadjustuert	Wertberichtigung (Valuation Allowance)	Nach Verrechnung mit Rückstellungen für Steuerrisiken	Netto DTA	**Steuersatz**	Brutto Verlustvortrag (Steuererklärung)	Risikoadjustiert	Netto Verlustvortrag	Fälligkeit Ende laufendes Wirtschaftsjahr	Fälligkeit Ende laufendes Wirtschaftsjahr + 1 Jahr	Fälligkeit Ende laufendes Wirtschaftsjahr + 2 Jahre	Fälligkeit Ende laufendes Wirtschaftsjahr + 3 Jahre	Fälligkeit Ende laufendes Wirtschaftsjahr + 4 Jahre	Fälligkeit Ende laufendes Wirtschaftsjahr + 5 Jahre	Fälligkeit danach	Unverfallbar	Keine Gefährdung	Gefährdung	Maßnahme nicht geplant	Maßnahme in Planung	Maßnahme effektiv	Neubewertung wegen Maßnahmen bereits durchgeführt	Überhang DTA temporäre Wertunterschiede	DTA anderer steuerlicher Gutschriften	DTA anderer Gesellschaften (mit Referenz)
Konzern/ Summenbilanz		Bundessteuer																										
		Landessteuer																										
		Gemeindesteuer																										
Jurisdiktionen																												
Deutschland	AG 1																											
		Bundessteuer																										
		Landessteuer																										
		Gemeindesteuer																										
	GmbH 1																											
		Bundessteuer																										
		Landessteuer																										
		Gemeindesteuer																										
...	...																											

Abb. 15c: Bestandteile eines Tax Management Reports – Steuerliche Verlustvorträge

Management Information: DTA auf steuerliches Anrechnungsguthaben (€ mn)
per 31/03, 30/06, 30/09 bzw. 31/12/20XX

				Bilanzposition						Anrechnungsguthaben											Werthaltigkeit & Maßnahmen						Beeinflussung anderer Gutschriften		
Konzern/ Summe/ Juris- diktionen	**Rechts- träger**	**Steuerart**	**Ref./Be- schrei- bung**	Brutto DTA	Risikoadjustiert	Wertberichtigung (Valuation Allowance)	Nach Verrechnung mit Rückstellungen für Steuerrisiken	Netto DTA	**Steuersatz**	Brutto Anrechnungs- guthaben (Steuererklärung)	Risikoadjustiert	Netto Anrechnungsguthaben	Fälligkeit Ende laufendes Wirtschaftsjahr	Fälligkeit Ende laufendes Wirtschaftsjahr + 1 Jahr	Fälligkeit Ende laufendes Wirtschaftsjahr + 2 Jahre	Fälligkeit Ende laufendes Wirtschaftsjahr + 3 Jahre	Fälligkeit Ende laufendes Wirtschaftsjahr + 4 Jahre	Fälligkeit Ende laufendes Wirtschaftsjahr + 5 Jahre	Fälligkeit danach	Unverfallbar	Keine Gefährdung	Gefährdung	Maßnahme nicht geplant	Maßnahme in Planung	Maßnahme effektiv	Neubewertung wegen Maßnahmen bereits durchgeführt	Überhang DTA temporäre Wertunterschiede	DTA Verlustvorträge	DTA anderer Gesellschaften (mit Referenz)
Konzern-/ Summen- bilanz		Bundesteuer	...																										
		Landessteuer	...																										
		Gemeinde- steuer	...																										
Jurisdiktionen																													
Deutschland	AG 1	Bundessteuer																											
		Landessteuer																											
		Gemeinde- steuer																											
	GmbH 1	Bundessteuer																											
		Landessteuer																											
		Gemeinde- steuer																											
...	...																												

Abb. 15d: Bestandteile eines Tax Management Reports – Steuerliche Anrechnungsguthaben

Steuern auf temporäre Wertunterschiede waren. Schwieriger ist es, wenn sich die Umkehrwirkung von Steuerlatenzierungen zusätzlich oder ausschließlich auf außerplanmäßige Abschreibungen bzw. Veräußerungen bezieht.[341]

Das Daten- und Informationsblatt zu den latenten Steuerpositionen kann danach folgendermaßen aussehen, wobei es hier zwischen der Konzern- und Summenbilanz zu erheblichen Unterschieden kommen kann (s. Abbildung 15b auf Seite 179).

b) Entwicklung von ertragsteuerlichen Gutschriften

Neben der Bilanzinformation sollte im Zusammenhang mit aktiven latenten Steuern auch die Entwicklung von steuerlichen Verlustvorträgen, anderen steuerlichen Anrechungsguthaben und Nettoüberhängen von abzugsfähigen, temporären Differenzen getrennt nach den Ertragsteuerarten und um etwaige Fälligkeitsdaten ergänzt im Tax Management Report ausgewiesen werden. Der Entwicklungsspiegel sollte dabei neben der in der Steuerberechnung bzw. -erklärung ausgewiesenen Position zusätzlich risikobereinigt gezeigt werden. An dieser Stelle sollte auch die Werthaltigkeit der steuerlichen Gutschriften zum Bilanzstichtag für Rechnungslegungszwecke erfasst werden, d.h. ob der vollständige Betrag als DTA aktiviert worden ist oder ob bereits eine Wertberichtigung vorgenommen wurde. Insbesondere bei bedeutenden steuerlichen Verlustvorträgen, die bereits zum Teil bilanziell abgeschrieben worden sind, sollte auch auf einen zum Rechtsträger oder zur Steuergruppe zugehörigen wesentlichen Überhang von aktiven latenten Steuern auf temporäre Wertunterschiede hingewiesen werden. Hierdurch wird ein drohendes Risiko einer umfassenden Wertberichtigung frühzeitig transparent. Werden bereits Steuergestaltungen untersucht, die die Werthaltigkeit von steuerlichen Verlustvorträgen oder von steuerlichen Anrechnungsguthaben i.S.v. IAS 12.30 sicherstellen sollen, sollte auch dies für die jeweilige Position angegeben werden. Gleiches gilt für Steuergestaltungen, die bereits implementiert worden sind bzw. wirken.

Die Übersicht zu den steuerlichen Verlustvorträgen könnte nach dem Vorhergesagten entsprechend Abbildung 15c auf Seite 180 aussehen.

Da steuerliche Anrechnungsguthaben im Vergleich zu steuerlichen Verlustvorträgen in aller Regel erhöhten Nutzungsanforderungen unterliegen, sollten diese zumindest für materielle Positionen ergänzend beschrieben werden. Auf dem Daten- und Informationsblatt wäre ein entsprechender Hinweis wünschenswert (s. Abbildung 15d auf Seite 181).

---

[341] Vgl. hierzu die Überlegungen zur Steuerkapazitätsplanung in Kapitel C.II.4.b).

Die Werthaltigkeit abzugsfähiger, temporärer Differenzen wird meist dann in Frage gestellt, wenn ihnen keine zu versteuernden temporären Wertunterschiede mit ähnlicher Fristigkeit gegenüberstehen und steuerliche Verlustvorträge bzw. andere steuerliche Anrechnungsguthaben bereits abgewertet worden sind. Ein Entwicklungsspiegel materieller Nettoposition von aktiven und passiven Steuerlatenzierungen pro Rechtsträgers ist daher unverzichtbar; die Information wird im Übrigen auch für die Steuerkapazitätsplanung benötigt (s. Abbildung 15e auf Seite 184/185).

c) Tax Reconciliation

Die Tax Reconciliation bildet auch innerhalb des Tax Management Reports als G.u.V. orientierte Managementinformation das Kernstück zur Erläuterung der Zusammensetzung der Konzernsteuerquote. Sie ist damit gleichermaßen für externe wie für interne Zwecke das zentrale Informationsinstrument, um Aufschluss über einmalige bzw. wiederkehrende Treiber der Konzernsteuerquote zu erhalten. Die Zuordnung der einzelnen Überleitungspositionen sollte sich u.E. genau wie für externe Zwecke auch intern an der geographischen Struktur der weltweiten Ergebnisse vor Steuern (s.o. Basissteuersatz, „home based tax rate", „foreign tax rate differential"), den permanenten Differenzen und Steuereffekten ohne korrespondierendes Ergebnis vor Steuern ausrichten. Die Treiber innerhalb der drei Abschnitte könnten verursachungsorientiert nach Geschäftsstruktur (Steuersatzdifferenz zur „home based rate"), spezifischen steuerrechtlichen Regelungen, Rechnungslegungsvorschriften und Steuerrisiken unterteilt werden. Da die Konsolidierungssachverhalte und die damit im Zusammenhang stehenden konsolidierungsspezifischen Steuerlatenzierungen einen erheblichen Einfluss auf die Konzernsteuerquote haben, ist eine Überleitungsrechnung wünschenswert, die die Tax Reconciliation auf aggregierter Basis (Summenbetrachtung) zeigt und den Zusammenhang zur Überleitungsrechnung nach Konsolidierung gesondert herstellt.

Die Tax Reconciliation als Bestandteil des Tax Management Reports könnte danach entsprechend Abbildung 15f auf Seite 186 aussehen.

Neben der aktuellen Berichtsperiode sollte zumindest an dieser Stelle auch für Planungszwecke eine Überleitungsrechnung in vergleichbarer Form und Struktur erstellt werden. Abhängig von der Planungstiefe können diese Plan-Überleitungsrechungen erhebliche Zusatzarbeiten erfordern. Sie geben jedoch frühzeitig eine Einschätzung über die prognostizierten Konzernsteuerquoten und sind damit neben der Steuerkapazitätsplanung wesentliche Grundlage und Ausgangspunkt für steuerplanerische Maßnahmen.

Entwicklungsspiegel Steuerlatenzen aufgrund temporärer Wertunterschiede (€ mn)
per 31/03, 30/06, 30/09 bzw. 31/12/20XX

				Anfangsbestand (01.01.20XX)					Änderungsinformation							Endbestand (Stichtag: XX/XX/200XX)					Umkehrung in laufende Steuern			Anmerkungen		
Konzern/ Summe/ Jurisdiktionen	Rechtsträger	Aktiv-/ Passivseite (L/K)*	Wesentliche Bilanzposition**	DTA	Davon Risikoanteil	DTL	Erhöhung bei Risikobeseitigung	Netto	Währungsumrechnung Anfangsbestand mit Stichtagskurs	Akquiriert / Verkauft	Andere erfolgsneutrale Änderung	Latenter Steuertrag/-aufwand aktuelle Periode	Latenter Steuertrag/-aufwand Vorperiode	Ggf. Währungsumrechnungseffekte des latenten Steuerertrags/-aufwands bei Verwendung von Durchschnittskursen	Sonstige	DTA	Davon Risikoanteil	DTL	Erhöhung bei Risikobeseitigung	Netto	Planmäßig	Außerplanmäßig	Keine Angaben	Verlustvortrag	Steuerliche Anrechnungsguthaben	Davon wertberichtigt
Konzernbilanz		A (L)	Sachanlagen																							
		A (K)																								
		A (L)	Immobilien***																							
		A (K)																								
		A (K)	Immaterielle Vermögenswerte																							
		A (L)																								
		A (K)	Finanzielle Vermögenswerte																							
		A (L)																								
		A (K)	Equity Investments																							
		A (L)																								
		A (K)	Forderungen Lieferung/Leistungen und sonstige F.																							
		A (L)																								
		P (K)	Verbindlichkeiten Lieferung/Leistungen und sonstige V.																							
		P (L)																								
		P (K)	Rückstellungen																							
		P (K)																								
		P (L)	Finanzielle Schulden																							
		P (K)																								
Summenbilanz		A (L)	Sachanlagen																							
		A (K)																								
		A (L)	Immobilien***																							
		A (K)																								
		A (K)	Immaterielle Vermögenswerte																							

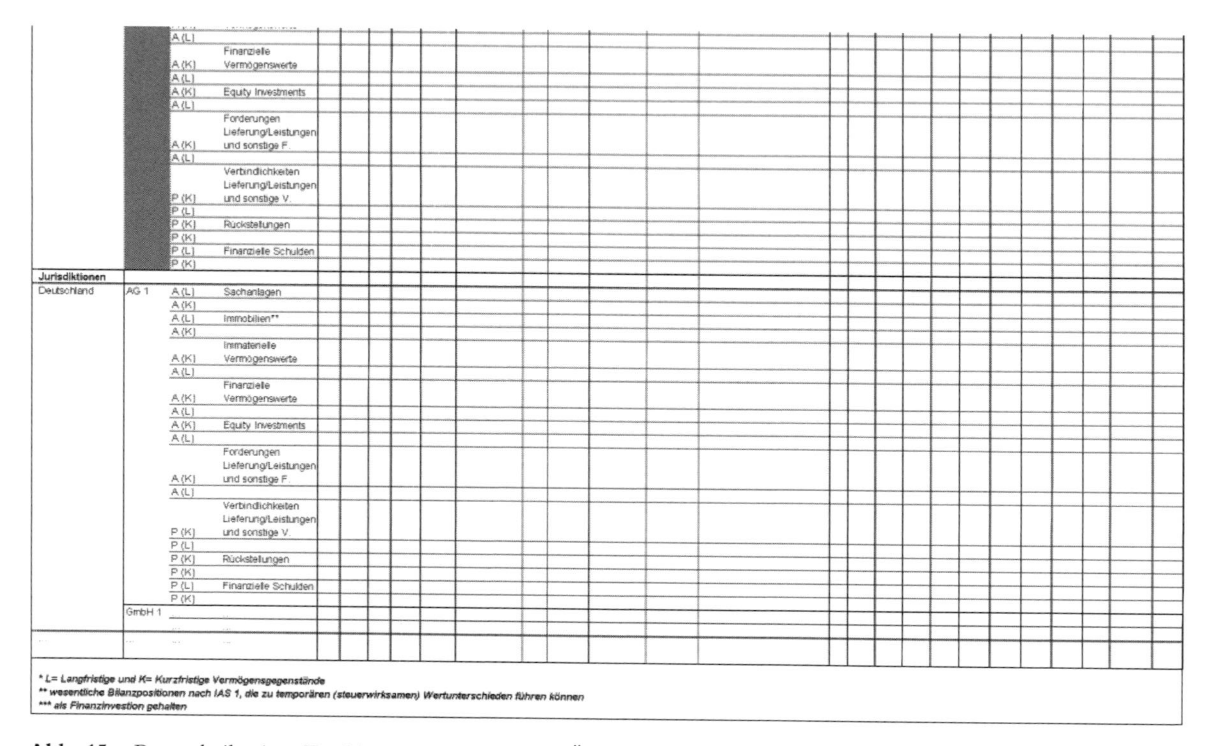

		A (L)	
		A (K)	Finanzielle Vermögenswerte
		A (L)	
		A (K)	Equity Investments
		A (L)	
		A (K)	Forderungen Lieferung/Leistungen und sonstige F.
		A (L)	
		P (K)	Verbindlichkeiten Lieferung/Leistungen und sonstige V.
		P (L)	
		P (K)	Rückstellungen
		P (K)	
		P (L)	Finanzielle Schulden
		P (K)	
Jurisdiktionen			
Deutschland	AG 1	A (L)	Sachanlagen
		A (K)	
		A (L)	Immobilien**
		A (K)	
		A (K)	Immaterielle Vermögenswerte
		A (L)	
		A (K)	Finanzielle Vermögenswerte
		A (L)	
		A (K)	Equity Investments
		A (L)	
		A (K)	Forderungen Lieferung/Leistungen und sonstige F.
		A (L)	
		P (K)	Verbindlichkeiten Lieferung/Leistungen und sonstige V.
		P (L)	
		P (K)	Rückstellungen
		P (K)	
		P (L)	Finanzielle Schulden
		P (K)	
	GmbH 1	...	...
		...	...
...	...	...	...

* L= Langfristige und K= Kurzfristige Vermögensgegenstände
** wesentliche Bilanzpositionen nach IAS 1, die zu temporären (steuerwirksamen) Wertunterschieden führen können
*** als Finanzinvestion gehalten

Abb. 15e: Bestandteile eines Tax Management Reports – Überhang abzugsfähiger temporärer Differenzen

Effective Tax Rate Reconciliation (€ mn)
per 31/03, 30/06, 30/09 bzw. 31/12/20XX

	Summenbetrachtung			Konsolidierungsbuchungen			Nach Konsolidierung		
	Vorsteuer	Steuer	%	Vorsteuer	Steuer	%	Vorsteuer	Steuer	%
I. Erwartetes Steuerergebnis									
a) Gewinn/Verlust									
b) Steuersatzdifferenz (vgl. "home basis")									
wiederkehrend									
zeitlich begrenzt*									
Ergebnis									
II. Permanente Differenzen									
Steuerreduzierte Ergebnisteile									
a) Steuerrechtliche Regelungen									
wiederkehrend									
zeitlich begrenzt*									
b) Rechnungslegungsvorschriften									
wiederkehrend									
zeitlich begrenzt*									
Steuererfreie Ergebnisteile									
a) Steuerrechtliche Regelungen									
wiederkehrend									
zeitlich begrenzt*									
b) Rechnungslegungsvorschriften									
wiederkehrend									
zeitlich begrenzt*									
Korrektur Vorsteuer-/Steuerergebnis									
III. Steuereffekte ohne Vorsteuer									
a) Steuerrechtliche Regelungen									
wiederkehrend									
zeitlich begrenzt*									
b) Rechnungslegungsvorschriften									
wiederkehrend									
zeitlich begrenzt*									
c) Steuerrisiken									
Ergebnis									
IV. Effektives Steuerergebnis									
Überleitungsergebnis									
Gebuchtes Steuerergebnis									
a) laufende Steuer									
b) latente Steuer									
Differenz									
V. ETR									

* sofern nicht eindeutig bestimmbar, Klassifizierung als wiederkehrend

Abb. 15f: Bestandteile eines Tax Management Reports – Tax Reconciliation

d) Steuerkapazitätsübersicht

Es ist u.E. ausreichend, wenn die Steuerkapazitätsplanung zumindest auf einer Jahresbasis vorgenommen und nach der Analyse der Quartalszahlen entsprechend aktualisiert wird. Hilfreich erscheint es uns dabei, wenn durch die Darstellung mehrerer Veranlagungszeiträume Trends abgeleitet werden können. Weiterhin gibt der zum Jahresultimo in Vorperioden gebuchte bzw. der für die aktuelle bzw. zukünftige Periode geplante Bestand an temporären Wertunterschieden, Verlustvorträgen bzw. sonstigen steuerlichen Anrechnungsguthaben erste wertvolle Hinweise zum Profil des zu erwartenden steuerpflichtigen Einkommens.

Eine Steuerkapazitätsübersicht könnte hiernach folgendermaßen aussehen:

Management Information: Steuerkapazitätsübersicht (€ mn)
Status: 30/05, 30/08, 30/11/20XX

			Periode -1													
			Periode -1 zu versteuerndes Einkommen aus										Bestandsinformation Ende Periode -1			
Summe/ Jurisdiktionen	Rechtsträger	Steuerart	Umkehrung stpfl. Temporäre Differenz	Umkehrung abzugsfähige Temporäre Differenz	Verlustabzug	Verrechnung mit sonstigen Anrechnungsguthaben	Normale Geschäftstätigkeit	Sondereffekt 1	Sondereffekt 2	**Summe**	**Steuersätze**	**Steuerkapazität**	Steuerpflichtige Temporäre Differenz	Abzugsfähige Temporäre Differenz	Verlustvortrag	Sonstigen Anrechnungsguthaben
Summe		Bundessteuer														
		Landessteuer														
		Gemeindesteuer														
Jurisdiktionen																
Deutschland	AG 1															
		Bundessteuer														
		Landessteuer														
		Gemeindesteuer														
	GmbH 1															
		Bundessteuer														
		Landessteuer														
		Gemeindesteuer														
...	...															

			Aktuelle Periode													
			Aktuelle Periode zu versteuerndes Einkommen aus										Bestandsinformation Ende aktuelle Periode			
Summe/ Jurisdiktionen	Rechtsträger	Steuerart	Umkehrung stpfl. Temporäre Differenz	Umkehrung abzugsfähige Temporäre Differenz	Verlustabzug	Verrechnung mit sonstigen Anrechnungsguthaben	Normale Geschäftstätigkeit	Sondereffekt 1	Sondereffekt 2	**Summe**	**Steuersätze**	**Steuerkapazität**	Steuerpflichtige Temporäre Differenz	Abzugsfähige Temporäre Differenz	Verlustvortrag	Sonstigen Anrechnungsguthaben
Summe		Bundessteuer														
		Landessteuer														
		Gemeindesteuer														
Jurisdiktionen																
Deutschland	AG 1															
		Bundessteuer														
		Landessteuer														
		Gemeindesteuer														
	GmbH 1															
		Bundessteuer														
		Landessteuer														
		Gemeindesteuer														
...	...															

			Periode +1													
			Periode +1 zu versteuerndes Einkommen aus										Bestandsinformation Ende Periode +1			
Summe/ Jurisdiktionen	Rechtsträger	Steuerart	Umkehrung stpfl. Temporäre Differenz	Umkehrung abzugsfähige Temporäre Differenz	Verlustabzug	Verrechnung mit sonstigen Anrechnungsguthaben	Normale Geschäftstätigkeit	Sondereffekt 1	Sondereffekt 2	**Summe**	**Steuersätze**	**Steuerkapazität**	Steuerpflichtige Temporäre Differenz	Abzugsfähige Temporäre Differenz	Verlustvortrag	Sonstigen Anrechnungsguthaben
Summe		Bundessteuer														
		Landessteuer														
		Gemeindesteuer														
Jurisdiktionen																
Deutschland	AG 1															
		Bundessteuer														
		Landessteuer														
		Gemeindesteuer														
	GmbH 1															
		Bundessteuer														
		Landessteuer														
		Gemeindesteuer														
...	...															

Abb. 15g: Bestandteile eines Tax Management Reports – Steuerkapazitätsübersicht

2. Regionalisierung der „Effective Tax Rate"

Eine Regionalisierung der ETR kann sich anbieten, um die Organisation der Steuerplanung und die Ausarbeitung steuerplanerischer Initiativen zumindest teilweise in geographische Zuständigkeiten zu überführen. Die örtliche Nähe zum Geschehen erleichtert und verbessert i.d.R. den gesamten Ablauf, von der Analyse der lokalen Steuerdaten bis zum steuerplanerischen Gestaltungsvorschlag.

Die Einteilung der Steuerinformationen des Konzerns nach Regionen sollte u.E. soweit wie möglich mit der im Rechnungswesen für die Zurverfügungstellung von Managementinformationen genutzten regionalen Untergliederung übereinstimmen. Auch wenn das Rechnungswesen den Konzern primär nach globalen Geschäftsbereichen und nur hilfsweise nach Regionen unterteilen sollte, ist eine möglichst einheitliche Abstimmung zwingend erforderlich, um Überleitungsarbeiten zu vermeiden und die Grundlage für ein gemeinsames Verständnis über die Aussagefähigkeit von regionalen Ertragsteuerquoten zu legen.

Ist die sinnhafte regionale Struktur für Finanz- und Steuerdaten erst einmal definiert, dann lässt sich aus der regionalen Summenbilanz bzw. regionalen Summen-G.u.V. grundsätzlich ohne Schwierigkeiten die regionale, aggregierte Ertragsteuerquote ableiten. Durch Addition der aggregierten, regionalen Ergebnisse vor Steuern und Ertragsteuerergebnisse ermittelt sich wiederum eindeutig die aggregierte Konzernsteuerquote.

Schwieriger verhält es sich offensichtlich mit der Zuordnung von Konsolidierungseffekten. Soweit es sich um Konsolidierungseffekte von Konzerngesellschaften innerhalb einer Region handelt, sind diese gleichermaßen eindeutig zuordenbar. Betreffen allerdings Konsolidierungsbuchungen Konzerngesellschaften unterschiedlicher Regionen bedarf es eindeutiger Zuordnungsregeln.[342] Verfolgt man den Ansatz, dass die unternehmensinterne Managementinformation vollständig auf den Standard der externen Finanzberichterstattung ausgerichtet wird, dann sollte die regionale Zuordnung von Konsolidierungsmaßnahmen den Konsolidierungsvorschriften des Rechnungslegungsstandards folgen. Kurz gesagt werden Effekte aus der Kapitalkonsolidierung, Schuldenkonsolidierung, Aufwands- und Ertragseliminierung sowie Zwischengewinneliminierung der Region „abgezogen" oder „hinzugerechnet", die die jeweiligen Ergebnisbeiträge aufgrund innerkonzernlicher Geschäfte vor Konsolidierung gezeigt hatten.[343]

---

[342] Vgl. schon Kapitel C.II.3.

[343] Im Rahmen der Schuldenkonsolidierung sind dabei konsolidierungsspezifische Steuerlatenzen für echte Aufrechnungsdifferenzen und bei der Kapitalkonsolidierung regelmäßig Steuerlatenzen auf „outside basis differences" zu nennen. Vgl. hierzu und zur Aufwands- und Ertrags- sowie Zwischengewinneliminierung Kapitel C.II.3.

Wie bei der Konzernsteuerquote insgesamt, gibt es im Zusammenhang mit der regionalen Ertragsteuerquote nach Konsolidierung und in einigen Fällen schon im Rahmen der Bestimmung der regionalen Summenbilanz Effekte, die nicht durch die betroffenen Regionen beeinflusst werden können. Es handelt sich dabei entweder um das Ergebnis von Konzernentscheidungen oder um die Auswirkungen von Geschäftstätigkeiten anderer Regionen. Im Zusammenhang mit Konzernentscheidungen sind beispielsweise die Auswirkungen von Vergütungsmodellen auf die regionale Ertragsteuerquote zu nennen. Deutlichstes Beispiel für negative Auswirkungen auf die Ertragsteuerquote einer Region durch die Geschäftstätigkeit einer anderen Region sind steuerliche Hinzurechnungstatbestände aufgrund von Regelungen zu „Controlled Foreign Companies“.[344]

Sollen Erfolge bzw. Misserfolge einer Region als Managementinformation sichtbar gemacht werden, dann müsste die Ertragsteuerquote einer Region um solche Quotentreiber bereinigt werden. Effekte, die aus Konzernentscheidungen resultieren, sollten für Managementzwecke zentral durch das Head Office geführt werden und nicht die Ertragsteuerquote einer Region beeinflussen. Nachteilige Steuereffekte wie außensteuerrechtliche Hinzurechnungen, die in anderen Regionen verursacht werden, sollten den steuerverursachenden Regionen wieder zugerechnet werden. Es ist offensichtlich, dass sich die Zuordnung von nachteiligen Steuereffekten zwischen Regionen auf ein Minimum von wesentlichen Treibern beschränken sollte, um keinen unverhältnismäßigen Abstimmungs- und Pflegeaufwand auszulösen.

---

[344] Vgl. Kapitel B.IV.2.c)ee).

D. Planung der Konzernsteuerquote für den Zwischenabschluss

I. Konzernsteuerquote im Zwischenabschluss

1. Rechnungslegungsvorschriften

a) IFRS

Die einschlägigen Vorschriften für die Bestimmung des Ertragsteueraufwandes im Zwischenabschluss nach den IFRS finden sich in IAS 12 i.V.m. IAS 34. IAS 34 regelt dabei den Themenkomplex der Zwischenberichterstattung. Ein Zwischenbericht ist nach IAS 34 ein Finanzbericht, der entweder einen vollständigen oder verkürzten Abschluss für eine Berichtsperiode umfasst, die kürzer als das volle Geschäftsjahr eines Unternehmens ist. Welche Unternehmen Zwischenberichte zu veröffentlichen haben und wie häufig bzw. wie kurzfristig dies nach Ablauf einer Zwischenberichtsperiode zu geschehen hat, ist allerdings Gegenstand nationaler Gesetzgebung. Das IASC („International Accounting Standard Committee") empfiehlt Unternehmen, deren Wertpapiere öffentlich gehandelt werden, Zwischenberichte bereitzustellen, die hinsichtlich Erfassung, Bewertung und Angaben den Grundsätzen dieses Standards entsprechen. Zwischenberichte sollten wenigstens zum Ende der ersten Hälfte des Geschäftsjahres bereitgestellt und innerhalb von 60 Tagen nach Abschluss der Zwischenberichtsperiode verfügbar gemacht werden.[345]

IAS 34 definiert den Mindestinhalt und stellt Erfassungs- und Bewertungsgrundsätze dar, die in einem Zwischenbericht zu beachten sind. Die Vorschriften von IAS 34 sollen jedoch keinem Unternehmen verbieten, einen vollständigen Abschluss nach IAS 1 als Zwischenbericht zu veröffentlichen. Vollständige Abschlüsse müssen allerdings nach IAS 34 Nr. 7 sowohl alle in IAS 34 geforderten Angaben als auch alle anderen in den International Accounting Standards geforderten Angaben beachten. Jeder Finanzbericht, d.h. Abschluss eines Geschäftsjahres oder Zwischenberichts, ist hinsichtlich seiner Konformität mit den International Accounting Standards gesondert zu beurteilen.[346]

---

[345] IAS 34, Einführung Nr. 3, Anwendungsbereich Nr. 1.

[346] Einschränkend jedoch die einheitliche Anwendung von Bilanzierungs- und Bewertungsmethoden sowie die Betrachtung von Schätzungen im Zwischenabschluss im Zusammenhang mit dem Jahresergebnis nach IAS 34, Nr. 28.

In den einführenden Erläuterungen zu IAS 34 wird in Tz. 8 ausgeführt, dass „der Ertragssteueraufwand für eine Zwischenperiode auf der Basis eines geschätzten durchschnittlichen jährlichen effektiven Ertragsteuersatzes ermittelt und mit der jährlichen Steuerfestsetzung abgestimmt" wird („estimated average annual income tax rate", (EAAITR)). Nr. 28 i.V.m. 30c regelt weiterhin, dass der Ertragssteueraufwand in jeder Zwischenberichtsperiode auf der Grundlage der besten Schätzung der EAAITR zu erfassen ist, der für das gesamte Geschäftsjahr erwartet wird. Beträge, die für den Ertragsteueraufwand in einer Zwischenberichtsperiode abgegrenzt wurden, werden gegebenenfalls in einer nachfolgenden Zwischenberichtsperiode des Geschäftsjahres angepasst, wenn sich die Schätzung des effektiven Ertragsteuersatzes für das Gesamtjahr ändert. Nach den Ausführungen in Nr. 35 bzw. 36 zu IAS 34 wird davon ausgegangen, dass Aufwendungen und Erträge, die in der aktuellen Zwischenberichtsperiode dargestellt werden, auch die Änderung von Schätzungen von Beträgen widerspiegeln, die in früheren Zwischenberichtsperioden des Geschäftsjahres dargestellt wurden (Nachholeffekt, „catch up"-Effekt). Vorangegangene Zwischenberichte sind nicht rückwirkend zu ändern.

Anhang B12 bis B22 zu IAS 34 erläutert anhand illustrativer Berechnungen die Ermittlung des Ertragssteueraufwands im Zwischenabschluss. Soweit praktisch durchführbar ist nach B14 die Ermittlung einer EAAITR für jede Jurisdiktion und dort für den Geltungsbereich jedes einzelnen Steuersatzes vorzunehmen. Ansonsten kann der gewichtete Durchschnittswert von Jurisdiktionen oder von Einkunftskategorien verwendet werden, wenn dieser eine angemessene Näherung („reasonable approximation") darstellt.

B 19 stellt klar, dass die Nutzung von Steuervergünstigungen („tax credits") Eingang in die EAAITR finden kann, wenn der Steuervorteil beispielsweise aufgrund von erhöhten Abschreibungen auf Jahresbasis ermittelt wird. Handelt es sich hingegen um ein einmaliges Ereignis, das zum Anspruch auf einen Steuervorteil führt, muss der Steuereffekt vollständig in der Zwischenberichtsperiode gezeigt werden, in der er anfällt.

Genauso verhält es sich mit einem Verlustrücktrag. Er ist vollständig in der Periode zu zeigen, in dem der rücktragsfähige Verlust entsteht.[347] Ein Verlustvortrag hingegen wird bei der Ermittlung der EAAITR berücksichtigt soweit am Ende einer jeden Zwischenberichtsperiode von der Werthaltigkeit i.S.v. IAS 12 ausgegangen werden kann.[348] Wurde keine aktive Steuerlatenz für einen Verlustvortrag gebildet und werden die Voraussetzungen nach IAS 12 in einer Zwischenberichtsperiode erfüllt, wird der Steuervorteil bei der Ermittlung der angepassten EAAITR nach B22 aufwandsmindernd berücksichtigt.

---

[347] IAS 34, Appendix B20.
[348] IAS 34, Appendix B21.

Nr. 16 des IAS 34 schreibt weiterhin vor, dass ein Unternehmen mindestens folgende Informationen im Anhang des Zwischenabschlusses darzustellen hat, wenn diese Informationen wesentlich sind und nicht bereits an anderer Stelle des Zwischenberichts gegeben werden:

„… (c) die Art und den Umfang von Sachverhalten, die Vermögenswerte, Schulden, Eigenkapital, Periodenergebnis oder Cashflows beeinflussen, und die auf Grund ihrer Art, ihres Ausmaßes oder ihrer Häufigkeit ungewöhnlich sind;

(d) die Art und den Umfang bei Änderungen von Schätzungen von Beträgen, die in früheren Zwischenberichtsperioden des aktuellen Geschäftsjahres dargestellt wurden oder Änderungen von Schätzungen von Beträgen, die in früheren Geschäftsjahren dargestellt wurden, wenn diese Änderungen eine erhebliche Auswirkung auf die aktuelle Zwischenberichtsperiode haben; …“.

Danach sind wesentliche Schätzungsanpassungen der Planquote in den Anhangangaben offen zu legen.[349]

Für den Ertragssteueraufwand im Zwischenabschluss ergibt sich somit Folgendes:

- Der Zwischenabschluss muss den Mindestanforderungen nach IAS 34 entsprechen. Darüber hinausgehende Angaben bzw. die Veröffentlichung eines vollständigen Abschlusses nach IAS 1 ist möglich. Die Vorgaben des IAS 34, d.h. insbesondere der Ausweis einer geplanten Jahresquote, sind jedoch auch dort zu berücksichtigen.
- Um den Ertragssteueraufwand der Zwischenperiode zu bestimmen, ist der gewichtete durchschnittliche jährliche Ertragssteuersatz zu schätzen, der für das gesamte Geschäftsjahr erwartet wird (EAAITR). Änderungen der Schätzung in Folgeperioden werden in der Folgeperiode auch insoweit berücksichtigt, als sie vorangegangene Zwischenperioden betreffen („catch up“-Effekt). Steuervorteile („tax credits“) sowie Verlustrück- bzw. -vorträge sind gegebenenfalls i.S.v. IAS 34 vollständig in der Berichtsperiode auszuweisen und nicht zu annualisieren. Vorbehaltlich ergänzender Angaben im Anhang ist keine Verpflichtung zum separaten Ausweis von außergewöhnlichen Geschäftsvorfällen mit den dazugehörigen Steuereffekten ersichtlich. Wesentliche Änderungen der Planannahmen zur Ermittlung der EAAITR sind im Anhang auszuweisen.

b) US-GAAP

Einschlägig für die Bestimmung des Ertragssteueraufwands im Zwischenabschluss nach US-GAAP sind SFAS 109 (Accounting for Income Taxes), Accounting Principle Board Opinion (APB) 23 (Accounting for Income Taxes – Special Areas), APB 28 (Interim Financial Reporting) und FIN 18 (Accounting for Income Taxes in Interim Periods (Interpretation of APB 28)).

[349] Vgl. auch IAS 34 Anlage B13.

US-GAAP fordert als Regelfall die Verwendung einer Jahresplanquote, um den Ertragssteueraufwand für die Zwischenberichtsperiode zu ermitteln.[350] Im Sprachgebrauch der US-GAAP handelt es sich dabei um eine „estimated annual Effective Tax Rate" (EA ETR).

Das Konzept von APB 28 unterscheidet zwischen Ertragssteuern, die durch die gewöhnliche Geschäftstätigkeit („ordinary income") entstehen und den Steuern, die aufgrund außergewöhnlicher Geschäftsvorfälle ausgelöst werden. Letztere dürfen bei der Ermittlung der EA ETR nicht miteinbezogen werden und sind in der Zwischenberichtsperiode, in der sie entstehen vollständig bilanziell zu berücksichtigen.[351] Nur ausnahmsweise darf der tatsächliche Steueraufwand des Quartals für den Zwischenabschluss verwendet werden. FIN 18 befasst sich detailliert mit der regelkonformen Ermittlung einer EA ETR und gibt zahlreiche Hinweise auf die Einflüsse, die die Plansteuerquote nach US-GAAP im Zwischenabschluss bestimmen können. Eine dezidierte Auseinandersetzung mit den Vorschriften von FIN 18 an dieser Stelle würde über den Rahmen einer grundsätzlichen Darstellung hinausgehen.

Als Fazit kann festgehalten werden, dass nach US-GAAP der Ertragssteueraufwand im Zwischenabschluss unter Zugrundelegung einer Jahresplanquote zu ermitteln ist. Bei der Ermittlung der Planquote wird dabei im Gegensatz zu IFRS nur der Steueraufwand berücksichtigt, welcher der gewöhnlichen Geschäftstätigkeit zuzuordnen ist. Steuereffekte, die aus außergewöhnlichen Geschäftsvorfällen resultieren, sind bilanziell vollständig der Zwischenberichtsperiode zuzuordnen, in welcher sie gebucht werden.

2. Die Konzernsteuerquote im Zwischenabschluss aus Sicht des Kapitalmarktes

Da Volatilitäten der Konzernsteuerquote vom Kapitalmarkt nicht honoriert werden, sollte die Ermittlung einer gewichteten durchschnittlichen Ertragssteuerquote angestrebt werden, insbesondere wenn der tatsächliche Steueraufwand in den Quartalen deutlich unterschiedlich ausfällt. Dadurch können Steuereffekte annualisiert und „geglättet" werden, die die Quote ansonsten mit Ausschlägen nach oben oder unten versehen würden.

Beispiel 21: Ein Unternehmen rechnet mit einem Ergebnis vor Steuern von 1000 GE für das Geschäftsjahr. Der gewichtete globale Steuersatzmix beträgt 38%. Es wird mit steuerfreien Dividendenausschüttungen im zweiten Quartal von 100 GE gerechnet.

---

[350] APB 28, § 10 i.V.m. § 19 f.

[351] FIN 18, Nr. 6.

	Q1	Q2	Q3	Q4	Gesamt
Vor Steuern	250	250	250	250	1000
Ist-Steueraufwand	95	57	95	95	342
Steuerquote	38%	22,8%	38%	38%	34,2%
Annualisierter Steuer-aufwand	85,5	85,5	85,5	85,5	342
Plan-/Steuerquote	34,2%	34,2%	34,2%	34,2%	34,2%

Abb. 16: Glättungseffekt

Die Planquote für den Zwischenabschluss berücksichtigt die Vereinnahmung einer steuerfreien Dividende im zweiten Quartal und ordnet den positiven Steuereffekt allen Zwischenberichtsperioden zu. Sie ist dadurch im Vergleich zum tatsächlichen Steueraufwand mit Ausnahme des zweiten Quartals niedriger und bei einer Jahresbetrachtung insgesamt stabil (34,2% im Vergleich zu 38% und 22,8%).

US-GAAP fordert die Planquote nur auf die Einkünfte anzuwenden, die aufgrund der „normalen" Geschäftstätigkeit erzielt werden. Abhängig von der Geschäftstätigkeit eines Unternehmens bzw. Unternehmensgruppe kann durch diese Zweiteilung der Glättungseffekt wieder verloren gehen. Daher sollte u.E. zusammen mit dem Konzernrechnungswesen sorgfältig abgestimmt werden, welche Geschäftsvorfälle nicht zur normalen Geschäftstätigkeit gezählt werden sollen.[352]

3. Praktische Erwägungen

Der tatsächliche Ertragssteueraufwand kann abschließend immer erst dann gebucht werden, wenn das Ergebnis vor Steuern feststeht. Das Ergebnis vor Steuern ist jedoch in aller Regel erst kurz vor der Veröffentlichung des Zwischenberichts verfügbar. Eine detaillierte Analyse der Steuereffekte bis zur Publizierung der Ergebnisse ist – abhängig von der Komplexität der Geschäftstätigkeit und der zur Verfügung stehenden Zeitressourcen – meist nur mit Einschränkungen möglich. Dies stellt sowohl für die interne als auch für die externe Berichterstattung über Steuern eine sehr unbefriedigende Situation dar. Bei Verwendung einer Planquote können substantielle Vorarbeiten für den Zwischenabschluss bereits vor dem Ablauf der Berichtsperiode geleistet werden und damit stehen mehr Ressourcen für die zeitkritischen Abschlussarbeiten, insbesondere für die Analyse der in der Zwischenperiode einzeln (nicht annualisiert) zu berücksichtigenden Steuereffekte zur Verfügung.

[352] Vgl. zur engen Auslegung, wann ein außergewöhnlicher Geschäftsvorfall angenommen wird APB 30.20 und zur Wesentlichkeit APB 30.26.

Der Zuwachs an Erkenntnissen über die Verhältnisse des laufenden Jahres hat natürlich Anpassungen der Gesamtjahresprojektion zur Folge, und zwar sowohl was das Vorsteuerergebnis als auch was die steuerlichen Verhältnisse anbetrifft. Eine Anpassung des geplanten Vorsteuerergebnisses ist für den Steueraufwand – entgegen einer verbreiteten landläufigen Meinung – nicht neutral. Im Gegenteil: In Abhängigkeit davon, ob die ETR-Kurve (bzw. Plankurve auf der Basis der EA ETR) im 1. oder 4. Quadranten der Kurvendarstellung verläuft[353], hat zum Beispiel eine Erhöhung der Ergebnisprognose entweder eine Verringerung der Plan-ETR (nämlich im 1. Quadranten) oder aber eine Erhöhung der Plan-ETR (nämlich im 4. Quadranten) zur Folge, je nachdem, wie die Verhältnisse in Bezug auf steuerlich permanente Differenzen für das gesamte Jahr eingeschätzt werden. Neben dem eben angesprochenen „Kurveneffekt" von unterjährigen Plananpassungen hat aber der oben unter D.1.a) besprochene „catch up"-Effekt (Nachholeffekt) Einfluss auf die Quartalsteuerquote, falls Plananpassungen notwendig sind, und zwar sowohl im Vorsteuerergebnis (Kurveneffekt) als auch bei den steuerlichen Verhältnissen.[354] Je später im Jahr die Plananpassungen stattfinden, desto größer kann natürlich die Nachholung der Anpassungseffekte für frühere Zwischenperioden in der laufenden Periode ausfallen.

In der letzten Berichtsperiode wirkt sich ein „catch up"-Effekt zwangsläufig immer am stärksten aus, da der Anschluss zum tatsächlichen Ertragsteuerergebnis für das Geschäftsjahr hergestellt werden muss und deshalb letztlich die Plan-Ist Abweichung des Ertragsteueraufwands für die drei vorangegangenen Quartale in einer Berichtsperiode bilanziell gezeigt werden müssen.

Die Planung des Steueraufwandes für das Geschäftsjahr setzt einen Prozess voraus, der in einem ersten Schritt eine Planquote vorgibt, die dann durch einen Plan-Ist Vergleich immer wieder validiert und gegebenenfalls angepasst werden muss. Hierdurch sind die am Planungsprozess Beteiligten gezwungen, sich mit den Treibern der Steuerquote inhaltlich auseinanderzusetzen. Wir haben die Erfahrung gemacht, dass die inhaltliche Beschäftigung mit Steuertreibern und steuerlichen Ineffizienzen die Entwicklung von Optimierungsmöglichkeiten fördert.

Abschließend bleibt noch darauf hinzuweisen, dass die Verwendung einer Planquote einen funktionierenden Planungs- und Validierungsprozess voraussetzt. Abhängig von den im Unternehmen bereits existierenden Informationen kann dies für die Steuerabteilung einen erheblichen Zusatzaufwand bedeuten.

---

[353] Ob also positive oder negative permanente Differenzen für das Gesamtjahr prognostiziert werden, s. die Kurvendiskussion in Kapitel A.III.2.b).

[354] S. weiter unten Abschnitt D.IV.

II. Planungsansatz und Planungsmethodik

Die Komplexität der Geschäftstätigkeit und der Geschäftsstruktur sowie die bereits vorhandenen Planungsinformationen bestimmen letztlich den Umfang der Planungsmaßnahmen zur Ermittlung der Planquote für den Zwischenabschluss. Nachfolgend werden einige allgemeine Hinweise für die Planung der Quote im Zwischenabschluss gegeben. Folgende Definitionen sollen dabei zum besseren Verständnis zugrunde gelegt werden:

- **EB ETR („Estimated Base Effective Tax Rate"):** Die ist die für das Gesamtjahr geplante (und auch für den Zwischenabschluss als Ausgangspunkt maßgebliche) annualisierte Ertragsteuerquote ohne Sachverhalte, die bilanziell vollständig im Zwischenabschluss auszuweisen sind.
- **EA ETR („Estimated Annual Effective Tax Rate"):** Dies ist die für das Gesamtjahr geplante Ertragsteuerquote einschließlich aller Sachverhalte, sowohl der annualisierten als auch der im Zwischenabschluss vollständig („discrete items") gezeigten.

1. Einzeln zu berücksichtigende Geschäftsvorfälle („discrete items")

Bevor mit der Planung begonnen werden kann, ist zunächst zu definieren und mit dem Abschlussprüfer abzustimmen, welche Art von Geschäftsvorfällen einer Zwischenberichtsperiode nicht annualisiert werden können und deshalb einzeln und vollständig als Steuereffekt der jeweiligen Zwischenberichtsperiode gezeigt werden müssen („discrete items").[355] Eine Kategorisierung von „discrete items" in Anlehnung an die Überleitungsrechnung erscheint uns dabei hilfreich, da hierdurch die Ermittlung der Tax Reconciliation für den Jahresabschluss unterstützt wird.

2. Planung

Die Planung der Konzernsteuerquote sollte sich naturgemäß an den wesentlichsten Einflussfaktoren orientieren. Zum einen ist eine valide Aussage über die voraussichtliche Einkommensverteilung auf die verschiedenen Länder der Konzerntätigkeit zu treffen, um den prognostizierten Basissteuersatz zu ermitteln. Zum anderen muss das Niveau der permanenten Differenzen und der „tax only"-Effekte eingeschätzt werden, welche bekanntlich die Steigung der ETR Kurve bestimmen.

---

[355] Etwaige Materialitätsbetrachtungen werden dabei einerseits durch den betreffenden Steuereffekt und andererseits durch das erwartete Jahresergebnis bestimmt; Vgl. APB 28, Nr. 21.

Durch die Zuordnung der voraussichtlichen Einnahmen und Ausgaben zu den einzelnen Jurisdiktionen und der Multiplikation mit den jeweiligen statutarischen Steuersätzen erhält man den gewichteten durchschnittlichen Steuersatzmix. Bei Rückgriff auf historische Daten sind dabei Einmaleffekte des Vorjahres, wie beispielsweise Veräußerungsgewinne, die im anstehenden Geschäftsjahr voraussichtlich nicht mehr entstehen werden, aus dem Vorjahresergebnis zu eliminieren. Geplante Transaktionen oder Geschäftsentwicklungen des laufenden Jahres sind hinzuzufügen. Insoweit Planungsrechnungen für das aktuelle Geschäftsjahr oder auch strategische Planungen für andere Zwecke im Konzern vorhanden sind, sollten diese aus Effizienz- und Konsistenzgründen berücksichtigt werden. Eine bereits im Konzern existierende Rechtsträgerplanung, auf die die Steuerabteilung aufsetzen kann, wäre für die Ermittlung des voraussichtlichen gesetzlichen Steuersatzmixes optimal.

Für die Planung der permanenten Differenzen bieten sich folgende Schritte an:

- Nicht wiederkehrende permanente Differenzen des Vorjahresergebnis sind zu eliminieren, falls die Planung auf den historischen Verhältnissen aufsetzt;
- Geplante Transaktionen mit permanenten Steuereffekten sind zu ergänzen;
- Wesentliche steuerbefreite Dividendeneinkünfte des Vorjahres von Beteiligungs- bzw. assoziierten Unternehmen sollten darauf hin untersucht werden, ob sie auch für die Planperiode zu erwarten sind.
- Alle übrigen permanenten Differenzen, wie z.B. nicht abziehbare Zinsen, nicht anrechenbare Quellensteuern etc., sind auf ihre strukturellen Auslöser und deren Ausprägung im Planjahr hin zu untersuchen und zu prognostizieren.
- Eine Korrelation zwischen Ergebnis vor Steuern und permanenten Differenzen ist zu bestimmen; und
- wiederkehrende Steuereffekte aus Konsolidierungsbuchungen sind einzubeziehen.

Darüber hinaus sind noch Steuereffekte ohne Bezug vor Steuern zu planen, also erfolgswirksame Rückstellungsbewegungen für Steuerrisiken, Wertberichtigungen von „deferred tax assets“ und Änderungen der Steuern für Vorjahre, beispielsweise aufgrund des erwarteten Abschlusses von Betriebsprüfungen.

Nachdem auf diesen Grundlagen die EA ETR ermittelt worden ist, muss noch bestimmt werden, welche der ETR Treiber nicht annualisiert werden können und deshalb keinen Eingang in die EB ETR findet. Der Ertragsteueraufwand für den Zwischenabschluss ergibt sich durch die Anwendung der EB ETR auf das Ergebnis vor Steuern der Zwischenberichtsperiode, ergänzt um die Steuerwirkungen von Einzelsachverhalten, die dem Zwischenabschluss als „discrete items" vollständig und exklusiv zuzuordnen sind.

Schließlich kann im Zusammenhang mit der Planung der EA- und EB ETR für die Zwischenabschlüsse eines Jahres noch folgender praktischer Hinweis gegeben werden:

Abhängig von der Aufbauorganisation der Konzernsteuerabteilung hat es sich als hilfreich erwiesen, die Planung zunächst zentral im Head Office durchzuführen, da dort nach Fertigstellung des Jahresabschlusses alle steuerrelevanten Informationen einschließlich aller Konsolidierungseffekte vorliegen. Nach Fertigstellung der Planung sollte die EA und EB ETR auf die nachgelagerten Organisationseinheiten aufgeteilt werden, um sie dort (regional bzw. lokal) validieren zu lassen. Dies verbessert erfahrungsgemäß die Qualität der Planung, da Verantwortlichkeiten geschaffen werden und die Informationseffizienz bei sich im Zeitablauf verändernden Planungsannahmen erhöht wird. Diese Vorgehensweise bietet sich auch für die Überprüfung der Planannahmen an. Eine regionale Aufteilung sollte u. E. auf einer Zahlenbasis nach Konsolidierung vorgenommen werden und sich dabei soweit wie möglich an der Reportingstruktur des Rechnungswesens orientieren um Überleitungsaufwand gering zu halten.

3. Überprüfung der Planungsannahmen

a) Rollierende Planung

Um die Gefahr großer Nachholeffekte zu vermeiden, sollte die EA ETR mit den tatsächlichen Steuerinformationen einer Periode fortlaufend abgeglichen werden. Erst nach Abschluss der ersten Zwischenberichtsperiode stehen in aller Regel detaillierte Steuerinformationen zur Verfügung. Während der zweiten Berichtsperiode kann dann zeitunkritisch eine ausführliche Analyse aller Steuereffekte der ersten Berichtsperiode vorgenommen werden. Die Ergebnisse dieser Analyse führen meist zu ersten Plananpassungen („true up"; rollierende Planung). Diese Überprüfung sollte im zweiten Quartal mit den Steuerinformationen aus der ersten Zwischenberichtsperiode und im dritten Quartal mit den Steuerinformationen aus der zweiten Berichtsperiode durchgeführt werden. Sind die Planzahlen volatil, sollte zusätzlich im vierten Quartal eine Überprüfung der Planannahmen mit den Steuerinformationen aus der dritten Berichtsperiode vorgenommen werden. Nur so können „Überraschungen" bei der Feststellung des Jahressteueraufwands vermieden werden und auch die Steuereffekte des dritten Quartals sind während der regelmäßig zeitkritischen Jahresabschlussarbeiten bereits analysiert.

Bei komplexen Geschäftstätigkeiten, die verlässliche Planungen nur bedingt zulassen, sollte u. E. zusätzlich vor Veröffentlichung des Zwischenabschluss eine stark fokussierte Validierung der Planannahmen („Flash Testing") auf der Grundlage der tatsächlich gebuchten Ergebnisse der

Zwischenperiode vorgenommen werden. Bei „discrete items" sollte vor Veröffentlichung des Zwischenergebnisses nochmals überprüft werden, ob die jeweiligen Sachverhalte zusammen mit ihren Steuerwirkungen tatsächlich vollständig in der Berichtsperiode bilanziert worden sind. Alle unsere Ausführungen zu Planungsstruktur, Validierungen und Prozess können nur Anregungen für die Praxis sein. Feste Regeln existieren hier nicht und die Verhältnisse in einzelnen Unternehmen sind sehr unterschiedlich.

b) Validierung der Planungsannahmen vor Veröffentlichung des Zwischenabschlusses

Statutarischer Steuersatzmix. Die geplante Einkommensverteilung auf die einzelnen Jurisdiktionen kann mit dem gebuchten Ergebnis vor Steuern der Zwischenberichtsperiode nach Konsolidierung abgeglichen werden. Kommt es dabei zu Abweichungen zwischen Plan und Ist müssen hierfür die Gründe analysiert und die Entscheidung getroffen werden, ob noch vor Veröffentlichung des Zwischenabschlusses eine Plananpassung in Bezug auf den Steuersatzmix notwendig wird. Das Ausmaß einer Planabweichung sollte dabei berücksichtigt werden, wenn in der Folgeperiode ohnehin ein umfänglicher „true up" durchgeführt wird.

Permanente Differenzen. Steuerfreie Einkünfte bzw. nichtabzugsfähige Betriebsausgaben können nur vermittels eines dafür vorgesehenen Erfassungssystems von Steuerinformationen zeitgerecht abgerufen werden.[356] Unterscheidet sich das Niveau der geplanten von den erfassten permanenten Differenzen, kann dies – anders als bei der Validierung des Steuersatzmixes – auch plangemäß sein bzw. eine Planbestätigung darstellen, dann nämlich, wenn der beobachtete Effekt zwar in einem Quartal auftritt, im Rahmen der Gesamtjahresplanung (EB ETR) jedoch annualisiert wurde und die Planabweichung den auf die übrigen Quartale verteilten Teil repräsentiert (s. nachfolgendes Beispiel, Fallvariante 2).

Beispiel 22: Die EB ETR für Deutschland und Großbritannien wurde für das Geschäftsjahr folgendermaßen geplant:

	Deutschland	UK
1) Aufteilung des Ergebnisses vor Steuern		
Gesamtjahr	1000	1000
Statutarischer Steuersatz	39,2%	30%
Hypothetische Steuer	(392)	(300)
	Rate Mix 34,6%	

[356] Vgl. Kapitel C.II.1. und C.II.3.

		Deutschland		UK	
2)	**Niveau der permanenten Differenz**				
	Steuerfreie Einnahmen/(nicht-abzugsfähige Steuerausgaben)	300		(150)	
	Steuereffekt		117,6		(45)
3)	**Tax only effects**				
	Nicht geplant				
4)	**Ergebnis**				
	Steuer		(274,4)		(345)
	Vor Steuern		1000		1000
	EB ETR		27,4%		34,5%
	Total EB ETR	**30,97%**			

Abb. 17a: Flash Test

Fallvariante 1: Das gebuchte Ergebnis vor Steuern des zweiten Quartals weicht von den Planannahmen ab

		Deutschland		UK	
		geplant	**gebucht**	**geplant**	**gebucht**
1)	**Aufteilung des Ergebnisses vor Steuern**				
	Q2	250	200	250	300
	Steuersatz (39,2%/30%)	(98)	(78,4)	(75)	(90)
	Steuersatz a) geplant **b) gebucht**	**34,60%** **33,68%**			
2)	**Niveau der permanenten Differenz**				
	Steuerfreie Einnahmen/(nicht-abzugsfähige Steuerausgaben)	75	75	(37,5)	(37,5)
	Steuereffekt	29,4	29,4	(11,25)	(11,25)
3)	**Tax only effects**				
	Nicht geplant				
4)	**Ergebnis**				
	Steuer	(68,6)	(49)	(86,25)	(101,25)
	Vor Steuern	250	200	250	300
	ETR	27,4%	24,5%	34,5%	33,75%
	Total ETR a) geplant **b) gebucht**	**30,97%** **30,05%**			

Abb. 17b: Flash Test/Steuersatzmix

Der Flash Test zeigt eine Abweichung der Einkommensallokation zwischen Plan und Ist. Die Gründe hierfür werden analysiert. Ist ein gegenläufiger Effekt in Folgeperioden zu erwarten oder ist der Effekt nicht materiell, wird man davon ausgehen können, dass die EB ETR nicht angepasst wird.

Fallvariante 2: Das Niveau der permanenten Differenzen im zweiten Quartal weicht von den Planannahmen ab

		Deutschland		**UK**	
		geplant	**gebucht**	**geplant**	**gebucht**
1)	**Aufteilung des Ergebnisses vor Steuern**				
	Q2	250	250	250	250
	Steuersatz (39,2%/30%)	(98)	(98)	(75)	(75)
	Rate Mix **a) geplant** **b) gebucht**	**34,60%** **34,60%**			
2)	**Niveau der permanenten Differenz**				
	Steuerfreie Einnahmen/(nicht-abzugsfähige Steuerausgaben)	75	200	(37,5)	100
	Steuereffekt	29,4	78,4	(11,25)	30
3)	**Tax only effects**				
	Nicht geplant				
4)	**Ergebnis**				
	Steuer	(68,6)	(19,6)	(86,25)	(45)
	Vor Steuern	250	250	250	250
	ETR	27,4%	7,8%	34,5%	18%
	Total ETR **a) geplant** **b) gebucht**	**30,97%** **12,92%**			

Abb. 17c: Flash Test zu permanenten Differenzen

Der Flash Test zeigt eine erhebliche Abweichung zwischen den geplanten und gebuchten permanenten Differenzen im zweiten Quartal. Die Analyse der Abweichung zeigt, dass es sich um steuerfreie Dividendeneinnahmen handelt, die bereits bei der Ermittlung der EB ETR berücksichtigt worden sind. Der Steuereffekt der steuerfreien Dividendeneinnahmen im zweiten Quartal ist durch die Verwendung einer Planquote auf alle Zwischenberichtsperioden des Geschäftsjahres verteilt worden (Glättungseffekt). Die Abweichung ist damit erwartungsgemäß eingetreten. Die gebuchten Zahlen entsprechen dem Plan.

Fallvariante 3: Die Einkommensallokation und das Niveau der permanenten Differenzen im zweiten Quartal sind erwartungsgemäß eingetreten. Die Steuerabteilung einer Region meldet während der Quartalsabschlussarbeiten die Wertaufholung eines „deferred tax asset", die nicht Gegenstand der Planung gewesen ist.

		Deutschland		UK	
		geplant	**gebucht**	**geplant**	**gebucht**
1)	**Aufteilung des Ergebnisses vor Steuern**				
	Q2	250	250	250	250
	Steuersatz (39,2%/30%)	(98)	(98)	(75)	(75)
	Steuersatz a) geplant **b) gebucht**	**34,60%** **34,60%**			
2)	**Niveau der permanenten Differenz**				
	Steuerfreie Einnahmen/(nicht-abzugsfähige Steuerausgaben)	75	200	(37,5)	100
	Steuereffekt	29,4	78,4	(11,25)	30
3)	**Tax only effects**				
	Nicht geplant	20			
4)	**Ergebnis**				
	Steuer	(68,6)	(19,6)	(86,25)	(25)
	Vor Steuern	250	250	250	250
	ETR	27,4%	7,8%	34,5%	10%
	Total ETR a) geplant **b) gebucht**	**30,97%** **8,92%**			

Abb. 17d: Flash Test – „discrete item"

Mit dem Abschlussprüfer wurde abgestimmt, dass die Wertaufholung eines zuvor abgeschriebenen DTA als „discrete item" auszuweisen ist, wenn der Steuereffekt eine Materialitätsgrenze von 15 GE überschreitet. Der Steuereffekt i. H. v. 20 GE ist deshalb vollständig bei der Ermittlung des Ertragsteueraufwands im Zwischenabschluss zu berücksichtigen.

Die Buchung von „tax only"-Effekten ist im Allgemeinen durch die Steuerabteilung anzuweisen bzw. zumindest mit ihr abzustimmen. Sie sollten deshalb bekannt und immer aktuell Bestandteil der EA ETR vor Veröffentlichung des Zwischenabschluss sein. Nicht geplante „discrete items", wie materielle, steuerbefreite Geschäftsvorfälle, werden regelmäßig im Rahmen der Überprüfung des Niveaus der permanenten Differenzen sichtbar.

III. Darstellung der Planquote im Zwischenabschluss

Bei Verwendung einer Plansteuerquote i. S. v. IAS 34 bzw. APB 28 i. V. m. FIN 18 kann im Zwischenabschluss auf eine Überleitungsrechnung nach IAS 12.81c bzw. SFAS 109.47 verzichtet werden.[357] Offenzu-

[357] Vgl. zur Tax Reconciliation Kapitel E.I.1.

legen sind regelmäßig nur wesentliche Plananpassungen im Vergleich zu Vorperioden, sowie außergewöhnliche steuerliche Ereignisse mit Kapitalmarktrelevanz.

Für interne Berichtszwecke bietet es sich wiederum an, die Struktur der Überleitungsrechnung zu verwenden, um „discrete“ Steuereffekte im Zwischenabschluss zu erklären. Diese Vorgehensweise vereinheitlicht und vereinfacht die interne Kommunikation über Steuern im Jahres- und Zwischenabschluss. Folgendes Format erfasst u. E. alle wesentlichen Größen und Zusammenhänge:

Darstellung der Plansteuerquote für den Zwischenabschluss

Status (Datum)

	Ergebnis vor Steuern [GE] mn		Steuern [GE] mn	Beitrag ETR [%]	ETR [%]
I. Estimated Base ETR					
a) Aktuelle Periode	Ergebnis vor Steuern	x		x	
	./. Discrete Item (IIa.)	x			
	Bereinigtes Ergebnis vor Steuern	x	x		
b) Nachholeffekt Vorperioden					
Ergebnis Vorperioden [GE]	x				
Steuersatzdifferenz [%]	x		x	x	
Einschließlich Nachholeffekt				x	x
II. Discrete Items					
a) Permanente Differenzen					
	1) Steuerfreie Einkünfte	x	-,-		
	2) Nicht abzugsfähige Aufwendungen	x	-,-		
	3) Sonstige	x	-,-		
Summe Ergebniseffekt				x	
b) Tax Only Effekte					
	1) Wertberichtigung von DTA	-,-	x		
	2) Rückstellungen für Steuerrisiken	-,-	x		
	3) Mehr-/Minderergebnisse Bp	-,-	x		
	4) Sonstige	-,-	x		
Summe Ergebniseffekt				x	
Gesamt Discrete				x	x
III. Gesamt					
a) Ergebnis vor Steuern [GE]		X			
b) Steuerergebnis [GE]			X		
c) Nachsteuerergebnis [GE]			X		
d) ETR [%]					X

Abb. 18a: Darstellung der Planquote für den Zwischenabschluss – Format

In einem ersten Abschnitt (I.) wird über die „estimated base“ (EB) ETR berichtet. Die EB ETR wird auf das tatsächliche Ergebnis vor Steuern in der Zwischenberichtsperiode angewendet. Um sicherzustellen, dass der Adressat der Berichterstattung das Quartalsergebnis vor Steuern wieder erkennt, empfehlen wir die permanenten Differenzen, die als „discrete item“ zu bilanzieren sind, aus der Bemessungsgrundlage für die

EB ETR offen herauszurechnen. Anpassungen der EB ETR an bessere Erkenntnisse führen grundsätzlich zu einem Nachholeffekt aus Vorperioden, der separat ausgewiesen werden sollte.

Unter Zugrundelegung des **Beispiels 22** wäre die EA ETR des zweiten Quartals wie folgt darzustellen:

Darstellung der Plansteuerquote für den Zwischenabschluss
Q2/XX

Status 10/04/XX
17:00 CET

		Ergebnis vor Steuern [GE] mn	Steuern [GE] mn	Beitrag ETR [%]	ETR [%]
I. Estimated Base ETR					
a) Aktuelle Periode	Ergebnis vor Steuern	500,00		30,97%	
	./. Discrete Item (IIa.)	./.			
	Bereinigtes Ergebnis vor Steuern	500,00	154,85		
b) Nachholeffekt Vorperioden					
Ergebnis Vorperioden [GE]		./.			
Steuersatzdifferenz [%]		./.	./.	./.	
Einschließlich Nachholeffekt				**30,97%**	**30,97%**
II. Discrete Items					
a) Permanente Differenzen					
	1) Steuerfreie Einkünfte	./.	-,-		
	2) Nicht abzugsfähige Aufwendungen	./.	-,-		
	3) Sonstige	./.	-,-		
Summe Ergebniseffekt				0,00%	
b) Tax Only Effekte					
	1) Wertberichtigung von DTA	-,-	-20,00		
	2) Rückstellungen für Steuerrisiken	-,-	./.		
	3) Mehr-/Mindereregebnisse Bp	-,-	./.		
	4) Sonstige	-,-	./.		
Summe Ergebniseffekt				-4,00%	
Gesamt Discrete				**-4,00%**	**-4,00%**
III. Gesamt					
a) Ergebnis vor Steuern [GE]		**500,00**			
b) Steuerergebnis [GE]			**134,85**		
c) Nachsteuerergebnis [GE]			**365,15**		
d) ETR [%]					**26,97%**

Abb. 18b: Darstellung der Plansteuerquote für den Zwischenabschluss – Beispiel 22

IV. Unterjährige Anpassung der Planquote an bessere Erkenntnisse und Nachholeffekt

Führt die Überprüfung der Planungsannahmen im Rahmen des „true up"-Prozesses zu Änderungen der EB ETR, kommt es zu einem Nachholeffekt. Die Differenz zwischen der in Vorperioden angewendeten EB ETR und der aufgrund besserer Erkenntnisse angepassten EB ETR ist auf das Ergebnis vor Steuern der Vorperioden anzuwenden. Handelt es sich um die Ermittlung der EB ETR für die letzte Zwischenberichtsperiode ist die Bemessungsgrundlage, d. h. das akkumulierte Ergebnis vor Steuern der Vorperioden regelmäßig am größten.

Beispiel 23: Zur Illustration wird Beispiel 22 folgendermaßen weiterentwickelt: Die Ergebnisse des „true up"-Prozesses für das zweite Quartal führen zu einer Erhöhung der EB ETR um 2%. Das Ergebnis vor Steuern der ersten beiden Quartale ohne „discrete items" hat 1500 GE betragen. Das Ergebnis vor Steuern des dritten Quartals beträgt 500 GE.

Ermittlung der Plansteuerquote für den Zwischenabschluss
Q3/XX

Status 10/10/XX
17:00 CET

	Ergebnis vor Steuern [GE] mn		Steuern [GE] mn	Beitrag ETR [%]	ETR [%]
I. Estimated Base ETR					
a) Aktuelle Periode	Ergebnis vor Steuern	500,00		30,97%	
	./. Discrete Item (IIa.)	./.			
	Bereinigtes Ergebnis vor Steuern	500,00	154,85		
b) Nachholeffekt Vorperioden					
Ergebnis Vorperioden [GE]	1.500,00				
Steuersatzdifferenz [%]	2,00%		30,00	6,00%	
Einschließlich Nachholeffekt				**36,97%**	**36,97%**
II. Discrete Items					
a) Permanente Differenzen					
	1) Steuerfreie Einkünfte	./.	-,-		
	2) Nicht abzugsfähige Aufwendungen	./.	-,-		
	3) Sonstige	./.	-,-		
Summe Ergebniseffekt				0,00%	
b) Tax Only Effekte					
	1) Wertberichtigung von DTA	-,-	-20,00		
	2) Rückstellungen für Steuerrisiken	-,-	./.		
	3) Mehr-/Minderergebnisse Bp	-,-	./.		
	4) Sonstige	-,-	./.		
Summe Ergebniseffekt				-4,00%	
Gesamt Discrete				**-4,00%**	**-4,00%**
III. Gesamt					
a) Ergebnis vor Steuern [GE]		**500,00**			
b) Steuerergebnis [GE]			**164,85**		
c) Nachsteuerergebnis [GE]			**335,15**		
d) ETR [%]					**32,97%**

Abb. 18c: Darstellung der Plansteuerquote für den Zwischenabschluss – Beispiel 23

Die Erhöhung der EB ETR im Rahmen des „true up" um 2% führt bei einem Ergebnis vor Steuern der vorangegangenen Perioden von 1500 GE zu einem zusätzlichen Steueraufwand von 30 GE. Dieser erhöht die Quartalsquote um 6%. Der gegenläufige Effekt durch die Wertaufholung eines „deferred tax asset" kann diesen Effekt nicht kompensieren.

E. Externe „Effective Tax Rate" – Informationen und „Benchmarking"

Um dem Praktiker einen präziseren Überblick darüber zu vermitteln, wie groß der Gestaltungsspielraum nach IFRS bzw. US-GAAP ist, den man für Zwecke der **externen Finanzberichterstattung** über die Konzernsteuerquote nutzen kann, werden im Folgenden die wesentlichen Pflichtangaben nach IFRS und die Unterschiede zu US-GAAP zusammengefasst. Sie bilden die Informationsgrundlage für ein externes Benchmarking.

I. Tax Reconciliation und weitere Pflichtangaben als externe Steuerinformation

Im Gegensatz zu HGB, AktG und GmbHG sind im Zusammenhang mit Ertragsteuern im Jahresabschluss nach IFRS[358] und US-GAAP[359] umfangreiche Angabepflichten zu erfüllen. Wie in Kapitel A.IV.2. bereits angesprochen, bildet dabei die so genannte Überleitungsrechnung („Tax Reconciliation") das Kernelement der externen Berichtspflichten.

1. Tax Reconciliation

Die Tax Reconciliation stellt den Zusammenhang zwischen dem Ergebnis vor Steuern und dem tatsächlichen Steueraufwand dar. Die Zielrichtung der einschlägigen Vorschriften soll es sein, wesentliche Ursachen für die Abweichung zwischen dem erwarteten und dem tatsächlichen Steueraufwand zu quantifizieren.[360] Hierdurch soll der Adressat der Finanzberichterstattung die Qualität des ausgewiesenen Nettoergebnisses besser einschätzen können. Er sollte idealerweise einmalige bzw. wiederkehrende Steuerbelastungen unterscheiden können und dadurch die Möglichkeit erhalten, die Steuerposition verschiedener Unternehmen zu einem Zeitpunkt zu vergleichen.[361]

Sowohl IAS 12.81 (c) als auch SFAS 109.47 verlangen diese Überleitung zwischen dem erwarteten und tatsächlichen Steueraufwand einer Periode. Der erwartete Steueraufwand ergibt sich dabei aus der Multiplikation des Ergebnisses der Geschäftstätigkeit mit dem „anzuwendenden"

---

[358] Vgl. IAS 12.79–88.

[359] Vgl. SFAS 109.43–49b.

[360] Vgl. IAS 12.84.

[361] Vgl. auch *Schäffler U.*, Latente Steuern nach US-GAAP für deutsche Unternehmen, 2000, S. 94 ff.

Steuersatz. Die IFRS fordern zu diesem Zweck die Verwendung des Steuersatzes, der für die Informationsinteressen der Abschlussadressaten am besten geeignet ist. Die Berechnungsgrundlagen zur Ermittlung des anzuwendenden Steuersatzes sind dabei zu erläutern. In der Praxis wird häufig der inländische Steuersatz des Landes verwendet, in dem das Unternehmen bzw. die Konzernobergesellschaft ihren Sitz hat. Für ein Unternehmen, das in verschiedenen Jurisdiktionen tätig ist, kann es sinnvoll sein, anhand der für die einzelnen Steuerrechtskreise gültigen inländischen Steuersätze verschiedene Überleitungsrechnungen zu erstellen und diese zusammenzufassen.[362]

Nach dem „home-based approach" von US-GAAP dagegen ist der „anzuwendende" Steuersatz der gesetzliche, gegebenenfalls kombinierte Ertragsteuersatz des Mutterunternehmens.[363] Vor dem Hintergrund des „decision-usefulness concept"[364] wird dieser Ansatz in den US-GAAP der Verwendung einer gewichteten (globalen) Steuerquote vorgezogen.[365]

a) Darstellungsformen

IFRS. Nach IAS 12.81 (c) sind folgende alternative Darstellungsformen für die Überleitungsrechnung zulässig:

- eine Überleitungsrechnung zwischen dem tatsächlichen (effektiven) Steueraufwand (Steuerertrag) und dem Produkt aus dem handelsrechtlichen Periodenergebnis vor Ertragsteuern und dem anzuwendenden Steuersatz („applicable tax rate"); oder
- eine Überleitungsrechnung zwischen dem durchschnittlichen tatsächlichen Steuersatz und dem anzuwendenden Steuersatz. Nach IAS 12.86 ist der durchschnittliche tatsächliche Steuersatz der Quotient aus Steueraufwand bzw. -ertrag und dem handelsrechtlichen Periodenergebnis vor Ertragsteuern.

Die einzelnen Überleitungspositionen können demnach als absolute Beträge oder als prozentuale Größen ausgewiesen werden. Beim prozentualen Ausweis wird der Steuereffekt der Überleitungspositionen im Verhältnis zum Ergebnis vor Steuern als Prozentzahl ausgedrückt.

Unabhängig vom Ausweis der Überleitungspositionen sind darüber hinaus zwei mögliche Ausgangspunkte und damit unterschiedliche Richtungen der Überleitung möglich. Beim „bottom-up approach" (Ist-Soll Vergleich) wird von der effektiven auf die erwartete Größe übergeleitet, während beim „Top-down Approach" (Soll-Ist Vergleich) die erwartete

---

[362] Vgl. IAS 12.85.
[363] Vgl. SFAS 109.47.
[364] Vgl. SFAC („Statement(s) of Financial Accounting Concepts) 2.32 ff.
[365] Vgl. *KPMG* (Hrsg.), Rechnungslegung nach US-amerikanischen Grundsätzen, 2003, S. 286.

Steuergröße den Ausgangpunkt bildet und auf die tatsächliche Größe übergeleitet wird. Ein Blick auf die nach IFRS bilanzierenden DAX Unternehmen zeigt für die Jahre 2001 und 2002, dass von diesen vier unterschiedlichen Möglichkeiten der Darstellung die Überleitung vom erwarteten Steueraufwand zum tatsächlichen Steueraufwand präferiert wird.[366]

Der Ausweis einzelner Positionen in der Überleitungsrechung ist nach IAS 12 nicht geregelt. Es bleibt also dem Anwender überlassen, inwieweit er eine Aufgliederung in Abweichungsarten, -gruppen oder Einzelsachverhalte vornimmt.[367] Gründe für die Abweichung zwischen dem erwarteten und dem tatsächlichen Steueraufwand/-ertrag ergeben sich u.a. aus:[368]

- Unterschieden zwischen dem angewendeten und den tatsächlichen Ertragsteuersätzen in den Ländern der Konzerntätigkeit („foreign tax rate Differential“);
- steuerfreien Einnahmen wie Dividendenerträge sowie Veräußerungsgewinne aus Beteiligungserträgen an Kapitalgesellschaften bei Freistellungssystemen bzw. entsprechende steuerfreie Wertaufholungen im Zusammenhang mit Anteilen an Kapitalgesellschaften;
- nichtabzugsfähigen Betriebsausgaben, wie beispielsweise der steuerlich nichtabzugsfähige pauschalierte Betriebsausgabenabzug nach § 8b Abs. 3 und 5 KStG, entsprechende Veräußerungsverluste bzw. Teilwertabschreibungen bei Anteilen an Kapitalgesellschaften und andere Aufwendungen im Sinne von § 4 Abs. 5 EStG;
- steuerlich nicht abzugsfähigen Abschreibungen auf einen Goodwill (impairment) im Konzern;
- Steuereffekten aufgrund einer „net of tax“ Konsolidierung von „at equity“ konsolidierten Gesellschaften,
- der Neubewertung latenter Steuern wegen Gesetzesänderungen;
- Steueraufwand oder -ertrag für Vorjahre aufgrund von Betriebsprüfungen;
- Wertberichtigungen aktiver latenter Steuern, und
- Nicht anrechenbare Quellensteuern.

Da diese Posten häufig auftreten und auch gegebenenfalls wesentlichen Einfluss auf die Konzernsteuerquote haben können, tauchen sie typischerweise bei den Überleitungspositionen einer Tax Reconciliation auf. Beispiel 24 illustriert eine Überleitungsrechung vom erwarteten Steueraufwand zum tatsächlichen Steueraufwand, wie sie nach IFRS erstellt werden kann.

---

[366] Vgl. zusammenfassend *Gerrit A.*, Tax Reconciliation im HGB- und IAS/IFRS-Konzernabschluss, Schriften zum Steuer-, Rechnungs- und Finanzwesen, 2004, S. 43.

[367] Vgl. *Kirsch H.*, Angabepflichten für Ertragsteuern nach IAS und deren Generierung im Finanz- und Rechnungswesen, StuB 2002, S. 1189 (1192).

[368] Vgl. auch *Kröner M./Benzel U.*, in: Konzernsteuerrecht, 2004, S. 701 (734) und zu den Einflussgrößen ausführlich Kapitel B.

Beispiel 24: Ein Unternehmen erzielt in 05 einen Gewinn vor Steuern in Höhe von 500 Mio. Der anzuwendende Steuersatz beträgt 40% und entspricht dem statutarischen Satz der Konzernobergesellschaft. Der effektive Steuersatz wird durch ein steuerliches Mehrergebnis aufgrund von Betriebsprüfungen für vorangegangene Jahre ohne Umkehreffekte in Folgejahren in Höhe von 2 Mio. beeinflusst. Weiterhin wurden steuerfreie Dividendeneinkünfte in Höhe von 10 Mio., nichtabzugsfähige Betriebsausgaben von 12 Mio. und ein steuerfreier „equity pick up" von 25 Mio. erzielt. Die „at equity" konsolidierte Gesellschaft wird von einer in Deutschland steuerlich ansässigen Gesellschaft gehalten. Da der konsolidierte Buchwert der Gesellschaft („carried value") nach der Ergebniskonsolidierung um 25 Mio. höher ist als der steuerbilanzielle Buchwert (Anschaffungskosten), wird auf die Differenz eine passive latente Steuer wegen des pauschalierten Betriebsausgabenabzugs nach § 8b Abs. 3, 5 KStG gebildet. Zusätzlich musste in der Berichtsperiode 05 noch ein DTA auf Verlustvorträge in Höhe von 50 Mio. wertberichtigt werden.

Der tatsachliche Steueraufwand lässt sich wie folgt ermitteln:

Ergebnis vor Steuern nach IFRS	**500**
./. steuerfreie Dividendeneinkünfte	(10)
./. Equity Pick up	(25)
+ nichtabzugsfähige Betriebsausgaben	12
	477
Laufende Steuern	
Laufende Steuern 05: 477 * 40%	190,8
Laufende Steuern Vorjahre	2,0
	192,8
Latente Steuern	
Wertberichtigung auf steuerliche Verlustvorträge	50
DTL auf Equity Pick up: 25 * 5% * 40%	0,5
	50,5
Gesamtsteueraufwand (G. u. V.)	**243,3**

Die Überleitungsrechnung vom erwarteten zum tatsächlichen Steueraufwand könnte folgendermaßen aussehen:

I. Ergebnis vor Steuern nach IFRS	**500**
II. Erwarteter Steueraufwand bei einem anzuwendenden Steuersatz von [40%]	**200**
a. Steuereffekt permanenter Differenzen zwischen der steuerlichen Bemessungsgrundlage und dem Ergebnis nach IFRS	
1) Steuerfreie Einnahmen [(10 + 25) * 40%]	(14)
2) Nichtabzugsfähige Betriebsausgaben [(12 + 25 * 5%) * 40%]	5,3
b. Steuereffekte ohne korrespondierendes Ergebnis vor Steuern („Tax Only Effect")	
1) Wertberichtigung auf steuerliche Verlustvorträge	50
2) Steuerliches Mehrergebnis aus Betriebsprüfungen Vorjahre	2
III. Tatsächlicher Steueraufwand	**243,3**
ETR	**48,66%**

Abhängig von den Kenntnissen und der Emphase, die ein Analyst auf die steuerliche Überleitungsrechnung des Beispiels 24 legt, könnte er ohne weitere Erläuterungen zur Annahme gelangen, dass die Wertberichtigung auf steuerliche Verlustverträge einen Einmaleffekt darstellt und er deshalb den dazugehörigen Steueraufwand für seine Bewertungsmethoden und Kennzahlenberechnung eliminiert. Ein Steueraufwand ohne Wertberichtigung auf aktive latente Steuern von 193,3 würde dann nur noch zu einem Ertragsteuerfaktor von 38,66% führen. Ohne zusätzliche Erklärungen könnte er jedoch auch die Werthaltigkeit aller „deferred tax assets" auf Verlustvorträge anzweifeln und einen pauschalierten Risikoabschlag auf alle bestehenden DTA vornehmen, die das periodenbezogene Abwertungsrisiko abbildet. Abhängig vom stichtagsbezogenen Gesamtbestand der aktiven latenten Steuern sowie der Aufteilung auf steuerliche Verlustvorträge, temporäre Wertunterschiede sowie andere steuerliche Anrechungsguthaben könnte dieser höher oder niedriger als 50 sein. Hieran wird noch einmal deutlich welchen Interpretationsspielraum eine Überleitungsrechnung zur Bestimmung der ETR dem Adressaten lässt.

An dieser Stelle sei auf eine weitere Funktion der Überleitungsrechnung hingewiesen. Neben der Informations- bzw. Kapitalmarktfunktion dient die Überleitungsrechnung der Kontrolle des ausgewiesenen Ertragsteueraufwands. Nachdem der tatsächliche Steueraufwand ermittelt worden ist, kann mit der Überleitungsrechnung verprobt werden, ob alle wesentlichen Sachverhalte, die einen positiven oder negativen Steuereffekt zur ETR beitragen, erfasst worden sind. Wenn die betragsmäßige Summe der Überleitungspositionen der Abweichung zwischen erwartetem und tatsächlichem Steueraufwand entspricht, wurden alle Steuereffekte berücksichtigt. Insbesondere bei komplexen Sachverhalten, die bilanziell abgebildet werden müssen, ist zumindest für interne Zwecke eine detaillierte Überleitungsrechung zur Verprobung des tatsächlichen Steueraufwands zu empfehlen.

US-GAAP. Die Darstellungsform der Überleitungsrechnung entspricht im Wesentlichen den Vorgaben nach IFRS. Im Vergleich zu IFRS bezieht sich die Überleitungsrechung nach SFAS 109.47 jedoch nur auf Einkünfte aus der gewöhnlichen Geschäftstätigkeit („continuing operations"). Geschäftsvorfälle, die nicht zur gewöhnlichen Geschäftstätigkeit gehören, sind nach SFAS 109.46 getrennt anzugeben.[369] Diese Vorgehensweise verdeutlicht die Kapitalmarktorientierung der Steuerangaben nach US-GAAP.[370] US-GAAP erläutert im Rahmen der Überleitungsrechnung einen Steueraufwand, der per Definition Sachverhalte ausschließt, die nicht einem „normalen" Geschäftsverlauf entsprechen. Das Ergebnis wird hierdurch schon von ungewöhnlichen und seltenen Effekten der Berichtsperiode befreit und in seiner Prognoseeignung verbessert.[371]

---

[369] Vgl. auch SFAS 109.35–39.

[370] Nach IAS 12.77 muss lediglich der Steueraufwand/-ertrag, welcher der gewöhnlichen Geschäftstätigkeit zuzurechnen ist, in der G.u.V. gesondert dargestellt werden.

[371] Vgl. ausführlich APB 30.20 und zur Wesentlichkeit APB 30.26.

Anders als nach IFRS sind darüber hinaus Einzelsachverhalte zwingend als Überleitungspositionen in der Überleitungsrechnung auszuweisen, wenn sie eine Wesentlichkeitsgrenze überschritten haben („significant matters“). Nur für Unternehmen, die den SEC Regularien und damit der S-X Rule 4-08(h)(2) unterliegen, ist diese Grenze allerdings quantifiziert. Beträgt der Steueraufwand eines Sachverhaltes mindestens 5% des erwarteten Gesamtsteueraufwands, ist er im Rahmen der Überleitung gesondert auszuweisen.[372] Weiterhin schreibt S-X 4-08(h)(2) vor, dass auf eine Überleitungsrechnung verzichtet werden kann, wenn kein Einzelsachverhalt die 5% Grenze erreicht und insgesamt die Abweichung zwischen tatsächlichem und erwartetem Steueraufwand kleiner als 5% des Gesamtsteueraufwands ist.

Schließlich kann als Unterschied zu den IFRS noch angeführt werden, dass nach US-GAAP die Überleitungsrechnung grundsätzlich mit dem Steuersatz des Mutterunternehmens als erwarteter Ertragsteuersatz begonnen wird.[373] Hierdurch entsteht regelmäßig eine Überleitungsposition, die die Abweichung zu den ausländischen Steuersätzen beziffert („foreign tax rate differential“). In der Praxis werden allerdings häufig auch andere steuerliche Einflussfaktoren (z.B. die Steuereffekte ausländischer permanenter Differenzen) unter dieser Position ausgewiesen, so dass seine Aussagekraft und Vergleichbarkeit eingeschränkt sein kann.

b) Erwarteter Steuersatz

Wesentliche Determinante für die Tax Reconciliation ist der erwartete Ertragsteueraufwand. Als Referenzgröße bestimmt er die Gesamtabweichung zum effektiven Steueraufwand und damit die Anzahl und Bedeutung der Überleitungspositionen.

Es ist klar, dass für die Ermittlung des Steueraufwands nur solche Steuern einbezogen werden, die in einem funktionalen Verhältnis zum Gewinn stehen und nach den Rechnungslegungsstandards in der „tax line“ der Gewinn- und Verlustrechung abgebildet werden. Allen Kostensteuern wie Substanz- und Verkehrssteuern fehlt dieser funktionale Zusammenhang, weshalb sie naturgemäß keinen Eingang in die Berechnung des erwarteten Steueraufwands bzw. -satzes finden. Für Ertragsteuern, die, wie die deutsche Gewerbesteuer, vom Ertrag unabhängige Elemente beinhalten, ist festzulegen, in welcher Form diese Steuereffekte im Rahmen der Tax Reconciliation berücksichtigt werden. Sowohl ein Ausweis als „reconciling item“ in der Überleitungsrechnung als auch die Berücksichtigung dieser Komponenten bereits im „erwarteten Steuersatz“ ist dabei

---

[372] Auch nach Ansicht von *Dahlke J./von Eizten B.* kann dieser Regelung im Rahmen der Bilanzierung nach IFRS gefolgt werden vgl. *Dahlke J./von Eitzen B.*, Steuerliche Überleitungsrechung im Rahmen der Bilanzierung latenter Steuern nach IAS, DB 2003, S. 2237 (2243).

[373] Dies wird mit dem „decision-usefulness concept“ begründet. Vgl. *KPMG* (Hrsg.), Rechnungslegung nach US-amerikanischen Grundsätzen, 2003, S. 286.

grundsätzlich denkbar. Für steuerliche Nebenleistungen wie Zinsen und sonstige (Straf-) Zuschläge finden sich in den Standards keine verbindlichen Vorgaben, weshalb regelmäßig optional ein Ausweis im Steuer- oder Zinsergebnis möglich ist.[374] Ein Ausweis im Zinsergebnis entlastet naturgemäß die Steuerquote, da auch bei einer Versagung des steuerlichen Betriebsausgabenabzugs für Zinsen auf Steuern, der Steueraufwand nur um das Produkt von Zinsen und Steuersatz erhöht wird.

Der erwartete Steueraufwand wird durch die berücksichtigten Ertragsteuerarten und deren Anknüpfungspunkt bestimmt. Bei einem international tätigen Konzern sind deshalb bei der Bestimmung des anzuwendenden bzw. erwarteten Steuersatzes zunächst unabhängig vom anzuwendenden Rechnungslegungsstandard folgende drei wesentliche Entscheidungen zu treffen:

(1) Welche Ertragsteuerarten sollen Eingang in den Referenzsteuersatz finden?
(2) Soll der gesetzliche (Misch-) Ertragsteuersatz oder der gegebenenfalls um Einmaleffekte bereinigte, durchschnittliche effektive Steuersatz aus Vorperioden als Anknüpfungspunkt verwendet werden?
(3) Sollen die Verhältnisse der Konzernobergesellschaft oder die des Gesamtkonzerns als Ausgangspunkt der Überleitungsrechnung betrachtet werden?

Ad (1): Alle Steuern, die im funktionalen Zusammenhang mit dem Ergebnis des Rechnungslegungsstandards stehen und sich regelmäßig im tatsächlichen Ertragsteueraufwand wiederfinden, sollten Bestandteil des erwarteten Steueraufwands sein. Für die Informationsinteressen scheinen diese am geeignetsten zu sein, da sie zum „normalisierten" Steueraufwand gehören.[375] Im Vergleich zu den IFRS bestimmt SFAS 109.47 für US-GAAP ergänzend die „domestic federal statutory tax rates" als Sollgröße zu verwenden. Ob hierunter auch „state taxes" zu verstehen sind, die i.d.R. ebenfalls im funktionalen Zusammenhang mit dem Gewinn nach US-GAAP stehen, bleibt offen. Im zweiten Satz von SFAS 109.47 wird allerdings klargestellt, dass bei unterschiedlichen Steuersystemen unter „statutory tax rates" „regular tax rates" zu verstehen sind. Die Einbeziehung aller kommunalen Steuern, die gewinnabhängig sind, sollten danach auch für den US-GAAP Abschluss Eingang in den Referenzsteuersatz finden können.

Ad (2): Wird als Referenzsteuersatz der durchschnittlich gewichtete, effektive Steuersatz aus Vorperioden verwendet, kommt es tendenziell zur Annäherung zwischen dem erwarteten und tatsächlichen Steuersatz und damit zur Minimierung des Erläuterungsbedarfs zwischen beiden Größen.

---

[374] Für US-GAAP sieht FIN 48, No. 19 ein Wahlrecht vor.

[375] Vgl. auch oben Kapitel A.IV.2.

Der Referenzsteuersatz stellt damit zwar eine gute Schätzgröße für den erwarteten Ertragsteuersatzes dar, fraglich ist allerdings, ob dadurch dem Informationsbedürfnis der externen Adressaten ausreichend Rechnung getragen wird. Die Tax Reconciliation stellt das Kernelement der Finanzberichterstattung über Steuern dar, um Informationen über die Qualität der Ertragsteuerquote und wesentliche Einflussfaktoren zu vermitteln. Ein erwarteter Steuersatz, der dem tatsächlichen Steueraufwand der Berichtsperiode nahezu entspricht, vermeidet Erläuterungsbedarf und ist im Zeitablauf, abhängig von den Ergebnissen der Planungsrechnung, immer wieder anzupassen. Werden dagegen die gesetzlichen Ertragsteuersätze für normale operative Tätigkeiten verwendet, kommt es bei der Verwirklichung von Sachverhalten, für die ein abweichender Steuersatz gilt, immer zu einer Differenz zwischen dem erwarteten und tatsächlichen Steueraufwand, die (abhängig von ihrer Materialität) im Rahmen der Tax Reconciliation erläutert wird. Bei Verwendung eines gesetzlichen Ertragsteuersatzes ist daher üblicherweise davon auszugehen, dass im Vergleich zur Verwendung eines durchschnittlich gewichteten, effektiven Ertragsteuersatzes zumindest ein Überleitungsposten erforderlich ist.

Ad (3): Schließlich muss entschieden werden, ob der Referenzsteuersatz auf die steuerlichen Verhältnisse der Konzernobergesellschaft („home-based approach") oder auf den Gesamtkonzern abstellen soll.[376] Im Unterschied zum „home-based approach" berücksichtigt der erwartete Steueraufwand des Gesamtkonzerns bereits Steuersatzunterschiede der Jurisdiktionen mit Konzerntätigkeit. Im Vergleich zum gesetzlichen Steuersatz der Konzernobergesellschaft, der öffentlich zugänglich ist, ist der internationale statutarische Steuersatzmix erläuterungsbedürftig. Bei beiden muss wiederum entschieden werden, welche Ertragsteuerkomponenten Eingang in den Referenzsteuersatz finden.[377]

Die überwiegende Praxis der DAX-30 Unternehmen, die nach IAS bilanzieren, geht in Richtung des „home-based approach" bei Verwendung eines Steuersatzes, der sich aus dem gesetzlichen Körperschaftsteuersatz, dem Solidaritätszuschlag und dem Gewerbesteuersatz ergibt. Beim Vergleich der Tax Reconciliation z.B. in den Jahren 2001 und 2002 stellt man nur eine geringfügige Veränderung der Referenzsteuersätze fest, die auf eine angepasste Gewerbesteuerzerlegung zurückgeführt werden kann.[378]

---

[376] Vgl. *Herzig N.*, Gestaltung der Konzernsteuerquote – eine neue Herausforderung für die Steuerberatung?, WPg Sonderheft 2003, S. 80 (91).

[377] Vgl. hierzu ausführlich für Deutschland *Schäffeler U.*, Latente Steuern nach US-GAAP für deutsche Unternehmen, München 2000, S. 212 und *Herzig N.*, Gestaltung der Konzernsteuerquote – eine neue Herausforderung für die Steuerberatung?, WPg Sonderheft 2003, S. 80 (91).

[378] Vgl. zusammenfassend *Gerrit A.*, Tax Reconciliation im HGB- und IAS/IFRS-Konzernabschluss, Schriften zum Steuer-, Rechnungs- und Finanzwesen, 2004, S. 128 ff.

2. Sonstige Anhangangaben

Neben der Tax Reconciliation sind noch weitere Angabepflichten nach den IFRS und US-GAAP im Zusammenhang mit Steuern zu erfüllen, die Rückschlüsse auf die Qualität des Ertragsteueraufwands zulassen.[379] Sie ergänzen die steuerliche Überleitungsrechung und bilden mit ihr zusammen den Rahmen für die externe Finanzberichterstattung über Steuern. Sie lassen sich in Angaben unterteilen, die sich auf die Gewinn- und Verlustrechnung, auf den Bilanzausweis oder auf sonstige Offenlegungspflichten beziehen.

a) IFRS

Gewinn- und Verlustrechnung. Die Hauptbestandteile des Steueraufwands/-(ertrags) sind nach IAS 12.79 separat auszuweisen. Hierzu können nach IAS 12.80 (a) bis (h) folgende Beträge gehören:

- der laufende Ertragsteueraufwand/-ertrag (IAS 12.80 (a));
- der laufende Ertragsteueraufwand/-ertrag aufgrund der Anpassung für Vorjahre (IAS 12.80 (b));
- der latente Steueraufwand/-ertrag aufgrund der Änderung temporärer Wertunterschiede (IAS 12.80 (c));
- der latente Ertragsteueraufwand/-ertrag aufgrund von Steuersatzänderungen bzw. neuer Steuern (IAS 12.80 (d));
- der Betrag der Minderung der laufenden Steuern aufgrund von bisher nicht aktivierten latenten Steuern auf Verlustvorträge, Steuergutschriften bzw. temporärer Wertunterschiede (IAS 12.80 (e));
- Betrag der Minderung des latenten Steueraufwands aufgrund der Nutzung bisher nicht aktivierter Verlustvorträge, Steuerguthaben bzw. temporärer Wertunterschiede (IAS 12.80 (f));
- latenter Ertragsteueraufwand/-ertrag aufgrund der jährlichen Neubewertung aktiver latenter Steuern auf Verlustvorträge, Steuergutschriften bzw. temporärer Wertunterschiede vorangegangener Perioden (IAS 12.80 (g) i.V.m. 12.56);
- Ertragsteueraufwand/-ertrag, der aufgrund von Änderungen der Bilanzierungs- und Bewertungsmethoden oder Fehlern entsteht (IAS 12.80 (h));
- bezüglich jeder Art von temporären Differenzen, nicht genutzter steuerlicher Verluste und Steuergutschriften, der latente Steueraufwand/-ertrag, der in der Gewinn- und Verlustrechnung erfasst worden ist und sich dieser nicht bereits aus der Änderung der in der Bilanz dargestellten Positionen ergibt (12.81 (g) (ii)); und

---

[379] Die Betrachtung beschränkt sich an dieser Stelle auf die Anhangangaben nach IAS 12.79 ff. und SFAS 109.43 ff. mit Hinweisen auf SEC Vorschriften.

- der Steueraufwand von aufgegebenen Geschäftsbereichen, der (i) auf den durch die Aufgabe erzielten Gewinn und Verlust entfällt und der (ii) durch das Periodenergebnis diese Geschäftsbereichs entstanden ist; letzteres zusammen mit den Vergleichszahlen für dargestellte frühere Perioden (IAS 12.81 (h)).

Bilanzpositionen. Weiterhin sind folgende Angaben zu machen, die sich auf den Bilanzausweis beziehen:

- die Summe des Betrages laufender und latenter Steuern, die direkt dem Eigenkapital belastet oder gutgeschrieben werden (IAS 12.81 (a));
- Ausweis der Höhe und des Verfalldatums abzugsfähiger temporärer Differenzen, ungenutzter Verlustvorträge und Steuergutschriften, für die in der Bilanz keine aktiven latenten Steuern angesetzt worden sind (IAS 12.81 (e));
- für jede Art von temporären Differenzen, nicht genutzter steuerlicher Verluste und Steuergutschriften der in der Bilanz angesetzte Betrag aktiver und passiver latenter Steuern (12.81 (g) (i)); und
- der Ansatz aktiver latenter Steuern ist zu begründen, wenn die Realisierung des latenten Steueranspruchs von zukünftigen zu versteuernden Ergebnissen abhängt, die höher sind als der Beitrag aus der Umkehrung passiver latenter Steuern (IAS 12. 82 (a)) und das Unternehmen im gleichen Steuerrechtskreis in der laufenden und Vorperiode Verluste erzielt hat (IAS 12.82 (b)).

Sonstige Angaben. Ergänzend zu den Angaben, die sich auf die Gewinn- und Verlustrechnung bzw. die Bilanz beziehen, ist

- die Summe der „quasi-permanenten" Differenzen im Zusammenhang mit Anteilen an Tochterunternehmen, assoziierten Unternehmen und Joint Ventures auszuweisen, für die keine passiven latenten Steuern angesetzt worden sind (IAS 12.81 (f) i. V. m. IAS 12.39);
- eine Erläuterung zu Änderungen des anzuwendenden Steuersatzes bzw. der anzuwendenden Steuersätze im Vergleich zu der vorherigen Berichtsperiode (IAS 12.81 (d)) abzugeben[380]; und es ist
- der Betrag der ertragsteuerlichen Konsequenzen anzuzeigen, der durch Dividendenzahlungen an die Anteilseigner ausgelöst wird. Die Angabe ist dann erforderlich, wenn die Dividendenzahlung vorgeschlagen bzw. beschlossen, der Finanzbericht zur Veröffentlichung freigegeben und die Dividendenzahlung nicht als Verbindlichkeit im Abschluss abgebildet worden ist (IAS 12.81 (i)).

---

[380] Da IAS 12.81 (b) gestrichen wurde, ist hierunter wohl der Steuersatz für latente Steuern als auch der anzuwendende Steuersatz für die Tax Reconciliation zu verstehen.

b) US-GAAP

Auch durch die Angabepflichten nach SFAS 109.43–49 wird die steuerliche Überleitungsrechnung mit Informationen ergänzt, die zusätzliche Hinweise auf die strukturelle Qualität der Steuerquote geben. Im Folgenden geben wir wiederum nur eine nicht abschließende Auflistung der wesentlichen Anforderungen des Standards.

Gewinn- und Verlustrechnung. Angabe des Steueraufwands/-ertrags aufgeteilt nach (SFAS 109.46):

- „Continuing Operations";
- „Discontinued Operations"; und
- „Extraordinary Items".

Angabe der wesentlichen Bestandteile des den „Continuing Operations" zugeordneten Steueraufwands/-ertrags, wie z.B.

- laufender Steueraufwand/-ertrag (SFAS 109.45 (a));
- latenter Steueraufwand/-ertrag (SFAS 109.45 (b));
- Steueranrechnungsguthaben aus Investitionen (SFAS 109.45 (c));
- den Steueraufwand vermindernde staatliche Zuschüsse (SFAS 109.45 (d));
- genutzte Vorteile aus steuerlichen Verlustvorträgen (SFAS 109.45 (e));
- Steueraufwand/-ertrag aufgrund der Anpassung latenter Steuern wegen Gesetzesänderungen (SFAS 109.45 (g)); und
- Steueraufwand/-ertrag aufgrund der Neubewertung von aktiven latenten Steuern und der damit zusammenhängenden Veränderung von „Valuation Allowances" (SFAS 109.45 (h)).

Für Unternehmen, die den SEC Regularien unterliegen, ist das Ergebnis vor Steuern zusätzlich nach seiner inländischen und ausländischen Herkunft aufzuteilen. Die laufenden und latenten Steuern sind zudem nach Bundes-, Staats- und Kommunalsteuern zu unterscheiden (S-X Rule 4-08(h)).

Bilanzpositionen

- Angabe des Betrages passiver und aktiver latenter Steuern aufgrund temporärer Wertunterschiede, Verlustvorträge und Steuergutschriften (SFAS 109.43 (a), (b));
- Angabe unterschiedlicher Arten von temporären Wertunterschieden und Verlustvorträgen, die zu einer signifikanten Bildung von passiven und aktiven latenten Steuern führen (SFAS 109.43 S. 2);
- Angabe des Gesamtbetrags der Wertberichtigungen auf aktive latente Steuern („Valuation Allowances") (SFAS 109.43 (c));
- Nähere Informationen über „quasi-permanente" Differenzen, wenn regelkonform keine latenten Steuern passiviert werden (SFAS 109.44 (a)-(d));

- Steueraufwand, der dem Eigenkapital direkt zugerechnet wird bzw. einen aktivierten Firmenwert („Goodwill“) oder immaterielle Wirtschaftsgüter eines erworbenen Unternehmens verringert (SFAS 109.45 (f));
- Angabe der vorhandenen Verlustvorträge und vorgetragenen Steuergutschriften zusammen mit den dazugehörigen Verfallzeitpunkten (SFAS 109.48); und
- Angabe des Betrages von Valuation Allowances, deren Reduzierung den Goodwill bzw. Immaterielle Wirtschaftsgüter verringert (SFAS 109.48).

Sonstige Angaben

- Erläuterung der anzuwendenden Steuersätze und besondere Aspekte des „Home-based“ Steuersystems für „gelistete“ Unternehmen, die unter den Anwendungsbereich der SEC Regularien fallen (S-X Rule 4-08(h)(2));
- weitere Angabepflichten, wenn eine Gesellschaft zu einer „Tax Group“ gehört, für die eine konsolidierte Steuererklärung abgegeben wird (SFAS 109.49 (a)-(b)); und
- alle Offenlegungspflichten nach FIN 48, No 20 und 21 im Zusammenhang mit Steuerrechtsrisiken.[381]

II. Externes Benchmarking

Das Interesse des Kapitalmarktes an der Steuerquote ist groß. Schließlich zeigt sie an, wie viel des Ergebnisses vor Steuern voraussichtlich über einen längeren Zeitraum bei den Anteilseignern ankommt. Die nach IFRS und US-GAAP vorgeschriebenen Veröffentlichungspflichten zum Ertragsteuerergebnis reichen nicht aus, um die zur Ermittlung der „normalisierten“ ETR benötigten Informationen zur Verfügung zu stellen.[382] Lediglich die „Tax Reconciliation“ ermöglicht zumindest vergangenheitsorientiert und stark vereinfacht die Konzernsteuerquoten unterschiedlicher Unternehmen miteinander zu vergleichen. Das Spannungsverhältnis zwischen der hohen Bedeutung der Steuerquote für den Kapitalmarkt[383] einerseits, ihre mögliche Intransparenz für den externen Bilanzleser (Analysten, Investor) andererseits, führt zur Notwendigkeit, der Wahrnehmung der Steuerquote durch den Kapitalmarkt besonderes Augenmerk zu widmen. Diese entscheidet nämlich darüber, wie viel von der in der Steuerabteilung geleisteten Arbeit letztlich „ankommt“ und

[381] FASB Interpretation No. 48, Accounting for Uncertainty in Income Taxes, an interpretation of FASB Statement No. 109, June 2006.

[382] Vgl. Kapitel A.IV.2.

[383] Zum Einfluss auf die Marktkapitalisierung siehe Kapitel A.IV.1.

wie das eigene Unternehmen bei einem Vergleich mit anderen Unternehmen aus der Sicht potentieller Investoren abschneidet. Auch für die Steuerabteilung ist es deshalb sinnvoll, sich einmal die „Brille des Analysten" aufzusetzen, um die Wirkung der veröffentlichten Steuerinformation abschätzen zu können. Der Blick „outside – in" der Analysten und Investoren auf das eigene Unternehmen im Vergleich zu einer gleichartigen Beurteilung von z.B. Konkurrenten derselben Branche oder derselben geographischen Ausrichtung liefert gute Anhaltspunkte für offensichtliche Abweichungen und entsprechende Fragen, die gegebenenfalls in der eigenen Kapitalmarktinformation antizipiert und bedient werden können. Deshalb unterstützen Benchmarking-Studien die Kommunikation der Steuerabteilung nach außen offensichtlich, nach innen aber ebenso, wenn der Konzernleitung der Sprechzettel („speaker note") zu Besteuerungsfragen weit absehbar relevanter Inhalte zur Verfügung gestellt werden soll.

1. Vergleichsgruppe

Die aus Kapitalmarktsicht relevante Vergleichgruppe für ein externes Benchmarking der Konzernsteuerquote wird u.E. durch zwei Faktoren bestimmt. Zum einen bilden solche Unternehmen die Vergleichgruppe, die u.a. aufgrund von Geschäftsmodell, Produkten, Marktanteilen und strategischer Ausrichtung als wesentliche Mitwettbewerber („peers") bezeichnet werden können. Dort werden die ohnehin angestellten, vergleichenden Analysen der Finanzdaten und Kennziffern um die Konzernsteuerquote komplettiert. Zum anderen ist es nahe liegend, auch solche Unternehmen zum Vergleich heranzuziehen, bei denen die Konzernobergesellschaft in Ländern ansässig ist, die einen vergleichbaren statutarischen Ertragsteuersatz oder ein ähnliches Ertragsteuersystem aufweisen.[384] Dies hängt wohl damit zusammen, dass die Steuerbelastung größtenteils als Ergebnis einer außerhalb der unternehmerischen Disposition liegenden Steuergesetzgebung betrachtet wird und die steuerrechtlichen Vorschriften im „Heimatland" zumindest in der Wahrnehmung der Märkte eine erste Erklärung für den tatsächlichen Ertragsteueraufwand liefern.[385]

---

[384] Vgl. in diesem Zusammenhang beispielsweise die Betrachtung zur Auswirkung der Unternehmensteuerreform 2008 auf deutsche Banken von *Barkow P.*, Analyst, HSBC Trinkaus & Burkhardt, HSBC „Global Research, German Tax Issues, part 3, Pricing in the tax reform", vom 9. Januar 2007.

[385] Vgl. in diesem Sinne auch die Vorgabe nach US-GAAP vor dem Hintergrund des „decision usefullness concept" bei dem „anwendbaren Steuersatz" der Tax Reconciliation vorzugsweise den statutarischen Ertragsteuersatz der Konzernobergesellschaft zu verwenden („home based approach").

2. Kenntlichmachen von Einflussfaktoren

Nachdem die Vergleichsgruppe bestimmt worden ist, sollte die Konzernsteuerquote der Unternehmen um Einflussfaktoren bereinigt werden, die aus unterschiedlichen Rechnungslegungsvorschriften resultieren ohne eine wirtschaftliche Bedeutung für die Interpretation der ETR zu haben und verpflichtend im Konzernabschluss offen gelegt werden müssen. Eine dieser offensichtlichen Einflussgrößen ist beispielsweise die Eliminierung von Minderheitsanteilen nach IFRS bzw. US-GAAP für bestimmte Banken. Hiernach müsste der nach IFRS im Nettoergebnis ausgewiesene Nachsteuerbetrag für Minderheitsanteile vom Ergebnis vor Steuern abgezogen werden, um eine einheitliche Vergleichsbasis zu Banken herzustellen, die nach US-GAAP bilanzieren.[386] Durch die Eliminierung der offensichtlichen, extern sichtbaren „Verwerfungen" der Steuerquote durch den abweichenden Ausweis von Ergebnisbestandteilen oder anderen wirtschaftlich bedeutungslosen Vorgaben der Rechnungslegungsstandards erhält man für die Erklärung der Einflussfaktoren für die Steuerquote eine im wesentlichen von Darstellungsunterschieden bereinigte Ausgangsbasis („like for like") zum Bilanzstichtag. Wir gehen davon aus, dass sich auch Analysten diese Arbeit machen.

Für Vergleichszwecke ist es hilfreich, ein einheitliches Format bei der Gegenüberstellung der einzelnen quotenbeeinflussenden Bestandteile des Ertragsteuerergebnisses zu verwenden. Eine synoptische Darstellung von Treibern, die den kleinsten gemeinsamen Nenner der veröffentlichten Informationen der Vergleichsgruppe widerspiegelt, liefert dabei das Optimum einer detaillierten Gegenüberstellung. Unabhängig von den im Einzelnen verfügbaren Informationen der Vergleichgruppe erhält man anhand der Formel zur Berechnung der Konzernsteuerquote eine Mindestanforderung für den Detaillierungsgrad einer synoptischen Betrachtung. Es handelt sich dabei um den Basissteuersatz, das Niveau permanenter Differenzen und die Wirkung von „tax only"-Effekten, die unmittelbar, mittelbar bzw. zumindest als Vermutung der Tax Reconciliation entnommen werden können:[387]

- **Durchschnittlich gewichteter Ertragsteuersatz.** Grundsätzlich ist der durchschnittlich gewichtete Steuersatz entweder als Differenz zwischen dem Ertragsteuersatz der Konzernobergesellschaft und dem „foreign tax rate differential" rechnerisch ermittelbar oder kann als anwendbarer Steuersatz direkt aus der steuerlichen Überleitungsrechung übernommen werden. Da in der Tax Reconciliation meist zusätzlich noch permanente Differenzen und „tax only"-Effekte geson-

---

[386] Vgl. Kapitel B.IV.3.a).
[387] Vgl. ausführlich Kapitel A.III.2.

dert gezeigt werden, sollte der so ermittelte durchschnittlich gewichtete Ertragsteueraussatz tatsächlich die statutarischen Ertragsteuersätze der Länder der Konzerntätigkeit wiedergeben. In der Praxis muss man aber mangels eindeutiger Vorgaben nach IFRS und US-GAAP von Unschärfen in der Darstellung ausgehen. Die als statutarischer Steuersatzmix extern extrahierte Größe wird – wegen komplett uneinheitlicher Praxis der Differenzierung und Darstellung – fast immer durch einen Restbetrag nicht separat ausgewiesener permanenter Differenzen und „tax only"-Effekten verunreinigt.[388] Trotz dieser Unschärfen kann jedoch zumindest bei einem hohen Ergebnis vor Steuern vermutet werden, dass der anwendbare bzw. statutarische Ertragsteuersatz der Konzernobergesellschaft nach Abzug des „foreign tax rate differential" im Wesentlichen durch den Basissteuersatz bestimmt wird, der für Vergleichszwecke herangezogen werden kann.

- **Permanente Differenzen.** Steuerfreie bzw. steuerlich begünstigte Einnahmen sowie steuerlich nicht bzw. nur eingeschränkt abzugsfähige Ausgaben werden in der Mehrzahl der steuerlichen Überleitungsrechungen separat ausgewiesen.[389] Sie sollten daher in jedem Fall separater Bestandteil der synoptischen Betrachtung der Vergleichsgruppe sein.
- **„Tax Only"-Effekt.** Insbesondere bei Unternehmen, die nach US-GAAP bilanzieren und die deshalb den erwarteten Ertragsteuersatz regelmäßig dem gesetzlichen Steuersatz der Konzernobergesellschaft gleichsetzen, wird in der Tax Reconciliation regelmäßig eine Restgröße („other") als Überleitungsposition ausgewiesen. Liegen in der Berichtsperiode keine isolierbaren Sondereinflüsse[390] vor und geht man von einem zutreffenden Ausweis aller (ganz oder teilweise) steuerfreien bzw. nicht abziehbaren Ergebnisbestandteilen aus, müsste sich diese Restgröße nur noch aus der (i) Neubewertung von latenten Steuern, (ii) Änderung der Steuern Vorjahre sowie (iii) Anpassung der Rückstellung für Steuerrisiken als „reconciling item" für das effektive Ertragsteuerergebnis zusammensetzen. Erfolgswirksame Änderungen von „valuation allowances" sind zumindest nach US-GAAP separat auszuweisen.[391] Anpassungen der Steuern Vorjahre sowie Änderungen der Rückstellungen für Vorjahre wurden bisher nur dann separat offen gelegt, wenn sie eine bestimmte Größenordnung überschritten hat-

[388] Vgl. in diesem Zusammenhang die Vorgehensweisen bei der Ermittlung des anwendbaren Ertragsteuersatzes in Kapitel E.I.1.b).

[389] Vgl. beispielsweise zur Häufigkeit von Überleitungspositionen der DAX-30-Unternehmen im Jahr 2004 *Dempfle U.*, Charakterisierung, Analyse und Beeinflussung der Konzernsteuerquote, Köln 2006, S. 227.

[390] Wie beispielsweise durch die einmalige Aktivierung von Körperschaftsteuerguthaben nach § 37 KStG durch das SEStEG, BGBl. I 2006, S. 2782.

[391] Vgl. SFAS 109.45 (e), (h).

ten.[392] Wir wagen deshalb die These, dass diese Restgröße in einer statistisch signifikanten Weise einen Anhaltspunkt für die Veränderung von Steuerrisiken während der Berichtsperiode liefert, nämlich für die Veränderung von Bewertungsrisiken (Bewertung von latenten Steuerposten, Veränderungen der (erwarteten) Steuerkapazität) bzw. die Veränderung von Rückstellungen für Steuerrechtsrisiken sowie die nicht durch Rückstellungen abgedeckten Ergebnisse der Beendigung von Betriebsprüfungen (Steuern für Vorjahre).

Nach alledem gehen wir also davon aus, dass ein externes Benchmarking versuchen kann, neben einer Bereinigung der bloßen Zahlendarstellung, die drei Größen Basissteuersatz („global blended statutory tax rate"), das Niveau der permanenten Differenzen und den Einfluss von Steuerrisiken auf die Konzernsteuerquote abzuschätzen.

3. Identifizierung von nicht wiederkehrenden Sondereinflüssen

Sondereinflüsse auf das Geschäftsergebnis werden regelmäßig separat im Jahres- oder Zwischenabschluss ausgewiesen, wenn Sie als bedeutend für den Adressaten der Finanzberichterstattung eingeschätzt werden. Nach US-GAAP wird deshalb zumindest zwischen „continued" und „discontinued operations" sowie „extraordinary items" unterschieden. Eine US-GAAP Tax Reconciliation bezieht sich regelmäßig nur auf „continued operations", um den möglicherweise verwerfenden Einfluss von wesentlichen Sondereinflüssen auf das Ertragsteuerergebnis Rechnung zu tragen. Darüber hinaus sind wiederum zumindest nach US-GAAP „significant matters" als „reconciling items" in der steuerlichen Überleitungsrechung getrennt auszuweisen.[393]

Da für ein externes Benchmarking vor allem die strukturellen Einflussgrößen auf das Ertragsteuerergebnis von Bedeutung sind, sollten nicht wiederkehrende Sondereinflüsse als solche kenntlich gemacht werden. Hierdurch wird der effektive Ertragsteueraufwand auf der Grundlage ausschließlich öffentlich zugänglicher Finanzdaten soweit wie möglich einer normalisierten Ertragsteuerquote angenähert und auf geschätzter Basis vergleichbar gemacht.

---

[392] Durch FIN 48 wird sich zukünftig zumindest für US-GAAP bilanzierende Unternehmen einschätzen lassen, wie hoch die erfolgswirksame Rückstellungsänderung für Steuerrechtsrisiken in den zurück liegenden Berichtsperioden gewesen ist. In dieser nach US-GAAP zu veröffentlichenden Veränderungsgröße sollten regelmäßig auch die Änderungsanträge in den Steuererklärungen enthalten sein, die zukünftig möglicherweise zu einer Steuerrückerstattung führen, aber nach IFRS bzw. HGB noch nicht als Forderung („tax benefit") aktiviert worden sind („as filed or expected to be taken in future tax returns", FIN 48, No. 4). Etwas anders ist in diesem Zusammenhang offensichtlich das Verständnis der ersten Analyse von *Zion D. und Varshney A.*, Research Analysts von Credit Suisse, „Peeking Behind the Tax Curtain", 18 May 2007, S. 8.

[393] Vgl. SFAS 109.47 und insgesamt oben Kapitel E.I.1.

4. Synoptische Darstellung

Unabhängig von den öffentlich verfügbaren Informationen einer Vergleichgruppe kann das Format für ein externes Benchmarking mit Rücksicht auf die eben angestellten Vorüberlegungen folgendermaßen aussehen:

	2007, In % / ppt	Peer 1	Peer 2	Group	Peer 3	Peer 4	Peer 5
	Reported ETR	**30**	**31**	**33**	**24**	**35**	**36**
Tax Reconciliation	Tax rate at home base	30	33	39	39	35	35
	Foreign tax rate	1	(4)	(5)	(3)	(2)	(2)
	Global blended stat.	**31**	**29**	**34**	**36**	**33**	**33**
	Level of permanents	(2)	3	(1)	(10)	(2)	3
	Other	3	(1)	0	(2)	4	
	Reported ETR	**30**	**31**	**33**	**24**	**35**	**36**
Annual Report	**Minority Interest**	**2**			**1**		
	...						
	"Like for Like"	**32**	**31**	**33**	**25**	**35**	**36**
	Disclosed one-off items		(2)		10		(1)
	Like for Like ETR adjusted for disclosed one-off items	**32**	**29**	**33**	**35**	**35**	**35**

Abb. 19a: Benchmarking – Format 1

In Abbildung 19a gehören sechs Unternehmen der Vergleichsgruppe an. Ausgehend von der Konzernsteuerquote, die sich aus der konsolidierten Gewinn- und Verlustrechung ableitet, wird in einem ersten Schritt anhand der Informationen der Tax Reconciliation ermittelt, (i) wie hoch der Beitrag des Basissteuersatzes ist („global blended statutory tax rate"), (ii) welchen Beitrag steuerfreie Einnahmen bzw. nichtabzugsfähige Ausgaben liefern („level of permanents") bzw. (iii) ob es darüber hinaus Ertragsteuereffekte gibt, die zuvor nicht erläutert worden sind und die vermutlich auf Veränderungen verschiedener Steuerrisiken zurückgehen („other"). Danach wird in einem zweiten Schritt die Quote um Differenzen zwischen den Rechnungslegungsstandards sowie um veröffentlichte Sondereinflüsse bereinigt. Setzt sich beispielsweise die Vergleichsgruppe aus Banken zusammen, die zu einem Teil nach IFRS und zum anderen Teil nach US-GAAP bilanzieren, wird das Ergebnis vor Steuern der nach

IFRS bilanzierenden Unternehmen um das Nettoergebnis gekürzt, das auf die Minderheitsanteile entfällt. Dies führt naturgemäß zu einer Verschlechterung der in der G. u. V. ausgewiesenen Konzernsteuerquote bei den IFRS bilanzierenden Unternehmen, da sich das Ergebnis vor Steuern ohne korrespondierenden Ertragsteuervorteil verringert. Bei dem Mitwettbewerber („peer") 1 in Abbildung 19a führt dies beispielsweise zu einer Erhöhung der Konzernsteuerquote um 2 Prozentpunkte und beim Mitwettbewerber 3 um 1 Prozentpunkt. Die so ermittelte Vergleichquote wird danach um veröffentlichte Einmaleffekte bereinigt werden. In Abbildung 19a hat der Mitwettbewerber 3 einmalig einen Steuerertrag aufgrund einer Gesetzesänderung i. H. v. 10 Prozentpunkten erzielt, der der Ertragsteuerquote wieder hinzugerechnet wird, um die Quote um den Einmaleffekt zu bereinigen. Mitwettbewerber 2 und 5 haben durch einen kapitalmarktrelevanten Verkauf von Wirtschaftsgütern einen zusätzlichen Ertragsteueraufwand erzielt, der wiederum für Vergleichszwecke eliminiert wird.

Gelingt es, die Sondereinflüsse dann noch den entsprechenden Zeilen zuzuordnen, in denen sie enthalten sind (z. B. beim Mitwettbewerber 3 den Einmaleffekt von 10 den steuerfreien Einnahmen, bei den Mitwettbewerbern 2 und 5 zu den Einmalbelastungen aus dem Abschluss von Betriebsprüfungen), dann ergibt sich folgender vereinfachter und grob geschätzter Vergleich:

2007, In % / ppt	Peer 1	Peer 2	Group	Peer 3	Peer 4	Peer 5
Basissteuersatz	**31**	**29**	**34**	**36**	**33**	**33**
Steuerfreie Effekte	(2)	3	(1)	0	(2)	2
Steuerisiko und andere "tax-only"-Effekte	3	(3)	0	(2)	4	
Verwerfung in der Darstellung	**2**			**1**		
ETR "Like for Like" adjusted	**32**	**29**	**33**	**35**	**35**	**35**

Abb. 19b: Externes Benchmarking – Format 2

Aus diesen Schätzdaten lässt sich auch jeweils ein Rückschluss auf den Verlauf der ETR-Kurve bei den einbezogenen Unternehmen ziehen.

Neben einer synoptischen Darstellung in Prozentpunkten kann deshalb eine Darstellung der Einflussgrößen in absoluten Beträgen notwendig sein. Vor allem dann, wenn sich die Konzernsteuerquoten der Unternehmen der Vergleichgruppe nicht im Quadranten 1 eines linearen Koordinatensystems befinden bzw. es sich um den volatilen Bereich der jeweiligen ETR-Kurve handelt, ist der Vergleich von Prozentpunkten nur wenig aussagefähig.[394] Erzielen jedoch die Unternehmen der Vergleichgruppe ein hohes Ergebnis vor Steuern und wird das Ertragsteuerergebnis nicht wesentlich von Einmaleffekten beeinflusst, dann liefert die Darstellung in Prozentpunkten meist einen unmittelbaren Vergleich der einzelnen Komponenten der Konzernsteuerquote. In diesem Fall wird üblicherweise deutlich, dass der durchschnittlich gewichtete Ertragsteuersatz die wesentliche Einflussgröße auf die Konzernsteuerquote darstellt.

5. Analyse der sonstigen steuerrelevanten Informationen

Zusätzlich zur G.u.V. bezogenen Betrachtung der Vergleichsgruppe sollte die Qualität der Konzernsteuerquote anhand der sonstigen Angaben verglichen werden. Hierzu zählt vor allem der Bestand von aktiven und passiven latenten Steuern und Wertberichtigungen („valuation allowance“) sowie die erfolgswirksame Auflösung von Wertberichtigungen auf aktive latente Steuern in der Berichtsperiode. Ein hoher Bestand aktiver latenter Steuern dokumentiert in diesem Zusammenhang ein hohes Potential von bilanziellen Steueraufwandsrisiken, der die Konzernsteuerquote zukünftig belasten kann. Darüber hinaus lassen alle öffentlich zugänglichen Informationen, die Gegenstand eines Tax Managementberichts sein könnten, Rückschlüsse auf die zukünftige Entwicklung der Quote zu.[395] Beispielsweise indiziert der erfolgswirksame Verbrauch von „valuation allowances“, dass ein niedriger Ertragsteueraufwand möglicherweise nur durch die Nutzung von Steuerattributen erreicht worden ist, die zuvor nicht aktiviert worden waren. Nach dem Verbrauch der Steuerattribute würde man dann bei ansonsten gleich bleibenden Rahmenbedingungen eine höhere Ertragsteuerquote vermuten.

Insgesamt wird die Aussagekraft der bestandsbezogenen Steuerinformationen der Finanzberichte durch Zu- und Verkäufe von Konzerngesellschaften sowie von Währungsschwankungen während der Berichtsperiode eingeschränkt. Da eine Bereinigung dieser Effekte aufgrund der öffentlich zugänglichen Steuerinformation meist nicht möglich ist, hat deshalb dieser Teil des externen Benchmarking nur indikativen Charakter. Er bildet jedoch zusammen mit der G.u.V. bezogenen Betrachtung eine gute Grundlage für einen weiterführenden Dialog mit Investor Relations der einzelnen Unternehmen der Vergleichsgruppe.

---

[394] Vgl. zum Kurvenverlauf ausführlich Kapitel A.III.2. und Kapitel A.III.3.
[395] Vgl. ausführlich Kapitel C.III.1.

6. Vergleich der Einflussgrößen über mehrere Bilanzstichtage

Um Trends aufgrund der vergangenheitsbezogenen Stichtagsbetrachtung zu den einzelnen Einflussgrößen abzuleiten, muss der oben beschriebene Vergleich für mehrere Berichtsperioden vorgenommen werden. Nimmt man dann den gewichteten Durchschnitt der einzelnen Einflussgrößen, erhält man die jeweilige „Benchmark" für die Vergleichsgruppe.

Insgesamt ist bei dieser Vorgehensweise einschränkend darauf hinzuweisen, dass der Vergleichsmaßstab in Prozentpunkten wiederum sehr vom Kurvenverlauf der einzelnen Unternehmen der Vergleichgruppe abhängt. Sind die Kurvenverläufe heterogen, besitzt der gewichtete Durchschnitt einer Einflussgröße wenig Aussagekraft. Darüber hinaus handelt es sich bei dem externen Benchmarking um eine vergangenheitsbezogene Betrachtung, die sehr vom Umfang und der Qualität der externen Finanzberichterstattung abhängt. Werden unterschiedliche, sich gegenseitig ausgleichende Einflüsse unterschiedlicher Kategorien nicht veröffentlicht, kann dies die Aussagekraft einer „Benchmark" wesentlich beeinträchtigen.

F. „Tax Management“ mit Bezug zur Konzernsteuerquote

I. Traditionelle Aufgaben in neuem Kontext

Ausgangspunkt der Überlegungen ist die eingangs dargestellte Grunderkenntnis, dass die Konzernsteuerquote kein fixer Prozentsatz sondern eine ertragsabhängige Kurve ist. Hieraus leiten sich Konsequenzen sowohl für das Management der Konzernsteuerquote als auch für die interne und externe Kommunikation über Steuern ab. Es müssen nämlich die wesentlichen Einflussfaktoren auf die Konzernsteuerquote sowohl für Zwecke des Steuermanagements als auch für Kommunikationszwecke isoliert und deren Einfluss auf die effektive Steuerquote dargestellt werden. Ausgangspunkt ist die Abhängigkeit von Ergebnissen vor Steuern. Je näher die (operativen) Ergebnisse an die Null-Achse herankommen, desto extremer gestaltet sich die Volatilität der Konzernsteuerquote.[396] Bei konstant hohen Ergebnissen vor Steuern dagegen stabilisiert sich die Konzernsteuerquote und liegt nahe an dem Basissteuersatz. Nur in dieser Situation schlagen Maßnahmen zur Beeinflussung des Steueraufwands auf die Konzernsteuerquote durch, da sich eine Verschiebung der ETR-Kurve (Niveauveränderung) in einer geänderten Konzernsteuerquote niederschlägt, ohne dass

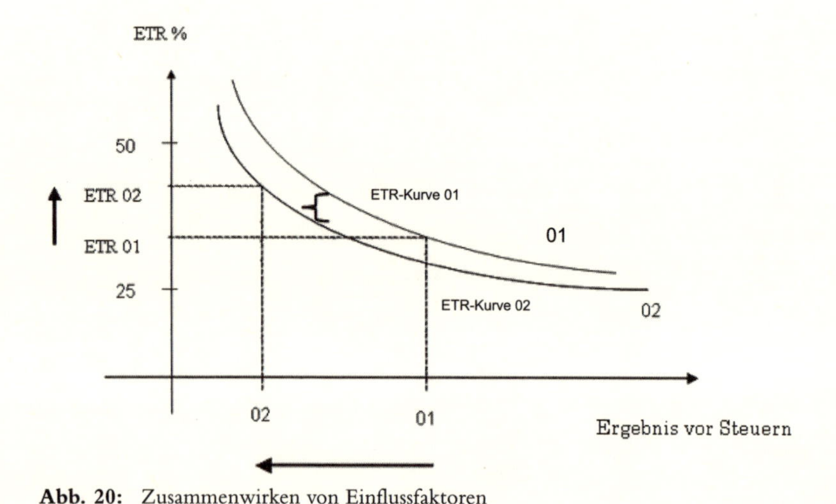

Abb. 20: Zusammenwirken von Einflussfaktoren

[396] Vgl. Kapitel A.III.2.a).

schwankende Ergebnisse vor Steuer einen erheblichen Einfluss ausüben können. Im Bereich niedriger (positiver wie negativer) Ergebnisse vor Steuern und eines steilen ETR-Kurvenverlaufs dagegen (hoher Einfluss des Ergebnisses vor Steuern auf die absolute Konzernsteuerquote) kann der Einfluss schwankender Ergebnisse vor Steuern erheblich sein, die Wirkungen des Steuermanagements leicht konterkarieren oder sogar überkompensieren. In diesem sensiblen Bereich von Ergebnissen vor Steuern sind enge Kooperationen und Maßnahmenplanung aller an der Ergebnisentstehung beteiligten Entscheidungsträger gefragt – Steuerexperten, Rechnungswesen und operatives Management – um zu einer sinnvollen und stabilen Erläuterung der Ertragsteuerbelastung im Konzernabschluss zu gelangen.

In der vorstehenden Graphik wird beispielhaft ein Fall dargestellt, bei dem es durch erfolgreiches Steuermanagement gelungen ist, die Konzernsteuerkurve nach links unten zu verschieben (d.h. das Konzernsteuerniveau abzusenken), wo aber das Ergebnis vor Steuern im Vergleich zur Vorperiode 01 stark abgesunken ist, so dass die zugehörige absolute Konzernsteuerquote trotz verbesserter Konzernsteuerkurve angestiegen ist (von ETR 01 auf ETR 02). Speziell in dieser Situation ist die gesonderte Darstellung der Einflussfaktoren für die Erwartungsbildung über die zukünftige Konzernsteuerquote von entscheidender Bedeutung: Allein die Darstellung der effektiven Konzernsteuerquote würde zu einer fehlerhaften Prognose über das Konzernsteuerniveau und zu falschen Schlüssen über die „Steuereffizienz" des Konzerns verleiten. Wie der Kurvenverlauf im Übrigen ebenfalls verdeutlicht, ist im Bereich der steil verlaufenden ETR-Kurve (geringe Erträge vor Steuern) eine Steuerung und Stabilisierung der Konzernsteuerquote mit relativ geringen Ergebnisvolumina möglich.

Aus der Tatsache, dass die Konzernsteuerquote im Grunde ein Kurvenverlauf ist, folgt also zunächst einmal eine **delikate Kommunikationsaufgabe innerhalb des Unternehmens**, um den Wert der Steuerarbeit im Rahmen des Beeinflussbaren und Verantwortbaren darstellen zu können. Zum einen legt das operative Ertragsteuerniveau des Konzerns den Bereich der ETR-Kurve fest, auf den sich steuerliche Gestaltungsmaßnahmen beziehen, und zwar ohne dass dieser Zusammenhang der Konzernleitung (und noch viel weniger der Öffentlichkeit) bewusst wäre. Es ist deshalb sachgerecht, den Kurveneffekt zu neutralisieren, um über das Resultat der „Steuerarbeit" reden zu können, und zwar so, dass dies bei der Konzernleitung weder als „Geheimwissenschaft" noch als Verteidigung oder Legitimationsversuch verstanden wird. Die Kurvendiskussion sollte zu einer normalen, sachlichen Übung werden. Zum anderen hat die Darstellung der ETR-Treiber im zweiten Kapitel des Buches gezeigt, dass eine Steuerabteilung nur bestimmte Treiber mehr oder weniger selbständig beeinflussen kann. Auch dies ist eine interne Kommunikationsaufgabe, gleichzeitig aber auch eine weiterführende Herausforderung für die Integration der Steuerfunktion ins Unternehmen.[397]

Selbstverständlich sind auch vor diesem Hintergrund die Aktionsfelder für die Steuerabteilung teilweise traditionell vorgegeben. Der Kontext der Konzernsteuerquote, Kapitalmarktorientierung und ETR-Kurvendiskussion gibt diesen Tätigkeiten lediglich einen neuen Rahmen und Bedeutungszusammenhang. Es ergeben sich aus den geschilderten Zusammenhängen des Tax Accounting aber auch neue Aktionsfelder, welche in Zukunft mehr und mehr zu einer Herausforderung für Steuerabteilungen werden dürften:

- Sicherung der Werthaltigkeit von aktiven latenten Steuern durch Steuergestaltung;
- Planung der Steuerkapazität insbesondere im Zusammenhang mit der Finanzausstattung von Konzernunternehmen; und
- Erfassung, Abbildung und Management von Steuerrisiken im Kontext des Tax Accounting.

Dies sind die wesentlichen Aktionsfelder, auf denen die Steuerabteilung eine Verschiebung der ETR-Kurve erreichen bzw. zu einer Stabilisierung des Kurvenniveaus im Zeitablauf beitragen kann.[398] Allerdings sind die genannten Elemente nur im bestimmten Rahmen gestaltbar. Der Erfolg dieser Maßnahmen lässt sich, und hierauf sei noch einmal hingewiesen, nicht an- hand der ETR-Ziffer für eine bestimmte Rechnungslegungsperiode, sondern nur am Verlauf der ETR-Kurve ablesen. Die ETR als schlichte Prozentzahl ist deshalb auch kein geeigneter Maßstab, um die Leistung einer Konzernsteuerabteilung zu beurteilen und eignet sich nicht als Tantieme-Grundlage[399]. Sachgerecht wäre allenfalls die Berechnung des ETR-Kurvenverlaufs und die Analyse des Einflusses der gestaltbaren Elemente.

Es ergibt sich gleichzeitig auch die Notwendigkeit, die traditionelle Steuerarbeit, die an Wert keinesfalls verloren hat, in den Kontext der Kapitalmarktorientierung so einzubauen, dass die Relevanz und Bedeutung dieser Arbeit erkannt und geschätzt wird. Hierzu zählen vor allem:

- Zuverlässige Steuerdeklaration, Dokumentation und Betreuung von Betriebsprüfungen
- die Steuerbarwertminimierung einzelner Transaktionen;

---

[397] Siehe hierzu unten Kapitel F.III.

[398] Zur Beeinflussung der Konzernsteuerquote vgl. auch *Haarmann W.*, Aussagekraft und Gestaltbarkeit der Konzernsteuerquote, in *Herzig N./Günkel M./Niemann U.*, Steuerberaterjahrbuch 2001/2002, Köln 2002, S. 371 ff.

[399] Entgegen der h.M. s. *Müller R.*, Die Konzernsteuerquote – Modephänomen oder ernst zu nehmende neue Kennziffer?, DStR 2002, 1684 ff. (1685) sowie *Herzig N.*, Bedeutung latenter Steuern für die Konzernsteuerquote, in: *Wollmert P. et al.* (Hrsg.), Wirtschaftsprüfung und Unternehmensüberwachung, Düsseldorf 2003, S. 429 (433).

- die Steuerung des durchschnittlich gewichteten Ertragsteuersatzes einschließlich der Ausschüttungsbelastung für alle Einheiten des international tätigen Konzerns unter Berücksichtigung außensteuerrechtlicher Vorschriften;
- die Minimierung der steuerlichen Nichtabziehbarkeit von Betriebsausgaben;
- die Maximierung steuerfreier Einkünfte;
- die Sicherung einer effektiven Verrechnung von Verlusten;
- die Sicherung der Nutzung von Steueranrechnungsbeträgen;
- die Nutzung von steuerlichen Subventions- und Lenkungsgesetzen; und
- die Minimierung des Steuerrisikos bzw. des Steueraufwandes aus Betriebsprüfungen und steuerlichen Rechtstreiten.

Der positive Effekt traditioneller steuerrechtlicher Optimierung ist dabei aus Aktionärssicht unabhängig von seinem bilanziellen Ausweis wertschöpfend. Diese Maßnahmen reduzieren entweder unmittelbar den Ertragsteueraufwand, minimieren Risikoaktiva bei den Steuerlatenzierungen oder erhöhen erfolgsneutral das Eigenkapital.

Die Herausforderung für die Unternehmenspraxis besteht nun darin, die Steuerarbeit in ihrem erweiterten Verständnis inhaltlich und organisatorisch so auszugestalten, dass der Gesamtzusammenhang erfasst und alle „Schnittstellen“ im Konzern aktiv ausgestaltet werden. D. h., dass letztlich der gesamte Bogen von der Buchung einzelner Steueraufwendungen in der Finanzbuchhaltung und der Steuerdeklaration über die Beratung aller Konzerneinheiten mit Einfluss auf die Konzernsteuerquote bis zur Präsentation und Erläuterung des fertigen „Produkts“, der ETR, an den Kapitalmarkt, alle Beiträge in ein Steuerungs- und Managementkonzept eingebunden sind. Grundlage hierzu sollen die nachfolgenden zwei Abschnitte vermitteln.

II. Von der Messung zum „Effective Tax Rate-Controlling“

Zunächst einmal liegt es nahe, alle in unserer Veröffentlichung bisher besprochenen Komponenten einer auf die Konzernsteuerquote ausgerichteten Steuerarbeit zu einer umfassenden Beschreibung der Kernaufgaben einer Steuerabteilung zusammenzufassen. Wir tun dies in der Weise, dass wir das erweiterte Spektrum der Aktivitäten als „Entwicklungsstufen“ darstellen.

Die ersten drei Entwicklungsstufen beschäftigen sich allesamt mit der Messung und Aufbereitung von ETR-Informationen, die man auch als Teil eines „Tax Controlling“ bezeichnen könnte. Die erste Entwicklungsstufe, die ETR-Messung im engeren Sinne, ist das absolute Minimum der konzernsteuerbezogene Arbeit einer Steuerabteilung. Die aufgelisteten

ETR Messung im engeren Sinne	Erfassung der ETR Treiber	ETR Management Information	ETR Controlling
Ertragsteuer-buchungen	Weltweiter Misch-steuersatz	Zuordnung der Treiber ➢ zu operativen Geschäftseinheiten	ETR Forecast
	Steuerliche Ineffizienzen (überwiegend im Bereich nicht abziehbarer Aufwendungen)	➢ zu Regionen	Schnittstellenfunktion zu anderen Geschäftsbereichen
Steuer Reporting (ETR-workbooks)		➢ zu Steuergruppen / Rechtsträgern / Betriebsstätten	
	Rechnungslegungsvor-schriften	➢ zu Strukturen (Rechtsstrukturen, Finanzst röme etc.)	Steuerliches Risiko-modell / steuerliche Risikostrategie
	Nutzung von Steuerguthaben o.ä. (überwiegend im Bereich latenter Steuern)		ETR Optimierung: Aktionsliste, Umsetzungsplanung und -kontrolle
ETR-Kurvenverlauf	Steuerrisiko (überwiegend im Bereich der Steuerrückstellungen)	Frühwarnsystem, indikatoren	
	. . .	Benchmarking	
Überleitungsrechnung und Abstimmung (tax reconciliation)	Transaktionen / implementierte Steuergestaltungen	Ermittlung der Steuerkapazität	Kapazitätsverbrauch

Abb. 21: Komponenten einer auf die ETR ausgerichteten Steuerarbeit

Tätigkeiten, das Steuer-Reporting bzw. die dort integrierte Steuerberechnung, Erfassung bzw. Veranlassung aller Ertragssteuerbuchungen sowie die Überleitungsrechnung („Tax Reconciliation“) müssen allein schon deshalb vorhanden sein, um externe Berichtserfordernisse bedienen zu können. Sollte in der Praxis dieses der aktuelle Entwicklungsstand einer Steuerabteilung sein, wird die sachgerechte Zwischenberichtserstattung zum Problem. Sie setzt nämlich eine Projektion der Gesamtjahres-ETR[400] voraus, die im Grunde genommen eine strukturierte Analyse der ETR-Treiber und ihre voraussichtliche Entwicklung erfordert. Auch die Kenntnis des ETR-Kurvenverlaufs wird bei Plananpassungen des Ergebnisses vor Steuern relevant für die Projektion der Gesamtjahresquote. Nicht nur die Probleme der Zwischenberichterstattung sollten aber ein Anlass sein, über die ETR-Messung im engeren Sinne hinaus das Tätigkeitsspektrum auszuweiten. Wird nämlich nur das absolute Minimum an ETR-Aktivitäten der traditionellen Arbeit der Steuerabteilung zugeordnet, wird der Wert der erhobenen Informationen für die Analyse und Gestaltung der Konzernsteuerquote nicht genutzt. Damit dies nicht ge-

[400] Vgl. Kapitel D.

schieht ist es u.E. auch sinnvoll, das „Tax Accounting“ in die Steuerfunktion zu integrieren und es nicht im Rechnungswesen zu belassen oder dort anzusiedeln.

Die zweite Entwicklungsstufe erfasst die im zweiten Kapitel ausführlich beschriebenen ETR-Treiber. Die Erfassung der ETR-Treiber ist die Grundlage für alle weiterführenden Aktivitäten des Konzernsteuermanagements und der Projektion der Konzernsteuerquote für zukünftige Berichtszeiträume. Die weiterführenden ETR-Managementinformationen (dritte Entwicklungsstufe) setzen dann die einzelnen Treiber in Bezug zu wesentlichen Strukturmerkmalen der Konzerntätigkeit wie Geschäftseinheiten, Regionen, zu Finanzierungsstrukturen usw. Aus den verfügbaren ETR-Informationen lassen sich außerdem Kennzahlen bzw. Indikatoren ableiten, die steuerplanerischen Handlungsbedarf anzeigen können. Beispielsweise ist es sinnvoll, steuerliche Verlustvorträge und die zugehörige Steuerkapazität zu einander in Beziehung zu setzen oder einen wesentlichen Überhang an „deferred tax assets“ über die „deferred tax liabilities“ in einer Region sichtbar zu machen.

Der Zielpunkt aller Aktivitäten ist natürlich der Bereich der planerischen und gestalterischen Beschäftigung mit der Konzernsteuerquote, das hier so getaufte „ETR-Controlling“. Neben der Projektion der Konzernsteuerquote (mit der Möglichkeit von Soll-Ist Abweichungsanalyse) sehen wir hier den Schwerpunkt bei der permanenten Erarbeitung eines Portfolios von steuerquotenrelevanten Aktivitäten und Transaktionen, bei der Definition einer steuerlichen Risikostrategie und ihrer Umsetzung sowie bei der Ausgestaltung der zahlreichen Schnittstellen der Steuerabteilung zu anderen Konzernbereichen, die ebenfalls wesentlichen Einfluss auf die Konzernsteuerquote haben können. Das „ETR-Controlling“ umschreibt also alle Aktivitäten der Steuerplanung mit Ausrichtung auf die Konzernsteuerquote.

III. Integriertes „Effective Tax Rate Management“: Ein Vorschlag

1. Grundsätzliches

Aus den Kernaufgaben eines „ETR-Controlling“ verdient das Management der „Schnittstelle“ zu anderen Geschäftseinheiten des Konzerns einige weiterführende Überlegungen. Nicht umsonst wurde bei der Darstellung der ETR-Treiber im gesamten zweiten Kapitel und bei der Diskussion der ETR-Kurve (siehe oben Kapitel F.I.) ausgeführt, dass viele Treiber der Steuerquote eindeutig außerhalb des (autonomen) Wirkungsbereichs, mindestens aber außerhalb des organisatorischen Kompetenzbereichs einer Steuerabteilung liegen. Die Steuerfunktion kommt hier in eine Beratungs- und Kommunikationspflicht.

In unserer Einschätzung entscheidet es sich an diesen Schnittstellen, wie weit sich die Steuereffizienz eines Konzerns bzw. einer Unternehmensorganisation entwickeln kann. Die Frage ist zunächst, ob die Steuerabteilung diese Schnittstellen wirksam „besetzt“ und auf die bereichsübergreifenden Einflüsse überhaupt hinweist. Dies einmal vorausgesetzt ist es aber eine Frage der übergeordneten Unternehmensorganisation, wie weit die Reichweite der steuerlichen Ausrichtung gehen bzw. wie weit sie begrenzt werden soll.

In der Praxis sind typischerweise drei verschiedene Ausprägungen für die Einbindung einerseits, die Reichweite des Einflusses einer Steuerabteilung andererseits zu finden:

- Die **„isolierte“ Steuerfunktion:** Hier ist der Wirkungsbereich der Steuerfunktion im wesentlichen auf die autonom gestaltbaren Bereiche begrenzt, im Kern also auf Steuerdeklaration, Betriebsprüfung, Steueroptimierung von Einzeltransaktionen und ETR-Messung im engeren Sinne. Bei diesem Prototyp einer Steuerfunktion kann sich leicht ein Auseinanderfallen der faktischen Wirkungsmöglichkeiten und der unterstellten Verantwortung ergeben, wenn die Steuerquote (mangels differenzierter Wahrnehmung) als Angelegenheit der Steuerabteilung angesehen wird. Die angesprochenen Schnittstellen liegen hier praktisch brach.
- Die **„integrierte“ Steuerfunktion:** Hier wird die Steuerfunktion in das Netzwerk der Verantwortung für ETR-Treiber integriert. Dort wo die Steuerabteilung einen ETR-Treiber nicht im wesentlichen selbst steuern kann, sondern ein ETR-Treiber nur mit den Mitteln einer bestimmten (und bestimmbaren) anderen Geschäfts- oder Organisationseinheit des Konzerns beeinflusst werden kann, wird diese(r) auch in die Managementverantwortung gebracht. Gleichzeitig hat die Steuerabteilung dann in Bezug auf diesen Treiber eine dezidierte Beratungspflicht. Die angesprochenen „Schnittstellen“ werden bei diesem Modell also aktiv besetzt. Für die Harmonisierung der Zielsetzungen steuerlicher und marktorientierter, geschäftlicher Natur kommen gegebenenfalls fokussierte Incentivierungen in Betracht, welche die steuerliche Zielsetzung relevant machen.
- Die **„delegierte“ Steuerfunktion:** In diesem Modell – zugegeben in der Praxis die Ausnahme – werden die über die „isolierte“ Steuerfunktion hinausgehenden Aktivitäten unmittelbar in die Leistungsbeurteilung aller Geschäftsbereiche einbezogen, indem das interne Leistungs- und Vergütungssystem vollständig auf eine „Nach-Steuer-Basis“ umgestellt wird. Damit wird die Optimierung aller ETR-Treiber, die sich aus Sicht der Steuerabteilung jenseits der „Schnittstelle“ befinden, über einen Vergütungsplan faktisch delegiert. Die Herausforderung für die Steuerfunktion besteht in diesem Modell offensichtlich darin, allen

Beratungsanfragen gerecht zu werden und das gesamte Steuerrisiko in Grenzen zu halten.

Welches Grundmodell letztlich zum Zuge kommt wird von der Konzernleitung, außerhalb der Steuerabteilung, verbindlich entschieden. In unserer Wertung spricht vieles für das „integrierte“ Modell. Es erlaubt, einen ETR Treiber jeweils genau dort in die Zuständigkeit und primäre Verantwortung zu bringen, wo der Einfluss möglichst direkt und am größten ist und gleichzeitig, wenn nämlich diese Zuständigkeit außerhalb der Steuerabteilung liegt, das Steuerrisiko in Grenzen zu halten.

2. Sichtbarmachen von Beiträgen

Grundlage für unternehmerische Entscheidungen von operativen Geschäftseinheiten sind in erster Linie nicht steuerliche, betriebswirtschaftliche Gesichtspunkte, die oft erst nachgelagert auf ihre steuerliche Vorteilhaftigkeit hin überprüft werden. Die steuerliche Vorteilhaftigkeit einer unternehmerischen Disposition stellt im Rahmen einer ökonomisch sinnvollen Entscheidung regelmäßig nur einen und im Zweifel nachrangigen Aspekt dar. Da eine Konzernsteuerabteilung deshalb nicht ohne Unterstützung anderer Konzernbereiche in der Lage ist, wesentliche Elemente des Ertragsteuerergebnisses positiv zu beeinflussen, sollte eine Zuordnung verschiedener ETR-Treiber zu den „Inhabern“ („owner“) deutlich machen, WER im Konzern im Rahmen seiner Tätigkeit welchen Beitrag zur Konzernsteuerquote liefert. Die im zweiten Kapitel differenziert dargestellten ETR-Treiber haben gezeigt, WAS die Quote treibt; die Zuordnung zu „Inhabern“ ist der logische nächste Schritt, wobei die Zuordnung so erfolgen sollte, dass ein klares Verständnis über die Verursachung bzw. Auslösung der ETR-Treiber und Möglichkeit ihrer Beeinflussung (fall gegeben) erreicht wird. Diese Zuordnung bietet dann die Möglichkeit, die primäre Managementverantwortung für die distinkten Elemente der Konzernsteuerquote sichtbar zu machen und ihren Beitrag (im Sinne einer Verbesserung oder Verschlechterung) im Zeitablauf nachzuhalten. Um gleich einem möglichen Missverständnis vorzubeugen: Mit dieser Verteilung von Verantwortlichkeiten nimmt die Verantwortung der Steuerabteilung nicht ab. Im Gegenteil, immer dann, wenn ein ETR-Treiber realistischerweise in der primären Verantwortung einer anderen Geschäftseinheit oder anderen Abteilung als der Steuerabteilung liegt, ist die zielgerichtete Beratung und Unterstützung durch die Steuerabteilung gefragt.

Unabhängig von der spezifischen Situation eines international tätigen Konzerns kann man dabei zwischen dem Beitrag der Geschäftsbereiche zum durchschnittlich gewichteten Ertragsteuersatz, der Erträge aus nicht konsolidierten Beteiligungen, einer optimalen Finanzierungsstruktur und dem Effekt von Steuerrisiken unterscheiden. Darüber hinaus können z.B. auch Mitarbeitervergütungsmodelle bzw. besondere bilanzielle Vorschriften einen erheblichen Beitrag zur Konzernsteuerquote liefern. Auch werden sich situationsabhängig weitere wesentliche ETR-Treiber ergeben, die sowohl einen eindeutigen „Inhaber“ haben und deren Management oder auch nur deren Sichtbarmachen und Nachhalten über die Zeit sinnvoll erscheint. Eine derartige ETR-Treiber/Inhaber Matrix könnte beispielsweise folgende Form haben:

ETR - Komponenten	Gesamtjahr (2007)	Management
Durchschnittlich gewichteter, statutarischer Steuersatz	35,0 %	Geschäftsbereiche
Steuerfreie Dividende bzw. Veräußerungsergebnisse	(1,0) %	Beteiligungscontrolling
Rechnungslegungsvorschriften	1,5 %	Rechnungswesen
Konzernfinanzierung	(1,0) %	Treasury/Steuerabteilung
Mitarbeitervergütungsmodelle	0,5 %	Personalabteilung
Unternehmenserwerb „Poseidon“ im Geschäftsbereich X	...	Geschäftsbereich X
...	...	...
Zwischensumme	35,0 %	
Steuerrisiken (Abwertung DTA, Betriebsprüfungsergebnisse, Rechtsstreitigkeiten)	0,0 %	Steuerabteilung
Nicht zugeordnet	0,0 %	
	35,0 %	

Abb. 22: Treiber/„Inhaber“-Matrix

Wird die Konzernsteuerquote durch wesentliche Einmaleffekte beeinflusst, kann es auch hier sinnvoll sein, zusätzlich zwischen wiederkehrenden und einmaligen Sondereinflüssen zu unterscheiden. Darüber hinaus führt eine Fortschreibung der einzelnen ETR-Komponenten über mehrere Berichtsperioden zumindest zu einer Trendaussage wie sich der jeweilige Beitrag der Management Partner verändert. Um den Effekt des jeweiligen Kurvenverlaufs einzuschränken, sollte ergänzend das jeweilige Ertragsteuerergebnis in absoluten Beträgen ausgewiesen werden.[401]

Den größten Einfluss auf die Konzernsteuerquote hat normalerweise der Basisteuersatz[402], also der gewichtete Durchschnitt der durch die Tätigkeit in unterschiedlichen Jurisdiktionen erzeugten Belastungen mit

[401] Da der Steuereffekt permanente Differenzen immer vom anwendbaren Steuersatz abhängt, sollte dieser separat erläutert werden.

[402] Im Vergleich zu den anderen ETR-Treibern bei einem hohen Ergebnis vor Steuern auch vor Finanzierungs- und Repatriierungsaufwand.

statutarischen (tariflichen) Steuersätzen ohne Ansehung aller weiteren Besonderheiten bei der Ermittlung der lokalen Bemessungsgrundlagen. Zumindest trifft dies bei hohen Ergebnissen vor Steuern zu. Gerade der Basissteuersatz hat deshalb besondere Aufmerksamkeit verdient und gerade hier kann das Modell der „integrierten“ Steuerfunktion besonders klar verdeutlicht werden. Indem der Basisteuersatz als ETR-Treiber isoliert wird kann er in die primäre Managementverantwortung der Geschäftsbereiche gegeben werden. Er spiegelt nichts anderes wieder, als die geographische Struktur der erwirtschafteten Nettoergebnisse vor Steuern. Dieser Treiber kann also direkt in den Geschäftsbereichen und außerhalb der Steuerabteilung verantwortet werden, da er definitionsgemäß keinerlei steuerrechtliche Besonderheiten abbildet. Komplexe Bestimmungen der nationalen Steuerrechte, z.B. nicht abziehbare Betriebsausgaben, Unterkapitalisierungsregeln etc., sind für den Basisteuersatz nicht relevant, wären auch für das Management der Geschäftsbereiche nur schwer verständlich und werden ohnehin als eigenständiger ETR-Treiber (z.B. permanente Differenzen) erfasst. Die Beiträge der Geschäftsbereiche zum Basissteuersatz – und damit deren Teil der ETR Verantwortung – lässt sich beispielsweise folgendermaßen sichtbar machen und vergleichen:

		Gesamtjahr	**% gesamt**
Einnahmen	**Geschäftsbereich 1**	**35.50%**	**25,11%**
	Geschäftsbereich 2	**38.45%**	**8.18%**
	Geschäftsbereich 3	**33.19%**	**10.50%**
	Geschäftsbereich 4	**37.01%**	**6.48%**
	Geschäftsbereich 5	...	...
	...	...	...
	Nicht zugeordnete Konsolidierungseffekte	...	...
			100%
Ausgaben	**Geschäftsbereich 1**	...	...
	Geschäftsbereich 2	...	...
	Geschäftsbereich 3	...	...
	Geschäftsbereich 4	...	...
	Geschäftsbereich 5	...	...
	...	...	...
	Nicht zugeordnete Konsolidierungseffekte	...	...
			100%
	Durchschnittlich gewichteter, stat. Steuersatz	**35.00%**	**%**

Abb. 23: ETR-Treiber Basissteuersatz – Geschäftsbereiche

Neben der separaten Darstellung der einzelnen Geschäftsbereiche wird in Abbildung 23 zusätzlich zwischen Einnahmen und Ausgaben unterschieden, die den statutarischen Steuersatzmix beeinflussen. Dadurch wird erkenntlich, ob der jeweilige Geschäftsbereich insgesamt einen vergleichsweise niedrigen Basissteuersatz erzielt, weil er Einnahmen niedrig oder Ausgaben hoch versteuert. Ist eine Aufteilung der Ausgaben auf die Geschäftsbereiche aufgrund der intern zur Verfügung stehenden Informationen nicht vollständig möglich, dann ist für Zwecke eines internen Benchmarking die Information über den Steuersatzmix der Einnahmen u. E. aussagekräftiger als die Information über den Basissteuersatz. Ein niedriger Basissteuersatz aufgrund hoher Ausgaben in Hochsteuerländern ist im Rahmen eines internen Benchmarking offensichtlich keine nachhaltig sinnvolle ökonomische Zielsetzung. Folgt man dem stark vereinfachten Grundsatz, dass bei einem funktionierenden Geschäftsmodell und Verrechnungspreissystem Ausgaben dort anfallen, wo Einnahmen entstehen, dann stellt im Wesentlichen der durchschnittlich gewichtete Ertragsteuersatz der Einnahmen den zentralen Vergleichsmaßstab („key performance indicator") für ein internes Benchmarking der Geschäftsbereiche in Bezug auf den Basisteuersatz dar.

Die Schnittstelle zur Steuerabteilung bei der geschilderten Zuordnung des ETR-Treibers „Basisteuersatz" zu operativen Geschäftseinheiten ist durch den Beratungsbedarf im Bereich „Transfer Pricing" und Funktionsverlagerung geprägt. Die Messung der Beiträge der Geschäftsbereiche über mehrere Perioden liefert nicht nur eine Aussage über strukturelle Einflüsse der Geschäftsmodelle auf die ETR, sie kann auch als Komponente der Leistungsbeurteilung herangezogen werden.

Analog zum Beispiel des Basisteuersatzes können auch weitere ETR-Treiber in die Verantwortung der Organisationseinheiten gegeben werden, welche die Mittel zur Beeinflussung besitzen, und die jeweiligen Schnittstellen zur Steuerabteilung aktiv ausgestaltet werden. Die Funktion der Schnittstelle kann dabei im Einzelfall von der schlichten Datenlieferung bis zum internen „Joint Venture" reichen. Je weiter das Netzwerk der „integrierten" Steuerfunktion gespannt ist, desto besser sind die Aussichten, dass die Potentiale für die konzernweite Steuereffizienz auch ausgeschöpft werden. Es ist offensichtlich, dass das Heben dieser Potentiale ohne eine ausreichende personelle (qualitativ wie quantitativ) und organisatorische Ausstattung der Steuerabteilung nicht funktionieren kann.

Stichwortverzeichnis